Luiz Costa Lima

Limites da Voz
(Montaigne, Schlegel, Kafka)

2ª edição revisada

Limites da Voz
(Montaigne, Schlegel, Kafka)

Copyright © Luiz Costa Lima, 2005

Editoração e fotolitos
Arte das Letras

Revisão
Mônica Aggio

Capa
Miriam Lerner

Todos os direitos reservados pela
TOPBOOKS EDITORA E DISTRIBUIDORA DE LIVROS LTDA.
Rua Visconde de Inhaúma, 58 / gr. 203 — Rio de Janeiro — RJ
CEP: 20091-000 Telefax: (21) 2233-8718 e 2283-1039
www.topbooks.com.br / topbooks@topbooks.com.br

Impresso no Brasil

Do autor

Por que literatura, Vozes, Petrópolis, 1966 (esgotado).
Lira e antilira (Mário, Drummond, Cabral), Civilização Brasileira, Rio, 1968; 2ª ed. rev.: Topbooks, Rio de Janeiro, 1995.
Estruturalismo e teoria da literatura, Vozes, Petrópolis, 1973 (esgotado).
A metamorfose do silêncio, Eldorado, Rio, 1974.
A perversão do trapezista (O Romance em Cornélio Penna), Imago, Rio, 1976. 2ª ed.: *O Romance em Cornélio Penna,* UFMG (em preparo).
Mimesis e modernidade (Formas das sombras), Graal, Rio, 1980. 2ª ed. atualizada: Graal, Rio de Janeiro, 2003.
Dispersa demanda, Francisco Alves, Rio, 1981.
O controle do imaginário (Razão e imaginação nos tempos modernos), Brasiliense, São Paulo, 1984; 2ª ed. revista: Forense, Rio, 1989 (esgotado).
Sociedade e discurso ficcional, Guanabara, Rio, 1986 (esgotado).
O fingidor e o censor, Forense, Rio, 1988 (esgotado).
A aguarrás do tempo (Estudos sobre a narrativa), Rocco, Rio, 1989.
Pensando nos trópicos (Dispersa demanda II), Rocco, Rio, 1991 (esgotado).
Limites da voz (Montaigne, Schlegel, Kafka), dois vols., Rocco, Rio de Janeiro, 1993 (esgotado).
Vida e mimesis, Editora 34 Letras, Rio de Janeiro, 1995.
Terra ignota. A construção de Os Sertões, Civilização Brasileira, Rio de Janeiro, 1997.
Mímesis: desafio ao pensamento, Civilização Brasileira, Rio de Janeiro, 2000.
Intervenções, EDUSP, São Paulo, 2002.

O redemunho do horror. As margens do Ocidente, Editora Planeta, São Paulo, 2003.

Traduções

Control of the imaginary (Reason and imagination in modern times), University of Minnesota Press, Minn., 1988 (esgotado).
Die Kontrolle des Imaginären (Vernunft und Imagination in der Moderne), Suhrkamp Verlag, Frankfurt a. M., 1990.
The Dark side of reason. Fictionality and power, Stanford University Press, CA, 1992.
The Limits of the voice. Montaigne, Schlegel, Kakfa, Stanford University Press, CA, 1996.

Sumário

Agradecimentos 13
Nota introdutória 15

I – A sagração do indivíduo: Montaigne

1. Considerações iniciais 19
2. Montaigne: subjetividade e experiência da heterogeneidade 34
3. A problemática do exemplo 43
    3.1. O exemplo, o homem, o ser 57
4. A imaginação, fonte de extravio 71
5. Pressupostos para o tratamento do retrato 74
    5.1. As exigências do retrato 79
6. No horizonte do autobiográfico: o ensaio 89
    6.1. Considerações sobre o ensaio 94
7. O livro: presença do eu e marca da criticidade 100
8. À maneira de síntese 104

II – O sujeito e a Lei: uma descendência kantiana

1. A viagem e a lei 107
2. Sobrevôo da terceira Crítica 117
    2.1. A terceira Crítica: um percurso mais pontual 124
    2.2. Convite à reflexão da terceira Crítica 136
3. O impacto da palavra 'crítica' e Fichte 147
4. Carl Schmitt: crítico do romantismo 153
5. Schiller e a estetização da arte 162
    5.1. Excurso retrospectivo 179

6. Novalis: a contravertente romântica 182
    6.1. Alguns fragmentos de Novalis: esteticismo ou criticidade? 189
7. Schlegel: teórico da literatura 202
    7.1. Schlegel: crítico da poesia 208
    7.2. Schlegel: os fragmentos 210
    7.3. Schlegel: a construção da textualidade 217
    7.4. Schlegel: o espaço do poético 225
8. Complemento retificativo 234
9. O apagamento da via crítica 241

Capítulo III: Kafka; diante da Lei

1. Preâmbulo 249
2. Kafka e a literatura 255
3. Kafka e a questão da representação 271
    3.1. Produção representacional e contemporaneidade 285
4. Kafka e a questão da interpretação 288
    4.1. A obsessão com o tribunal 298
    4.2. A questão da Lei 300
5. "O julgamento" 303
6. "Na colônia penal" 311
7. *O processo* 318
    7.1. A "natureza" do processo 327
    7.2. Quem é Joseph K.? 344
    7.3. O narrador enquanto inconfiável 352
    7.4. A falsidade das representações 355
8. *O castelo:* um romance religioso? 360
    8.1. K., o agrimensor 368
    8.2. Os corredores da lei 377
9. A dessubstancialidade da lei e o estatuto do ficcional 384
10. O contexto de Kafka 387

Referências bibliográficas 409
Bibliográfia geral 423
Índice de nomes e temas 439

Desde o começo de nossa tradição, tem-se contestado a verdade da criação literária. Este fato converte a teoria da literatura (*die Theorie der Dichtung*) no lugar sistemático para a avaliação crítica do conceito de realidade e para o destaque de suas implicações.
(Hans Blumenberg: *Wirklichkeit und Möglichkeit des Romans,* 1964)

Be thou the voice,
Not you. Be thou, be thou
The voice of angry fear,
The voice of this besieging pain
(Wallace Stevens: "Mozart", 1935)

Agradecimentos

Apenas materialmente, a autoria de um livro pertence a quem o assina. Sua feitura, na verdade, deveu-se a diálogos inúmeros que o autor, com a passagem dos anos, tende a esquecer.

O primeiro motivador deste livro foi o amigo Wlad Godzich. Em seminário aos pós-graduandos em Letras, da UERJ, em 1989, ao tratar de seu ex-mestre Paul de Man e da estetização no pensamento contemporâneo, apontou um caminho cujo tratamento não se esgota no que ora se apresenta. O segundo foi o amigo Eric Alliez, com quem colaborei, nos dois semestres de 1991, na abordagem da Crítica kantiana, em cursos também oferecidos aos pós-graduandos da Universidade do Estado do Rio de Janeiro. Por caminhos enviezados, que eu não saberia retraçar, surgiram então idéias, que estarão presentes sobretudo no capítulo II. Contei ainda com a colaboração de outros amigos, seja por discordarem da formulação de passagens, seja pela revisão dos originais. Embora corra o risco de esquecer alguém, maior injustiça cometeria se não nomeasse Heloísa Beatriz Santos Rocha e Thereza Vianna. Tampouco esqueço a conversa mantida com Sepp Gumbrecht, na noite de 18 de outubro de 1992, em sua casa, em Stanford. A maioria de seus comentários à primeira versão do *Limites* foi aqui incorporada.

Escrito originalmente no Rio de Janeiro, entre agosto de 1991 e julho de 1992, em particular a elaboração do terceiro capítulo contou com a ajuda do CNPQ. Como um todo, o livro deve extremamente a Alexander von Humboldt-Stiftung, que, concedendo ao autor, na condição de *Geisteswissenschaftler* estrangeiro, seu *Forschungspreis* para o ano de 1992, lhe permitiu retrabalhá-lo em Munique, de outubro a dezembro de 1992.

    Reservo meu agradecimento especial ao romanista Wolf-Dieter Stempel. Seu empenho desinteressado em ajudar este membro de uma "literatura menor" foi decisivo para que eu encontrasse um caminho. Gostaria que ele soubesse de minha gratidão.

Nota introdutória

Os especialistas tendem a só se interessar por sua área específica. Neste sentido, não sou um especialista. Qual a especialidade de alguém que fala tanto de um contemporâneo francês do Renascimento, quanto de Kant e Kafka!? A academia distingue os filósofos dos que tratam desta ou daquela literatura, e, entre estes, os romanistas dos germanistas. Alguém que mistura as fronteiras lhe parece suspeitoso. Para o filósofo que venha a ler o que, a seguir, se escreve sobre Kant o autor talvez pareça um bom romanista. Para o especialista em literatura francesa, parecerá ter talento como germanista. Mas os germanistas estarão certos em protestar: não é possível reconhecer como um de nossos pares quem fala mal o alemão.

Muito menos é obra de um erudito: em minha casa, não caberiam os livros de que preciso. Além do mais, a preocupação em manter os limites de um só livro provocou que se eliminassem tratamentos que os eruditos considerarão imprescindíveis.

Estas ressalvas não são feitas para que sejam desfeitas. Haveria de se distinguir entre questões que, esmiuçadas, comprometeriam o encaminhamento que se pretendia – a questão da Lei que privilegia o sujeito psicologicamente orientado, que começa a se instituir com Montaigne e a se desmanchar com Kafka – e aquelas que são apenas esboçadas, a exemplo da estetização. E, no entanto, embora declaradamente insuficiente, o problema da estetização não poderia ser eliminado. A genialidade de Kant não impediu que a alternativa que a experiência da arte apresenta desde a terceira *Crítica* tenha se inclinado em favor de uma estetização do mundo. O leitor reconhecerá que um dos elos decisivos entre o primeiro capítulo e os dois seguintes consiste na afirmação de que a criticidade kantiana é progressivamente relegada – já o era nas *Cartas sobre a educação estética do homem* (1795), de Schiller – desviada e substituída pela afirmação no progresso e no reino do *common sense*, campo sobre o qual se depositará o olhar ferino de Kafka. Só acerca do interregno entre a formulação do criticismo kantiano e a razão desenganada kafkiana, monografias, ensaios e enormes volumes poderiam ser escritos. Não nego que eles aqui fazem falta. O que aqui se diz restringe-se a apontar os dois extremos de uma linha compacta: com Kant, o pensamento da modernidade encontrara um sistema que, a partir do reconhecimento do poder do sujeito individual, concebera a vigência e legitimação de uma certa ordem do mundo; com Kafka, a questão se converte em mostrar que tal ordem já se tornara questionável; que as instituições que ela legitimara já se pareciam a um barco a adernar. A estrada que se traça entre o curto apogeu schlegeliano de uma criticidade já limitada ao campo da literatura e a obra de Kafka bem supõe o privilégio concedido pelo autor deste livro à atividade crítica. Em vez de abrangente como em Kant, ela se restringe a um pequeno campo. E, mesmo neste, tem um caráter problemático. Pois a estetização rivaliza com a criticidade, dentro da própria crítica literária e de arte e não se contenta com ela. O próprio *marketing* se estetiza. O que não significa dizer que amplie a área da experiência estética! Todo o contrário. Enquanto a experiência estética supõe a suspensão provisória do sentido do objeto, a estetização implica converter o agradável e o belo em iscas mercadológicas. A estetização é o dispositivo do senso comum para o que um certo pensador bem chamara de "fetichização da mercadoria". O problema conceitual de ambas é uma questão de limites: até onde vai a prática mercadológica sem fetichizar seu produto?; até onde se estende a experiência estética sem que se converta em estetização? *Limites da voz* não pretende senão apontar o problema. Se o livro não se confunde com esse horizonte vago é porque pretende, dentro de sua área específica, o da crítica literária, apontar para algo concreto: como pensar a literatura sem a converter em objeto de estetização. Neste sentido, devo acrescentar que o livro desdobra uma caminhada de anos. Durante a década dos anos 80 procurei, pela trilogia de *O controle do imaginário*, testar a hipótese de que a razão moderna, a partir de Descartes, sempre viu a imaginação com extrema desconfiança ou mesmo hostilidade. A terceira Crítica kantiana, ao contrário, procurava estabelecer a região em que ela tinha o direito de fecundar. Enquanto que na trilogia dominavam os exames empíricos, que procuravam constituir a base para uma teorização futura, aqui se ensaia o primeiro passo para essa teorização.[1] Pergunta-se então: qual a relação de tal controle do imaginário com o primado do indivíduo e com a exacerbação estetizante? Que conexão, por fim, mostra esse relacionamento com a obra de Kafka?

Reescrevendo esta "Nota", corrigindo erros e formulações imperfeitas, quase doze anos depois de sua primeira redação, verifico o quanto sua matéria continua sem o avanço devido. Afinal este não é um projeto passível de ser realizado por uma só pessoa. Como só conto comigo mesmo; tenho de me contentar com o pouco que faço.

Munique: 24 de novembro, 1992
Rio de Janeiro: 13 de julho, 2004

REFERÊNCIA BIBLIOGRÁFICA

"L'Immaginazione e suoi confini", in *Il Romanzo. Temi, luogui, eroi*, Moretti, F. (ed.), vol. IV, Einaudi, Milão, 203, pp. 5-30.

---

[1] Mais recentemente, procurei desenvolver a teorização direta, sem o viés da questão do sujeito, em "L'Immaginazione i suoi confine" (cf. Costa Lima, L.: 2003, 5-30). Deverá ser retrabalhada em uma nova edição de *O controle do imaginário*.

I
A sagração do indivíduo: Montaigne

Les autres forment l'homme; je le recite
(Montaigne)

1. CONSIDERAÇÕES INICIAIS

Com Montaigne, principia um percurso que, passando por Kant e pelos primeiros românticos, conduzirá a Kafka. Quatro séculos pois aí estarão implicados. Quantas centenas de páginas não serão necessárias? À pergunta desconfiada responde a previsão: pouco mais de quatrocentas.

Só ouvi-lo já admite uma sensação de vertigem. O nosso Machado fizera o seu Brás Cubas viajar no dorso de um hipopótamo que, em alucinada viagem para trás, o levara à origem dos séculos. Mas Brás estava enfermo, possivelmente tinha febre e, no momento de narrar o delírio, sugere ao leitor que esteja livre para saltar o capítulo. A lembrança é embaraçosa se repetirmos o conselho e o leitor acatá-lo, nada mais nos sobrará.

Embora o trajeto seja bem menor, como encará-lo sem que se alegue algum delírio? A prudência então não aconselha mudança completa? Ademais, ela não seria impossível: os autores referidos poderiam ser reunidos em torno da simples tematização da Lei.[1] Se o sabemos, por que não o fazemos? Fundamentalmente, por duas razões: 1. não se cogita de traçar uma história das idéias ou sequer de um pequeno conjunto das que se desenvolveram no arco ocidental do final do século XVI para o começo do XX; 2. tampouco se pretende oferecer uma

---

[1] Escrevemos 'Lei' com maiúscula para distinguir entre *princípio de regulamentação* e enunciado de uma norma particularizada.

apresentação dos autores em que nos deteremos. Estas sim seriam vias *a priori* ou redundantes ou irrealizáveis.

    Cogita-se de uma reflexão que articule determinados motivos. Estes serão os temas condutores do livro. Os autores examinados fornecerão o solo concreto sobre o qual aqueles motivos serão tecidos. Contra o extravio, cumpre nomeá-los: (a) trata-se, em primeiro lugar, do círculo constituído, de um lado, pela legitimação e, de outro, pelo questionamento da construção intelectual proveniente do primado da subjetividade. Assim nosso primeiro *Leitmotiv* resulta do reconhecimento do direito de falar-se em nome do eu, das interrogações daí originadas, das respostas então oferecidas e, por fim, de sua problematização radical pela obra ficcional de Franz Kafka; (b) este tema é acompanhado pela paralela que um segundo traça: a questão da Lei. Dito de modo brutalmente esquemático: o reconhecimento do eu por si próprio, i. e., fora do elo que se estabelecia com um termo externo e includente, que lhe emprestava sentido e orientação – fosse a família, a comunidade, a nação ou Deus – punha automaticamente em questão o problema da *objetividade* do que tal *eu* dissesse. Pois este reconhecimento implicava conceder-se uma autoridade que não era por si evidente. Em termos empíricos, o eu é apenas uma singularidade entre milhares, centenas de milhares, milhões de outras. Que segurança poderia haver de que aquilo que este eu declara é aceitável por nós, os outros? Que inferência pode então se estabelecer entre sua apreensão e a ordem das coisas e do mundo? Antes da sagração do indivíduo moderno, o mundo antigo clássico, estendendo-se pela Alta Idade Média, concebera uma ordem cósmica, que, com o cristianismo, se passara a crer provinda de um Deus bom, cuja magnanimidade instalara nas coisas a possibilidade de serem elas conhecidas, utilizadas e transformadas para o maior bem-estar dos homens; se não para que, mais convicta, a criatura entoasse a glória do demiurgo. É razoável supor que, ao ter condições de reivindicar para si a condição de peça primeira, o indivíduo provocou o transtorno da ordem clássica. Melhor dito, que esse transtorno já se dera quando aquela reivindicação se socializou, convertendo-se em Lei. Não parece, portanto, que baste ressaltar que, com a obra de Montaigne, se consagra o direito de o sujeito individual expressar sua experiência pessoalizada, sem já recorrer a modelos legitimados. Dentro deste quadro, era preciso que tal indivíduo dispusesse de *um princípio de regulamentação* em que sua demanda se integrasse. Ora, Montaigne ainda não conta com ele. Daí, como veremos, as soluções de compromisso a que se obriga. Muito menos é isolado seu exemplo. Em situação semelhante, encontraram-se Petrarca, os humanistas, Pico della Miranda e Maquiavel. Em cada um, a concentração na voz de si próprio exigia uma escala de flexibilidade. Fosse uma escala vertical, para Pico, fosse uma basicamente horizontal, para Petrarca, fosse a vertical mas apenas terrena, para os humanistas, fosse a comandada pelo acaso, a *fortuna*, para Maquiavel (cf. Greene, T.: 1968, 241-265, espec. 249 e 258). Fosse qual fosse a forma assumida pela "flexibilidade do eu", era preciso que ela se concebesse em termos de uma ordem fundamental, de uma Lei, que admitisse aquela variação. Não é pois por acidente que os autores referidos procurassem um modo de compromisso com a Lei antiga, enquanto cristianizada. É aí pois que se verifica a ponte entre o dilema vivenciado por Montaigne e a reflexão kantiana. Só esta, e não o *cogito* cartesiano, será a base para a Lei legitimadora do sujeito moderno. Assim se dá à medida que Kant foi capaz de "alcançar a delicada mescla das explicações teológica e mecânica", ao concluir que 'enquanto a meta da ciência há de ser sempre pressionar o máximo possível em fornecer uma explicação mecânica, as explicações mecânicas na biologia devem sempre se manter sob a direção superior de uma armadura (*framework*) teleológica", a qual envolve "a noção de 'causa final", que, "falando logicamente, [é] a causa primeira" (Lenoir, T.: 1990, 120-1).²

---

² A passagem de Timothy Lenoir mostra como o império dos *a priori* humanos em Kant ainda mantinha, com a diferença entre as indagações mecânica e a biológica, uma solução de compromisso com a concepção teológica do mundo. Assim se explica melhor a afirmação imediatamente anterior sobre a insuficiência do *cogito* para a legitimação do sujeito moderno. Pois em Descartes era (naturalmente) ainda muito maior o compromisso com a concepção teológica. Assim, em seus textos, à imposição de "um *eu* da enunciação sobre a ordem do discurso, um *eu* dado como a expressão

Não só este segundo tema se desenha em linha paralela ao primeiro, como as vicissitudes deste se projetam sobre aquele. Veremos assim que a questão da Lei é uma, quando da sagração montaigniana do indivíduo, outra, quando de sua legitimação cognoscitiva por Kant e que, enfim, sua problematização por Kafka se conjuga a questões que se tornaram conhecidas dos leitores do filósofo, as quais encaminham para a radicalidade com que, nos romances capitais de Kafka, será encenada a questão kantiana da Lei ; (c) o terceiro motivo concerne à emergência da literatura como modalidade discursiva autônoma. Embora sua tematização explícita só se verifique com os *Frühromantiker*, quando, em desdobramento do postulado kantiano da autonomia da experiência estética, se afirmará sua independência quanto a qualquer outro centro, a análise dos *Essais* mostrará que os contornos da literatura já se encontram aí traçados; mais do que isso: que estão tão fortemente entranhados na prática montaigniana que, a partir dela, se poderão contrapor duas concepções, temporalmente separadas, de literatura: a

---

da vontade consciente do *self*" corresponde, a seguir, "a gradual *ocultação* (repressão) do sujeito em primeira pessoa. Essa ocultação do *eu* da enunciação dentro do discurso é que permitirá, ao menos parcialmente, as suposições de 'objetividade', transparência do meio e semelhantes" (Reiss, T. J.: 1976, 19). Estabelecia-se pois um equilíbrio precário: ao passo que "a ciência escolástica e a ciência animística do Renascimento postulava uma identidade entre percepção e realidade, entre os sistemas de signos 'humanos' e as assinaturas naturais, a ciência nova postula primeiramente uma diferença radical entre os dois: abre um espaço em que o discurso será inserido como a conjunção dos dois. [...] Nas *Cogitationes privatae*, a linguagem permanece, de imediato, criação e descoberta: deve *descobrir* o signo na natureza do qual ela então pode ser o símbolo". *Daí ainda a necessidade cartesiana de identificar a ciência com o entendimento:* "A ciência não é mais matéria para os sentidos e para a imaginação, mas apenas para o entendimento (= intuição e dedução)" (*idem*, 22). A interpretação proposta por Reiss é preferível à de Hiram Caton que acentuava unilateralmente que "a autoconsciência é o motivo fundamental e unificante da filosofia cartesiana" (Caton, H.: 1973, 3), que antecipava a revolta iluminista contra o cristianismo (idem, 11); unilateralismo oposto ao que assumia Étienne Gilson: "Decidindo estender a explicação matemática à totalidade do real, *Descartes substitui o ponto de vista do sujeito pelo do objeto*" (Gilson, É.: 1951, 200, grifo meu). Tanto Caton quanto Gilson estão parcialmente corretos. Reiss, em troca, abrange as duas explicações parciais e explica melhor a posição insuficiente do *eu* do cogito.

proveniente do Renascimento – a literatura como parte das belas-letras – e a moderna, fundada no sujeito individual.

Se os dois primeiros temas são paralelos, sendo cada um, simultaneamente, causa e efeito do outro, o terceiro melhor se descreve como sua conseqüência. O que vale dizer, *a concepção moderna de literatura*, diferenciando-a de seu significado literal – a ênfase no uso da letra, no emprego da escrita – *tanto depende da socialização da experiência do eu, quanto do estatuto assegurado à Lei*. Por si só, o tema mereceria um ensaio específico. Limitemo-nos a anotar: a relação da emergência da literatura com as questões suscitadas, de um lado, pelo sujeito psicologicamente orientado, de outro, pela ordem do mundo – o que vale dizer, da possibilidade de conhecimento – tem sentidos opostos. Dizemo-lo considerando que, se os contornos do espaço literário já se fixam ao se assegurar o território para a expressão do eu, em troca eles aí se definem como o que se isenta da busca de uma experimentalização instrumentalizadora. Quanto ao eu, por conseguinte, a literatura apresenta uma conexão positiva, que se inverte em negativa quanto à indagação do que será homogêneo na observação do mundo. Talvez mesmo porque a obra literária só se relacionava negativamente com a questão do conhecimento não tem sido comum considerá-la por esse prisma. Assim Timothy J. Reiss pôde escrever um laborioso estudo sobre a formação do conceito moderno de literatura sem, em nenhum instante, o relacionar ao nascimento de um sujeito antropologicamente referido (cf. Reiss, T. J.: 1992). Um mesmo exemplo servirá de ilustração para a copresença de ambos os pontos.

Em 1348, Boccaccio, junto com um pequeno grupo de fidalgos, foge da peste que assolava Florença. O livro que o tornaria famoso, *Il Decamerone* (1349-1353), teria sido composto para distrair a aflita assembléia. Nenhum de seus ouvintes ou de seus posteriores leitores cogitaria de que as histórias, fábulas e parábolas aí reunidas visassem formular ou sequer ilustrar alguma lei, mesmo se fosse ela apenas de cunho moral. Poderíamos sair de Boccaccio, pense-se em obras assemelhadas; por exemplo, nas *Novelas ejemplares*, de Cervantes ou na recolha, menos obscena e mais maliciosa que a do italiano, dos *Bijoux indiscrets*, de Diderot, sem que se pudesse contrariar a observação banal:

tais obras, mesmo porque literárias, nada acrescentam à ordem da Lei, de sua extensão ou limites, de sua operacionalidade etc, etc. Em troca, *Il Decamerone* já traz fixada a questão do eu. Pois a evidente utilização de temas e *topoi*, herdados da tradição da Antigüidade, não importa menos que a contrariedade deles. Assim a história do marido generoso que empresta a mulher ao amigo recebe, do ponto de vista da Antigüidade, uma complicação inédita. Um analista destacável por seu estudo sobre os inícios do romance já observou:

> Esta complicação antes de tudo se funda em que as personagens já não são simples meios para a concretização de uma idéia, mas sim de que *dispõem da própria consciência,* que lhes permite considerar a situação correspondente não mais como algo evidente senão como *algo singular a ser pensado* (Neuschäffer, H. J.: 1969, 45, grifos meus).

Algo se rompera entre a experiência da *Antigüidade e Boccaccio.* Aquela se integrava na *ordem da mímesis,*[3] que, de sua parte, supunha dois traços definidores: (a) a identidade do eu se fazia decisivamente em função de algo externo ao eu; a individualidade antiga implicava a subsunção do eu em algum tipo de comunidade. Daí a própria circulação irrestrita dos *topoi*, das figuras retóricas, que passavam de autor a autor, sem que algum deles se considerasse proprietário ou inventor ou supusesse que por elas declarava sua intimidade; (b) essa *impessoalidade* da *persona* supunha, por sua vez, uma concepção substancialista do cosmo: enquanto singulares, as coisas e os seres partilhavam de uma ordem que era inerente à classe de cada um. Não é esta pedra que é dura, a dureza pertence à sua classe; não é bem esta pedra que se desfaz, tal propriedade pertence à classe de objetos a que naturalmente se integra. A *ordem da mímesis* era profundamente estabilizadora e a obediência a modelos – imagens da própria harmonia de um mundo de substâncias – por isso não se confundia com a prática

---

[3] Na expressão "ordem da mímesis", o termo *mímesis* é entendido na acepção usual do termo – homogeneidade entre objetos realizados e um modelo – e não de acordo com o que tenho desenvolvido no questionamento do tema, em que antes se destaca a dialética entre semelhança e diferença, com a dominância desta.

servil da cópia. A produção de obras supunha a multiplicação de um mesmo, que menos se repetia do que, sob mudanças, se reiterava; um mesmo, terreno, que, neste platonismo cristianizado, repetia a propriedade do Um divino.

Ao chegarmos a Montaigne, veremos por que o exemplo de Boccaccio não é ocasional. Por ora, basta assinalar: o *dispor da própria consciência* faz com que as histórias de *Il Decamerone* não se perfilem na série dos *exempla*, própria à literatura antiga. Como magnificamente escreve Karlheinz Stierle, "ao passo que o *exemplum* nada mais era do que a transposição narrativa de um enunciado moral", em Boccaccio o *caso* se converte em semente da novela (Stierle, K.: 1973, 365).

Contrariando a *ordem da mímesis, Il Decamerone* é uma das primeiras atestações do que será a *ordem do método*. Uma pois não substitui pontualmente a outra; entre esta e aquela há um intervalo onde não se pode precisar, em abstrato, o que ainda prolonga a que está em vias de desaparecer ou o que enuncia a em vias de emergir. Dentro de nosso contexto, contudo, nos basta caracterizar os traços mínimos da ordem que distinguirá os tempos modernos e, dentro deles, a modernidade: (a) a existência de uma consciência individualizada, que age dentro e a partir de um eu que se autonomiza do elo que antes fornecia sua identidade; (b) o processo de dissolução da concepção substancialista de mundo que respaldava a precedente. *A ordem do método* supõe portanto uma dupla ruptura, se bem que não se lhe possa determinar um instante zero, nem tampouco que seus dois traços mínimos tenham-se dado simultaneamente. O que significa dizer, se o primeiro traço significa a irrupção do eu e o segundo, a exigência de repensar-se a Lei, sua duração temporal não é coextensiva.

Como só anunciamos os temas que orientarão nossa narrativa, será necessário que não nos estendamos em demasia. No entanto, se quem escreve deve presumir as dúvidas do leitor, há uma pergunta que não deve ser evitada: estar-se-ia afirmando que, sob *a ordem da mímesis,* inexistia a noção de indivíduo? Ainda que de modo esquemático, estabeleça-se a distinção entre individualidade e indivíduo.

Tanto em Platão como em Aristóteles, a busca da sabedoria supunha a individualidade bem constituída. Individualidade e indivíduo são categorias distintas à medida que a primeira implica que a constituição da identidade é orientada por um marco valorativo, ao qual tem por alvo e modelo, ao passo que a segunda remete à idéia de exploração e expressão de um núcleo interno, inscrito em si, cujo alcance é antes embaralhado do que favorecido pelas relações sociais. No mundo antigo, por conseguinte, o elemento bastante para a caracterização da individualidade é o valor concedido de antemão a algo distinto do eu, que regula a conduta apropriada a cada eu. Sem esta conexão com uma comunidade constituída e irrigada pelo valor destacado, o eu era impensável. Daí seu claro elo com *a ordem da mímesis:* a individualidade é apenas um ponto que pressupõe um conjunto. Dito de outro modo, enquanto o valor é *a priori,* seu correspondente geométrico, o conjunto, tem por propriedade engendrar os pontos que o preenchem. Este conjunto é a moldura *(frame)* que engloba cada ponto, i. e., cada individualidade e o mundo. Ponto algum o imita senão que a ele se amolda; como se pode dizer a partir do que assinalava o Foucault de *Les Mots et les choses, o trabalho da individualidade se cumpre sob o prisma da semelhança.* Se bem que o modelo platônico fosse bastante distinto do aristotélico, pois afeiçoava a individualidade a partir da ótica da imortalidade enquanto o segundo o fazia a partir de um ponto de vista terreno estrito, i. e., a *polis,* ambos se integravam ao paradigma do mundo clássico antigo pela precedência valorativa concedida a um certo não-eu, fosse o horizonte fixo das Idéias, fosse a prática do cidadão.

Embora não se possa esperar das linhas acima senão um caráter de breve esclarecimento, elas correm o risco de oferecer uma visão demasiado esquemática de dois mundos absolutamente repartidos. Contra isso, se há de recordar a relevância que assume, nos dois primeiros séculos da era cristã, sobretudo pelos tratados dos estóicos, o que Foucault chamará "o cuidado de si", que, de imediato, colore a relação entre o homem e a mulher de um significado diverso. "Enquanto a ética antiga implicava uma articulação muito cerrada do poder sobre si com o poder sobre os outros", "o cuidado de si aparece (...) ligado a um 'serviço da alma' que comporta a possibilidade de um jogo de trocas com o outro e de um sistema de obrigações recíprocas" (Foucault, M.: 1984, 105 e 69, respect.). Não se veja aí uma incidência do individualismo. O próprio Foucault desvinculava *le souci de soi* com "a manifestação de um individualismo crescente", antes o relacionando às transformações então sofridas pelo mundo helenístico e romano, que já não permitiam que o *status* do indivíduo se qualificasse pelo exercício de um papel político, senão que conduzia à problematização do político, ao realce da personalização da existência e, por fim, a uma mais estrita moral sexual.

Abrindo a reflexão com Montaigne, tematizamos uma questão própria aos tempos modernos e à modernidade. A problemática que aí se constitui entre sujeito individual e Lei e a conseqüência discursiva daí proveniente, a questão da literatura, não poderia ser automaticamente deslocada para o mundo da Antigüidade, sequer da tardia.

Como maneira de acentuar-se a estreita ligação do terceiro motivo com os dois precedentes e geradores seus, recorde-se que, dentro da Antigüidade, no romance da era helenística, o meramente individual se revestia do caráter de "privado e isolado":

> Por isso, a conexão entre um destino individual e seu mundo é *externa*. O individual muda e sofre metamorfoses completamente independentes do mundo; o próprio mundo permanece inalterado. Em conseqüência, a metamorfose tem apenas um caráter pessoal e improdutivo (Bakhtin, M.: 1975, 119)

A natureza mesma de um gênero que explorava a natureza privada de suas personagens entrava em choque com a *"natureza pública da forma literária"*, daí se originando um processo, como então acrescentava Bakhtin, que não se completou, nos tempos antigos (*idem*, 123).

Ao contrário do que é costumeiro afirmar-se, a retomada do contato com as fontes antigas não implicou o desdobrar-se contínuo de um fio que, partindo da épica, incorporasse as obras do apogeu clássico e do helenismo, mas sim sua incorporação à ordem do indivíduo. A presença desta, que Chrétien de Troyes e o romance de cavalaria começam a testemunhar, pressupõe não só a decomposição "da antiga unidade Deus – mundo" (Köhler, E.: 1956, 53), mas a impossibilidade de restaurá-la.

A antiga unidade a que o medievalista se referia não era por certo a ordem da Antigüidade clássica, muito menos a da decadência romana, senão que a do cristianismo. Esta, no entanto, se apropriara e, a seu modo, prolongara o privilégio de um tipo de não-eu, na determinação do processo de identidade. Inspirados nas epístolas de Paulo, os primeiros pensadores da Igreja estabeleceram uma concepção do individual em que a idéia de sujeito permanecia fiel à sua acepção de *subditus*. Assim o enunciado paulino "o que sou, o sou pela graça de Deus", passou a implicar "que o *fidelis christianus* não só não tinha direitos mas também que não tinha uma posição autônoma dentro da própria Igreja ou dentro da sociedade" (Ullmann, W.: 1966, 11). Com o que se tornava necessária a própria adaptação da letra evangélica às condições do tempo: "Embora a natureza tivesse feito os homens iguais, Gregório declarava, aí interviera o que chamava "uma graça oculta", conforme a qual alguns eram postos sobre outros 'por efeito da diversidade de méritos' dos indivíduos" (*idem*, 14).

O pensamento dos Santos Padres e a sociedade medieval, que ele ajuda a construir, supõem, por conseguinte, embora modificada, a permanência da *ordem da mímesis*. Dentro dela, contudo, operava a desagregação que promoveria o segundo significado de 'sujeito', pelo qual por ele já não corre o significado de *subditus* senão o de átomo autônomo. Aquilo que virá a se conceber como literatura implica tanto este embate, como a dominância da identificação do sujeito com o indivíduo.

Sirvamo-nos de um par das muitas trilhas que serviriam para mostrar-se a presença temporalmente simultânea dos dois filões. A primeira chama a atenção para o prestígio de que a carta usufrui, como gênero literário renascentista:

> A carta era especialmente popular com os humanistas, à medida que lhes permitia exprimir seus pontos de vista de uma maneira pessoal e subjetiva, embora considerassem a escrita epistolar um ramo da literatura e dessem às suas cartas a mesma elegância polida de suas outras composições literárias (Kristeller, O.: 1965, 28)

A formulação não será bem entendida se não atentarmos para este 'embora', que marca a diferença de espaços entre "a maneira pessoal e subjetiva" e a idéia renascentista de literatura. Esta, para que se dignificasse, exigia um tratamento retórico, ao qual, pois, a expressão individual precisava se sujeitar. A pessoalidade do conteúdo não bastava para justificá-la. Conforme ao prestigioso padrão ciceroniano, a epístola renascentista impunha a linguagem ornada. O conteúdo novo, a expressão da subjetividade, ainda não era considerado um princípio suficiente, mesmo porque a carta só era um gênero literário à medida que se integrava às belas-letras.[4] Duas camadas portanto se superpõem e a que domina, a concepção retórica, trazia consigo a permanência da orientação pública dos gêneros "literários" da Antigüidade.

A segunda atestação corre no mesmo rumo. Já não mais tratando de um gênero específico senão que em plano geral, pode-se agora afirmar que a entrada do eu, no pensamento renascentista, se realizou *pari passu* com a admissão de um estatuto autônomo concedido à natureza. Essa admissão, que move e, ao mesmo tempo, se coroa nas pesquisas experimentais implicava, em um Bernardino Telesio, a recusa de continuar a empregar as categorias aristotélicas, preteridas em nome dos "princípios próprios" à natureza (cf. Cassirer, E.: 1927, 154). Por outro lado, como mostra a continuação da passagem de Cassirer, a este naturalismo não era estranha a magia, a teosofia, mesmo a mística. O que significa dizer: ao experimentalismo renascentista não repugnava uma concepção de ciência que, admitindo correspondências e analogias cósmicas, presumia o mundo ser um campo perfeitamente ordenado e legislado. A crença em uma ordem cósmica se preservava ao lado da admissão do individual e impedia que a exploração desta conturbasse a tranqüilidade do conhecimento. O tradicional e o novo mutuamente se ajudavam: "Assim então se estabelece entre o homem e o mundo uma reciprocidade e uma conversão constantes. (...) O espírito se iguala ao mundo que concebe." (Cassirer, E.: *op. cit.* 200-1)

Em Montaigne, essa crença na estabilidade da natureza ainda perdura. Mas a aludida reciprocidade se perdera. O primado do eu já

---
[4] Por isso o mais correto é evitar falar-se em literatura a propósito das obras renascentistas: "As próprias belas-letras, antes de serem 'criação literária', são desde logo um comércio assíduo e íntimo com os poetas e oradores da Antigüidade. (...) As belas-letras são o apanágio de todos os homens cultivados e de todos os cristãos à medida que pertencem a uma sociedade cultivada" (Fumaroli, M.: 1980, 25 e 28)

não admite que seu passeio pelo infinito se desenvolva sem transtornos. Embora, como todos seus contemporâneos, guarde na memória os nomes e as passagens dos poetas e dos pensadores da Antigüidade, já não os encara como inflexíveis autoridades. O primado do eu o inclina para outra deriva. À medida que assim sucede, as belas-letras cedem o lugar para a literatura.[5] A emergência da literatura está diretamente ligada à sagração do indivíduo, à sua separação da individualidade antiga e a seu afastamento do modelo retórico. Seria contudo indesculpável ingenuidade supor-se que a consideração que logo cercou os *Essais* houvesse implicado o reconhecimento de o seu mérito relacionar-se com a encenação da subjetividade (cf. nota 5). Recorde-se a propósito a diferença pascaliana entre 'autor' e 'homem'. Ela, por certo, já supõe o descarte do modelo retórico, negativamente referido por sua identificação com "todas as falsas belezas que censuramos em Cícero", e pelo contraposto louvor do coração – "Odeio igualmente o bufão e o empolado. (...) Só atentamos para o ouvido porque nos falta o coração. Sua regra é a honestidade. Poeta e não *honnête homme*" (Pascal, B.: 1669, §§ 33 e 32, 1096). Dentro da contraposição, o termo 'autor' (pela seqüência, identificado com o poeta), continua ligado à área de uso da retórica e separado do elogio da interioridade e da naturalidade humanas:

> Quando se vê um estilo natural, é-se todo espanto e surpresa, pois esperava-se um autor e se encontra um homem. Ao contrário, aqueles que têm o gosto bom e que, ao verem um livro, crêem encontrar

---

[5] Note-se porém que os contemporâneos não tinham noção desta passagem. Analisando a primeira recepção de Montaigne, Jules Brody acentua que, para seus críticos e defensores, Montaigne se singularizava por sua linguagem: "(...) A linguagem de Montaigne deixa-se portanto definir quando do aparecimento de seu livro como um idioleto regionalista latinizado que se afastava sensivelmente deste socioleto urbano, mundano, acessível, castigado e elegante, que, em seguida, deviam encarnar o discurso e mesmo o nome de Malherbe" (Brody, J.: 1982, 14). Ora, o critério estabelecido não só passava pela linguagem como, e também Brody o assinala, os próprios desvios eram justificados pela tradição. A "conquista" de Montaigne para a literatura só se dará a partir do século XVIII e a rivalidade que Rousseau lhe testemunhará demonstra que nele já via alguém que se lhe antecipara na exploração da própria vida íntima.

um homem, surpreendem-se em encontrar um autor: *Plus poetice quam humane locutus es* (*Falaste antes como poeta do que como homem*) (Pascal, B.: 1669, § 35, 1096)

O fragmento seguinte mostra, por sua vez, que Pascal se põe precisamente entre a visão retórico-renascentista, que já não tinha validade para ele, e a visão que se tornará canônica da literatura. Sua posição é assim intermediária porque louva o estilo ou discurso natural não por exprimir o sujeito-autor senão pelo efeito que provoca – "Quando um discurso natural pinta uma paixão ou um efeito, encontra-se em si mesmo a verdade do que se escuta, a qual não se sabia que aí estivesse, de modo que se é levado a amar aquele que nos a fez sentir" (*idem*, § 44, 1099). Este percurso mais complexo, a distinguir com clareza o poeta de sua obra, será dentro em pouco simplificado. Ao longo dos séculos XVIII e XIX, a literatura passará a conotar um circuito – autor, obra, público de leitores – de tal maneira associado à auto-experiência da subjetividade que o elo entre literatura e horizonte da subjetividade se converterá em verdade incontestável. Assim, no "Éloge à Richardson", Diderot fundará seu encômio na presunção de que o romancista tivera por modelo "o coração humano, que foi, é e será sempre o mesmo" (Diderot, D.: 1762, 40). Poucas décadas são passadas e encontraremos Novalis a distinguir entre a obra de arte que se pode vender e a poesia "como traço do caráter, como manifestação de minha natureza", que só a um bruto ocorreria poder comprar (Novalis: 1798, 2, 389-90). Em pouco mais de cinqüenta anos, o critério assumirá um caráter apodítico e normativo. Ele permitirá a Schopenhauer afirmar que "um *romance* será tanto mais alto e nobre quanto mais retratar a vida *interna* e menos a vida externa" (Schopenhauer, A.: 1851, 165). E, no começo do século XX, aquele que será considerado o grande romancista da burguesia escreverá:

> A hierarquia (*Rangordnung*) é uma grande coisa, mas creio que o império da personalidade é uma democracia de reis (*das Reich der Persönlichkeit ist eine Democratie von Königen*) (...); a personalidade tem absoluta precedência; é grosseiro ofendê-la com comparações (Mann, T.: 1918, X, 415)

A sagração do sujeito individual, a pressão em prol de uma concepção de Lei que abrigasse aquele primado e a legitimação da literatura serão os três núcleos principais do livro que aqui se inicia. O terceiro, de sua parte, conduzirá a dois desdobramentos principais. A questão da literatura será vista à maneira de uma dobradiça que, de um lado, permite mostrar-se a articulação dos dois primeiros temas e, por outro, desagua em dois efeitos decisivos: (a) o problema do controle do imaginário que acompanha a instituição literária e (b) a precipitação da questão do ficcional, que encontrará em Kafka seu momento de reconfiguração.

A propósito de ambos, sejamos ainda mais breves. Muito embora quanto a (a) contemos com a trilogia do Controle, [*O controle do imaginário* (1984, 2ª ed. revista: 1989), *Sociedade e discurso ficcional* (1986), *O fingidor e o censor* (1988)], devemos reiterar que ela representa apenas a etapa em que testávamos a própria hipótese, ao mesmo tempo que mostrávamos a extensão de sua incidência. Não consideramos aquela trilogia senão como um passo inicial, cuja exploração teórica ali era quase inteiramente poupada. De sua parte, o presente livro ensaia outro passo: trata-se de mostrar as implicações histórico-teóricas do controle, analisando-se seu elo com a correlação entre o primado do sujeito individual e a questão de uma nova Lei. Em formulação sintética, pode-se acrescentar: tomando-se a imaginação,[6] como a determinante das tematizações menos guiadas por parâmetros objetivos, pareceria ela tanto mais enaltecida quanto mais se legitimava o discurso por excelência da subjetividade individual: o discurso literário. Como logo veremos, essa não é sequer uma verdade parcial. À medida que a sagração do indivíduo comprometia a segurança previamente concedida pela concepção escolástica da verdade como correspondência entre um estado de coisas e seu enunciado, o derivado daquela sagração, i. e., a exaltação de sua capacidade imaginativa, era posto simultaneamente na discussão travada sobre o estatuto da "nova" verdade. Nada melhor para

---

[6] Assim como na trilogia referida, consideramos a imaginação como uma faculdade ou capacidade específica de tematização, distinta do entendimento, que se mantém próxima da experiência perceptual. A imaginação seria comparável à *langue* de Saussure, assim como o imaginário seria comparável à *parole*.

assiná-lo que a discussão das três Críticas kantianas, sobretudo da primeira e da terceira. Só mediante seu exame, ensaiado no capítulo II, ser-nos-á permitido assinalar: 1. que a questão do controle se aguça e, propriamente, surge, com a problematização da Lei metafisicamente concebida; 2. como dela não se escapa, mas, ao invés, como ela se extrema por via da estetização. Pois, reiteremos, *a questão do controle não se confunde e mesmo pouco tem a ver com o fenômeno da censura*. A censura é pontual, sujeita ao cálculo da conveniência política, o controle é paradigmático, i. e., adapta-se ao próprio contorno da teoria moderna do conhecimento. Com isso, não se declara que a imaginação provocasse menor suspeita no pensamento clássico! Mas, faltando o elemento perturbador, o eu individualizado, o aparato gnoseológico clássico podia deixar passá-lo com menos rigor. Enquanto fundada na exploração de elementos codificados pela retórica, a obra em que a imaginação transparecia entrava em uma prévia hierarquia dos discursos, era aceitável e, ao mesmo tempo, impedida de se confundir com a obra "séria". Essa previsível liberalidade, era duplicada, entre o fim da Idade Média e o começo do Renascimento, pela impossibilidade de os legisladores específicos, os autores das poéticas, submeterem as obras ligadas à oralidade e ao fundo da cultura popular. Assim a liberdade de que gozaram um Rabelais e um Gil Vicente só depois seria submetida ao gosto disciplinador.

Quanto ao elemento (b) seremos ainda mais sintéticos: a urgência de caracterização do ficcional só se impõe quando se torna gasta a identificação romântica da literatura com a expressão da subjetividade individual. Dizer-se que, verbalmente, a ficcionalidade encontra seu veículo por excelência na literatura supõe a tematização explícita da questão da Lei, o que só sucede, e não por acidente, depois das Críticas kantianas. Ao chegar o momento adequado, dever-se-á mostrar que a parcela, relativamente pequena, de sua indagação eficaz se relaciona com a curta duração da dimensão efetivamente crítica da experiência estética e, inversamente, que ela contrasta com a dominância da estetização (cf. cap. II). Muito embora este *Leitmotiv* seja decisivo no argumento a desenvolver, sua ambiência própria só aparecerá dois séculos depois de Montaigne.

É de se esperar que este preâmbulo indique a articulação do que se segue e a razão por que o livro começa por Montaigne. Antes porém de encerrá-lo, insistamos em que seus temas não constituem mais do que motivos condutores. Não são eles pensados como um jogo de armar, mas sim como uma peça musical em que os desenvolvimentos, as voltas e os improvisos, terão extensão maior que suas células geradoras. Assim os quisemos para que a reflexão não perdesse o contato com a matéria viva que a alimenta, e o vôo teórico não deixasse de apontar para a base concreta que o impulsiona.

2. Montaigne: subjetividade e experiência da heterogeneidade

Em 1571, ao completar 38 anos, Montaigne renuncia aos encargos públicos a que o habilitava sua condição de nobre. Em seu voluntário exílio, na propriedade que herdara do pai, escolhe dar outro rumo à vida. Ela passa a ter por centro a biblioteca do castelo. Inscrição latina, aí exposta, postulava sua decisão de aí passar o resto de seus dias, "no seio das doutas virgens, (...) em repouso e segurança". Acompanhava-a uma segunda, que formulava o voto de *dedicar à memória de Étienne de la Boétie ce studieux appareil dont il fait ses délices*. Combinadas, as duas inscrições dão conta do programa a ser cumprido nos *Essais*. Por um lado, o retiro das funções político-administrativas, se bem que em idade antecipada, seguia exemplo das personalidades romanas que, afastando-se para suas propriedades privadas, buscavam dedicar-se ao culto das letras que perpetuariam seus feitos e glória. Por outro lado, seu voto de orientar seus vagares de leitor à lembrança do amigo morto eleva ao centro da proposta atividade a figura de uma ausência. Quando Montaigne escolhe para constante comércio humano a conversação consigo próprio, o empenho de dedicar-se à glorificação póstuma do amigo ainda não o afastava da prática celebrada das autoridades antigas. Tanto mais que esse propósito a princípio se fixara na edição do manuscrito que o morto compusera enquanto jovem. Contudo, em 1574, durante a guerra civil que divide a França entre católicos e protestantes, estes publicam clandestinamente a *Servitude volontaire* de La Boétie. Não só o alvo primeiro de Montaigne lhe é defraudado, como agora cai sobre seus ombros a tarefa de defender a memória do amigo; de mostrar que não era um rebelde, pertencente ao partido dos que o editavam, que se tratara de um mero exercício retórico etc. Além do mais, o auto-entretenimento constante que esperara garantir para si, pela renúncia ao mundo ativo, não se confirmara. Já no ano em que provavelmente começou a escrever seu livro, 1572, se dera o massacre da noite de São Bartolomeu; o acidente da edição da *Servitude* apenas precipita o reconhecimento de que o plano de viver consigo mesmo fora mal concebido. A ociosidade "engendra-me tantas quimeras e monstros fantásticos, uns sobre os outros, sem ordem e sem propósito, que, para examinar com vagar sua inépcia e estranheza, comecei a registrá-los por escrito, esperando com o tempo fazer que se envergonhe de si mesmo por causa deles" (Montaigne, M.: E 1580, I, VIII, 33).[7]

A publicação anônima do livro do amigo e o desmentido que o cotidiano infligira à meta do ócio prazenteiro fizeram-no rever o primeiro projeto. Em vez da composição de um livro visando ao enaltecimento de figura ímpar, as páginas efetivamente escritas se voltavam para o vazio e buscavam daí extrair a composição de um retrato. Mas retrato de quem? La Boétie morrera muito jovem para que seus feitos fossem celebrados. Dele, pois, Montaigne só poderia traçar o retrato da amizade. Mas a amizade não tem figura. Resta o possível retrato do amigo que o pranteia. Seu auto-retrato. Mas de cunho bem diverso daqueles que executavam os pintores renascentistas.[7a]

---

[7] Os *Essais* tiveram três edições decisivas, em 1580, 1588 e a póstuma de 1595. Embora Albert Thibaudet, ao organizar a edição da Pléiade de 1933, advertisse que a diferenciação, por ele seguida, dos textos pertencentes a cada uma tivesse apenas um valor prático, pareceu-nos útil considerá-la – ademais porque o mesmo critério já fora usado por Pierre Villey, de cuja reedição dos *Essais* agora nos serviremos. Thibaudet (e Villey) o fizera(m) antepondo a cada parágrafo os sinais [A], [B], [C], para indicar(em) se o trecho aparecera na primeira edição, fora interpolado ou acrescentado em uma das duas seguintes. Mantemos a anotação, apenas substituindo os sinais por E (abreviatura para *Les Essais*) anteposto à data (1580, 1588 ou 1595). Seguem-se a indicação do Livro I, II ou III, do capítulo, em romano, e da página da edição de Pierre Villey (1988).

[7a] Este livro já estava feito quando conhecemos a excelente obra de Gottfried Böhm (cf. Böhm, G.: 1985), que então não pôde ser utilizada.

Na tradição clássica, o enaltecimento de ações cumpridas era um serviço prestado à glória a ser perpetuada; a glória cobria a vida; o corpo que perecera era substituído pela pedra, pelo mármore, pelo cálamo. Essa honrosa substituição fora subtraída ao fidalgo. Retirada a intermediação entre o já passado e a letra enaltecedora restava a Montaigne um eu que agora, a pretexto de exaltar a memória do amigo, não dispunha mais que de si mesmo. O retrato a compor era menos do ausente que do efeito de sua ausência, sobre alguém que voluntariamente se afastara da cena da glória.

Os *Essais* se põem no ponto zero entre os antigos e os modernos. Aqueles recebem uma outra inflexão; estes ainda não sabem reconhecê-la. O indivíduo ocupa o lugar antes preenchido pela individualidade. A história de uma vida já não precisa se apoiar em feitos heróicos; pode-se contentar com as próprias *chimeres et monstres fantasques*.

A descrição contudo peca por emprestar à situação inicial dos *Essais* um caráter demasiado puro. Logo se há de retificá-lo, chamando-se a atenção para os vestígios do modelo da honra que sobrevivem na redação montaigniana. A propósito de "De la constance" (I, XII) e precedentes, Thibaudet bem anotara:

> Estes capítulos poderiam nos fazer crer em um projeto primitivo, e já esboçado, de Montaigne: uma recolha de exemplos e histórias para os que faziam a guerra, um livro que os fidalgos pudessem levar de bom grado (...) (Thibaudet, A.: 1963, 62)

Conforme pois a intuição que o próprio Thibaudet não desenvolveria, o caminho primitivo dos *Essais* supunha a composição de uma obra destinada a seus pares, nobres guerreiros e cortesãos. Algumas passagens dão veracidade à hipótese:

> Se não for preciso deitar sobre a terra nua (*sur la dure*), suportar armado dos pés à cabeça o calor do meio-dia, alimentar-se de um cavalo ou de um burro, ver que nos cortam pedaços e nos arrancam uma bala de entre os ossos, suportar que nos remendem, cauterizem e coloquem sondas, como adquiriremos a superioridade que desejamos ter sobre sobre os homens comuns? (E 1595, I, XIV, 56-7)

> Térete, pai de Sitalces, costumava dizer que quando não estava guerreando parecia-lhe que não havia diferença entre ele e seu palafreneiro (E 1588, I, XIV, 61)

> Tanto nesse governo marcial [de Esparta] como em todos os seus semelhantes, os exemplos nos ensinam que o estudo das ciências mais amolece e efemina os ânimos do que os torna firmes e aguerridos (E: 1595, I, XXV, 143)

A última passagem, com seu desdém bélico pelo cultivo das letras, claramente acentua a discrepância entre o primeiro modelo e o espírito que se imporá. Tais trechos e semelhantes se prendem a uma concepção de *auctor* subordinado ao princípio da *auctoritas*, i. e., de alguém que assume voz e destaque, a partir de seu enlace com a tradição. O eu não é então portador de identidade própria; é antes um acidente que ilustra e reitera um paradigma.

Não é ocasional serem marginais essas comprovações. Testemunhas de um primeiro projeto que se frustra ou que, mesmo em face dos obstáculos, se mantém à deriva, a verdade é que, em Montaigne, o eu se desgarra e autonomiza. Já não é a condição material, apenas corpórea, para que um valor fecunde e se transmita, senão que é o ponto inarredável, do qual promana o fluxo da escrita. E o corte com o modelo multissecular se afirma no fim de I, XIV:

> Quem não tem ânimo para suportar nem a morte nem a vida, quem não quer nem resistir nem fugir, que faríamos dele? (E 1595, I, XIV, 67)

O capítulo procurara ensinar que, do terror da morte, é antes responsável "a impaciência da imaginação", o aparato fúnebre com que a cercamos, do que o mero fato da extinção. A frase final entretanto introduz outro meandro: *Qui n'a le coeur de souffrir ny la mort ny la vie.* É ele simplesmente inacessível à lição antiga ou a qualquer outra. Inqualificável, inclassificável, essa indiferença ante a vida e a morte não se confunde com um ponto quimérico. Muito ao contrário, representa a concreção da extremidade que escreve, do olho que se debruça sobre o que faz a mão, da mente que aí se concentra, na procura de se retraçar. No ponto zero em que o autor se encontra, a morte intensifica sua presença cega, bruta, inexorável.

O que declara, em sua extrema síntese, a última frase de I, XIV, se desdobra nas dezenas de capítulos dos três livros. A ruptura que estampam quanto ao antigo modelo se concentra em torno do uso do *exemplum*. Por ora, apenas antecipemos seu exame afirmando que a busca da exemplaridade, a ser comprovada pelos casos que se enfileiravam, é substituída pela revelação da interna heterogeneidade. De que o homem é exemplo? Qual conduta sua poderia ser exemplar?

> Decididamente, o homem é um assunto espantosamente vão, variado e inconstante. Sobre ele, é difícil estabelecer uma apreciação firme e uniforme (E 1580, I, I, 9)

L'humaine condition é de tão contraditória natureza, tão variável segundo usos e costumes, tempos, religiões e continentes, que raia pelo inverossímil. Como então pensar-se em obra que favorecesse sua educação? Para que somar às inutilidades a que já estamos obrigados mais uma que, de antemão, sabemos também imprestável? O próprio à ciência moral de Montaigne é a renúncia a qualquer codificação. *L'humaine condition* não contém outro traço comum fora a diversidade.

Tal declaração não deixava de ser extremamente arriscada. A França, em que lhe foi dado viver, não só era atravessada pela guerra civil que separava as próprias famílias, como conhecia os flagelos da peste, de um crescimento demográfico inferior aos dos outros países europeus, associados à inflação e ao marasmo econômico. Enquanto a palavra de Montaigne se manteve confinada nos limites da biblioteca, ainda podia se isentar de riscos. Mas o interesse por sua primeira edição o expõe ao risco.[8] Fosse por cálculo e/ou por opção, o autor se defendera

---

[8] As circunstâncias logo o obrigarão a reconhecê-lo. Poucos meses depois de seu livro estar publicado, Montaigne chegava, ao curso de viagem que já o levara à "herética" Alemanha, a Roma, em novembro de 1580. Em seu *Journal de voyage*, o secretário que anota as impressões do nobre senhor, assinalava o rigor alfandegário

com o próprio texto. E, ao menos em vida, exceto o episódio de Roma (cf. nota 8), a obra não sofreu outros percalços.

Morto em 1592, Montaigne não soube dos ataques que viria a sofrer da *Logique* de Port-Royal (1666), reiterados por Malebranche, no Livro II da *Recherche de la vérité*, nem muito menos de sua entrada no *Index*, em 1676. Aí, seu livro permanecerá até às vésperas da Revolução (1783).

É presumível que o conhecimento da situação em que vivia tenha levado Montaigne a um texto extremamente sinuoso e ambíguo. É contudo também viável que essa sua marca resultasse das vicissitudes próprias à composição da obra. Visando de início à glória do amigo morto, tivera de se tornar o retrato compósito de uma ausência *e* de um corpo presente; pensado de início sob o respaldo das autoridades dos antigos, não menos deles se descartara. Em seu lugar, enquanto superfície visível, presença e procura, não há senão o inédito *eu* que escreve:

> Aqui não está minha doutrina, e sim o estudo de mim mesmo; e não é a lição de outrem e sim a minha. (...) Não são meus gestos que descrevo: sou eu, é minha essência (E 1595, II, VI, 377 -9)

A ambigüidade, fosse como meio de defesa, fosse por convicção, tematicamente se explicita na divergência entre a ética pública e a privada. Um dos acréscimos que incorpora à edição de 1595 traz a passagem:

> Devemos submissão e obediência igualmente a todos os reis igualmente, pois ela se refere a seu ofício; mas a estima, não mais que a afeição, só a devemos a seu valor. Condescendamos, pela ordem política, em pacientemente suportá-los indignos, calar sobre seus vícios, auxiliar com nossa consideração suas ações indistintamente, enquanto a autoridade deles necessitar de nosso apoio. Porém,

---

das autoridades. Todos os livros que trazia foram confiscados, inclusive seu próprio exemplar dos *Essais*. Só em março de 1581, ele lhe será devolvido. Neste entretempo, passara pelo exame da censura eclesiástica. Ou por sorte ou por proteção do *maestro del Sacro Palazzo*, o livro foi liberado com poucas restrições, deixando-se a cargo de sua consciência "ce que je verrais être de mauvais goût" (Montaigne, M. de: 1580-1, 121, cf., especialmente, pp. 221-2 e 237).

terminado nosso comércio, não há razão para recusar à justiça e à nossa liberdade a expressão de nossos verdadeiros sentimentos (...). E os que, por respeito a algum compromisso pessoal, espasam iniquamente a memória de um príncipe indigno de louvor, fazem justiça particular à custa da justiça pública (E 1595, I, III, 16)

É clara a distinção entre as exigências da ética pública e da moral privada. Sujeição e obediência concernem ao espaço público, estima e afeição, ao privado. Assim, mesmo ante a indignidade do soberano, o súdito não está menos obrigado a auxiliá-lo, embora *notre commerce finy* seu dever se torne dar voz à justiça e à liberdade dos sentimentos particulares. É tão estrita a separação dos dois espaços que, se não a tomarmos ao pé da letra, a continuação da frase nos confundirá. No entanto, ela declara com nitidez: aos bons súditos, i. e., aos que bem serviram até mesmo autoridades indignas, não se deve recusar a glória a que fizeram jus e a transmissão à posteridade de seu útil exemplo.

Só no recinto privado, o sujeito se libera da condição de súdito. Mas onde cessam os limites do privado? A própria redação da passagem insinua que, mesmo o estrito território de sua biblioteca, ainda não o é bastante para que se isente dos deveres do súdito. Dentro deste raciocínio, Max Horkheimer pareceria ter razão ao refletir:

> A intimidade cumpre na vida individual a mesma função que, na vida social, se assinala às igrejas, aos museus e aos lugares de diversão, ou seja, ao tempo livre em geral. Na era burguesa, o âmbito cultural está separado da economia, tanto a nível individual como no todo social (Horkheimer, M.: 1938, 148)

Correta em termos gerais, a observação merece, no caso particular, um exame mais minucioso. A idéia de sujeito em Montaigne ainda não se confunde com a de homem, tal como se verificará no Iluminismo. Vivendo sob a preparação do absolutismo, Montaigne preludia a dicotomia sobre que Hobbes teorizará. É certo que a justificativa de Hobbes era intelectual e politicamente mais aceitável. Se Hobbes "introduz o Estado como a grandeza que retira as convicções privadas de sua repercussão política" (Koselleck, R.: 1959, 23), é mesmo porque, "numa guerra civil, não é fácil dizer-se o que é bom e o que é mal e o desejo de paz não é por si bastante para que se moleste a vontade de poder" (*idem, ibidem*). Em poucas palavras, a dicotomia entre público e privado se torna imperiosa para que a voz do soberano possa se sobrepor aos partidos em luta. Ora, o propósito de Montaigne não se coaduna com tão alto cálculo. Seria antes por temor, cautela, suspeita ante as novidades, respeito à voz da tradição, que restringe sua reivindicação das prerrogativas do sujeito.

Chegamos ao nervo da questão. Não será próprio à pretensão de autonomia do eu a exigência de que algo, que está fora de seu circuito, permaneça estável? Dito de modo mais direto: a autonomia reivindicada não tem por contraface a estabilidade externa? Ora ainda, vindo antes de Descartes e desfazendo-se da concepção substancialista que se acentuara com o cristianismo, onde poderia Montaigne encontrar pontos de suporte para seu eu desgarrado? Por não ser um filósofo, Montaigne se contentava em admitir que a natureza tem seus princípios eternos; porque era forçoso reconhecer o poderio da Igreja, transigia com a própria curiosidade e a considerava um flagelo que "nos leva a meter o nariz em tudo" (E 1580, I, XXVII, 182). E, como haveria de dar alguma coerência a seu comércio tão-só consigo e com um tanto de mundo, admite, sem tergiversar, que devemos nos modelar pelos costumes. Os Iluministas, por certo, nos aparecem firmes e corajosos, ao passo que Montaigne nos soa demasiado sinuoso. É em nome da tradição das luzes que Horkheimer pôde enunciar sua dura crítica ao autor dos *Essais*. Ao endossá-lo, não nos passa despercebido que os *philosophes* se habilitavam ao embate político-filosófico porque já eram respaldados pela visão estabilizadora do mundo, que se lhes fizera disponível pelo modelo físico-matemático e pelo avanço das ciências experimentais? O primado do eu questiona a vigência de uma Lei que o excluía e pressiona em favor do aparecimento de outra que o previsse e destacasse. Esta outra Lei começa, nos tempos modernos, a assumir uma feição definida com Descartes, será fortalecida por Locke e plenificar-se-á com a primeira Crítica kantiana. Acusar Montaigne de despreocupar-se do mundo para se ater à contemplação do próprio umbigo é fazer *tabula rasa* de questão bem mais complexa.

Situado no ponto zero em que uma Lei se desfaz e outra ainda não se estabelece, Montaigne tinha escassos instrumentos de apoio. Ao contrário do que afirma Horkheimer – "(...) O ceticismo filosófico (...) é, por essência conservador" (*idem*, 147) – seu conservadorismo é menos o efeito direto de seu ceticismo do que, além de estritos motivos pessoais, da necessidade, imposta pelo centramento no sujeito individual, de postular algum não-eu, a contrastar, por sua firmeza, com as oscilações do eu.

Ao se negar a justeza pontual da afirmação de Horkheimer, entretanto não se lhe recusa apontar para um núcleo a que deveremos voltar. Se a sagração do indivíduo se cumpre em um momento em que ainda carece de uma Lei que o justificasse em sua autonomia, não se vive hoje um momento em que aquela situação de certo modo se inverte? Vivemos sob uma ordem política que se pretende justificar em nome da autonomia individual quando deixou de ser inquestionável a Lei que a justificava. Neste instante, a alegação de autonomia serve de meio para que, enquanto algum teto nos protege, se mande o mundo às favas. O próprio Montaigne se relaciona com essa atitude, mas não como ponto de partida. Várias passagens hão de ser antes caracterizadas. A primeira delas consiste no aprofundamento da encruzilhada entre as duas ordens de Lei em que se punha o autor. A antiga, em vias de desaparecimento, supunha o envolvimento da individualidade em um conjunto de sentido e a conseqüente homogeneidade da experiência. A segunda é prenunciada pela afirmação montaigniana da heterogeneidade de cada experiência humana. Nos *Essais*, essa heterogeneidade é tanto mais radical porque ainda ensaia a busca de instrumentos que assegurassem para o exame da experiência o contraste de algum meio de homogeneização. Quando ele se sistematizar e socializar, Montaigne será, por assim dizer, estabilizado. Ao lermos Montaigne, depois afirmados e divulgados os legados de Descartes, Rousseau e Kant, não mais contamos com o horizonte de sua situação originária.

3. A PROBLEMÁTICA DO EXEMPLO

O gênero sentencioso, a fábula, a máxima e o exemplo foram os meios mais abundantes de que dispôs a literatura da Antigüidade para integrar o fortuito e acidental à estabilidade do modelo. No exemplo, "o geral aparece (...) no particular. (...) O exemplo designa uma conexão entre situação e resultado da situação (*Situation und Ausgang*) que, sempre repetível, é de significação geral" (Stierle, K.: 1973, 356-8). Ora, enquanto recurso de apresentação, nada é mais freqüente nos *Essais* do que o exemplo. Sua incidência mesma contém contudo sua flagrante diferença. Já a primeira frase do capítulo de abertura do Livro I o indica. O emprego clássico do recurso visava à expressão de contingências cuja heterogeneidade vinha a ser dobrada por uma norma geral, que era assim confirmada. A abertura do capítulo destoa desta prática. Seu primeiríssimo enunciado poderia ser lido como uma lição de prudência para os que guerreiam:

> A maneira mais comum de enternecer os corações daqueles a quem ofendemos, quando, detendo nas mãos a vingança, eles nos têm à sua mercê, é pela sumissão movê-los à comiseração e à piedade (E 1580, I, I, 7)

Segue-se, sem pausa, adversativa que afirma o oposto:

> Contudo a bravura e a constância, meios totalmente contrários, às vezes serviram para este mesmo fim (E 1580, I, I, 7)

Ao passo que os exemplos na Antigüidade se destinavam ao cadinho da congruência, já no início de sua escrita, Montaigne se diverte em contrariar a regra estabelecida. Os exemplos que arrola seguem a contraditória formulação inicial. Interrompe pois os primeiros casos enumerados para reiterar: ao passo que o comover-se e o apiedar-se provêm das naturezas mais débeis, *comme celle des femmes, des enfants, et du vulgaire*, a "reverência apenas pela admirável imagem da coragem" é peculiaridade dos que honram *une vigueur masle, et obstinée* (I, I, 8). O enunciado tornar-se-ia unívoco, antagônico à heterogeneidade da abertura, se não se seguisse a advertência: "Todavia, nas almas menos generosas, o espanto e a admiração podem provocar um efeito semelhante" (*idem*).

As partes transcritas no original respaldam um comentário suplementar: entre os partidos da debilidade e do vigor, se incorporam, respectivamente, as mulheres, as crianças e o vulgo, de outro, os investidos de másculo vigor. Ser verdade que a prática montaigniana impunha o desvio, se não a paródia dos autores antigos, não impedia que sobrevivesse, em sua composição, o velho etos da *noblesse d'épée*. É ela que confunde o feminino com o vulgar e lhe opõe, entre os exclusivos cultores da *virtù*, os que exibem um vigor macho, ademais igualado à obstinação.

Não se alegue que este etos guerreiro fosse contrariado pelo *toutefois* seguinte. O *estonnement et l'admiration* não abolem a diferença. Anunciam entretanto que tais distinções não são primárias; ao contrário, deve-se vir aquém delas. Desta maneira sera revelado que também os grandes guerreiros se enternecem e se dobram.

Pode-se dizer que a prática do exemplo em Montaigne enfrenta duas resistências: a da narrativa e a de seus átomos. A primeira é diretamente contrariada. Os casos já não são conchas que confirmassem a mesma praia. A segunda, em contraparte, é antes contornada que contrariada: os valores que orientavam aquela homogeneidade são menos negados – no exemplo acima, o valor guerreiro não o era – do que se mostram incapazes de conduzir à explicação derradeira. E esta, quando se exibe, em nada favorece a normatividade – *Certes, c'est un subject merveilleusement vain, divers, et ondoyant, que l'homme* (E 1580, I, I, 9).

Embora útil enquanto maneira sintética de concretizar-se a prática montaigniana do exemplo, o teor do comentário não nos leva a uma conclusão analiticamente satisfatória. Conforme a exposição acima, de Montaigne haveria de se inferir que, se queremos considerar no homem um *subject*, há de se vê-lo como vão, variável e inconstante. O que vale dizer, se, sob a grafia antiga, *subject*, o conteúdo novo, 'sujeito', sobrepuja o conteúdo passado, 'súdito', os qualificativos que se lhe concedem tornariam o homem um sujeito inconfiável. Encerrar aí a análise de Montaigne seria torná-lo um ocasionalista radical, um antecessor dos românticos a que Carl Schmitt viria a veementemente atacar (cf. cap. II, 4). Montaigne contudo se defende do risco de que confundisse sua imagem de *l'humaine condition* com um átomo imprevisível. E o faz pelas considerações que usualmente se interpretam como decorrências de seu conservadorismo: a divisão entre o público e o privado, o imperativo respeito às autoridades eclesiásticas, a submissão aos costumes, o papel assegurado ao pai de família. Não é que se lhe negue conservador; apenas, se reservamos a última palavra à marca conservadora, perde-se a oportunidade de verificar seu relacionamento com a ruptura quanto à narrativa do exemplar. E, ao evitarmos essa compreensão, descuramos algo de importante em sua economia expressivo-interpretativa.

Pelo modo como Montaigne a realizara, a exaltação do sujeito individual o exclui da possibilidade de incidência de qualquer Lei. Parar aí, entretanto, concederia à sua própria reflexão uma fatuidade incontornável. O autor antecipadamente se defende ao declarar que não faz obra doutrinária; que apenas relata sua vida. Adiante veremos que, pelos primeiros românticos, essa via se prolongará na justificação que será feita do discurso da literatura. Mas, durante a vida de Montaigne e muitas décadas depois, não estando a literatura legitimada como modalidade discursiva, não se poderia tomá-la por justificativa do que escreve. Fosse, então, por estratégia ou por convicção, o manter parte do legado tradicional se lhe impunha como a maneira de assegurar a circulação, quando não mesmo a produção de sua obra. O tempo que de imediato se abria para os *Essais* não era perigoso tão-só pelas lutas religiosas mas, e sobretudo, porque se desenrolava sob um princípio de ordem, subordinado ao axioma de uma Lei, que nem previa nem admitiria aquele sujeito vão e inconstante.[9] Mais do que

---

[9] A análise empírica de Nathalie Zenon Davis faz-nos ver um ângulo historicamente importante: se a inconstância radical do sujeito era doutrinariamente inconcebível, as práticas e as crenças sociais no entanto mostravam a sua incidência: "(...) The line drawn around the self was not firmly closed. One could get inside other people and receive other people within oneself, and not just during sexual intercourse or when a child in the womb. One could be possessed by someone else's soul; a magician or a sorceress could affect one's thoughts, feelings, and bodily movements, sometimes

uma luta *consciente* por parte do autor, o que acentuamos é a tensão contida na própria *letra* dos *Essais*. Por isso mesmo a análise do exemplo de I, I não deve terminar sem que se lhe articule com temas que capítulos seguintes introduzirão. Eles são selecionados tendo em conta o bloco em que se solidarizavam a exemplaridade, o modelo heróico de vida e a espera cristã da morte. Ao notar-se tal imbricamento, torna-se viável a conexão de I, I com I, XIII.

Entre os capítulos que Montaigne dedica à reflexão sobre a morte, o "Que le gouts des biens ..." (I, XIV) não é dos mais notáveis. É mesmo sua menor densidade que aqui o recomenda. Será por ele que chegaremos a "Que philosopher c'est apprendre à mourir" (I, XX), onde o tema alcança sua máxima expansão.

Que lição propõe o "Que le gouts..."? Na aparência, apenas a desmistificação do terror da morte. Ao passo que ela não dura mais que um instante, é "a impaciência da imaginação da morte que nos torna incapazes de suportar a dor" (E 1595, I, XIV, 56). A imaginação nos aterra, e não só quanto a nosso passamento: ao longo da existência, influi em nossas crenças e, determinando nossa opinião, decide sobre o valor que atribuimos às coisas:

> Chamamos de valor nelas não o que elas trazem e sim o que lhes atribuímos (E 1595, I, XIV, 62)

Fazendo-nos impressionáveis, a imaginação converte nossa fragilidade em sua arma. Fora de seu império, contudo, "as coisas não são tão dolorosas nem difíceis por si mesmas; mas nossa fraqueza e falta de ânimo assim as faz" (E 1588, I, XIV, 67). Nossa grande inimiga não é a morte. Por que já não nos basta sabê-la inexorável, instante incontornável, imprevisto previsível? Nossa maior inimiga é a força que internamente trabalha em seu favor. Sob a forma de crenças e

---

even without physical contact. (...) The Catholic liturgy had moments, especially during the ritual of exorcism, when the faith and prayers of a group were thought to change one person's inner state" (Davis, N. Z.: 1986, 56). Montaigne não estava sozinho entre seus contemporâneos. Mas reconhecê-lo, apenas ressalta o efeito de contraste de seu pensamento.

opiniões, a imaginação selvagem é a fonte de nosso terror. E a *moraleja* que daí Montaigne extrai tanto poderia ser tomada como endosso da ética cristã como do princípio estóico: "O que nos faz sofrer a dor com tanta impaciência é não estarmos acostumados a buscar na alma nosso principal contentamento" (E 1580, I, XIV, 57).

A máxima contudo não resolve a equação proposta. A desmistificação intentada do terror da morte antes conduz ao realce de passagem anterior:

> O temor, o desejo, a esperança nos lançam para o futuro e nos roubam a percepção e o exame do que é, para nos distrair com o que será, até mesmo quando não existirmos mais (E 1588, I, III, 15)

O medo da morte torna o presente desabitado e, assim, impede a sabedoria, a única efetiva sabedoria que Montaigne concede ao homem. Já não nos basta saber que a morte não está no futuro em que a perscrutamos, que se instala, escarninha, paciente e armada, em cada instante? A quem pois interessa a pompa das cerimônias funerárias? Ao indagá-lo, Montaigne não podia esquecer o caráter eclesiástico das cerimônias e o quanto se integravam à valorização aristocrática da glória. Apesar do que, afirma que seria preciso desfazer-se dessa insanidade para que se pudesse fruir o presente, degustar a oportunidade e deixar-se estar no múltiplo e diverso. Deste modo, a conexão entre a quebra da exemplaridade do *exemplum* e a reflexão sobre a morte aumenta o extravio dos *Essais* quanto às instituições estabelecidas. O estoicismo cristianizado ou o cristianismo estóico com que parece a reflexão concluir, dá lugar, ao contrário, ao elogio de uma virtude voluptuosa, que não disporia do endosso oficial:

> Ora, um dos principais benefícios da virtude é o menosprezo pela morte, recurso que provê nossa vida de mansa tranqüilidade, dá-nos seu gosto puro e benfazejo, sem o que qualquer outra volúpia se extingue (E 1595, I, XX, 82)

A passagem reitera a negação de toda idealidade – pouco antes já escrevera: "Digam o que queiram, na própria virtude o fim visado é a volúpia" (*idem*, 82) – seja a encarnada pela prática religiosa, seja pela guerreiro-aristocrática.

O mesmo capítulo vai além. A perda de exemplaridade do exemplo não se restringe a corroer as bases da bela união entre a Igreja e o trono, senão que ainda extrai sua leiga conseqüência:

> É incerto onde a morte nos espera; esperamo-la em toda parte. A premeditação da morte é premeditação da liberdade. Quem aprendeu a morrer, desaprendeu a servir. Saber morrer liberta-nos de toda sujeição e imposição (E 1580, I, XX, 87)

A corrosão da exemplaridade, do etos aristocrático, fundado no privilégio, no direito à glória, na exaltação da honra e no dever do sacrifício ao senhor e do princípio da virtude cristã, se transmuda na violência de um vendaval que transforma os despojos em canto à liberdade individual.

Nossa conclusão é demasiado eufórica. Ainda seria viável a propósito dos iluministas, entusiastas de Montaigne. Mas o elogio esconde aspectos destoantes com a razão do louvor: em Montaigne, a exaltação da liberdade se restringe ao âmbito privado. É certo que o ataque aos valores estabelecidos não se torna por isso menos virulento:

> Em nossas atividades costumeiras, entre mil não há uma que nos diga respeito. Este que vês escalando o topo das ruínas dessa muralha, furioso e fora de si, na mira de tantos arcabuzes; e aquele outro, todo ferido, transido e pálido de fome, disposto a antes morrer do que lhe abrir a porta, pensas que aí estejam em seu próprio benefício? Cumprem-nas por alguém a quem nunca viram, que sequer cuida de seus feitos, entregue à ociosidade e às delícias (E 1580, I, XXXIX, 241)

Ou que não atinja menos o princípio do privilégio: "A igualdade é a primeira peça da eqüidade" (E 1595, I, XX, 94).

Que haveria pois de insuficiente no elogio que se fizesse de Montaigne exaltador da liberdade? Não é difícil perceber-se o elo entre o que acusava e o que propunha: nestas passagens, Montaigne se indispõe contra a aliança do trono com a religião em nome de um etos declaradamente individualista, propensamente burguês. A denúncia da morte-como-espetáculo dissolvia todo um modo de vida. O louvor da liberdade, em contraparte, supunha o exercício de um exame individual e o alcance de uma firmeza a ser alcançada por cada particular: "O grau extremo de tratar corajosamente a morte, e o mais natural, está em vê-la não só sem aturdimento mas sem preocupação, continuando livremente a marcha da vida até dentro dela" (E 1580, II, XXI, 679).

Mas o texto dos *Essais* é tão contrário a linhas retas que seu analista se arrisca caso então se precipite em um curso de inferências. Agora que já se presume desenhada a estrada real, que partira da desestabilização da exemplaridade e chegara ao encarecimento do eu, é aconselhável tomar fôlego e reencarar as estações percorridas. Quanto ao ponto de partida, será de acentuar: rompida a homogênea exemplaridade, o exemplo se torna oposto à divulgação de doutrina; o exemplo não é só o que se extravia da constância moral, senão o que enfatiza a singularidade de seu engendrador: "Aqui não está a minha doutrina, e sim o estudo de mim; e não é a lição de outrem, é a minha" (E 1580, II, VI, 377). Daí resulta a ausência de hierarquia temática: desde que a experiência pessoal se encareça, tudo cabe em seu livro. "Por mais fútil que seja o tema, não deixa de merecer um lugar (*un rang*) nesta rapsódia" (E 1558, I, XIII, 48). Como sucederia com alguém que houvesse jogado fora o tabuleiro do jogo e passasse a se divertir com o arbítrio absoluto com que dirigiria as peças, os exemplos, perdida sua exemplaridade, se acumulam enquanto se desmentem, cada um girando em torno da própria órbita.

Ao menos à primeira vista, este retorno à situação do exemplo não acrescentou nada de novo, pois não confirmou senão *o limite privado* conseqüente ao ataque aos deveres impostos. Mas talvez a consulta aos bons intérpretes de Montaigne enseje outra trilha. A propósito da não-exemplaridade do exemplo, escrevia Hugo Friedrich: "Montaigne está convencido de que nenhum individual é assimilado ao geral, como, por exemplo, o inferior ao superior. Ele não busca a lei, mas a imagem" (Friedrich, H.: 1949, 13). E, extraindo as conseqüências da inevitável oposição com a linha a ser aberta por Descartes:

> É um acontecimento importante que, um pouco antes do passo que levará a subjetividade racional do espírito científico moderno ao domínio técnico do mundo, em Montaigne se exprima uma subjetividade de outra ordem: por certo, também ela é uma subjetividade profana, mas não sem afinidade com certo sentimento de piedade, inquieta com a salvação humano-individual e que, quanto mais 'subjetiva' se torna, tanto mais prudentemente se limita a escutá-la e obedecê-la (*idem*, 178-9)

A vista lançada a Friedrich pareceria não só confirmar não haver novidade no regresso acima efetuado, como nada haver-se dito que um intérprete de qualidade já não houvesse mostrado. Não sucederá, contudo, que, com o endosso dos grandes intérpretes, caímos em uma armadilha? Não se insinua algum defeito de suas leituras, mas sim que, de tal maneira se integram à órbita encarecedora do sujeito individual, que não dispõem de um hiato com que vissem além (ou aquém) da letra montaigniana. Levanta-se pois a questão: como abrir o passo para tal hiato? A maneira mais fecunda parece ser procurar traçá-la onde mal se vislumbre seu indício.

Em livro recente, não destacável pela abordagem específica de Montaigne, Charles Taylor esmiúça a relação entre a afirmação da vida cotidiana (*ordinary life*) e a rejeição de valores ideais, externos ao mero eu, que se havia julgado capazes de produzir o *sense of a qualitative distinction*. "A variante especificamente moderna" (do estoicismo) consiste no "ideal do eu descomprometido, capaz de objetivar não só o mundo envolvente mas também suas próprias emoções e inclinações, temores e compulsões, assim alcançando uma espécie de distância e autodomínio que lhe permite agir 'racionalmente'. (...) A razão já não é definida em termos de uma visão de ordem no cosmo, mas sim processualmente, em termos de eficácia instrumental ou de maximização do valor buscado ou de autoconsistência" (Taylor, C.: 1989, 21). Tal afirmação do cotidiano, cumprida por cada um e em conseqüência da *razzia* dos valores ideais, acrescentava Taylor, constitui "uma das idéias mais poderosas na civilização moderna" (*idem*, 14). Importa ainda notar a peculiaridade que o autor passa a encontrar em nossa época: "O dilema existencial em que se teme a condenação é bastante diverso daquele em que, acima de tudo, se teme a falta de sentido. Nossa época talvez se defina pela última" (*ibidem*, 18). Tal risco iminente de *meaninglessness* se correlaciona pois a uma moldura (*framework*) em que "temos o retrato de valores como projeções em um mundo neutro, algo dentro de que, embora inconscientemente, vivemos, mas de que talvez pudéssemos nos abstrair" (*ib.*, 78). O que vale dizer: se, em si, o mundo é neutro, conjunto de propriedades físicas da matéria, e os valores meras projeções sobre ele, então os valores causadores da diferenciação qualitativa são propriedades descartáveis, desnecessárias, se não nocivas. Ao sujeito individual bastaria preocupar-se com as imposições do dia-a-dia. Com isso, o eu se erige em seu próprio valor.

A compreensão de Taylor é suficiente para que se entenda a posição crítica que assumirá ante tal marcante tendência da sociedade moderna. Ora, sabendo-se que o *Sources of the self* consagrará um capítulo a Montaigne poder-se-ia esperar a superposição de sua tese geral com sua análise particular. Isso não deixa de se dar, porém de maneira que não chega a tornar bastante visível o hiato que procuramos. Taylor se contenta, reiterando a oposição usual entre Montaigne e Descartes, em assinalar os dois tipos de individualismo daí provenientes:

> Descartes é um fundador do individualismo moderno porque sua teoria devolve ao pensador individual sua própria responsabilidade, impõe-lhe construir uma ordem de pensamento por si mesmo, na primeira pessoa do singular. Mas assim faz conforme critérios universais; reflete como qualquer um. Montaigne é um originador da busca para a originalidade de cada pessoa; o que não é uma demanda diversa mas em certo sentido antitética à cartesiana. (...) (A aspiração montaigniana) não é encontrar uma ordem intelectual em que as coisas em geral possam ser pesquisadas, mas sim encontrar os modos de expressão que permitirão que o particular não seja descurado (Taylor, C.: *op. cit.*, 182)

A diferenciação é correta, mas deixa intactos outros filões. O primeiro deles, contudo, é tão imediato que poderia haver sido ressaltado se Taylor houvesse trazido até Montaigne a sua própria observação sobre o caráter processual, definido em termos de eficácia instrumental da razão moderna (cf., acima, cit. da pág. 21). Ou seja, o primado do sujeito individual traz para o primeiro plano a questão da Lei. O que significa dizer: *o autocentramento do sujeito permanecerá uma equação incompleta se não se lhe relacionar com um termo ausente que o abarque,* salvo se, o que ainda não sucede com Montaigne, o indivíduo se tomar a si mesmo como base da Lei. Se aquele que afirma tal primado for um pensador, colaborará com esta nova Lei ou a edificará. Próximo a Montaigne, embora sem cogitar em algum termo ausente, é o que fará Rousseau; em termos sistemáticos, no ambiente da modernidade, Descartes e Kant, por excelência. Montaigne, de sua parte, se contentava com um ceticismo bastante para que deles *a priori* se separasse; poder-se-ia também dizer, não tinha vocação para o pensamento abstrato para que discutisse o próprio ceticismo. Qualquer que seja a explicação preferível, o decisivo é que o termo ausente – que se dirá da Lei sob a qual existe o sujeito individual? – nele permanece intacto.

A interpretação corrente ignora a própria questão. A tal ponto somos modernos, o que equivale a dizer, a tal ponto contamos com a estabilidade emprestada ao mundo pela ciência que a Lei moderna legitimou, que não temos consciência do *vazio* que se abrira com a sagração do indivíduo. Ou, nele tocando para logo afastá-lo, justificamos as concessões de Montaigne ao conservadorismo por efeito da conjuntura em que vivia. Passagens como "Desgosta-me a novidade, sob qualquer aparência"; "a religião cristã tem todas as marcas de extrema justiça e utilidade: mas nenhuma é mais evidente do que a exata recomendação de obediência à autoridade e de manutenção das formas de governo" (E 1588, I, XXIII, 119 e 120) são referidas ou com o endosso do intérprete ou sob a ressalva de serem ditadas pela prudência ou ainda consideradas pecadilhos de um espírito maior. Cada uma dessas escolhas, tem o defeito de considerar a *acomodação* uma variável aleatória, passível de ser substituída por qualquer outra tomada de posição. Em suma, aquilo que Montaigne faz com o sujeito, os valores que adota e expressa, seriam irrelevantes para seu estrito entendimento. Em conseqüência, toda a discussão, por enquanto apenas insinuada, sobre o papel do vazio, não passaria de ociosa. Para que ainda ampliemos o quadro interpretativo, considere-se uma opinião recente.

Em um texto bastante breve, Lévi-Strauss destaca que os *Essais* são atravessados pela ambigüidade perante a razão:

> Toda sociedade parece selvagem ou bárbara quando se julgam seus costumes pelo critério da razão; mas, julgada pelo mesmo critério, nenhuma sociedade deveria aparecer como selvagem ou bárbara pois que a todo costume, reposto em seu contexto, um discurso bem conduzido poderá encontrar um fundamento (Lévi-Strauss, C.: 1991, 281)

Montaigne assim se mostra adepto de um relativismo *subversif en profondeur*, se bem que, "superficialmente, assume cor de conservadorismo" (*idem*, 288-9). Afirmação a que logo justifica com o comentário: "No plano prático e na ordem especulativa, só 'nossa antiga crença', como diz Montaigne, pode contrabalançar os efeitos da repulsão suscitada pelo contato com costumes estrangeiros e pela dúvida filosófica que os costumes arriscariam semear e fazer brotar" (*idem*, 289).

As derradeiras passagens parecem contraditórias. Se a última assegura que a dúvida radical só se amaina pela força de *nostre ancienne créance*, esta então desempenha um papel que não se concilia com o qualificativo de *verniz conservador (superficiellement (...) couleur de conservatisme)*. Muito ao contrário, tal conservadorismo é o resultado necessário de que a irrupção do eu, destroçando o quadro da Lei antiga, todavia não bastasse para a adoção de um novo. Podemos aceitar que, nos *Essais*, há um *subversif en profondeur*, porque abala os alicerces de uma ordem secularmente estabelecida. Mas só aí começa seu mais espinhoso problema: que fazer diante da terra em que teremos de viver depois de arrasada? Como atuar perante o dilema em que nós mesmos envolvemos a razão? Não dizemos que Montaigne só poderia adotar a resposta que se conhece. Seu ceticismo epistemológico apresentava-lhe um leque de possibilidades: (a) é uma via de passagem para uma afirmação futura. (É neste sentido que hoje se afirma que o pensamento negativo contemporâneo viabiliza um pensamento afirmativo que entretanto não formula); (b) estabelece com a Lei destruída algum tipo de compromisso; (c) o sujeito cético considera irrelevante qualquer cuidado com qualquer "distinção qualitativa" (Taylor), i. e., decreta a ociosidade da reflexão especulativa, afirma a inutilidade de todo trabalho mental de que não resulte um ganho técnico, em suma, estabelece a morte do esforço enquanto teórico ou filosófico e, reciprocamente, só ressalta a oportunidade enquanto privadamente proveitosa.

A primeira possibilidade só logicamente seria conectável com Montaigne. Se não é irrazoável pensar-se em que alguém, a partir dos *Essais,* intente tal transmutação, em sua obra mesma ela não tem qualquer espaço. Em prosseguimento, se parece óbvio que sua opção é pela segunda, não é menos evidente o mínimo espaço que a separa da terceira, aquela que Taylor denuncia como dominante na sociedade contemporânea. E isso se não nos perguntarmos se (b) e (c) são de fato opções distintas e, então, não concluirmos que (b) é tão-só a mesma opção (c), apenas matizada por ser a maneira como um adepto de (c) pensa quando, por alguma circunstância, é obrigado a justificar intelectualmente sua posição...

Seja como for, a reflexão precedente nos assegura o direito de não tomar a afirmação do eu como o ponto de chegada de um trajeto que começara com a destruição da exemplaridade a que fora submetido o uso dos *exempla.* Ao invés, essa afirmação se acompanha de uma interrogação – que normas respeitarei, que Lei justificará as normas que mantenho? Procurou-se então mostrar que essa interrogação implicava a presença de um vazio e a princípio nos inclinamos a caracterizá-lo pela contemporização montaigniana com certa parcela de valores em vigência. Mas, acrescentamos agora, tampouco *é bastante o preenchimento do vazio pela indicação de um conservadorismo necessário.* Não nos desdizemos: cremos que o conservadorismo montaigniano não é nenhum acidente, mas sim algo correlato à maneira como operava sua própria sagração do eu. Apenas agora acrescentamos que a questão do vazio aí não se esgota. Para compreendê-lo, precisamos retomar a análise que se empreendia antes que surgisse a questão do vazio. Só após seu retorno poderemos ter o acréscimo concretizado.

Víamos que, denunciada a morte-espetáculo, o tempo presente se apresentava como o espaço a ser ocupado; que ele torna o território livre, depois de haverem sido banidas as preocupações com honras e glórias. No campo a agora semear, a volúpia é a fonte desembaraçada: "Não importa o que eles digam, na própria virtude o fim último a que visamos é a volúpia" (E 1595, I, XX, 82). Entretanto, como primeira prova de que o vazio assim não se preenche, ou seja não se converte em parte da presença, tal desejada volúpia não é de alcance certo: "(...) Para nos enganar, a volúpia anda à frente e oculta-nos seu séquito" (E: 1580, I, XXXIX, 245). E mesmo aquela nascida de comércio prudente, tão isento de deveres, aquela que se estabelece ao contato das páginas de Sêneca, Plutarco e poetas latinos não é volúpia segura. Continua a passagem: "Os livros são aprazíveis; mas, se por freqüentá-los, perdemos afinal a alegria e a saúde, que são nossas melhores partes, abandonemo-los. Sou dos que pensam que seu fruto não pode contrabalançar essa perda" (E 1580, I, XXXIX, 245). Se nenhuma volúpia é certa, mesmo que originada de um comércio por opção e prazer, tampouco é certo que o presente se torne livre e aberto. Não resta ao eu senão a volúpia de escrever, de prolongar até o último de seus dias essa rapsódia:

> Pois isso que aqui escrevo são meus humores e opiniões; escrevo-os como algo em que creio e não como algo em que se deva crer. Viso aqui apenas revelar a mim mesmo, que, por acaso, será outro amanhã, se uma nova aprendizagem me mudar. Não tenho autoridade alguma para ser acreditado, nem o desejo, sentindo-me muito mal instruído para instruir os demais (E: 1580, I, XXVI, 148)

Que volúpia maior poderia haver além da de encarar a respeitada autoridade dos antigos e afiançar-lhes que não os citava senão para falar de si próprio: "Não digo os outros senão para melhor me dizer" (*idem*)? A volúpia não chega aí mesmo a se ultrapassar, tornando-se altivez ou mesmo soberba? Por certo que, do livro a que se dedica, deriva solitária voluptuosidade. Mas essa não era química capaz de transformar a ausência – a figura do amigo morto. O amigo que perdera, e a cujo louvor pensara se dedicar, não se recupera em letras, senão que sua distância mais ainda se acusa na letra que o refere e no retrato paralelo de si próprio que se avoluma. Em vez de química que a transformasse, a ausência muda de plano: o que falta, se aguça em presença – na presença de sua escrita.

O imprevisto resultado afeta o perfil dos próprios exemplos. Indisciplinados, heterogêneos, não mais guiados por um código moral, os exemplos se integram a um livro que se continuará escrevendo "enquanto houver tinta e papel no mundo" (E 1588, III, IX, 945). Sua interminável abundância resulta de Montaigne fazer-se receptivo à experiência da multiplicidade. Esta, entretanto, não tem apenas uma conotação positiva: "Nenhum autor francês teve tanto quanto Montaigne a experiência da multiplicidade em seu duplo sentido de liberação e tormento" (Stierle, K.: 1982, 423-4). A volúpia torna o eu espaçoso. Mas é condição mesma de sua riqueza que a ausência permaneça; que apenas mude de plano e cintile em letras. Este seu deslocamento constitui pois o segundo filão que *não* se nota quando se limita a opor o individualismo montaigniano ao de Descartes. O último é coerentemente contrário ao que não fosse passível de ser formulado por equações matemáticas. O vazio não faz parte de seu desenho do mundo. *A opção assumida por Montaigne implica portanto duas marcas entre si contraditórias: a primeira, através da constância do ceticismo, lhe impunha a concessão conservadora. A segunda, pela permanência do vazio, a exploração do múltiplo, tanto o liberador como o aflitivo. Será do cruzamento de ambas que se perfilará a figura da literatura.* Mas ainda não estamos em condições de desenvolver este resultado. Antes mesmo de tematizarmos etapas mais próximas da questão da literatura, na área dos filões ainda se há de nomear um terceiro.

À prática antiga do *exemplum* correspondera, conforme a tese famosa de Auerbach, a divisão dos estilos. Por ela, a enunciação de assuntos graves cabia ao modo trágico, através de uma linguagem elevada, ao passo que os assuntos ridículos ou mesquinhos eram deixados à farsa e ao cômico, através de uma linguagem comezinha. Ora, o rompimento com a exemplaridade, a escolha de um assunto, segundo os parâmetros tradicionais, tão pouco recomendável como o retrato de alguém que não se dignificara bastante no mundo, levaria, nos termos da divisão antiga dos estilos, ao *sermo humilis*. Como o próprio Auerbach teve ocasião de notar, a decisão de Montaigne o impediu de prolongar a concepção da Antigüidade:

> Tudo isso é bastante sério e fundamental; e muito elevado para o *sermo humilis* como compreendido pela teoria antiga e, no entanto, não poderia ser expresso em um estilo elevado e patético, sem a exposição (*Darstellung*) concreta do cotidiano. (...) Sua recém-adquirida liberdade era muito mais excitante, muito mais atual, ligada ao sentimento de insegurança (Auerbach, E.: 1946, 295-6)

A passagem, pelo refinamento de sensibilidade que manifesta, deveria ser transcrita sem comentários. Mas nos obriga a fazê-lo ainda estar comprometida com a idéia de plenitude do sujeito. O "realismo criatural" montaigniano, a que Auerbach se refere na continuação do trecho transcrito, não só é resposta à insegurança de seu tempo, senão que inclui uma *ausência* inarredável. Ao não percebê-lo, o analista não só toma o indivíduo moderno como um centro em si, como se impede de notar a falta com que ele se instala. Melhor: a falta que o instala.

Os passos imediatos seguintes continuarão a nos aproximar da marca do vazio, copresente ao sujeito psicologicamente orientado.

3.1. O exemplo, o homem e o ser

A pergunta sobre o homem, sua dignidade, sua capacidade de escolha e conhecimento constitui o capítulo primeiro da antropologia filosófica do Renascimento. O tema se estende a Montaigne, sofrendo contudo inflexão significativa. A renúncia ao serviço ativo da coroa contivera o gesto inicial de que os *Essais* brotariam. A inflexão particular que emprestará à pergunta sobre o homem já não admitirá o *topos* de sua *dignitas* e muito menos o espírito de generalização. Circula, ao invés, o turbilhão voraz e incerto. Contra a dignidade humana, exaltada por Pico como inerência de uma criatura que ocupa "o intervalo entre a eternidade fixa e o tempo passageiro", Montaigne prefere repetir com Sêneca que o homem é "coisa vil e abjeta (...) se não se eleva à humanidade" (E: 1580, II, XII, 604). O comentário que acrescenta apenas cobre de veste cristã a debilidade humana: "Elevar-se-á se Deus lhe emprestar extraordinariamente a mão", etc (*idem, ibidem*).

Ao longo dos *Essais*, a preferência é guardada para os autores antigos que não enrubesceram ante nossa miséria. A cristianização da mensagem pouco afeta seu núcleo ideativo. A introdução da matéria nova do eu, se bem que preparada no Renascimento, sobretudo pelo gênero epistolar e pelo diálogo,[10] consagra-se em Montaigne mediante violenta torsão: em vez de abrigar entusiasmo conquistador, o coração constata seu tortuoso labirinto; (T. Greene já notara que, em Montaigne, era abolida a flexibilidade que a reflexão renascentista concedia à experiência do eu, cf. Greene, T.: *op. cit.* 259). Recorde-se, por exemplo, a reincidente reflexão sobre o monstro. A primeira que se destaca já o torna equivalente à heterogeneidade do milagre:

> Se chamarmos de monstros ou milagres aquilo a que nossa razão não consegue chegar, quanto disso se mostra continuamente à nossa vista? Consideremos o quanto é em meio a nevoeiros e às apalpadelas que somos conduzidos ao conhecimento da maioria das coisas que temos em mãos: sem dúvida descobriremos que é mais o hábito do que o conhecimento que nos elimina a estranheza delas (E 1580, I, XXVII, 268)

O monstro e o milagre têm em comum o desmentido à ordem declarada. O primeiro concerne à ordem da natureza, o segundo conota a interferência de uma vontade sobrenatural. Igualando-os, Montaigne questiona o filósofo e o teólogo, o pensador e o religioso. Humanos, demasiado humanos, ambos cometem a mesma arrogância, fruto da confiança excessiva na razão. O que se nos exibe sob o glorioso nome de ciência, na maior parte dos casos não se explica por conhecimento de causa, mas sim que pela ação do mero costume. As duas modalidades de fenômenos – o normal esperável, por um lado, o monstruoso e o

---

[10] "La lettre humaniste, à ses origines italiennes, était déjà un 'essai' au sens de Montaigne, abordant tous les sujets à partir d'un *moi* méditant et central, seul principe d'unité au milieu de cette diversité capricieuse" (Fumaroli, M.: 1978, 888).

miraculoso, por outro – não são explicáveis pelo insigne exercício da razão, filosófica e teológica, senão pelo mesmo costume banal.

É verdade que o autor parece depois diminuir a virulência contra a pretensão dos saberes natural e teológico, tratando em separado do monstro e do milagre. "O que chamamos de monstros não o são para Deus, que vê na imensidade de sua obra a infinidade das formas que nela incluiu" (E 1595, II, XXX, 713); "Não temos senão que separar milagres e dificuldades estranhas; parece-me que, entre as coisas que vemos ordinariamente, há estranhezas tão incompreensíveis que sobrepassam toda a dificuldade dos milagres" (E 1580, II, XXXVII, 763).

As figuras do monstro e do prodígio haviam impressionado o pensamento renascentista. "Em termos renascentistas, eles intensificam um sentido de decoro por revelar a inexaurível fecundidade da natureza" (Greenblatt, S.: 1986, 36). Mas esse decoro tanto provocava a admiração pela maravilha da máquina do mundo como estimulava a vontade de experimentação, conhecimento e domínio. Apenas se recorde a relevância do *Des monstres et prodiges* (1573), de Ambroise Paré, para o conhecimento anatômico do corpo. De sua parte, Montaigne recusa eficácia à curiosidade investigadora. Conformista, afasta o problema declarando-o inexistente ao olhar divino. Ao plano experimental se anula, remetendo-se a questão ao plano do Criador. Em troca, a passagem de II, XXXVI desqualifica a explicação teológica: é o modo habitualizado de ver, o costume, que, incluindo os milagres entre *des difficultez estrangeres,* que duplamente engole gatos e lebres e toma por milagroso o que, segundo outro costume, seria esperável e suporia conhecer-se o que, permaneceria estranheza.

Em suma, em Montaigne a questão do monstro suscita o tribunal montado contra a razão. Como um bom advogado, utiliza o argumento que mostre eficaz seu ponto de vista. Se a sabedoria leiga, neste início do empenho moderno pelo científico, conta com a suspeita da cúpula eclesiástica, que haveria de melhor que jogar um contra o outro? Seu desdém pela medicina não se conteria diante do experimentalismo exitoso do contemporâneo Paré. Pesquisas semelhantes são previamente desqualificadas pela recorrência ao princípio da onisciência divina, contra a qual os adversários não ousariam se levantar. Mas, cuidado, é preciso que não seja muita a água que traz para o moinho dos teólogos; eles não são menos presunçosos ou ignorantes.

A destreza do advogado só não é capaz de domar o terceiro veio clandestino que se abre com o realce do costume. Imprevisto que fosse, tal veio não era arbitrário quanto ao destaque montaigniano da diversidade humana. É certo que, embora não arbitrário, o aprofundamento do caminho viria a abrir um traçado que não se coadunaria com o do próprio autor, pois suporia que, pelo exame da diversidade dos costumes, se chegasse à conclusão que, cada um deles, por si, conteria uma certa homogeneidade e que esta viesse a admitir – o que seria irônico para o propósito montaigniano – uma... ciência do homem. Poder-se-ia porém alegar que esse seria um resultado que já implicava a existência e o manejo de peças alheias ao tribunal montado pelos *Essais* contra a razão. Sim, seria verdade. Mas a conclusão deixa escapar o dado capital: Montaigne precisava operar com alguma constante. Ela se nomeia e diversifica por diversos planos: a ordem divina, a ordem universal da natureza, os usos e costumes do tempo e do lugar em que se haja nascido. Cada qual impõe um limite à conduta. Se Montaigne não pretende indagá-los, se justifica seu desinteresse seja pela inanidade com que previamente define a razão, seja porque seu empenho se dirige à singularidade de si próprio, por outro lado, entretanto, esta última não consegue se dizer e supor-se crível sem recorrer a uma modalidade de constância. Tampouco estranha que das mãos do hábil advogado escape um argumento imprevisto: situada no ponto em que uma Lei desmorona e outra apenas se constrói, a ordem heteróclita de Montaigne – i. e., animada por um princípio, o sujeito individual, que remetia a uma cosmovisão que dele prescindia – era, por definição, provisória. O seu indivíduo em breve se transformará em Cogito, em Homem, objeto que, ao se considerar digno de indagação filosófico-científica, desativará por séculos o tribunal que questiona o entendimento.

Sem alardes de pregador ou sistemáticas de filósofo, adotando a vagabundagem por método – "Meu estilo e meu espírito do mesmo modo errantes" (E 1595, III, IX, 995) – Montaigne segue a trilha dos acidentes. Acidentes do que leu, do que ouviu dizer, do que viu, sobretudo do que tenha vivido. Seriam pois os *Essais* um livro autobiográfico? Para nosso contemporâneo, a afirmativa é tão flagrante que a pergunta parecerá fútil. Para mostrar-se que a evidência é falsa, precisaremos de um duplo trajeto. De imediato, nos perguntaremos sobre o que é próprio ao gênero autobiográfico. Só depois do esclarecimento teórico, viremos ao próprio Montaigne.

Eugene Vance, na abertura de seu ensaio sobre as *Confissões* de Agostinho, escreve que o conceito de autobiografia serve "tanto de veículo da consciência subjetiva, quanto de documento de uma história externa e objetiva, cuja alteridade é também, por fim, a daquele que escreve" (Vance, E.: 1986, 1). Aparentemente, é o que se dá com Montaigne. Tome-se uma de suas passagens características:

> Desde que comecei (este livro), envelheci sete ou oito anos.; isso não aconteceu sem alguma nova aquisição. Graças à liberalidade dos anos, passei a sofrer de cólica (renal). O comércio e o longo convívio com os anos não se passa facilmente sem algum fruto como esse. Bem gostaria que, dos vários presentes que os anos regalam aos que os freqüentam por muito tempo, houvessem escolhido um que me fosse mais aceitável; pois não me poderiam ter dado outro de que tivesse mais horror, desde minha infância; de todos os infortínios da velhice, era justamente o que eu mais temia. Muitas vezes pensara comigo mesmo que estava avançando demais e que ao fazer um caminho tão longo não deixaria de ocorrer-me algum desagradável encontro. Sentia e proclamava bastante que era hora de partir e que era preciso cortar a vida na carne viva e saudável, conforme a norma dos cirurgiões quando têm de amputar algum membro. (...) Mas eram proposições vãs. Faltava tanto para eu estar pronto, então, que há mais ou menos dezoito meses que estou neste estado desgradável e já aprendi a adaptar-me a ele. Já estou entrando em acordo com essa vida de cólicas; encontro nela com que me consolar e o que esperar. Os homens são tão viciados em sua vida miserável que não há condição, por mais rude que seja, que não aceitem, para que aí se conservem (E 1580, II, XXXVII, 759)

Tivemos que deixar a passagem quase intacta para que mostrasse seu fluxo. Conquanto o acidente ainda se desenvolva por páginas, já é evidente que ao autor menos interessa documentar um fato de sua vida do que, entre resignação e humor, comprovar a adaptabilidade humana. *Ce vivre coliqueux* não é motivo para apressar a morte. A reflexão sobre a adaptabilidade a *si rude condition* mais e mais se afasta do que seria a descrição do fato. Como em uma sucessão de improvisos que transformassem a célula melódica inicial, Montaigne se debruça sobre a experiência dos antigos acerca do sofrimento das doenças. Mas não cogita de extrair alguma máxima geral. Cada experiência segue seu curso. E, mesmo porque não há experiência paradigmática, retorna ao *Leitmotiv* – "Sou presa da pior das doenças, mais repentina, mais dolorosa, mais mortal e irremediável. (...) Tiro pelo menos este proveito das cólicas: o pouco que ainda havia em mim para não me familiarizar com a morte, elas o completarão" (*idem*, 760) – e o expande. Para a veemente reprimenda de Pascal, o retrato que fará de si não esconderá seus achaques. Eles, contudo, menos se mostram como documentos do que como pontos de apoio para a meditação flutuante, não sistemática, pontual, pessoalizada. O tom rapsódico comanda o clima autobiográfico e a permanência do olhar sobre si não o impede de dirigir-se a Cícero e à estranheza do que a razão ignora. Explorando-a, Montaigne destramente reconduz o texto à pessoalidade: o mal que o atinge em certa idade estivera na *goute de semence* com que o pai o engendrara: "É de crer que deva a meu pai esta qualidade pedrosa (*pierreuse*), pois morreu extremamente afligido por uma grande pedra que tinha na bexiga" (E 1580, II, XXXVII, 763).

O exemplo escolhido cumpriu sua tarefa: criar o solo concreto, a partir do qual a teorização sobre a autobiografia já contasse com a prática montaigniana. Torna-se então mais viável considerar-se a conjunção ou disjunção da prática com o gênero.

É freqüente associar-se a autobiografia à confissão, em que desempenha um papel decisivo a importância assumida, desde o Renascimento, pelo livro de Agostinho. As *Confissões* têm sido desde então lidas como o comovido testemunho de sua própria vida. Mas a interpretação é equivocada. Referimo-nos com brevidade a posições contrastantes.

Na frente que reitera a resposta afirmativa, destaca-se a linha argumentativa exposta por um historiador do peso de Peter Brown:

> As *Confissões* são uma obra-prima de autobiografia estritamente intelectual. Agostinho transmite um tal sentido de intenso envolvimento pessoal com as idéias com que lida que somos levados a esquecer tratar-se de um livro excepcionalmente difícil (Brown, P.: 1967, 167)

A frase final conclui um raciocínio que haviam desenvolvido as páginas próximas precedentes. À primeira vista, diz o historiador, seria fácil localizar o livro. Agostinho teria apenas seguido o hábito dos neoplatônicos, a cujo pensamento aderira, de compor orações em louvor a Deus. E, tendo o Deus dos neoplatônicos o caráter de *absconditus* à razão humana, a indagação filosófica, incapaz de abarcá-lo, "pendia para a qualidade concentrada de um ato de oração", na busca "de estabelecer uma relação direta" com Ele (*idem*, 165-6). Tal identificação contudo terminaria arbitrária porque "estas orações eram comumente encaradas como parte do estágio preliminar da elevação da mente do filósofo para Deus. Nunca haviam sido empregadas, como fazia Agostinho por todo o livro, para estabelecer uma conversa viva com Ele" (*ibidem*, 166-7).

A posição de Brown é implicitamente contestada pelo texto do medievalista Eugene Vance. A afirmação do caráter autobiográfico das *Confissões* é bastante difundida para que Vance necessitasse nomear este ou aquele de seus opositores. Seu argumento pode ser assim sintetizado: para Agostinho, ao passo que Deus é o depositário da verdade, a linguagem humana não passa de capa superficial, que há de ser escavada pela memória. Só pelo trabalho da memória teremos acesso à centelha divina na criatura ocultada. Só mediante essa exploração, pode-se operar o encontro da criatura com o Criador. Tal encontro supõe a morte do eu e de seu necessário acompanhante: a linguagem, enquanto mortal e mundana. A história de si próprio é então rememorada e narrada como demonstração de uma perda exemplar e de sua metamorfose transfiguradora. Daí o caráter *comemorativo* da linguagem de Agostinho:

> A ontologia das *Confissões* não é pois fundada no modelo da comunicação intersubjetiva entre mortais, mas sim no modelo de

> uma possessão por um ser de uma ordem mais elevada: falar corretamente é de fato ser habitado pela voz do Outro que fala ao "ouvido do coração" (Vance, E.: 1973, 170)

O caráter comemorativo que a linguagem assume implica a mortificação de sua terrena carnalidade. Contudo, mesmo pelo invólucro mortal da carne, o mergulho na memória não se completa, enquanto dirigido pela confissão. Por isso "Agostinho tornar-se-á insatisfeito com o relato de sua vida pessoal como fonte da verdadeira sabedoria e, em conseqüência, convidará sua alma (como faz no Livro X) a refletir sobre sua própria substância espiritual e interna, em vez de sobre as imagens externas da criação (...)" (Vance, E.: 1986, 23).

A posição de Vance convence sobre a contrária e mais freqüente. Note-se de passagem que, embora P. Brown seja um historiador de mérito, respalda seu argumento pondo, por fim, entre parênteses, o tempo histórico: disparada no fim do mundo antigo, a flecha das *Confissões* atravessa a sombra dos séculos e só se crava na abertura dos tempos modernos: "É essa terapia do auto-exame que, talvez, tenha trazido Agostinho para mais perto de algumas das melhores tradições de nossa própria época" (Brown, P.: 1967, 181).

A linha interpretativa que recusa o caráter de autobiografia das *Confissões* levanta, contudo, a dificuldade suplementar de tornar o gênero autobiográfico exclusivo à época legitimadora do indivíduo. Como então nos referiríamos a obras como o *Vita*, de Flávio Josefo, se já não poderíamos incluí-la entre as peças auto-encomiásticas dos dignatários romanos? Para casos semelhantes, teríamos de recorrer a expressões impróprias como formas "precursoras"? A solução depende de não se tomar o sujeito — seja sob a modalidade da individualidade antiga, seja sob a do indivíduo moderno — como o termo último. É o que propõe John Freccero: "(...) O gênero autobiográfico (...) implica a morte do eu como personagem e sua ressurreição como autor" (Freccero, J.: 1986, 16-7). A autobiografia supõe, em vez da identidade pessoal a ser explorada e escrita, a descontinuidade causada pela conversão — "uma conversão é apenas uma conversão quando se exprime em uma forma narrativa que estabelece a separação entre o eu como personagem e o eu como autor" (*idem* 17). A própria vida não se vê sem o hiato da escrita.

Se a narrativa autobiográfica destaca as paradas singulares de *uma* vida, nos *Essais* é evidente que o registro do singular se transforma em rapsódica reflexão sobre *a vida enquanto humana*. Tanto na autobiografia como em Montaigne há o ressalte de um instante marcado por uma *conversão*. Em cada caso, porém, ela se conecta a axioma distinto: na autobiografia, o axioma é a singularidade da vida que se narra (daí mesmo sua excepcionalidade no mundo antigo); em Montaigne, a indistinção da condição humana. Mas como? Estaríamos por acaso contradizendo todo o destaque da singularidade, que até agora havíamos enfatizado nos *Essais*? A dúvida nos permite acentuar o paradoxo que acompanha a reflexão montaigniana sobre a singularidade: sua necessidade de contraste. Acompanhemo-la com cautela.

Aparentemente, somos só diferenças. *Per se,* cada homem já é um agregado de peças dessemelhantes; em conjunto, somos outras tantas diversidades. Algo entretanto nos iguala, Montaigne poderia haver dito: a arrogância e a frivolidade de nossa razão. O tribunal a que a submete parte da denúncia de ser infundada sua pretensão ao conhecimento. É em nome pois da radical diversidade de cada um que se humilha a razão. Desta maneira cada portador dessa heterogeneidade assume o direito de se fazer ouvir e transmitir indiscrições pessoais. Tudo isso põe o autor na órbita do autobiográfico. Haveremos contudo de diferençar entre essa *órbita geral e o gênero autobiográfico, propriamente dito.* A órbita geral não se esgota no gênero autobiográfico, pois ainda abrange a carta – na qual o Renascimento e, particularmente, Erasmo, experimentaram o prazer da expressão de si próprio, não mais congelada pelo formulário retórico ou pelo modelo ciceroniano (cf. Fumaroli, M.: 1978) – e o ensaio. A *conversão* de Montaigne-personagem em Montaigne-autor mostrou-se menos ao se encerrar em seu próprio castelo do que quando, falido o projeto de glorificar a memória de La Boétie, praticamente compreendeu que escrever é lidar com vazios. A *conversão* o insere no autobiográfico; o tom rapsódico o conecta à deriva do ensaio.[11]

A localização do ensaio na órbita do autobiográfico cria um embaraço para a arquitetura expositiva deste capítulo. Ele encaminhava para o tratamento mais detido da questão do vazio, quando, sem que antes houvéssemos esgotado a exploração de seus preliminares, apareceu outra variável: o problema da forma do ensaio. E isso antes mesmo que a exposição do presente item estivesse concluída. Ao menos essa, então, não poderia ser apressada? Ora, considerando que dos três termos de que o item se propôs a tratar ainda falta o terceiro, não poderíamos nos limitar a repetir que, quanto ao ser, Montaigne assume um absoluto ceticismo? É o que faríamos se tal reconhecimento bastasse. Mas tudo que temos dito sobre a estreita relação entre a afirmação da heterogeneidade e a premência de um fundo estabilizador indica o contrário. Por isso, em vez de adotar o recurso da reiteração e, recordando a constatação de Thibaudet: "Os *Essais* são os estudos, os desenhos de uma pintura impossível" (Thibaudet, A.: 1963, 61), aceitemos a inviabilidade de desenvolver uma reflexão linear.

Se o ceticismo montaigniano é apodítico e incontornável, em troca estabelece, discursivamente, uma vizinhança que pode ser iluminadora. Mais que vê-la, é questão de saber escutá-la:

> (...) Oi, homenzinho, já tens bastante dissabores sem os aumentar por invenção tua; e és de condição bastante miserável para que o sejas por arte. (...) Achas que és demais feliz se tua felicidade não se transformar em desprazer para ti? Acaso achas que cumpriste todos os deveres necessários a que a natureza te obriga e que ela está incompleta e ociosa em ti se não te obrigares a novos deveres? Não temes ofender suas leis universais e indubitáveis, e persistes nas tuas, particularistas e fantasiosas. Já tens suficientes desgraças reais e essenciais, sem que te forjes imaginárias. As regras positivas de tua invenção te ocupam e te prendem, bem como as regras de tua paróquia: as de Deus e do mundo não te tocam (E 1580,1588, 1595, III, V, 879)

---

[11] A reflexão que aqui se desenvolve completa a que se iniciara em "Persona e sujeito ficcional" (Costa Lima, L.: 1991, 40-56).

Por certo, a invectiva contra o homem se move a partir do ceticismo. Mas ele é apenas o leito em que o argumento assenta. O ceticismo montaigniano não recusa que haja uma ordem natural e divina. Ela tornaria menos flagrante a miséria humana se a criatura não se afanasse em ignorá-la. Ou seja, não é suficiente falar-se na falência da razão, pois para sua debilidade contribui o advento de outra força. A passagem o declara com nitidez: insatisfeito com seu destino, o homem *par art* se engenha em conceber para si outros encargos, duplicando as desgraças que já lhe estavam asseguradas. A falência da razão é paralela à forja da imaginação. Ao passo que há "leis universais e indubitáveis", o lado escuro da razão as esquece e, sob a fogosidade da imaginação, concebe "as regras positivas, de tua invenção", trocando as leis "de Deus e do mundo" pelas de "tua paróquia". Que aspecto imprescindível aí se contém, que vizinhança discursivamente aí se estabelece, senão a desastrosa proximidade entre razão e imaginação?

Ao tribunal a que se arrastara a razão comparece um outro réu; coadjuvante ou estimulador das ações daquela, a imaginação não é menos culpada da condição humana. O tribunal parte do suposto de que a cena armada teria sido desnecessária caso o homem tivesse sido uma criatura obediente aos preceitos naturais. Mas onde encontrar sua inocência? A diversidade dos povos, a descoberta do mundo que até há pouco se desconhecera não revelam algum primitivo integrado ao que seria a Lei da natureza. Esta é invocada como um mito às avessas. No plano da realidade, o homem sempre acresce seus naturais incômodos pelas *laideurs* concebidas pela imaginação. Se a razão é escura não é mesmo porque a imaginação a impede de sair da caverna? O conluio de uma com a outra assinala a vizinhança negativa. No entanto, ao encenar o tribunal, Montaigne ainda supõe que, ao menos teoricamente, o disparate do mundo pudesse ser abrandado. (Nisso, estará sua diferença capital com Kafka. Melhor dito, aí está a diferença entre a época da sagração do indivíduo e a do questionamento da Lei centrada no homem). Em Montaigne, o abrandamento a que aludimos não era apenas uma figura hipotética. Ao invés, dispunha da possibilidade de se confirmar. Ela apenas dependeria de que a adaptabilidade humana não fosse empregada em se ajustar mesmo ao pior dos estados, senão em conceber uma situação menos incômoda. O etos individualista então aparece como a vizinhança positiva da razão escura. Suas manifestações são abundantes. Bastem-nos umas poucas.

Embora Montaigne não teça com freqüência louvores aos estóicos, seu tácito endosso se converte em flagrante desacordo quando os encontra demasiado aferrados à defesa de um valor: "Por certo que é preciso reconhecer que há nessas almas uma certa alteração e um certo furor, por mais santo que seja (E: 1580, II, II, 47). Por escrever durante as guerras religiosas, onde as manifestações de santos furores seriam mais freqüentes que os exemplos colhidos nos livros dos antigos, é de se supor que Montaigne se fundasse em casos contemporâneos. Deste modo, professando lealdade a seu rei, afastava-se dos partidos em luta e acusava de fanática qualquer posição fixa. Essa seria uma espécie de constância baseada no lado escuro da razão. Se a razão não pode ser iluminadora, pode ao menos ser útil a quem a usa. Pelo pragmatismo, o etos individualista se aferrava ao pão pão, queijo queijo: estou vivo e assim quero me manter; sou de certo lugar, que tem certos costumes; por que não os considerar? Mas nada de exageros: seria desaconselhável tanto contrariá-los como segui-los à risca. No limite, o desagrado ante toda posição fixa, a flexibilidade então aconselhada, fazem-se em nome do manter-se vivo. O aferrar-se a uma certa conduta supõe a manutenção de distinções qualitativas – antes a morte que a desonra, antes a desgraça que a traição etc –, determinadas por uma escala de valor. Que seria tal escala senão uma forma assumida pelas "regras positivas", formuladas para o homem pelo acordo perverso de sua imaginação com sua razão? Os valores são projeções dispensáveis. Obedecê-los, uma questão de conveniência. A boa aprendizagem da morte se mostra na habilidade em escapar aos modos de apressá-la. A razão, que se julgara, fora condenada por sua *mésalliance* com a imaginação; de seu trato nascera a louca ambição daquela. Mas, se a razão não pode ser iluminadora, pode ser sensata. Essa não se perde em especulações. A filosofia "nos prepara (*nous dresse*) para nós, não para outrem; para ser, não para parecer" (E: 1595, II, XXXVII, 761). A razão sensata não sustenta e não defende senão o seu agente.

Claramente, o etos individualista combate o estamental. Um pouco acima da última passagem citada, o autor aconselhava à filosofia que deixasse em paz as aparências externas:"Que deixe esse cuidado aos atores e mestres da retórica, que dão tanta importância a nossos gestos" (*idem, ibidem*).Os praticantes da retórica são os conselheiros de uma ordem exibitória. A razão sensata, em troca, é *pour estre*. Não termos *aucune communication à l'estre* não impede que zelemos por nosso *estar*. O ceticismo exacerba a proposta de um etos individualista. A negação de todos os valores postula o indivíduo como o único valor de uma razão saudável. "Gostaria mais de entender-me bem a mim mesmo do que a Cícero" (E: 1588, III, XIII, 1073). Posta nestes termos, contudo, a afirmação sobre o etos individualista seria redundante. Por tantas diversas vias a ele chegamos que pareceríamos imitar os vaivéns do próprio Montaigne. O passo adiante é oferecido pelo cotejo de dois trechos referentes à tarefa do historiador:

> Nunca houve tantos historiadores. É sempre bom e útil escutá-los, pois o arsenal de sua memória nos prové de belas e louváveis instruções; grande parte delas, por certo, em benefício da vida; mas, no momento, não é o que buscamos; o que queremos saber é se esses narradores e compiladores são eles próprios louváveis (E 1588, III, VIII, 931)

A passagem opõe o *topos* pelo qual a escrita da história, *historia magistra vitae*, era classicamente justificada à exigência do exame pessoal de quem a compõe. Começa a emergir o primado da intencionalidade do sujeito e, em conseqüência, o papel a ser assegurado a uma hermenêutica leiga. De qualquer maneira, nossa compreensão permanecerá parcial se não relacionarmos o trecho acima com outro bem anterior:

> Há autores cujo fim é relatar os acontecimentos. O meu, se conseguisse alcançá-lo, seria falar do que pode acontecer. Com toda a razão é permitido nas escolas supor semelhanças, ainda que inexistam (*quand ilz n'en ont point*). Não o faço eu e, nesse ponto, supero em escrúpulo a própria fidelidade histórica (*et surpasse de ce costé là en religion superstitieuse toute foy historiale*). Nos exemplos

que aqui reproduzo, tirados do que ouvi, fiz ou disse, proibi-me de alterar até as mais ínfimas circunstâncias. Minha consciência não falsifica uma vírgula, minha ciência não sei (E 1595, I, XXI, 105-6)

A afirmação individualista não se restringe a acusar de descabidas as pretensões da razão ou a incriminar seu conluio com a imaginação ou muito menos a enfatizar a necessidade de antes saber-se da probidade do historiador. Usando seu próprio exemplo, Montaigne acrescenta o requisito do respeito absoluto aos fatos. Não é que por eles se alcance o caminho da verdade intemporal – *ma conscience ne falsifie par un iota, ma science je ne sçay* – mas sim o de uma singular e mais modesta: a verdade do que foi. *Por conseguinte, a centralização no indivíduo não se restringe a provocar o ceticismo, incriminador da razão e da força nela exercida pela máquina enganosa da imaginação ou a impor uma acomodação com a Lei antiga; estes são ainda resultados parciais, que, de sua parte, conduzem ao encarecimento do testemunho, à autoridade então concedida ao olhar fidedigno. Contra as presunções da razão e as quimeras da imaginação, apresenta-se o fato. Enquanto índice do que é passível de conhecimento, só o fato é compatível com um mundo que tem o sujeito individual por centro.* Montaigne, o consagrador do indivíduo, não é menos o defensor do fato, que lhe parece independer do arbítrio.

A devoção ao fato se impõe ao indivíduo enquanto indício de uma Lei, i. e., testemunho de um princípio homogeneizador. Mesmo antes de essa Lei estar enunciada, convertida em conceito – como ainda não está na época de Montaigne –, o fato era um indício bastante confortador. Vemos, pois, como o fato é um elemento encarecido pela Lei fundada no sujeito psicologicamente orientado. Mesmo porque Montaigne não é propriamente um pensador, seu surgimento nos *Essais* é surpreendente e auspicioso. O fato começa a assumir tamanho realce para que a heterogeneidade da experiência possa encontrar algo que a isente do arbitrário subjetivo.

Desde a pesquisa de George Huppert sobre o início da historiografia *moderna* na França, essa conclusão transcende a figura de Montaigne e revela sua base histórico-social. Aceitamos de Huppert a hipótese de que o encarecimento do factual partia da "disciplina exigida pelos juristas em matéria de verificação dos fatos" (Huppert, G.: 1970, 27), que descreditava o modelo da história renascentista e que veio a ser peça saliente na caracterização da *culture de robe* da segunda metade do XVI francês. Se, no caso da escrita da história, isso se demonstra cabalmente pelas *Recherches de la France* (1560), de Estienne Pasquier (1529-1615), (cf. Huppert, G.: *op. cit.*, cap. 3), não é menos verdade que, em Montaigne, a maior complexidade dos *Essais* exige que a relevância do fato se mostre combinada a problemática ainda mais ampla.

4. A IMAGINAÇÃO, FONTE DE EXTRAVIO

Para o autor dos *Essais*, a força da imaginação é incontestável: "Sou daqueles que sentem o grande poder da imaginação. (...) Contraio o mal que estudo e o ponho em mim. Não acho estranho que ela cause febres e morte aos que a deixam agir e a aplaudem" (E: 1580, I, XXI, 97-8). Exemplificando com sua própria impressionabilidade, demonstra que a lição a extrair não se dirige tão-só aos outros. Se a razão não se qualifica para o saber, o combate é ainda mais árduo porque também há de se estar vigilante contra a imaginação. Os efeitos dessa talvez ainda sejam piores: se razão provoca a vaidade da mente, a imaginação se manifesta no próprio corpo:

> Suamos, tremen os, empalidecemos e enrubecemos ante os assaltos de nossas fantasias e, estendidos no colchão, sentimos nosso corpo agitado pelos movimentos delas, algumas vezes chegando a expirar por isso (*idem*, 98)

Se também a mente é sua sede, parte alguma do corpo a rechaça. E, embora seu império não poupe as terrenas majestades, é no vulgo que provoca os maiores estragos. É por ignorar-se sua potência que se acusam milagres e feitiços. Na verdade, é ela a fonte das crendices. "É plausível que o crédito principal dos milagres, das visões, dos encantamentos e de certos efeitos extraordinários venha do poder da imaginação, agindo sobretudo junto às almas do vulgo, mais fracas. A credulidade de tal modo delas se apossou que julgam ver o que não vêem" (E: 1580, I, XXI, 99). A imaginação se manifesta em uma retórica corporal, cujos efeitos são mais insidiosos que os dos profissionais da palavra persuasiva porque sua ação é interna e independente do que se escute ou profira. Sussurrante dentro de cada corpo, ela prescinde da atenção dos ouvidos. Nos que não se acautelam, tudo se torna passível de suceder. Assim pode nas moças crescer o membro viril e as grávidas engendrar filhos com cara de bicho. Fazendo-se transmissor das crendices que circulavam, Montaigne aqui não postula a heterogeneidade dos exemplos – as crenças generalizam. Por isso recomenda aos recém-casados que adiem a estréia do leito nupcial para quando sejam menos presas *d'agitation et de fievre*. A desobediência pode significar irremediável vergonha e infalível desastre.

A tal ponto o tema o obseda que não se limita a tratá-lo em "De la force de l'imagination". A advertência constante se explica porque é a imaginação que nos estimula a permanecer insatisfeitos e, por conseguinte, a desejar o que desconhecemos:

> Nosso apetite é irresoluto e incerto. A nada sabe manter, nem a nada gozar de modo certo. Estimando que assim seja pelo vício destas coisas, o homem se povoa e se nutre de outras que não sabe e não conhece, em que aplica seus desejos e suas esperanças (...)
> (E: 1580, I, LIII, 310)

Sob este aspecto, Montaigne não se distingue do mais rigoroso moralista, nem do cura mais medíocre. Posteriormente, para apenas falarmos em grandes nomes, se o racionalismo de um Bayle não encontraria afinidade com seu ceticismo, em troca, um e outro comungariam na virulência contra a imaginação. O mesmo sucederia com Malebranche e com Pascal.[12]

---

[12] Do último, lembre-se o início do fragmento sobre a imaginação: "*L'imagination.* – C'est cette partir dominante dans l'homme, cette maîtresse d'erreur et de fausseté, et d'autant plus fourbe qu'elle ne l'est pas toujours; car elle serait règle infaillible de vérité, si elle l'était infaillible du mensonge. Mais, étant le plus souvent fausse, elle ne donne aucune marque de sa qualité, marquant du même caractère le vrai et le faux" (Pascal, B.: 1669, § 104, 1116).

Se Montaigne aí tanto se empenha é mesmo porque sua experiência lhe ensina que, apesar dos cuidados, o inimigo nele permanece:

> Parece que ser conhecido seja de certa forma ter a vida e a duração sob a guarda de outrem. Quanto a mim, considero que só em mim existo; e, essa outra vida minha que se aloja no conhecimento de meus amigos, considerando-a pura e simplesmente em si, bem sei que dela não tiro fruto nem prazer, senão pela vaidade de uma opinião fantasiosa (*fantastique*) (E 1580, II, XVI, 626)

Tudo indica que só no combate contra a sexualidade o Ocidente empregou tanto empenho contra um impulso natural – lembre-se Agostinho que, já idoso e bispo, se recriminava de suas tentações carnais. Curiosamente, em matéria de erotismo e de revelações sobre sua sexualidade, Montaigne é de extrema liberalidade. Pode-se supor que, entre os católicos, a sagração do sujeito individual diluiu o estrito interdito que pesava sobre o erótico e o dividiu com o que vinha a marcar a imaginação. Teria assim sucedido porque a imaginação promove uma comoção genérica, interna e externa, corpórea e moral, que compromete o equilíbrio de um eu não protegido por uma ordem que, previamente, levasse o eu em conta? Não bastaria pois a Montaigne o compromisso com aspectos da antiga ordem, nem a relativa estabilidade fornecida pelos costumes a que o eu estaria obrigado a considerar. Sem a vigília contra *d'imaginations irresolües et contraires*, o eu, sobretudo se propício a esses acessos, estaria desarvorado. O combate contra a imaginação não pertence ao mero tradicionalismo de Montaigne, senão que, junto ao encarecimento do fato, parte do apreço à objetividade, que se acentua paralelamente ao primado do eu. *O controle do imaginário, por conseguinte, não é um capítulo à parte do que será o cientificismo.* Limitar-se pois a contrapor os individualismos cartesiano e montaigniano é uma concessão à generalidade.

Este desenvolvimento tem o proveito subsidiário de nos fazer entender o desinteresse ou mesmo a aversão de Montaigne pela obra enquanto ficcional (naturalmente, o qualificativo não é dele):

> Entre os livros de simples diversão, considero dignos de nos ocuparmos deles, entre os modernos, o *Decamerone* de Boccaccio, Rabelays e os *Baisers* de Jean Second, se é que devemos pô-los sob este título, dignos de que com eles nos divirtamos. Quanto aos Amadises e tais tipos de escritos, não me interessaram sequer na infância (E 1580, II, X, 410)

Como se infere de passagem anterior, tal desinteresse seria conseqüência de uma educação severa, que privilegiava os clássicos latinos e o impedia de conhecer sequer os nomes dos heróis do romance de cavalaria (cf. E 1580, I, XXVI, 175). Mas a explicação é insuficiente: em nenhum outro caso, Montaigne estadeia semelhante obediência aos modelos. É mais plausível entender o desgosto pelos livros *simplement plaisans* pelo reconhecimento de que excitavam sua imaginação sem, em troca, lhe conceder algo de útil. Se a dedução for correta, não terá sido ocasional que a literatura, em sua acepção moderna, só se legitimará quando a experiência do eu estiver bastante madura – no final do século XVIII.

5. Pressupostos para o tratamento do retrato

O núcleo deste item e dos dois seguintes é fornecido pela antinomia entre passagens dos Livros II e III. Pouco notada, ela merece a máxima atenção.

> Não é para alarde que nossa alma deve desempenhar seu papel; é dentro de nós, no íntimo, aonde outros olhos não chegam exceto os nossos; ali, ela nos guarda do temor da morte, das dores e mesmo da desonra; tranqüiliza-nos contra a perda de nossos filhos, de nossos amigos e de nossas fortunas, e, quando a ocasião se apresenta, também nos conduz aos acasos da guerra (E 1580, II, XVI, 623-4)

> Não pinto o ser. Pinto a passagem. (...) É o avesso de um papel (*un contrerolle*), de diversos e mutáveis acidentes e de pensamentos indecisos e, se calhar, opostos: ou porque eu seja um outro eu (*sois que je sois autre moymesme*), ou porque capte os objetos por outras circunstâncias e considerações. Seja como for, talvez me

contradiga; mas, como Dêmades dizia, não contradigo a verdade.
Se minha alma pudesse fixar-se, eu não me ensaiaria, mas sim me
resolveria. Minha alma está sempre em aprendizagem e sob prova
(E 1588, III, II, 805)

A primeira passagem formula o que chamaremos o ideal do eu
montaigniano. O papel da alma não consiste em nos exibir para os outros.
Atuar em função da glória ou para excitar a nomeada, deixar-se afetar
pelos murmúrios que se desperte são decisões fúteis e ridículas. É dentro
de nós que a alma cumpre seu papel. É ali que, sem testemunhas, se forja
a resistência para os desastres. O ideal do eu montaigniano supõe uma
fábrica de constância. Se não temos comunicação com o Ser, não temos
contato com o imutável metafísico. Se, ademais, somos assediados pela
imaginação, tendemos a ser empurrados pelos caprichos dos eventos e
dos humores. Ante aquela impossibilidade e este assédio, a lição dos
estóicos há de ser internalizada. E a lembrança precisa de um deles é
evidente. Em *Da brevidade da vida*, Sêneca trata das três épocas de que
se compõe a vida: o presente é breve, o futuro, incerto, só a época passada
é irrevogável. "Esta é, pois, a parte sagrada e irrenunciável de nosso tempo,
isenta de todas as eventualidades humanas, subtraída ao império da
fortuna, impertubável aos ataques da pobreza, do medo, das
enfermidades. Esta não pode ser nem perturbada nem arrebatada; sua
posse é perpétua e limpa de toda desgraça" (Sêneca: ca 50 d.C., X). Para
o exercício do domínio de si, o estóico aponta, entre as faixas do tempo,
aquela de posse plena. O cuidado de si, dizia Foucault, não se confunde
com o processo de crescimento do individualismo. Mostra-o com clareza
o cotejo dos trechos citados de Sêneca e Montaigne. No filósofo, o passado
é território imutável. Ele assim permite uma medida de objetividade.
Diante dele, a individualidade se põe e se permite aferir os traços de sua
persona, pelo que ela ali fez e o que com ela foi feito. Montaigne, contumaz
leitor de Sêneca, procura manter essa propriedade, trazendo-a porém
para dentro de si; a constância de si seria encontrável, não em alguma
transação com algo dele independente, mas em seu próprio cerne. O
que chamamos o ideal do eu montaigniano é, portanto, a forma pela
qual o mutável e incontrolável se converte em afirmação da constância
que o eu oferece a si próprio. Se este ideal alcançasse êxito, seu enunciador

estaria tão próximo dos filósofos da decadência romana que ou teríamos de dizer que os últimos já participavam do individualismo ou que Montaigne nele ainda não se incluía.

Retruca entretanto a outra passagem: como todos os demais, o autor está fadado a retratar não o ser (que é) mas a passagem (em que está). Se, na descrição do ideal do eu, falava no *rolle* que a alma haveria de cumprir, no plano do real não lida senão com seu oposto, *un contrerolle de divers et muables accidens*. Se, no plano do dever idealizado, confiava em um papel solidificado pela constância, no plano da existência e da realidade, só se depara com o papel ao avesso, heterogêneo, múltiplo, disperso, declarador das caóticas respostas do eu ao cerco dos eventos e da própria imaginação. O choque entre os dois planos parece constatar a derrota da necessidade de que o sujeito individual dispusesse de alguma constância. Mas não é bem isso pois a constância, que não se alcança em si, realiza-se sob a forma do costume. Temos que nele nos deter para nos habilitarmos a compreender a contradição que inferimos.

É pela atenção à força do hábito que o indivíduo absorve e se integra ao círculo etnocêntrico. O que os gregos chamavam de bárbaro significava apenas estar-se em presença de alguém que segue outros costumes. "Os bárbaros não nos são mais estranhos (*merveilleux*) do que nós para eles" (E 1595, I, XXIII, 112). A adaptabilidade humana é o molde sobre o qual se constróem os costumes. Por mais diversos que sejam, no interior de cada costume há sempre homogeneidade:"As leis da consciência, que dizemos nascer da natureza, nascem do costume" (*idem*, I, XXIII, 115).

As reflexões precedentes já são suficientes para se verificar como o realce do eu atuava de modo que não o mergulhasse em um mundo anárquico. No plano da realidade, o costume é o que promete sentido à ação individual, comprometida pela falência do ideal do eu montaigniano. Embora difuso e coletivizado, é ele o fator de agregação com que o indivíduo interage.

É dentro deste quadro que compreendemos o desenvolvimento que os *Essais* apresentam. Desenvolvimento, em seu limite, ambíguo. Por um lado, o autor duvida da vantagem de qualquer mudança nos costumes: "É duvidoso que se possa encontrar tão evidente proveito na mudança de uma lei recebida, qualquer que seja ela, quando há prejuízo em mudá-la, porque um governo é como uma construção com diversas peças, interligadas com tal coesão que é impossível afastar uma sem que todo o corpo o sinta" (E 1580, I, XXIII, 119). Por outro, louvando-se em Plutarco, elogia a astúcia de um lacedemônio que soubera interpretar a lei de maneira a beneficiar seu povo, mesmo contra sua letra: "(...) Havendo nascido para comandar, sabia não só comandar de acordo com as leis, mas, quando a necessidade pública o requeria, comandar a própria lei" (E: *idem*, 123).

Embora as afirmações sigam direções diversas, não deixam de apontar para o mesmo fundamento: o costume se impõe à ação individual; orienta-lhe e lhe empresta sentido. Mas, como já o sabemos, para Montaigne toda obediência absoluta a um valor é nociva. Como um tipo de valor, hão de ser seguidos dentro de uma margem de flexibilidade. Mas até onde a margem é legítima? Quando deixa de ser aconselhável? O autor não o diz diretamente. Trecho, contudo, do mesmo capítulo nos permite verificar que é seu conservadorismo que comanda a balança:

> Essas considerações entretanto não impedem um homem de discernimento de seguir o estilo geral: ao contrário, parece-me que todas as maneiras excêntricas e individualistas antes provêm da loucura ou da afetação pretenciosa que da razão verdadeira; e que o sábio deve, dentro de si, afastar sua alma da multidão e mantê-la livre e em condições de julgar livremente sobre as coisas; mas, externamente, deve conformar-se às maneiras e formas recebidas (E 1580, I, XXIII, 118)

O conservadorismo mostra o rosto utilizando a necessidade da separação entre o público e o privado, entre a concessão e a opinião própria. O louvor do costume não diminui a defesa do individualismo – para isso há tanto a arma da flexibilidade como a caracterização do foro íntimo como tribunal de última instância. Que importam as aparências, desde que mesmo o carrasco se saiba investido de bela alma?

Se nada de novo essa consideração acrescenta, em troca é de se salientar que, do realce do costume, Montaigne retorna à razão e exibe outro aspecto seu. Não é que ela saia agora da caverna ou que de alguma maneira proponha embargos contra sua condenação. Antes se comporta como surda ou cínica personagem que espera que os ventos amainem e os costumes se cristalizem para que então sua voz magistral se faça ouvir:

> Estimo que não ocorre à imaginação humana nenhuma fantasia tão insensata que não encontre exemplo em algum uso público e, por conseguinte, que nosso raciocínio não admita e fundamente (E 1588, I, XXIII, 111)

A razão interfere *a posteriori* e justifica o que parece comandar. Só a partir daí seria correto falar-se no relativismo de Montaigne. Ele supõe o primado do sujeito, o ceticismo, a acomodação necessária e o lastro de constância fornecido pelos costumes. O decisivo está em compreender-se o papel do primado do sujeito dentro de uma articulação que parte e termina com a razão. *A priori*, esta é compreendida como débil e vã, impedindo a seu detentor de partilhar da homogeneidade do Ser. Enfraquece-a ademais o assédio que sofre da imaginação. Por ambas, o eu é desamparado. Por isso mesmo, como já vimos, Montaigne necessitava de uma acomodação que admitisse os movimentos do eu. A atenção aos costumes torna viável sua posição:

> (...) Como instância central da mediação entre natureza e cultura, a *coutume* ganha uma significação essencial. É, por assim dizer, a natureza sob as condições da cultura e, deste modo, um princípio de retardamento da inovação, *só ele capaz de impedir que o mundo social perca o fundamento de sua vida em conjunto*" (Stierle, K.: 1987, 438, grifo meu).

Afirmá-lo retardador da inovação, é declarar que o costume é o homogeneizador de que o eu carecia, para tornar viável seu primado, quando nenhuma reflexão conceitual o previa. Depois de encontrado, Montaigne pode reinstalar a última sessão de seu tribunal e, encarando pela derradeira vez a acusada, incriminá-la de cínica em sua soberba. Mas a razão só é plenamente condenada depois que Montaigne encontra outro molde para ela. Proscrita é a razão metafísica, agregada à antiga Lei, em cujo processo se vira também incriminada a imaginação. Contudo, se bem que mostrada em trajos mais modestos, é bem uma forma de razão que se encarece no realce do costume e no apreço do fato. Um e outro encaminham para a afirmação de uma objetividade sem a qual a socialização do indivíduo moderno não seria concebível.

5.1. As exigências do retrato

O desenvolvimento anterior nos favorece a abordagem da problemática do retrato. E, com ela, depois da curva que se mostrou forçosa, de enfrentar-se a questão do vazio.

Ao cogitar do retrato, Montaigne pensara transpor para o âmbito da escrita uma prática pictórica bastante corrente na primeira metade do XVI. A direção que lhe emprestará foi por ele antes apropriada do que iniciada:

> Conforme à tradição holandesa, retratos antes de tudo de testemunhos ou de provas jurídicas, e que, portanto, não precisavam ser trabalhados, se tornam, sobretudo ao se mostrarem em um meio preparatório, o lápis, representações em si (Blanchard, M. E.: 1990, 87).

Pela representação de si, acrescentava Blanchard, cumpria-se a transferência para o indivíduo da aura até agora reservada ao monarca (*idem, ibidem*). Ainda que através de um meio provisório, o indivíduo se propunha ao olhar dos contemporâneos, se não dos pósteros. Mas, se ocupavam o centro, que fazer com o espaço vazio em torno? Para cobri-lo, os pintores usavam de um procedimento que tinha o nome técnico de *crotesque,* que "designava, na linguagem dos pintores de então, os ornamentos e arabescos (*Rankenwerken*) em que se mesclavam *ad libitum* heterogêneos motivos vegetais e fabulosos, nos quais os caprichos da fantasia podiam-se dar livre curso, à diferença das apresentações totalizantes dos temas sérios" (Friedrich, H.: 1949, 414).

O próprio Montaigne não só registrava o significado do termo, como explicitava o uso que fazia dele:

> (...) Ele (o pintor cujo trabalho observava) escolheu o lugar mais belo e no centro de cada parede para ali instalar um quadro elaborado com todo o seu talento; e o vazio ao redor encheu-o de arabescos (*crotesques*), que são pinturas fantasiosas, cuja única graça está na variedade e na estranheza. Que são eles, na verdade, também aqui, senão arabescos e corpos monstruosos, remendados com diversos membros, sem forma determinada, sem ordem, seqüência ou proporção, salvo a fortuita? (E 1580, I, XXVIII, 183)

Não é acidental que o esclarecimento apareça no início do capítulo "De l'amitié". Neste, Montaigne não só reflete sobre La Boétie, como explicita o primeiro vazio que será constituído por seu livro. Na impossibilidade de editar *La Servitude volontaire*, como poderia apresentar ao mundo a glória de que o amigo teria sido merecedor se morrera antes de algum feito notável? A ausência já se introduzia no deslocamento que então se impunha: na impossibilidade de um retrato do morto, o exaltará pela amizade, tanto a particular que os unira, quanto a geral, em sua excelência. Em ambos os planos, a amizade se põe em lugar mais alto que o amor, pois independente de febres e sobressaltos. A amizade em que haviam excedido prima entre os outros exemplos possíveis pela fusão perfeita com que se interligavam:

> Na amizade de que falo, (ligação e familiaridade) se misturam e se confundem uma na outra, em uma mescla tão total que apagam e não mais encontram a costura que as uniu. Se insistirem para que diga por que o amava, sinto que isso só se pode exprimir respondendo: porque era ele, porque era eu (E 1580, I, XXVIII, 188)

A própria efusão lírica com que os termos são vazados estimulava o vazio de que partira. Em posição central, *nel mezzo* do Livro I, La Boétie estampa a primeira marca da ausência: eis o primeiro retrato impossível dos *Essais*.

Sobre sua ruína, Montaigne tentará a construção de outro: o de si próprio. Seu retrato assim se define por um duplo deslocamento:

substitui o que deveria originalmente estar e vem a ocupar o centro aquilo que até então se confiava às margens.

Que sucedeu, na passagem, com os arabescos – *crotesques*? O seu caráter ornamental agora se funde com o assunto principal – o retrato de alguém –, e isso a tal ponto que a alegada falta de ordem e proporção daqueles se integra à escala do principal.[13] O que vale dizer, o arabesco perde o estatuto de mero ornamento; entrelaça-se ao sujeito; confunde-se com suas veias. Para precisarmos o vazio que se introduz com essa mescla, temos de partir para o exame particularizado.

Como Montaigne pretendia fazer-se reconhecido? As primeiras passagens destacáveis realçam o propósito de fidelidade e de autobiografia intelectual:

> Mostro-me por inteiro: é uma peça anatômica inteira (*Skeletos*) em que, ao primeiro golpe de vista, aparecem as veias, os músculos, os tendões, cada parte em seu lugar. (...) Não são meus gestos que descrevo, sou eu, é minha essência (E: 1580, II, VI, 379)

> Devo ao público, universalmente, meu retrato (E 1595, III, V, 887)

---

[13] A questão do estatuto do arabesco tem aqui sua primeira entrada. Logo a reencontraremos em pontos fundamentais da argumentação kantiana da terceira Crítica e na reflexão schlegeliana sobre o poético (cf cap. II). Porém sua maior importância está em que, em vez de se limitar ao campo da experiência estética, ajuda a verificar seu enlace com campos aparentemente diversos. Deve-se a Howard Bloch haver mostrado, nos capítulos referentes às raízes da misoginia medieval, que, dentro dela, a mulher conota, além de 'corpo', 'sentidos', 'concupiscência', 'letra' (em oposição a 'alma', 'mente', 'razão', 'espírito', característicos do homem), 'ornamento' e 'metáfora', traços que, em conjunto, provocam, quanto à mulher, tanto sua identificação com a carne e sua estetização, como a teologização da última: "At the same time the realm of esthetics is theologized, with the result that whatever belongs to the realm either of the feminine or of the esthetic is devalued within an ontological perspective according to which everything conceived to exist beyond the flesh, and thereby gendered masculine, alone has a claim to full Being" (Bloch, H.: 1991, 46). O enlace com a visão medieval do feminino, com a misoginia e a simultânea idealização da mulher, longe de ser ocasional, parece mostrar que o que temos chamado de o controle do imaginário é apenas um fio de muito mais extensa meada.

> Deixa correr, leitor, mais este lance de ensaio e este terceiro alongamento do restante das partes de meu retrato (E 1595, III, IX, 963)

Não lhe importa a descrição de feitos ou ações externas; elas só lhe interessariam enquanto expressassem sua interioridade. Falar-se pois em autobiografia intelectual aqui impede que seja ela confundida com o apenas autobiográfico. A incessante e sempre incompleta meditação, onde arabesco e *skeletos* se penetram sem cessar, indica a exploração não sistemática de um compósito: *o retrato não reproduz o que já estava feito, mas sim o que só com ele se faz*. O desvio do puramente autobiográfico anuncia a forma do ensaio. Mas não a aprofundemos antes que se esgote a proposta de fidelidade ao retratado. A ela ainda se refere a invocação a quem oferece o capítulo "De la affection des peres aux enfans": "Or, Madame, ayant à m'y pourtraire au vif (...)" (E: 1595, II, VIII, 385-6).

O que o *retrato ao vivo* pressupõe é explicitado se o relacionarmos com o que dirá do exemplo dos pintores:

> (...) Aos pintores, quando pintam o céu, a terra, os mares, os montes, as ilhas distantes, permitimos que deles nos mostrem apenas algum leve indício; e, como de coisas ignoradas, nos contentamos com tal ou qual semelhança. Mas, quando nos retratam ao natural um tema que nos é familiar e conhecido, deles exigimos uma representação perfeita e exata dos lineamentos e das cores, e os menosprezamos se não o conseguem (E: 1595, II, XII, 538)

Tais exigências implicam, para o próprio Montaigne, que tudo que aí diga sobre seu objeto seja não só verossímil, mas factualmente verdadeiro. Sem fazer autobiografia, o autor pode entrar em minudências de sua vida e revelar os menores recantos de seu jardim, previamente assegurado de que não se exibe:

> Quero que se veja meu passo natural e ordinário, por mais desengonçado que seja. Mostro-me como me encontro: ademais não se trata aqui de matérias que seja permitido ignorar e falar delas casual e temerariamente (E 1580, II, X, 409)

> Exprimo livremente minha opinião sobre todas as coisas (...). Faço-o assim para declarar a medida de meu ponto de vista, não a medida das coisas (E 1580, II, X, 410)

> De resto, obriguei-me a ousar dizer tudo que ouso fazer (...). A pior de minhas ações e inclinações não me parece tão feia como acho feio e covarde não ousar confessá-la (E 1588, III, V, 845)

O fato lhe importa porque bem declará-lo significa comprovar sua veracidade. Ele bem reconhece que a tarefa é delicada, pois, à semelhança de uma informação judiciária, hão de se confrontar as testemunhas e considerarem-se as objeções aos menores detalhes (cf. E 1588, II, 418). Daí o desprezo aristocrático pela média dos encarregados de escrever a história. Mais importante que seu preconceito, é o desdém pela prática das belas-letras, dentro da qual a escrita da história era incluída:

> Com freqüência, escolhem-se para essa tarefa, e sobretudo nestes séculos, pessoas do vulgo, pela única razão de que sabem falar bem; como se com elas procurássemos aprender gramática! (E 1580, II, X, 417)

É evidente a relação entre a extrema exigência de fidelidade, sua passagem para o "retrato" do historiador e o que se dizia acima sobre seu ideal do eu. Concebido no processo da busca de uma homeostase interna, o ideal do eu fracassava no confronto com a movência da realidade e só se satisfazia, relativamente, pelo *ralentissement* provocado pelos costumes. Parte do mesmo solo a exigência que impõe aos retratos. A fidelidade à aparência do retratado significava a recusa ao aurático de corte, i. e., da pose que se impunha por um papel, assim como aos caprichos da própria fantasia. Do mesmo modo que do historiador se exigiria não a bela frase mas a minuciosa comprovação do que declarava, ao indivíduo se obrigava o retrato ao vivo, detalhado e honesto. É importante ressaltar que o combate contra fantasia era justificado tanto em nome da honestidade factual como por reação à ornamentalidade própria ao *ancien régime*. O tempo da legitimação do sujeito individual não esquecerá a lição montaigniana.

A associação com o historiador não é ocasional. A escrita da história fazia parte das belas-letras. Impor fidelidade ao retrato verbalmente traçado, bem como ao historiador, implicava o mesmo afastamento dos códigos ostentatórios. Falando dos escritores, e aristocraticamente deles se excluindo, declarava: "Se eu pertencesse ao ofício, naturalizaria a arte tanto quanto eles artificializam a natureza" (E 1588 e 1595, III, V, 874). Assim, pois, escrita da história, escrita ensaística, retrato na pintura e na escrita mostram sua íntima solidariedade no antagonismo ao codificado e na exaltação comum do factual, como índice do verdadeiro.

Mas *o ideal do retrato não fracassa menos que o ideal do eu*. Ao escrever-se, o livro desmente a intenção de fixar o que já seria antes dele. Aquele que escreve não é comparável à tabuinha de cera em que os antigos anotavam o que ouviam ou diziam:

> E, se ninguém me ler, terei perdido meu tempo em haver entretido tantas horas ociosas com pensamentos tão úteis e agradáveis? Ao modelar sobre mim esta figura, tantas vezes foi-me preciso ajustar e compor para transcrever-me (*extraire*) que o molde se consolidou e de certa maneira se formou a si mesmo. Pintando-me para outrem, pintei em mim cores mais nítidas do que eram as minhas primeiras. Não fiz o meu livro mais do que meu livro me fez (...) (E 1595: II, XVIII, 665)

Ao se retratar, o autor se impede de se reproduzir – todo o contrário do que dizia esperar do pintor retratista – porque sua composição não é movida por um propósito descritivo. Assim, à medida que se faz, o livro faz aquele que retrata. E o livro alcança a função de agente mesmo porque seu autor é um sujeito que se plasma, e não mais segue modelos. Além do mais, ao se plasmar, ele não não se inspeciona mas, sem que o saiba, leva em conta o outro para quem se pinta. A alteridade está no eu. Leia-se a passagem acima com a seguinte: "Não posso fixar (*asseurer*) meu objeto. Vai confuso e cambaleante, com uma embriaguez natural" (E 1588, III, II, 805). Se tomasse o olhar do outro à maneira de um mal insidioso, que, apesar dos cuidados, se insinuasse no casto santuário do eu, ainda seriam concebíveis melhores trancas. Mas, se o próprio eu é movência – *Je ne peints pas l'estre. Je peints le passage* – o combate, desde o início, está decidido e perdido. Mas esse seu destino não permanecerá inomeado enquanto o eu ocupar o centro da cena; enquanto não se souber que ele divide a cena com um vazio que nele está e é ignorado.

Dizer-se que o retrato se constrói sobre um vazio significa literalmente: a obra não está sob o comando do autor, não é de sua posse Ao infiltrar-se na obra, o vazio se emancipa do sujeito que supunha dominá-la – "mon livre m'a faict". Montaigne expõe sua descoberta como se ela fosse um dos efeitos da melancolia de que se acusa vítima. Em seu caso, a melancolia representava, a trilha preferida pela perigosa imaginação. Não estranha, pois que, depois de reiterar sua obsessão com o retrato – *Je dois au public universellement mon pourtrait* – e de defender seu falar livre de eufemismos – *Et les Roys et les philosophes fientent, et les dames aussi* (E 1588, III, XIII, 1085) – termine por se justificar alegando que era assim porque a natureza assim o fizera: "E não é por opção *(jugement)* que escolhi este modo de falar escandaloso: a natureza o escolheu para mim" (E 1595, III, V, 889). Tampouco deveria causar estranheza que, até há poucos anos, os grandes intérpretes montaignianos não ressaltassem essa "derrota" do sujeito criador frente à sua obra. Como dirá um dos maiores entre os grandes:

> Assim o método aparentemente fantasioso de Montaigne, que não obedece a nenhum plano preconcebido mas elasticamente se adapta às mudanças de seu próprio ser, é, basicamente, um método experimental, o único método que se conforma a tal tema. (...) No fim, não há unidade e verdade; no fim, é seu ser essencial que emerge de seu retrato do cambiante (Auerbach, E.: 1946, 277-9)

Poder-se-ia mesmo dar razão a Richard L. Regosin quando, em resenha ligeira sobre um conjunto de obras sobre Montaigne, assinala que a reiteração da liberdade individual e o desprezo contrastante pelo mundo externo, foram enfatizados como reação dos intérpretes à ameaça que o nazismo traria ao primado do eu (cf. Regosin, R. L.: 1992, 135-149). Embora o comentário seja procedente, não devemos descurar que a motivação sócio-cultural para esse viés interpretativo já era então secular: a idéia moderna de literatura, bem como a da arte, respaldaram-se na afirmação prévia de um sujeito criador que, não participando de maneira eminente em feitos, cálculos ou descobertas, se dedicava à intimidade, para que dela fizesse emergir as demoníacas virtualidades humanas. Pela literatura, o homem se mostrava uma caixa de Pandora. Por ela, seu leitor adquiriria o que as ciências não conseguiriam formalizar. A cultura literária tornava circulável o que, sem ela, permaneceria inefável.

Se o fundamento humano respaldou o entendimento da literatura e a interpretação dos grandes autores, constituindo o que se chamará seu entendimento humanista, o destaque do vazio, com a conseqüente diminuição da voz autoral, implica outro e diverso modo de compreensão da literatura. Se a versão humanista encontrara seu supremo monumento no livro de Hugo Friedrich sobre Montaigne, o realce do vazio começa de maneira discreta com o *Essais sur les essais* (1968), de Michel Butor. Divergentes em suas aberturas, essas são linhas que tendem a resultados discrepantes. Montaigne hoje então nos oferece a oportunidade extra de ver em operação uma nítida descontinuidade analítica.

A experiência pode ainda se tornar mais rica se notarmos a resistência em admitir tal ruptura. É neste sentido exemplar que se considere o esforço – não sabemos se consciente – de contornar a descontinuidade interpretativa, dando-se a entender que aquelas linhas interpretativas antes se entretecem que se separam; que, em conseqüência, o mesmo critério de identificação da literatura pode e deve permanecer. É o que Jean Starobinski parece insinuar em seu importante *Montaigne en mouvement*.

Starobinski condensa a metamorfose que se operara durante a composição dos *Essais*:

> O recurso à escritura transforma a primeira experiência de *leitor* em uma experiência de *autor*. (...) Convertido no receptáculo da identidade, o livro a esta confere um sentido diferente. Não mais se tratará da equação que, de si para si, estabelece uma indissolúvel fidelidade. Não será mais a *essência* permanente, de que se apoderara por dentro e que atesta a semelhança de uma imagem com um "original", ele próprio autor da imagem. (...) A identidade é confiada à obra, à produção de uma imagem (Starobinski, J.: 1982, 42-3)

O movimento portanto se inverte e, ao invés de o autor transmitir sua marca pessoal à sua criação, é esta que transmitirá sua identidade a Montaigne. Assim, pois, o *mouvement* aponta para a falência da demanda de uma vida *substancial*, i. e., calcada em elementos fixos: "A verdade interior permanece inapreensível: não se deixa nem possuir como uma coisa, nem simplesmente se fixar como uma figura. Recusa-se a toda objetivação e recua à medida que Montaigne dela crê se aproximar. Ele resta em presença de um horizonte confuso e ilimitado – de uma transcendência íntima" (*idem*, 88-9).

Tudo isso é por certo muito inteligente e não poderia ser melhor dito. Onde pois a questão? Em sua extrema habilidade estilística, Starobinski estabelece a fluente passagem da concentração no sujeito para a concentração na *écriture;* ela se daria por efeito da própria mudança do autor, que, à medida que escrevia, passava a ser escrito. Sujeito e objeto trocariam suavemente de posto. Deste modo, pois, se, tradicionalmente, se definira a literatura em função do sujeito-escritor, o destaque da *écriture* estabeleceria a remissão ao mesmo centro, apenas transformado de centro expressivo em "transcendência íntima".

A operação nada teria de questionável se, praticamente, não encobrisse o jogo de contradições que temos procurado acentuar neste item. A contradição se estabelece entre o propósito de retrato fiel e o que, afinal, se constitui por imagens autônomas. Em Starobinski, o *choque* se converte em *fluência;* com isso o *mouvement* transgride o limite que Montaigne estabelecera: tal *mouvement* cessa quando da composição do auto-retrato. Duas conseqüências resultam da decisão interpretativa de Starobinski: (a) a concepção tradicional de literatura *absorve* a mudança do modo de encarar seu objeto e assim *ganha estabilidade;* ou seja, a incorporação de outro ângulo de análise sobre os *Essais* não afeta a concepção da literatura; (b) não se leva em conta que a falência do modelo de fidelidade imposto ao retrato *não* provocara a *conversão* de Montaigne a um novo parâmetro. Ou seja, embora Montaigne venha a saber que era mais guiado do que guia da *écriture,* embora venha a reconhecer que "a palavra está metade *(est moitié)* no que fala, metade no que escuta" (E: 1588, III, XIII, 1088), tais mudanças não alteram sua primitiva atitude quanto à imaginação, seus efeitos e suas obras. Portanto, não considerar o limite que Montaigne estabelecera para o *mouvement* será simplesmente transtornar a letra de seu texto. O que equivale a dizer, seu respeito não se impõe por um critério de intencionalidade – o que seria de nossa parte uma contradição óbvia – mas sim pela necessidade de manter a conformidade dos instrumentos analíticos quanto ao objeto textual. É pelo reconhecimento do papel que eles desempenham que podemos entender, literalmente, que Montaigne *não sabia* o que seu livro fizera dele.

Por outro lado, será justo insistir-se no papel que exercera a identificação negativa da imaginação, na concepção do retrato ideal. Recorde-se o sobressalto horrorizado:

> Quê! que fazer se a própria dúvida e a investigação tocam nossa imaginação e nos modificam? Os que cedem imediatamente a essas inclinações atraem sobre si a ruína total (E 1588, III, XIII, 1084)

Montaigne tinha motivos suficientes para manter o pé atrás. A tradição clássica fora, no melhor dos casos, condescendente com o uso da imaginação e nunca a tivera por instrumento privilegiado para a contemplação que visava ao conhecimento (*theoria*). Ademais, a faculdade que o pensamento clássico exaltava, a razão, se lhe mostrara em maldito conluio com aquela. A própria ênfase neste ser mutável e inconstante, o sujeito individual, servido por tão inconfiáveis faculdades, impunha-lhe o encontro de algo em que se sustentasse. A continuação do argumento já seria ociosa. Baste-nos acrescentar: mesmo por esses motivos, os Amadizes e os Lancelot não lhe podiam ser aceitáveis, senão como obras de divertimento, relegadas aos instantes de descanso ou mesmo desprezadas. *Ignorar pois toda essa trilha paralela à sagração do indivíduo, com a extrema, embora nem sempre proveitosa, vigilância contra a imaginação, com o desdém, sujeito à variação de graus, pela obra estritamente ficcional, significará desprezar a própria configuração dentro da qual, séculos depois, se realizou a legitimação da literatura. Mostra-se assim melhor explicável porque o tema do controle da imaginação e do imaginário não se integrou às cogitações dos intérpretes humanistas. Por seu ângulo de visão, o controle ou se confundia com a censura ou era simplesmente um inexistente*. Tampouco estranhará que só recentemente o estatuto da ficcionalidade tenha ganho um relevo sistemático. Por conseguinte, aceitar com Starobinski que a tematização da *écriture* harmoniosamente prolonga a indagação antes centrada na magnífica potência do criador significa manter aquelas questões difusas e inexploradas – se não interditadas, a pretexto de não nos afastarmos das obras (!). A ênfase na presença do vazio enquanto constitutivo dos *Essais* tem o propósito de destacar essa discrepância. Será ela pois que formará a base para o desenvolvimento conclusivo da abordagem.

6. No horizonte do autobiográfico: o ensaio

A morte de La Boétie deixara Montaigne sem interlocutor; o desdém pela cultura da glória mais o distanciava da prática epistolar; a necessidade porém de *escrever* o punha à procura de uma forma.[14] Mas que escrever, para quem, para quê? O que tinha a exprimir não era doutrina, o destinatário era anônimo, a finalidade que perseguiria só poderia ser a do testemunho. E isso o remeteria à autobiografia. Vários motivos contudo confluem para sua recusa. Declara não confiar bastante em si; abomina a linguagem ornada dos autores de cartas, contra a qual declara sua outra preferência: "Tenho por natureza um estilo familiar e privado" (E 1588, I, XL, 252); sabe, sobretudo, que não se destacara por grandes feitos, que merecessem se perpetuar: "Não posso registrar minha vida por minhas ações: a fortuna as põe baixo demais; faço-o por meus pensamentos" (E 1588, III, IX, 945-6). Mas,

---

[14] A relevância do caráter *escrito* do ensaio já fora assinalada por Michel Beaujour: "Montaigne se considère plus inspiré par l'improvisation épistolaire stimulée par l'amitié que par l'invention laborieuse de l'essai, écrit destiné à être mediatisé par la typographie, et qui exige une mise en scène explicite de l'écrivain dans sa solitude. C'est pourquoi l'autoportrait de Montaigne peut nos apparaître comme une conséquence nécessaire de la rupture d'une communication privilegiée – orale et manuscrite – et comme une tentative d'inscrire dans l'espace du livre typographique la *persona* de celui qui nous fait part de ses *verves* sans pourtant nous connaître" (Beaujour, M.: 1983, 24).

ao diferenciarmos os três motivos, os deformamos, pois damos a entender serem fatores adicionáveis, quando, na verdade, são aspectos de uma mesma figura. Sua solidariedade é reconhecida pela continuação da última passagem:

> Não conheci um fidalgo que só divulgava sua vida pelas operações de seu ventre? Em sua casa, se expunha uma fileira de urinóis com os dejetos de sete ou oito dias: era seu estudo, o objeto de suas reflexões; tudo mais lhe cheirava mal. Estão aqui, um pouco mais civilizadamente, os excrementos de um velho espírito, ora duro, ora mole, e sempre indigesto (E 1588, III, IX, 946)

Em sua integralidade, a reflexão aparenta a modéstia de quem se julga indigno de falar de si; a partir do caso irônico do fidalgo dos urinóis, dá vazão ao não menos indigno estilo *comique et privé;* com ele, por fim, em que crê senão em si mesmo? Mas, que crença poderia ser essa, se, em justificativa de sua autodesconfiança, dissera ter de se manter atento por seu atrevimento em *boutades de mon esprit e em certaines finesses verbales,* ante as quais abanava as orelhas (cf. E 1580 e 1595, III, VIII, 943)? Pascal, que o admirava sem deixar de censurá-lo, já respondera à questão: "É nesta dúvida que duvida de si e nesta ignorância que se ignora, a que chama sua forma mestra, que está a essência de sua opinião" (Pascal, B.: 1655, 564).

A confiança não era em si, mas em sua linguagem: "[Os *Essais*] trazem com freqüência, fora de meu assunto, a semente de uma matéria mais rica e mais ousada (...)" (E 1595, I, XL, 251). A linguagem já não se põe fora do eu, como padrão a ser seguido e objeto de dignidade e mestria, nem tampouco se confunde com o meio de expressão do sujeito. Pela primeira negativa, Montaigne, ao arrepio de seu etos de aristocrata, não podia ver se alinhar aos escritores por ofício; pela segunda, sua forma não se podia confundir com a que escolherá Rousseau em *Les Confessions*.

Na busca de determinação da forma para os *Essais* se agrupam todas as questões que compõem o livro. A forma constitui o ímã que o fecundará. Em Montaigne, a pergunta por essa forma não encontra resposta prévia. Devemos mesmo julgar plausível a hipótese conhecida que só lhe ocorreu ao curso de seu trabalho. É o que inferimos pelo cotejo das questões do retrato e do ensaio.

O retrato tivera, de início, por modelo o trabalho do pintor. Mostramos como, neste sentido, o ideal do retrato era correlato ao ideal do eu, entendido como a demanda de fixação do que ele seria, ao libertar-se a alma dos transtornos causados pela fantasia; mostramos ainda que o fracasso de um era provocado pelo mesmo elemento que impedira a realização do outro: o *mouvement* que, incessante, afeta a criatura e a torna distinta do que fora no momento precedente. Ora, o ensaio prescinde daquele projetado circuito. Dizendo melhor, nasce das ruínas do retrato; ruínas que se acumulam paralelamente ao esforço por aquele projeto e não que derivam de seu abandono. É o que se constata por um dado factual: ao passo que o trecho decisivo de descarte da memória autobiográfica – *Je ne puis tenir registre de ma vie* etc (III, IX, 945-6) – foi incorporado aos *Essais* pela edição de 1588, a edição posterior, publicada *post mortem,* de 1595, reitera o modelo primitivo: "Apresento-me de pé e deitado, de frente e de costas, à direita e à esquerda e com todas minhas dobras naturais (*et en tous mes naturels plis*) (E 1595, III, VIII, 943).

Apesar de contemporâneos e não sucessivos, retrato e ensaio não são menos que opostos entre si. E o que Merleau-Ponty dizia sobre Montaigne é tão perfeito quanto ao ensaísta, como incorreto quanto à meta do retratista:

> Ele não conhece este lugar de repouso, esta possessão de si, que será o entendimento cartesiano. O mundo não é para ele um sistema de objetos de que tivesse diante de si a idéia, o eu não é para ele a pureza de uma consciência intelectual (Merleau-Ponty, M.: 1960, 251).

Distinto do registro da própria vida, o ensaio, na modalidade praticada por Montaigne, contudo não deixa de se conectar ao horizonte autobiográfico. Dentro deste, como já assinalamos, o gênero autobiográfico supõe um instante de ruptura, originado de uma "conversão" que separa "o eu como personagem" do "eu como autor" (J. Freccero). Pela importância capital da diferença, vale a pena recordar uma passagem da obra paradigmática do gênero autobiográfico. Embora qualquer página fosse adequada, escolhamos a cena bem conhecida do furto por Jean-Jacques de *un petit ruban couleur de rose et argent déjà vieux*.

Descoberta a fita em seu quarto, a criança se defende pondo a culpa sobre a cozinheira:

> Fizeram-na vir; a assembléia era numerosa, o conde de La Roque aí estava. Ela chega, mostra-se-lhe a fita, acuso-a descaradamente; ela fica estupefacta, cala-se, lança-me um olhar que teria desarmado os demônios e a que meu bárbaro coração resiste. Nega enfim com segurança, mas sem arrebatamento, me censura, me exorta a refletir, a não desonrar uma moça inocente que nunca me fez mal; e eu com uma impudência infernal confirmo minha declaração e sustento em sua cara que me deu a fita. A pobre se pôs a chorar e não me disse senão estas palavras: Ah Rousseau! Eu acreditava que o senhor fosse um homem de bem. O senhor me faz infeliz, mas não queria estar em seu lugar. Foi tudo. Ela continuou a se defender com simplicidade e firmeza, mas sem se permitir jamais a menor invectiva contra mim. Essa moderação comparada a meu tom decidido lhe foi desvantajosa. Não parecia natural supor de um lado uma audácia tão diabólica e, de outro, uma doçura tão angélica. Não pareceram absolutamente decididos, mas os preconceitos estavam a meu favor. Na balbúrdia em que se estava, não se deram tempo de aprofundar a coisa e o conde de La Roche, mandando-nos os dois embora, contentou-se em dizer que a consciência do culpado vingaria bastante o inocente. Sua predição não foi vã; não há um só dia que ela deixe de se cumprir (Rousseau, J.-J.: 1770, I, 85)

A minuciosidade do episódio da acareação, exposto como uma cena de teatro sentimental, não encontraria paralelo nos inúmeros episódios dos *Essais*, referentes à *persona* do próprio autor. A diferença resulta da distinção dos gêneros pelos quais optam. Impulsionado pela movência, o ensaio não tem ponto de repouso. A autobiografia se mantém próxima do retrato; é ramo da mesma árvore. O que levanta a pergunta intrigada: como poderia ele ramificar-se depois que fracassara em Montaigne? Exatamente, porque Rousseau começa a ter o próprio coração individual como fonte da Lei moral, ao passo que em Montaigne ele se descobria errante e só capaz de se estabilizar enleado pelos costumes. O que ainda permite dizer: em Rousseau, o desnudamento do coração, que desvendaria o eu, encobre o vazio que, sem a suposição da suficiência do sujeito individual, exigia seu esclarecimento. Se autobiografia e ensaio são derivas que partem do mesmo ressalte do eu, radicalmente se distinguem seja por suas tematizações características – a de uma vida que se confessa, a da vida sobre que se reflete – seja e sobretudo pelo modo como se conduzem diante do vazio correlato ao indivíduo.[15]

O veio torna-se ainda mais rico ao relacioná-lo com a questão da literatura. Com efeito, sendo ela a forma discursiva que se consagrará com os *Frühromantiker,* a partir das prerrogativas do sujeito individual, considerar o tratamento diferencial que autobiografia e ensaio dão ao vazio será decisivo para a sua reconsideração teórica. Dizíamos que a autobiografia, supondo a suficiência da auto-indagação dos motivos da própria conduta, possibilitava o ocultamento do vazio. Ora, à medida que, na modernidade, é o autobiográfico e não o ensaio o gênero que mais se alastra, se torna evidente que a preferência de um tem a ver com a não-tematização do outro. Ou, o que dá no mesmo: a questão da literatura se concentra em sua articulação com a riqueza interior do sujeito e esquece seu correlato, a sombra projetada pelo vazio. (Caberá ao capítulo seguinte, enfrentando aspecto temporalmente distinto da mesma problemática Lei – Sujeito – Literatura, mostrar que a esses termos básicos ainda se conecta a alternativa entre criticidade e estetização). Neste fim do século XVI, tal alternativa inexistia. Em troca,

---

[15] O exame empreendido deverá ser completado pela consideração do fragmento. Como trataremos de sua forma no capítulo seguinte, baste-nos aqui apenas antecipar: o fragmento partilha com o ensaio do caráter de inacabamento e de ser uma individualidade e não a expressão de algo anterior. O fragmento é a forma mínima do ensaio. A prova pode ser levada a cabo pelo próprio leitor. Fora de distinções temáticas, que diferença há entre um fragmento de Pascal e um ensaio de Montaigne além da expansão do segundo ou, inversamente, da redução em que se deixa o primeiro? A quantas expansões montaignianas não corresponde a raiz pascaliana: "L'homme n'est ni ange ni bête, et le malheur veut que qui veut faire l'ange fait la bête" (Pascal, B.: 1669, § 329)?

o ensaio já estava pleno. Praticado e não tematizado ou também praticado enquanto tematizado e, simultaneamente, contraditado, de qualquer maneira o ensaio será gênero de muito menor fortuna. A seqüência do argumento ainda permitirá outra correlação: à menor fortuna do ensaio corresponderá sua visada crítica.

Menos em proveito da inteligência da obra de Montaigne do que das vigas que sustentam o livro que aqui se escreve, detenhamo-nos na forma-ensaio.

6.1. Considerações sobre o ensaio

Em 1910, o então jovem György Lukács publicava uma das abordagens até hoje capitais sobre o ensaio. No ano seguinte, publicaria versão modificada em alemão (Lukács, G.: 1911, 1-18). Já em sua abertura se interroga sobre ambigüidade que parece singularizá-lo: sem que o ensaio seja parte da ciência, o que cria deve ser ciência; sem se integrar à arte, não se afasta de suas fronteiras (cf. Lukács, G.: 1911, 3). Nisso, estaria seu "atraso" quanto à poesia, que há muito se autonomizou "da unidade primitiva, indiferenciada, entre ciência, ética e arte" (*idem*, 13).

É em torno deste estatuto indefinido que se desenvolverá a reflexão, tratando o autor primeiro de caracterizar a própria indefinição em que trabalhará: "A ciência nos afeta por seus conteúdos, a arte por suas formas; a ciência nos oferece fatos e as relações entre fatos, mas a arte nos oferece almas e destinos" (*ibidem*, 3).

Poderíamos contrapor que o jovem autor estava demasiado preso à concepção humanista da arte, mais especificamente à vertente do vitalismo simmeliano. A objeção contudo seria ridícula porque, fora dessa, só se lhe apresentava a concepção retórica das belas-letras. Importa sim sua dedução:

> Apenas quando algo dissolveu todo seu conteúdo em forma e assim se torna pura arte, pode não mais se tornar supérfluo; mas, então, sua prévia natureza científica é totalmente esquecida e esvaziada de significação (*idem, ibidem*)

Essa primazia da forma conduz à primeira caracterização do ensaio: ele pertence ao tipo de obras em que "as questões se endereçam diretamente à própria vida", sem necessitarem da mediação da literatura ou da arte (*ibidem*). Próximo da literatura e das artes, porque tem em mira o destino da alma, o ensaio delas se aparta pela desnudez e informalidade de seu corpo. A diferença se imporia pela existência de dois modos de considerar a realidade da alma: uma enfatiza a *vida*, a outra ressalta o *viver* (*idem*, 4). Dualidade que se correlaciona a dois meios de expressão, que se fundam na oposição entre imagem e significação (cf. 5). De certo modo antecipando a idéia sartriana da poesia como *mot-chose*, Lukács ligava o primeiro modo à poesia – "A poesia em si mesma não conhece nada além de coisas; para ela, cada coisa é séria, única e incomparável. Eis também por que a poesia não conhece questões: não se dirigem questões a puras *coisas*, mas apenas às suas relações (...)" (*idem, ibidem*). Ao segundo modo presume-se pertencer o ensaio, introduzido sob a figura do crítico.

Esta é a base sobre a qual se construirá o argumento. Em termos explícitos, na diferenciação entre a expressão imagística e a busca do que se deposita aquém dela. Ao dizê-lo, nos aproximamos da passagem decisiva:

> Há experiências, então, que não se podem exprimir por qualquer gesto e que, entretanto, aspiram à expressão. (...) A questão é posta de imediato: que é a vida, que é o homem, que é o destino? Mas posta apenas como questão: pois a resposta, aqui, não fornece uma "solução", como uma das respostas da ciência ou, em plano mais puro, pelas da filosofia. Antes, como em todas as espécies de poesia, é símbolo, destino e tragédia (*idem*, 7)

Na poesia, a forma *aparece* como *destino* porque, lidando com imagens, é capaz de conceber um quadro figurado, que, ao mesmo tempo, constitui o destino e o *enforma*. Com o ensaísta, de sua parte, a situação se modifica, de modo drástico: seu fazer não o põe em contato imediato com o destino, a que constituísse enquanto forma, senão que se cumpre enquanto fala de objetos já constituídos em forma: "O crítico é aquele que vislumbra o destino em formas: cuja mais profunda experiência é o conteúdo anímico que as formas indireta e inconscientemente escondem dentro de si mesmas" (*idem*, 8). Na poesia, a questão proposta ao destino se resolve na forma. No ensaio, ao invés, de tal modo nele queimam as questões que não há espaço possível para que se configurem. Lukács exemplifica com a comparação entre a tragédia e o diálogo socrático:

> (...) Uma vida trágica é coroada apenas por seu fim, apenas o fim lhe empresta ao todo significação, sentido e forma, enquanto é precisamente o fim que aqui é sempre arbitrário e irônico, em cada diálogo e em toda a vida de Sócrates (*idem*, 14)

Daí a errância do ensaio, inclusive de "o ensaio moderno". Embora ele se tenha libertado do serviço prestado a "livros ou poetas" e, assim, se haja tornado o gênero por excelência da problematização, sua própria riqueza o impede de assumir uma forma. Proteiforme, não é menos informe. Dinâmico, o argumento nele não chega ao fim.

Duas conclusões daí derivam: "O ensaio é um julgamento, mas o essencial, o que determina seu valor não é o vereditto (como é o caso com o sistema) mas o processo de julgar" (*idem*, 18); "o ensaio é uma forma de arte, uma doação de forma autônoma e integral a uma vida autônoma e completa" (*idem, ibidem*).

Seja pelo resumo acima, seja pelo acompanhamento do próprio texto, o leitor estará em condições de perceber que a segunda conclusão não é bem respaldada pela argumentação que a preparara, senão que tão-só reitera o que já aparecera no princípio. Não se conclui, entretanto, que a falha seria sanável, como declara Adorno, se o autor houvesse notado que, "por seu meio, os conceitos, e por sua reivindicação da verdade", o ensaio se afasta da autonomia estética (Adorno, T. W.: 1958, 12-3). Ainda que isso seja correto, não é bastante. Se é aceitável que a questão da ciência, se resolve fora do âmbito da forma, eliminar a aspiração à autonomia formal do ensaio, seria submetê-lo, como, o próprio Adorno o nota, à concepção positivista. Ou seja, o uso de conceitos e a reivindicação da verdade afasta o ensaio do campo da arte, sem o dispor no campo da ciência e seu lugar não se esgota nem por um, nem por outro. Qual o lugar pois do ensaio?

O embaraço da questão resulta da identificação da arte verbalmente realizada, a literatura, com a idéia de expressão da alma do sujeito criador (o artista). O Lukács de *A alma e as formas* nela permanece. Seu "ultrapasse" pelo sistema marxista, pelo qual optará em 1918, apenas ressalta o lado *objetivo,* contraparte da ênfase moderna no sujeito individual. Mas tampouco Adorno a subverte.[16] Se, por esse aspecto, a indagação de Adorno não é decisiva, em troca são importantes alguns pontos de sua visão retificativa.

Para Adorno, o ponto definidor do ensaio está em sua oposição ao sistema, à teoria acabada. E a dificuldade que contemporaneamente o acompanha decorre de sua discrepância implícita à divisão do trabalho, que só tem lugar ou para o homem de fatos ou para o homem que vive nas nuvens (*Tatsachenmensch oder Luftmensch*) (*idem*, 12). Em rebeldia contra o regulado, em que ao homem positivo, de sentido prático e instintos fortes – como Thomas Budenbrook queria que fosse o pequeno Hanno – se assegura o reconhecimento privilegiado e ao "artista", o lugar de ornato e enfeite,

---

[16] Caberá ao capítulo seguinte o desenvolvimento da questão aqui apenas insinuada. Conforme aí se mostrará, é possível o escape da concepção, originalmente romântica, da literatura como expressão vinculada ao sujeito criador, através da elaboração mais cerrada da literatura-como-ficção, i. e., não como forma de ilusão compensatória, mas sim como modo de perspectivização ou questionamento da verdade, não acompanhado da simultânea postulação de outra verdade. Contudo, ao chegarmos ao capítulo III, veremos que essa idéia, fundamentalmente devida a Wolfgang Iser, precisa ser melhor historicizada. A prática ficcional kafkiana opera a destruição da segurança resultante de a ficção haver sido tomada como um território que provisoriamente suspende a vigência de outros – os territórios do pragmático, das crenças, do conhecimento – os quais, momentaneamente, se desativavam para que se fruísse de uma experiência estético-crítica, sabendo-se que, cessada a *performance,* nos esperaria a velha ordem. Como veremos, no grande romance kafkiano essa suspensão desaparece ante a avalanche de práticas que contraditam o império das normas constitucionais. Por assim dizer, aquela suspensão representava o limite do que era passível de ser praticado, a partir da arquitetura proposta por Kant. Depois de Kafka e diante da incerteza sócio-econômica atual, *agravada e não diminuída com a queda do socialismo real,* a questão se torna saber se é possível desenvolver uma teoria *desterritorializada* do ficcional, que, simplesmente, não confunda o mundo com um jogo de faz de conta.

"o ensaio não só dispensa a certeza indubitável, quanto a denuncia como o ideal do pensamento estabelecido" (*ibidem*, 29-30). "Pacificamente, o ensaio denuncia o ideal da *clara et distincta perceptio* e a certeza livre de dúvidas" (*ibidem*, 30). Em seu inacabamento, o ensaio patenteia a necessidade de tentarem-se saídas para a lógica do lucro que avassala o mundo.

Se pretendêssemos discutir especificamente a problemática adorniana, haveríamos de recusar o antagonismo que reitera entre a prática ensaística e a ordem do método. *O ensaio não é bem contra o método, mas sim contra sua pretensão totalizante.* (Por isso ainda seria menos aceitável a afirmação de Lukács que citávamos sobre o ensaio como "precursor" do sistema!) No caso da literatura, a idéia vigente de método implicou que a totalização da literatura se consumasse no sujeito ou, a partir da influência hegeliana e das ciências naturais, na sociedade que se julga determinar o sujeito. *Com isso, se manteve fora de vista*, i. e., do trabalho possível dos conceitos e de seu questionamento ensaístico, *a constatação do controle da movência da imaginação, que vimos operante já na obra montaigniana, bem como a tematização do vazio que fecunda, sobretudo, na obra passível de provocar uma experiência estética*. Se, ao contrário, essas questões se incorporam à ordem do dia, o método assume uma feição crítica e o elogio do ensaio deixa de identificá-lo como o instrumento de um guerrilheiro melancólico ou esperto, sabedor de antemão que o sistema sempre terminará por ganhar.

É mesmo por sua afinidade com a criticidade que o ensaio é antes destacado pela agudeza de suas perguntas do que pela suficiência de suas respostas. Por isso mesmo é ele a forma que, sem se confundir com a experiência literária, dela mais se aproxima; a qual se tornará mais visível se não nos contentarmos em continuar a falar de literatura, senão que a identifiquemos com a realização verbal do discurso ficcional (cf. Costa Lima, L.: 1989, cap. I, 68-109 e, no presente livro, cap. III, § 9).

Como seria impossível tratar-se do ficcional dentro do horizonte histórico deste capítulo, limitemo-nos a acentuar:

1. o ensaio tem uma "afinidade eletiva" com o fragmento: um e outro acentuam o inacabado ou o que não pretende ser justificado por sistemas previamente armados;
2. o próprio inacabamento do ensaio o torna impróprio enquanto mero transmissor de conteúdos, de informações, de esquemas instrumentais e o inclina para a preocupação com sua própria construção, i. e., com a forma; de outro modo, poderia ele ser acusado de não cumprir o que prometera;
3. sem ser absolutamente forma mas pertencente ao que a forma *pré-ocupa*, o ensaio se singulariza *pelo intervalo em que permanece*. É ele menos um meio por onde circulam idéias do que o meio em que se formulam questões. O ensaio, como já vira Lukács, não está a serviço da obra literária ou artística. A sua é a vocação da criticidade. Por isso ainda é um gênero *ex-cêntrico;*
4. considerá-lo um gênero, permite-nos chamar melhor a atenção para suas espécies. O ensaio tanto pode ser uma tematização anti-sistemática de idéias como, em sua anti-sistematizada constante, manter-se próximo ao horizonte de vida do sujeito-que-escreve. Neste caso, pode-se considerá-lo caracterizado pela forma do auto-retrato. Ao passo que, na primeira espécie, a posição assumida pelo autor é explicitada por sua argumentação, i. e., pela maneira como se conduz diante do universo das idéias, na segunda, defrontamo-nos com a presença explícita do eu-escritor perante a matéria da vida. Neste sentido, é valiosa a contribuição de Michel Beaujour ao insinuar que o auto-retrato montaigniano é o produto da maturação da "variante confessional" dos "*specula* enciclo-pédicos" que a Idade Média legara ao Renascimento e encontrara em Erasmo seu grande semeador (cf. Beaujour, M.: 1980, espec. 32, 34, 183).

7. O livro: presença do eu e marca da criticidade

Porque a noção de vazio desempenha um papel decisivo na condução de nosso argumento, seria descabido terminar o capítulo sem a referência explícita à sua introdução nos estudos montaignianos. Ela se dá em 1968, no *Essais sur les Essais,* de Michel Butor.

Em tempos de guerra civil, como foram os tempos de Montaigne e seus contemporâneos, dividindo cidades, vizinhos, mesmo famílias – a exemplo da do próprio Montaigne – e as transformando em bandos inimigos, a bravura militar se convertera em peça comum e pouco indicativa do verdadeiro valor. Este pois já não singularizaria possíveis feitos na cena mundana e só seria reconhecível no final de seu fio: na maneira como se enfrentara a própria morte. Por sua própria localização *in extremis,* o modo da singularização individual implicava que o reconhecimento da *vaillance* só se cumpria depois de o seu detentor haver deixado de poder ser útil à sua nação. Assim, pois, a defesa de La Boétie, a afirmação de que sua qualidade ímpar não fora em tempo reconhecida e empregada, exigiam um outro meio de prova e demonstração: o meio da escrita. A experiência renascentista da multiplicidade (Stierle), o louvor, já antes afirmado como marca do homem do Renascimento, da aventura individual, conjugavam-se ao transe experimentado pelas guerras religiosas, na determinação de uma tarefa que, em Montaigne, contrariava seu desprezo de fidalgo pelo ofício menor, subalterno, pagável em favores e moeda sonante dos letrados. "O livro substitui o torneio, o campo fechado" (Butor, M.: 1968, 58).

É por essa primeira determinação que os *Essais* se obrigam a transpor para o espaço das letras o exemplo dos pintores contemporâneos. Antes de 1574, quando os calvinistas se anteciparam a Montaigne e publicaram o *Discours de la servitude volontaire,* de La Boétie, o texto do amigo "se ligava diretamente ao capítulo "De l'amitié" e (...) o capítulo seguinte inexistia". Se levamos em conta essa configuração, acrescenta Butor, "constatamos que os dois "temas" mais importantes dos *Essais,* aqueles sobre os quais mais se aplicará antes da primeira edição, "De l'institution des enfants" e "Des cannibales", estes dois retratos secundários, são dispostos simetricamente quanto ao retrato principal" (*idem,* 72). O golpe que os calvinistas lhe infligem, o obriga a modificar seu projeto. O primeiro livro agora se escreverá em torno de um centro que, literalmente, se ausenta. O esquema contudo, argumenta Butor, volta a ser empregado no Livro II:

> Se o segundo livro se desenvolveu em torno da "Apologie", como o primeiro em torno do "Discours" de La Boétie, não está, entretanto, no meio; é que ele não circunda apenas este, mas sim também o primeiro livro; é a atividade literária inteira de Montaigne até esse dia que se trata de defender e a "Apologie" mesma faz parte do escudo protetor (*ibidem*, 125)

Defesa da escrita, defesa da revelação de sua voz interna, que, entretanto, mesmo por se contrapor a seu *rolle* de fidalgo, seja pelo ato material a que se dedica, seja pela rejeição dos padrões da linguagem culta e pelo caráter desabusado de seu pensamento, precisa disfarçar o que faz, fingir uma frivolidade que o deixasse em paz. A forma não só narra o autor, senão que também o defende. Sua abundância deriva pois de um segundo vazio. Ainda assim o jogo da composição ainda não recebera todas as suas peças. A *mouvance* continua a operar e, com a passagem para o Livro III, a função da *écriture* de novo se transmuda: já não é concebida como brasão a substituir a antiga insígnia de nobreza; de bastião do eu se transforma em instrumento ótico que prismatiza a si e ao mundo (cf. Butor, M.: *ib.*, 193).

O achado de Michel Butor é da mesma ordem que a reflexão que M. E. Blanchard desenvolveria. Sua tese está contida na passagem:

> Partindo, de maneira tradicional, da reflexão do eu escrevendo um retrato de La Boétie defunto, procurarei de início o que, no fio dos *Essais*, leva Montaigne a se ver a si mesmo como *parfaict amy*, nisso pedindo de empréstimo não só à moda poética do tempo, mas também solicitando a indulgência do leitor para um quadro, em que o pintor, querendo *pintar-se* a si à imagem de La Boétie, pintou um outro (Blanchard, M. E.: 1990, 23)

A importância da abertura deste caminho não será menos nítida no capítulo que Terence Cave dedica a Montaigne:

> O papel em que o texto dos *Essais* aparece é, com efeito, um lugar de diferença: permite a reescrita e a naturalização de textos estrangeiros; por isso concede a busca da identidade de um *moi* em contradistinção do que é o 'outro'; mas, ao mesmo tempo, adia qualquer acesso final à meta da busca, porquanto o eu é expressamente uma entidade dissociada da atividade de escrever (Cave, T.: 1979, 272)

Essa filiação, não explicitamente postulada pelos autores, não os impedirá de desenvolvimentos independentes. Assim Cave, do hiato entre o autor e sua escrita, chegará à afirmação da indeterminabilidade do texto montaigniano – "(...) Pode-se perseguir os tópicos de Montaigne como tópicos, tendo em conta apenas que não funcionam como representação, que se articulam em um discurso fundamentalmente indeterminado" (*idem*, 297) – com que já ingressa no chavão da indeterminabilidade interpretativa.

A alusão ao ensaio de Butor e à sua fortuna não visa apenas esclarecer o leitor sobre o ponto de partida dos *Essais* que adotamos: ela acentua a maneira de apropriação que dele aqui se faz. Nosso principal interesse esteve em assinalar que, pelo contraste entre a interpretação que centraliza o sujeito e a que ressalta a interrelação entre o sujeito que escreve e o vazio que simultaneamente se estabelece, se torna melhor explicável a série de pontos que constitui a coluna vertebral deste livro, e não só deste primeiro capítulo. Assim, enquanto parte das conseqüências do centramento no sujeito individual, a legitimação que o final do século XVIII concederá ao discurso literário traz consigo a problemática do controle do imaginário. Ressaltando o que já se disse: não diferenciando entre o *retrato* e o *ensaio*, resolvendo sua contradição no princípio de um sujeito gerador, a interpretação literária costumou descurar a problemática a ela implícita. Em Montaigne, contudo, ela se formulava precisamente no modelo proposto para o retrato: que a expressão da voz interior não fosse afetada ou perturbada pelo *mouvement* provocado por sua própria imaginação. O que vale dizer, *a partir do sujeito, a literatura se legitimou mantendo fora de alcance analítico o controle do imaginário que passava a se atualizar*. Deixavase deste modo ainda de verificar que a opção pelo ensaio e a falência do retrato ideal explicitavam o ultrapasse por Montaigne daquele veto. *O controle era, pois, em Montaigne, ao mesmo tempo, afirmado e desmentido.* Afirmado como preceito a cumprir; desmentido e ultrapassado por sua escrita. Noutras palavras: o centramento no sujeito individual permitia, na produção dos *Essais,* o transpasse de um interdito, motivado por aquele próprio centramento, e, ao mesmo tempo, à medida que o centramento se expandia, que o interdito fosse *visto* pela prática crítico-analítica. Daí ressalta a importância da indagação do vazio: enquanto elemento constitutivo, embora não exclusivo, da obra literária, é ele um dos instrumentos para que se verifique o controle do imaginário e, então, que se problematize uma questão não tematizada enquanto o primado do eu se manteve incontestável.

Neste curso, a brevíssima referência a *Les Confessions,* de Rousseau, assume uma importância desproporcional ao mínimo espaço que se lhe concedeu: se, em Montaigne, o primado do indivíduo punha em pauta a questão da Lei, era mesmo porque o autor intuía que o destaque das ações do eu só podiam vingar diante de um meio estabilizador. Ou, *a priori,* negava que pudesse encontrá-lo em si mesmo, ou a falência do modelo para o retrato mostrava a necessidade de estabelecê-lo noutro lugar. Daí o realce do costume. Ora, a pergunta se refizera em Rousseau e encontrara resposta diversa: a Lei, fundada no homem, é descoberta na escuta do coração individual. Se recordarmos a relevância que tem o genebrino para a feitura da segunda Crítica kantiana, podemos ao menos vislumbrar que a sagração do indivíduo teve o efeito contraditório de legitimar o discurso literário e deixar na sombra a dimensão do vazio e, com ela, o controle do imaginário. Sobre uma e outra, montou-se a idéia de literatura como expressão do indivíduo. *Esta idéia podia conservar entre parênteses a questão do imaginário, podia mesmo postular a ligação do sujeito criador com sua imaginação porque, previamente, tal expressão estava estabilizada;* estabilizada de dentro, pela Lei afirmada pelo coração (em Kant, logo convertida em Lei moral), de fora, pelos costumes, convertidos em causalidade social, desde as primeiras tentativas de explicação, pelo iluminismo, das práticas sociais.

Em troca, a indagação do vazio, enquanto constitutivo da obra literária, i. e., a indagação do que não é transparente ao sujeito que escreve, a seus propósitos, à sua intencionalidade, do que se inscreve sem o seu reconhecimento, admite não só que se tematize aquele controle como que se encaminhe outra caracterização do literário: discurso que nem se pretende declarador de verdades, nem se supõe abstraído da questão da verdade, mas, muito ao contrário, a põe em cena e a problematiza. Na literatura, portanto, a questão do sujeito implica simultaneamente a questão da Lei. Tematizar a relação de uma com a outra nos exigiu que partíssemos de Montaigne, assim como, por fim, nos conduzirá a Kafka. Num e noutro, a Lei oscila. Em Montaigne, oscila porque surge antes de sua consagração; em Kafka, porque se mostra em um momento de desmanche. Entre eles, a Lei antropologicamente fundada encontra em Kant sua máxima legitimação conceitual; com os *Frühromantiker* a trilha para a fundação específica do discurso literário, i. e., liberado de sua indistinção renascentista e barroca com as belas-letras, por fim o caminho para a estetização – durante o século XIX ainda praticada como religião leiga do belo até que, mais recentemente, sirva de estandarte para o prestígio ímpar da mercadoria.

8. À MANEIRA DE SÍNTESE

O trajeto em vaivém a que foi obrigada a condução analítica dos *Essais* aconselha que insistamos em alguns dos pontos fundamentais que se assinalaram.

Procurou-se mostrar que a afirmação do sujeito individual em Montaigne é tão evidente que, depois de ser o sujeito entronizado, se converteu em um ponto de extravio interpretativo. Para neutralizá-lo, pareceu necessário relacioná-la:

A. com sua situação histórica de proponente de uma posição, a centralidade do indivíduo, ainda não respaldada pela afirmação de uma Lei a ela congruente;

B. com a emergência simultânea da questão do vazio, sobre o qual se edificará a figuração do eu. O eu não se planta sobre o nada; sua expressão se conecta com o mundo pelo vazio – aquilo que não é menos existente porque não penetra no foco de consciência autoral.

Se a afirmação do vazio correlato à afirmação do eu já não tem nada de novo, as conseqüências daí advindas não são menos múltiplas e dignas de serem explicitadas. Procurou-se assim mostrar que o conservadorismo montaigniano, em vez de aparecer como causa de sua defesa do individualismo, era, em termos lógicos, uma decorrência de não dispor de uma Lei congruente com a centralidade do indivíduo; que já não é suficiente contrapor os individualismos montaigniano e cartesiano. Em decorrência, se os *Essais* não oferecem uma teoria do conhecimento sistemática e legitimadora do eu, não deixam de conter elementos que estarão presentes naquela teoria e cuja articulação tem passado despercebida. Destacam-se, como direções que a antecipam, *a exaltação do fato e a suspeita da imaginação*. Ambas poderiam ser detalhadas nas exigências quanto à confecção do próprio retrato e na suspeita sobre os relatos de viagem. Como só o fizemos quanto ao primeiro ponto, ao menos agora se assinale: no momento em que a Europa era inundada pelos testemunhos sobre o Novo Mundo, Montaigne sublinha a necessidade de encarecer-se a autenticidade do que aí se dizia. As narrativas sobre o mundo desconhecido não podiam ser fantasiosas mesmo porque já não era esperável que seus leitores a submetessem à técnica da interpretação alegórica medieval; deviam sim ser fiéis ao visto e experimentado. No tempo, pois, em que o eu se afirmava e ainda não dispunha de uma Lei que o previsse como o núcleo do que se pode conhecer, o relato de viagem se torna uma experiência problemática. Não estranha que nela pensasse o filósofo que dará mais plena resposta à necessidade de formular uma teoria da Lei que, partindo do sujeito individual, assegurasse a objetividade do conhecimento humano.

II
O sujeito e a Lei:
uma descendência kantiana

1. A viagem e a lei

Kant sabia das dificuldades que cercariam a leitura de sua primeira Crítica. Seu lema então poderia haver sido: nenhum descanso aqui terá aquele que se aventure à travessia. Pelo regime que cumpre a máquina expositiva, no máximo se admitem recapitulações do já formulado; com freqüência, contudo, mesmo nelas crescem os escolhos. No percurso kantiano, não há espaço para o belo contorno; apesar do que, alguma Ítaca aí se promete, em que o familiar abranda a dureza da acometida. Menos prazerosa que a original, nem por isso é Ítaca menor. Quando já sente firme o passo, no final da "Analítica transcendental", o filósofo o afirma:

> Temos agora não só atravessado o território do entendimento puro, (...), mas também o medimos e, de cada coisa sobre o mesmo, determinamos o lugar. Mas este território é uma ilha, encerrada pela própria natureza em limites imutáveis. É a terra da verdade (um nome sedutor), circundada por um vasto e tempestuoso oceano, verdadeira sede da ilusão (*des Scheins*), em que muita névoa e muito gelo em breve desfeito enganam como novas terras e (...) fraudam o navegante (...) com esperanças vazias (Kant, I.: 1781, B 294)

Secundária, do ponto de vista da exposição, a passagem aqui ressalta. Os fundamentos do conhecimento crítico até então expostos, ultrapassadas Sila e Caribdes (o dogmatismo e o ceticismo), passavam a oferecer à modernidade um porto seguro para sua demanda: que sou capaz de saber? Já no prefácio à segunda edição da Crítica, anunciava-se que "a razão só se dá conta (*einsieht*) do que ela própria, conforme seu projeto, produz" (Kant, I.: 1787, B 13). O que vale dizer, Kant partia do princípio, contrário ao pensamento clássico, de que o real não se superpõe e não é coextensivo ao racional. A razão não apenas *reconhece* aquilo que o ouvido escuta, a vista percebe e a voz refere. Conhece a partir do que *põe* e só esta sua atividade permite o cumprimento de seu projeto.

Mas cabe desde logo perguntar: qual a funcionalidade deste comentário se não se visa a mais uma apresentação de Kant? Para que se entenda o destaque da passagem acima e, com ela, parte essencial no movimento deste livro, convém que a associemos a humilde personagem de séculos passados. Referimo-nos ao moleiro Menocchio, de quem só saberão os leitores de *O queijo e os vermes*. Modesto, pobre, de mínimas letras, durante o século XVI Menocchio teve a desfortuna de repetir o que antes dele muitos já haviam feito sem dano: fascinar-se pelo relato das *Viagens* de John Mandeville. Impressionado com a rica diversidade de usos, valores e costumes, com a brutalidade com que colidem os mapas simbólicos das gentes, Menocchio não mais conseguia crer nos princípios ortodoxos da Igreja contra-reformista. Durante séculos, o livro atribuído ao viajante inglês despertara curiosidade, sem provocar comoções. Que então mudara?

A primeira diferença é de fácil localização: o moleiro é contemporâneo das guerras religiosas e da instituição inquisitorial. Contrariar os rígidos dogmas das autoridades religiosas não poderia ser senão prova de contato com as heresias e de influência delas. Responder, por exemplo, à pergunta que lhe fazem seus inquiridores sobre qual a melhor lei, com "Senhor, eu *penso que cada um acha que a sua fé seja a melhor, mas não se sabe qual é a melhor...*", era testemunhar em favor da tolerância; ou, como escreve seu intérprete: "Mais do que tolerância em sentido estrito, tratava-se do reconhecimento explícito da equivalência de todas as fés, em nome de uma religião simplificada, sem caracterizações dogmáticas ou confessionais" (Ginsburg, C.: 1976, 115).

Os inquisidores não atinavam em que a concepção religiosa do acusado assentava em um solo popular e só percebiam a coincidência com as "sofisticadas teorizações religiosas dos heréticos contemporâneos de formação humanista" (*idem*, 116).

Já a segunda diferença é de ordem mais problemática: com Menocchio, verifica-se a importância que assume, mesmo em um ambiente popular, a questão do juízo individualizado; i. e., a questão do reconhecimento da subjetividade. Apesar de o moleiro ser contemporâneo de Montaigne, entre um e outro não há outra semelhança além de o peso idêntico que possui a subjetividade. Culto e dispondo de valiosa biblioteca, Montaigne legitimará o poder discriminador do eu. Pobre, de ínfimas posses e menores letras, Menocchio não conta sequer com as evasivas em que se esmerava o famoso nobre-escritor. Propala seu juízo pessoal sem reticências; sem ao menos duvidar da veracidade do que lera, Menocchio declara o que aos sutis ouvidos de seus juízes é uma deslavada pregação de relativismo; pura heresia pois solapa o fundamento da unidade do mundo cristão. Enquanto pudera vigorar, a interpretação alegórica medieval tornava insignificante a determinação pessoal dos juízos. O eu que falava sempre podia ser subsumido como exemplo de um modelo legitimado; não se lhe levava em conta enquanto indivíduo. A contradição que agora se levanta entre as Igrejas já não permite o recurso. A lei já não se justifica impessoalmente como mandato divino; a linguagem já não é a simples manifestação do que, antes dela, *é plenamente;* a palavra já não se justifica pela comunidade cujos valores comunica e propala senão que de imediato expõe quem a profere. Não se pretende que as tensões religiosas do século são a causa determinante da legitimação da subjetividade, mas acentuar que o embate das facções evidencia sua presença crescente.

É por correlação e contraste com os infortúnios de Menocchio que a passagem kantiana ressalta. O reconhecimento da instância subjetiva, precisa, pontual e particularizada, imprópria para ser reconduzida a alguma comunidade, irredutível a qualquer alegorese, tornara o relato de viagem algo perigoso e potencialmente suspeito. Perigoso para o próprio narrador da viagem: como poderia estar certo que não se enganara? E perigoso para seu leitor: como poderia estar certo que não o queriam lograr? Ora, sem que se aventurasse além de sua pequena Königsberg, Kant comunica a descoberta de uma ilha "de limites imutáveis". Mas esta não é um acidente externo, dom de alguma paradisíaca geografia; esta ilha se confunde com o homem. Ela encerra o aparato cognitivo humano, com o qual infalivelmente as coisas são postas e, assim, se convertem em parte do mundo humano. Desta maneira a velha presunção de conhecer as coisas torna-se risível. O que não significa que fosse arbitrário seu direito de conhecê-las; desde que, e a restrição é decisiva, enquanto partes de seu mundo, i. e., enquanto fenômenos integrados à sua experiência da natureza.

Neste item e no seguinte, em que visamos ao leitor sem grandes contatos com o texto kantiano, partimos, em suma, de uma constatação simples: do ponto de vista histórico, a *Crítica da razão pura* (de ora em diante, KRV) se propunha superar um instante de confusão e perplexidade, resultante do choque entre a teoria clássica do conhecimento e a admissão da individualidade, subjetivamente dimensionada. Noutras palavras, Kant intentava demonstrar que um certo conhecimento não é menos efetivo porque a razão humana funciona com "instrumentos" que não são dados pelas coisas; porque só um aparato transcendental – i. e., comum a todos os homens – os liga à fenomenicidade das coisas; que reune homens e coisas, fazendo-as chegar a seus sentidos.

Consideremos a explicação acima um mero passo aproximativo. Sua limitação e impropriedade não está na banalização que propiciaria, mas sim na imagem neopositivista em que encerraria a primeira Crítica. Para neutralizá-la e dar um segundo passo, precisamos nos deter na própria construção da KRV.

Se pensar um objeto não equivale a conhecê-lo (KRV, B 416), assim sucede porque a ordem da razão não se confunde com a ordem do real. O pensar é mais amplo que o conhecer porque este concerne apenas ao campo da experiência possível. A experiência se depõe *no meio*, entre os homens e as coisas, sem se confundir com a materialidade de uns e outras. Cogitar pois da *produção da experiência* pressupõe indagar-se sobre o aparato transcendental que distingue a materialidade humana. Esta exigência duplamente particulariza a posição kantiana: (a) ao contrário do postulado contemplativo da metafísica clássica, o ato de conhecimento aí já não se considera um modo de resgate e descoberta mas sim de invenção; (b) esta invenção contudo não é, ao invés do que mais radicalmente concebia o Vico de *De antiquissima italorum deorum* (1710), uma *ficção* mas sim um encontro "misterioso" entre propriedades humanas e propriedades dos fenômenos (KRV, B 164). O que vale dizer, partirem de mim as condições para o que vejo não torna necessariamente incerto o que vejo. O fato de o aparato transcendental kantiano pôr em cena as condições para a experiência enquanto humana não significa que o então produzido, a própria experiência, seja, fora daí, um nada. O *meio*, i. e., *o campo da experiência,* não é constituído por quimeras e fantasmas senão que pela materialidade de coisas e fenômenos, que, ao contato com o aparato transcendental, se convertem em passíveis de conhecimento.

A filosofia crítica começa por limitar e negar: enquanto gesto humano, o pensar não se superpõe ao real; fora de seu campo de encontro, a experiência, segue apenas outra rota. Enquanto pois elaboração tipificadora da modernidade, o pensamento kantiano antes de tudo se define pela subtração que opera. Por isso mesmo as provas de segurança que a KRV laboriosamente acumula não retiram de sua leitura um certo mal-estar: enquanto o pensamento tradicional pressupunha que o enunciado cognoscitivamente correto apreendia e fazia circular a *substância* do que tratava, a posição kantiana reserva a certeza ao campo delimitado da experiência da natureza. A presunção da Lei é pois duplamente afetada: a Lei, supondo o controle de fenômenos, pela captação da regularidade de sua conduta, não concerne à natureza das coisas senão que à sua aparição; não é pois apropriada senão a esta aparição-das-coisas. Kantianamente concebida, a Lei elimina o arbítrio, ao mesmo tempo que impede que se identifique o arbítrio – aquilo que é exercido por um *arbiter*, i. e., o sujeito – com o exercício do arbitrário. Antes de nos determos neste duplo nó, básico para a fortuna da modernidade e para a compreensão da problemática que a arte aí apresentará, acompanhemos o trajeto kantiano sobre as condições da experiência possível.

O dispositivo transcendental implica a atuação conjunta da sensibilidade e do entendimento. As fontes de cada um são entretanto distintas. A sensibilidade menos se caracteriza por sua capacidade de recepção do que pela subordinação a duas formas originárias. Espaço e tempo são as formas *a priori* da sensibilidade. Chamá-las *formas significa que não são coisas, não estão nas coisas, mas sim que se lhes impõem*, emprestando-lhes outro caráter. A forma-espaço é a "a condição subjetiva da sensibilidade, somente sob a qual nos é possível a intuição externa" (B 42). Do mesmo modo, a forma-tempo não é mais senão a condição subjetiva do sentido interno. O que, entretanto, não significa dizer que, independentes de qualquer experiência, sejam elas autônomas à experiência. Já caracterizá-las como representações necessárias a todas as intuições (*Anschauungen*), externas e internas, significa que elas só são no *meio* da experiência. Não fenômenos, só existem nos fenômenos, de que são a condição *formal*. Por isso sem a experiência do tempo não há experiência da mudança e, daí, tampouco do movimento (KRV, B 48).

Contudo, por mais que sejam assim decisivas, as formas da sensibilidade não dão acesso ao conceito de um fenômeno; menos ainda, ao conceito do sujeito que habitam. Das formas da sensibilidade deriva a representação de algo, intuições fenomênicas – a palavra 'intuição' em Kant sempre conota o sensível. Para que delas se infiram conceitos será necessário que se opere uma síntese das representações, para que então ajam, sobre ela, as categorias do entendimento. De tal síntese se encarrega a imaginação. Próxima à sensibilidade, a imaginação é, em parte, receptiva, i. e., reprodutora do que então unifica, em parte produtora – pois que a unificação da multiplicidade das representações não é, assim como tampouco essa própria multiplicidade, trazida pela ordem das coisas. (Não sendo nosso propósito o exame específico da imaginação em Kant, notemos apenas de passagem que os dois aspectos da imaginação indicam uma tensão que lhe será constitutiva na sistemática kantiana).

A síntese provocada pela imaginação serve pois ao entendimento. O entendimento é o máximo guia para a certeza. Mas certeza quanto a âmbito bem delimitado: ele não se estende além da experiência da natureza. Dela, pois, de imediato se exclui o eu, que é menos um operador do aparato que o investe do que por ele operado. Sem deixar margem a dúvidas, Kant escreve que "o sujeito das categorias não pode, por pensá-las, receber das categorias um conceito de si próprio como um objeto. Pois, para pensá-las, a sua própria autoconsciência, *que é entretanto o que devia ser explicado*, teve de ser pressuposta (grifo meu, B 422)". "Detrás" das categorias não há pois um objeto privilegiado, capaz de originar toda uma série de "ciências" novas, que depois viriam a ser chamadas "ciências do homem". Ao contrário, atrás das categorias só há "a unidade da consciência" ("*die Einheit des Bewußtseins*") e a vaidosa proposição "eu existo" é apenas "uma proposição empírica", com o que se reduz o eu à condição (empírica, necessária apenas enquanto contingente) para o uso da "faculdade intelectual pura" (B 423).[1] Ao invés, pois, do fundamento cartesiano, assim como da deriva que caracterizará o idealismo de Fichte, não é a um afã de escavação individual que Kant legitima, senão ao que projeta o indivíduo para o meio da experiência. O realce da experiência como a situação propícia para o conhecimento é correlato ao sentido que o indivíduo assume em Kant: ressalta-se, não a sua singularidade, mas seu caráter "externo", público, de pertencente à "cidade" humana: seu caráter de cidadão. Só ao cidadão está assegurado o intercâmbio com o outro, com a matéria outra, indispensável para a experiência passível de engendrar conhecimento. O eu é apenas a unidade das operações necessárias. É verdade que Kant também o chama de "sujeito da consciência" para logo entretanto acrescentar que daí não infere que "eu não posso existir senão como sujeito" senão que "no pensamento de minha existência só posso utilizar-me como sujeito do juízo" (B 412).

Acentuar-se o papel de guia certeiro do entendimento era portanto privilegiar o posto do cidadão. O que, inequivocamente, era também restringir a legitimação da subjetividade; restringi-la do ponto de vista das certezas que poderiam aliviá-la e consolá-la nos transes da existência. Que então haveria fora da margem tranqüilizadora com

---

[1] De maneira mais descritiva, dizia um pouco antes: "(...) Conheço-me a mim mesmo não porque estou consciente de mim enquanto pensante senão enquanto estou consciente da intuição de mim mesmo como determinada com respeito à função do pensamento (B 407).

que se autentificavam as ciências naturais? Negaria Kant dignidade para o que se depusesse além do limite do certo?

Além desse limite, já não seria de entendimento *(Verstand)* que se haveria de falar, senão que de exercício da razão. Pois, à semelhança das propriedades contrárias da imaginação, também o pensar compreende a contrariedade: ela se cumpre nas relações entre o entendimento e a razão. Esta, não se limitando ao meio da experiência possível, antes se caracteriza por seu extravio. A razão é marcada pelo que, do ponto de vista do entendimento, é excessivo: ela pensa o que entretanto não pode ser conhecido. Pensa de imediato a liberdade. Que seria a liberdade em um mundo absolutamente governado pela causalidade senão vã quimera? A liberdade é o que não se explica por uma causa, pois esta engendra uma cadeia de efeitos, sendo pois originadora da homogeneidade dos fenômenos, condição para a certeza. A categoria 'causa' tornara possível justificar-se a ordem física do mundo e admitir-se o avanço progressivo das ciências da natureza. Mas criara um óbice para as demandas da razão que digam respeito ao não-fenomênico. O único modo de romper a identificação da liberdade com a quimera consiste em tomá-la como a originadora (a causa) de um conjunto diverso de efeitos. Ora, se do mundo físico, a explicação kantiana afastara a aleatoriedade, a admissão da ação da liberdade haveria de implicar que ela se exerceria noutro plano. É o plano da moral. Em termos kantianos, a moral não é suscetível de entrar na ordem do conhecimento. Não há pois uma ciência da moral, como tampouco haveria uma ciência de Deus ou da alma. Como pois evitar que a admissão da liberdade se confunda com a de uma irremediável arbitrariedade? Em Kant, isso só é factível pela conversão da liberdade em dever moral.

Erigida à condição de causa, a liberdade se manifesta pelos efeitos do dever. Assim internalizada, a liberdade, conquanto não se torne objeto do entendimento, escapa do império do arbitrário. Emblematiza, neste sentido, as áreas tocadas pela razão não teórica. Se ao entendimento cabem os conceitos, à razão cabem as Idéias.[2] Pela Idéia, o

---

[2] Ampliando o exemplo do que se fizera no capítulo I, grafamos com maiúscula inicial todas as palavras que, pelo sentido especial que assumem, não devem ser

sujeito humano formula o problemático, i. e., o que se estende além do passível de receber um entendimento estrito. Se este não pode ser conhecido, não possui por isso menor dignidade.

O desenvolvimento das conseqüências da transformação da liberdade em dever nos levaria à segunda Crítica, o que é aqui desnecessário. Limitamo-nos por isso a acentuar suas conseqüências do ponto de vista da Lei.

Apoiando-se no entendimento, só a razão teórica tem condições de legitimar o que é passível de ser conhecido. A vigência da Lei é, por conseguinte, justificada, dentro porém dos estritos limites da experiência possível da natureza. Ela pois não se estende ao território da Lei moral, porque o campo do dever não tem outra relação com o campo do conhecimento além de que ambos provocam ou supõem homogeneidades (da conduta, da atuação do objeto, respectivamente). Se há um efetivo enlace entre a razão teórica e a prática ele antes é puramente negativo: por ambas, nega-se o sujeito enquanto individual, enquanto origem de uma conduta diferenciada. No plano da razão teórica, o eu é apenas o suporte de uma função; restringe-se à unidade da consciência, atravessada e ativada por um aparato que se impõe independente das marcas singulares de cada indivíduo. Tampouco no plano da razão prática o sujeito individual tem melhor fortuna. Por certo, a razão prática lhe acena com um ideal cujo cumprimento só dele dependerá: o ideal da autonomia. Mas que é o sujeito autônomo kantiano senão o que internaliza e então se modela pelo princípio do dever? O dever afeta a vontade e se afirma à medida que a afasta das apetências naturais. A Lei moral kantiana não tem recompensa, nem muito menos, por efeito da clivagem quanto à razão teórica, possibilidade de ser *demonstrada*. *A priori* ela é justa. Impõe-se enquanto obrigação internamente assumida. "A lei é imperiosa, evidente, apodítica, a experiência inteira das ações e dos julgamentos dos homens aí estaria contra ela. Não é uma questão (uma hipótese), a ela não se discute;

---

confundidas com sua acepção ordinária. Estão neste caso não só Lei, mas também Crítica, História, Idéia. As mesmas palavras não aparecem com maiúscula quando sejam usadas no sentido comum.

não se deduz, é ao contrário um princípio de dedução; precisamente da liberdade: ela é uma tese (*Satz, Gesetz*), ela se põe e se autopõe (...). Falando propriamente, não comanda um sujeito, não se dirige a ele, não lhe fala; sua voz brusca, terrível, é muda, mas aí está como indiferente, segura de que jamais se conseguirá 'levantar seu véu' (...)" (Proust, F.: 1991, 151).

Diante do rigor da moral, a lei científica ainda mostrava um processo brando. O caráter apriorístico, universal e necessário desta ainda supunha hipóteses, controvérsias e questões. Além do mais, sua força determinante, embora independesse dos traços particulares do investigador, fossem históricos ou psicológicos, implicava no indivíduo a capacidade crítica e invenção. Nada há aqui de semelhante. Quando os comentadores da segunda Crítica destacam a presença do rigorismo pietista sobre a moral kantiana deixam passar uma presença ainda mais inflexível: toda esta moral pressupõe um Deus mais terrível que o do Velho Testamento. Jeová como que se desforra do filósofo que ousara considerá-lo Idéia, incognoscível e impróprio para a ciência, confinante, por esse ponto, com os monstros e as quimeras, e retira da representação humana sua voz colérica e seu olhar irado. Cólera e ira ainda indiciariam que a criatura O afetava. Porque voz e olhar divinos agora se retiram, a voz da Lei moral é muda.

De um lado, pois, sob o império da razão teórica, resta um mundo sem mistério, engrenagem pura, em que a sensibilidade humana é destinada a servir ao entendimento, por sua vez a serviço do domínio da natureza; mundo, como viria a dizer Max Weber, absolutamente desencantado. De outro, sob o império da razão prática há a voz que ordena desde as entranhas e não escuta queixas ou protestos. Se não fosse por seu sentimento de respeito por tudo que concernia à moral, este seria o campo adequado sobre o qual o próprio Kant poderia, na terceira Crítica, explicar o sublime; o sublime do terrível.

Não bastaria pois dizer-se que o pensamento kantiano desobjetiva o conhecimento, pois não menos o dessubjetiva. Em Kant, se é verdade que o conhecimento depende da ativação de um aparato subjetivo, não o é menos que se cumpre independente da vontade ou em detrimento dela. No caso da razão teórica, a vontade não conta. No caso da razão prática, enquanto parte do legado da natureza, a vontade importa para ser negada. Em ambos os casos, pois, a natureza é o terceiro termo (*tertium comparationis*) que deve ser submetido. Em vez de encarecermos este ponto, insistamos apenas na ruptura que o princípio da Lei explicita no campo das duas razões.

O mundo kantiano é não só desencantado – o que ainda seria um traço positivo – senão que dilacerado: o que vigora no continente teórico é drasticamente abolido no continente prático e vice-versa. Em um, a pura engrenagem – dado um fenômeno, de imediato entram em cena as formas da sensibilidade, a síntese da imaginação e as categorias que o situam em um conceito; no outro, o puro dever. O suporte de ambos é por certo algo ligado ao homem: o espírito humano; sua produção própria e sua autonomia, contudo, supõem a desindividualização. O que nada tem de contraditório com que se acrescente que neles o espírito humano é legislador. Importa apenas ressaltar que a legislação oferecida é dual, promotora de normas de estirpe radicalmente contraposta. (Não seria sequer correto afirmar que a Lei científica e a Lei moral são contraditórias porque isso ainda seria pressupor um inexistente solo comum). Contentamo-nos com essa anotação simples pois nos basta para a reflexão que ainda preparamos. Seu passo decisivo há de se cumprir sobre a terceira Crítica.

2. Sobrevôo da terceira crítica

Que teria levado Kant a sentir a necessidade de escrever uma terceira Crítica? Duas explicações são por ele mesmo oferecidas. Já na "Introdução" à *Crítica à faculdade de julgar* (de ora em diante, KU), fala-se desta como o meio de unir as legislações do entendimento e da razão. Como elas são não só distintas mas propriamente incomparáveis, a indagação do juízo enquanto meio termo entre entendimento e razão poderia afinal oferecer o *tertium comparationis* que conciliaria seu prévio desgarre. Da faculdade de julgar "se tem motivo de supor, conforme a analogia, que ela bem poderia conter, se não uma legislação (*Gesetzgebung*) própria, ao menos um princípio a ela próprio para buscar leis, em todo caso um princípio *a priori* simplesmente subjetivo" (Kant, I.: 1790, B XXII). Kant leva a peito a promessa contida na analogia e, no final do mesmo item, acrescenta:

> É também de supor, ao menos por enquanto, que a faculdade de julgar, tomada em si mesma, contém um princípio *a priori* e, como o prazer e o desagrado estão necessariamente ligados à faculdade de apetência (*Begehrungsvermögen*) (...), que ela tanto realizará uma passagem da pura faculdade de conhecer, i. e., do domínio do conceito de natureza para o domínio do conceito de liberdade, quanto que torna possível, no uso lógico, a passagem do entendimento para a razão (B XXIV-XXV)

Contra a esperança de conciliação e harmonia que orienta estas passagens iniciais, alerte-se que, na falta de uma legislação própria, o filósofo espera descobrir, no juízo, um *princípio* articulador das áreas da natureza e da liberdade. Um princípio se distingue de uma legislação por atuar *por baixo*, preparando o terreno para a edificação daquela. Ora, essa preparação é facilitada a Kant pela proximidade que ele nota entre o prazer e o desagrado, sensações sobre as quais o juízo se debruça, e a faculdade da apetência, objeto da razão prática; dizemos que facilita sua tarefa porque escreve como se houvesse um circuito subterrâneo entre prazer, desprazer e sentimentos de dever e respeito. À medida que avancemos na esfera do juízo próprio à faculdade de julgar, o juízo de reflexão, se tornará mais difícil aceitar a tranqüilidade daquela inferência. Poder-se-ia pensar que ela seria franqueada porque "o princípio *a priori* (da faculdade de julgar) é simplesmente subjetivo", do mesmo modo que a Lei moral não legisla senão sobre a subjetividade? A aproximação será invalidada ao sabermos da importância da modalidade estética entre os juízos de reflexão, dotando o juízo estético de completa independência quanto ao juízo moral.

O embaraço aludido deriva pois do *propósito arquitetônico* de Kant. A esta dificuldade de imediato outra se enlaça: a busca de tematizar o que o entendimento expulsara de seu campo: o supra-sensível. Ainda na citada "Introdução" se lia:

> Se bem que haja um abismo imenso entre o domínio do conceito de natureza, como o do sensível, e o domínio do conceito de liberdade, como o do supra-sensível, de modo que não é possível a passagem do primeiro para o segundo (por meio portanto do uso teórico da razão, (...) no entanto este deve ter uma influência sobre aquele, ou seja, o conceito de liberdade *deve* tornar real, no mundo sensível, o fim (*Zweck*) imposto por suas leis (B XIX)

A passagem antecipa a análise dos juízos teleológicos, que se impõem aos objetos da natureza sem que deles sejam constitutivos (i. e., que servem à sua ordenação mas não a seu conhecimento). Como os juízos de finalidade têm em comum com os estéticos apenas serem espécies do mesmo juízo de reflexão – que ainda equivale a dizer, têm em comum apenas seu caráter subjetivo – seu embaralhamento tende a deixar passar em paz o supra-sensível. Com isso, o supra-sensível – o que escapa da causalidade física – vem a ser visto como aquilo de que irradia a buscada harmonia do sistema. Noutras palavras, a hipótese arquitetônica repousa numa argúcia retórica: se A (juízo estético) e B (juízo teleológico) são partes de C (juízo de reflexão), então o que se afirmará sobre B também valerá para A. Isso, obviamente, se a especificidade e a autonomia de A, ainda a serem demonstradas pela terceira Crítica, não forem comprometidas. A promessa de sistematicidade que estaria assegurada a seu pensamento faz com que Kant não abandone a via. De nossa parte, sem desenvolvermos de imediato as dificuldades apresentadas, busquemos outro caminho. Ele se apóia em páginas próximas às passagens citadas.

Em um dos primeiros parágrafos do "Prefácio", Kant escreve que uma crítica da razão pura seria incompleta se não consagrasse uma parte especial à faculdade de julgar, pois de outra maneira ficaria inexplorado o solo em que "*se encontram os primeiros fundamentos da faculdade dos princípios independentes da experiência*" (B VI, grifo meu). Aparentemente, a passagem não introduz outro argumento além do que considerávamos questionável. Por certo, o propósito do autor era o de servir a seu encaminhamento. Isso contudo não nos impede de diferençá-los. Como vimos, a interpretação privilegiada por Kant se prende a um propósito arquitetônico; as legislações próprias às razões teórica e prática, sendo autônomas, empenham autonomamente os campos que abarcam; são contudo tão dissemelhantes e separadas que não admitem ponte alguma entre seus legislados. Esta pois a função transitiva que espera estabelecer através da faculdade do juízo. Se, no entanto, em sua argumentação destacamos termos e expressões como 'fundamentos' e 'princípios independentes da experiência' (*Grundlage, von der Erfahrung unabhängiger Prinzipien*), vislumbramos um segundo caminho: ele não opera pelo "alto" mas por "baixo"; *é menos uma arquitetura do que uma exploração do subterrâneo*. Em palavras mais precisas, o juízo de reflexão aponta para um solo arqueológico *anterior* ao juízo determinante. Esta tese, hoje retomada por Octave Chédin, já se encontrava em germe em *Kant et la mort de la métaphysique*. Como logo nos referiremos mais amplamente ao livro de Chédin, comecemos por nos apoiar em Gérard Lebrun.

A tarefa da "Analítica", na primeira Crítica, diz Lebrun, fora não "analisar os conceitos mas somente indagar os conceitos *a priori* dados com o entendimento". Na terceira Crítica, acrescenta, a questão se põe mais atrás:

> Como a filosofia da objetividade *se dá* os conceitos em geral como já presentes para o julgamento, há uma questão (e um outro nível da pesquisa) que ela não tem de evocar: como é possível *formar* (*bilden*) os conceitos em geral? E daí: como o "poder de *pensar* por conceitos", ou seja o entendimento, é possível? (Lebrun, G.: 1970, 55)

Ainda acrescenta Lebrun: a terceira Crítica não tem só por objeto a tematização de aspecto que houvesse escapado das duas precedentes. Mais que isso, se tratava de vincular a possibilidade de formação dos conceitos em geral com a complementação do raciocínio que a KRV estabelecera sobre a Lógica. Na primeira Crítica, a identificação do cognoscível com o objeto da experiência tornara a lógica clássica uma disciplina apenas formal, "uma abstração vazia e mesmo dificilmente representável, se não se subentendia uma relação de suas formas com o 'mundo'. (...) Falar das 'condições de aplicação da lógica à natureza' é portanto falar *também* das condições efetivas (e, no entanto, transcendentais) sem as quais a lógica de Aristóteles jamais teria surgido. E, se a filosofia transcendental se descarta desta tarefa de fundação, de duas coisas uma: ou lhe é impossível afastar, senão dogmaticamente, a possibilidade de direito de uma fundação psicologista da lógica ou ela se chocará, como diante de um irracional, a esta referência *de fato* que envolve, na origem, a lógica formal e, *por conseguinte, a lógica transcendental, à medida em que admite aquela como dada*. Ao invés, se se toma consciência da dificuldade, deve-se admitir que resta determinar, na raiz (*pré-lógica*) de nosso conhecimento, um ato transcendental tal que torne sempre possível a passagem de não importa qual representação a um conceito empírico (*idem*, 275-6). Dentro destes parâmetros, o juízo estético ocupará uma posição de saliência, não obstante o filósofo não pretender construir uma estética – e mesmo reclamasse da impropriedade com que o termo é empregado. A Kant, o juízo estético importa enquanto instrumento privilegiado para investigar e localizar "o que *poderia ser* um juízo não-lógico" (Lebrun, G.: *op. cit.* 303), pois a própria expressão, juízo estético, "só escapa de todo equívoco se se lhe entende como juízo não-lógico" (*idem, ibidem*).

Podemos confirmar a validade da hipótese "arqueológica" aberta por Lebrun pelo cotejo da primeira "Introdução" à KU, que terminou expurgada da edição de 1790, com o que o texto publicado apresenta no § 23. Naquela, Kant declarava que "o juízo sobre o sublime na natureza não deveria ser excluído da divisão da estética da faculdade do juízo de reflexão pois que também ele exprime uma finalidade subjetiva, que não se funda em um conceito do objeto" (Kant, I.: 1789, X, 66). Em evidente discordância, o § 23 da terceira Crítica dirá:

> Vemos (...) que o conceito de sublime na natureza é muito menos importante e bem menos rico de conseqüências que o do belo na mesma; e que ele não indica absolutamente nada da finalidade na natureza mas apenas dos usos possíveis das intuições que temos da natureza e que nos tornam sensível uma finalidade por completo independente dela (Kant, I.: 1790, B 78).

Claramente, a discordância resulta do peso dado à finalidade que se empresta à natureza. Ao passo que o belo é facilmente reconciliável com um juízo de finalidade, a experiência do sublime em nada, sequer analogicamente, para isso contribui, pois não provoca senão "um outro sentimento, a saber o da finalidade interna na disposição das forças do espírito (*Gemütskräfte*)" (Kant, I.: 1789, X, 67).

Como poderíamos entender tal finalidade interna? Supomos que pelo cotejo com o papel desempenhado pela imaginação, nas experiências em que não surge o sublime. Na experiência propriamente cognoscitiva, não é novidade que a imaginação se subordina ao entendimento; põe-se entre as formas da sensibilidade, sintetizando a multiplicidade de suas representações, e as categorias. No campo da razão prática, nem sequer isso. A imaginação aí parece ociosa, se não for mais justo dizer-se que há de se manter trancafiada para que a faculdade da apetência opere a metamorfose da liberdade em dever. Já no campo do juízo de reflexão, na espécie do belo, é verdade que a imaginação não repete a subordinação em que a encontramos na primeira Crítica; ela aí tem no entendimento um parceiro, com o qual joga livremente; se ela também lhe entrega sua síntese, esta entretanto não se coaduna com um conceito certo. A síntese então operada pela imaginação termina, do ponto de vista do conhecimento, ineficaz e sua livre parceria com o entendimento provoca prazer e não afeta o objeto. O que equivale a dizer, na experiência do belo o particular não é subsumido no universal, o objeto da experiência não pode ser encarado como mais um sobre o qual incide uma lei geral; o jogo livre que se processa entre a imaginação e o entendimento é a condição para que o objeto da experiência seja sentido por sua singularidade e não catalogado como exemplo de um caso geral. Considere-se porém que, não subordinada, a imaginação há de respeitar um certo limite: seu exercício é livre, "sob a condição de que o entendimento não sofra nenhuma afronta" (*doch unter der Bedingung, daß der Verstand dabei keinen Anstoß leide*") (Kant, I.: 1790, B 71). Na experiência da beleza, a imaginação não é nem serva, nem rebelde. Ora, como ainda teremos ocasião de detalhar, na experiência do sublime a imaginação exorbita, busca entendê-lo mas o descobre "inadequado à nossa faculdade de apresentação" (*unangemessen unserm Darstellungsvermögen*) (B 77). Isso resulta de o sublime não poder ser definido senão negativamente, como "o que é grande além de toda comparação" (B 81).

Pondo-se em xeque a si mesma, a imaginação não mais pode girar na órbita do entendimento. Compreendemos pois melhor o limite que ela respeitava no "jogo livre" do belo. A imaginação aí podia ser parceira igual ao entendimento porque nela ainda agia a "faculdade de apresentação".

Ao exorbitar, a imaginação perde o apoio do entendimento e necessita recorrer à razão. É assim que Kant, em suma, explica a especificidade do sublime. Ora, como a razão não se contenta, à diferença do entendimento, com a experiência possível, e então se torna o reino das Idéias – daquilo que o homem procura compreender sem poder bem explicar – ela termina por oferecer à imaginação exorbitante a mais fantástica das idéias: o supra-sensível. Sendo o sublime por definição incomparável, não poderia adquirir um sentido por seu cotejo com algo da natureza. Assim o argumento kantiano tira da cartola a idéia que lhe parece fechar a hipótese em que se empenhara.

Deixemos para momento posterior a explicação melhor de por que a conclusão do filósofo não é convincente. Baste-nos aqui enunciar a outra direção que emprestaremos a seu argumento: no sublime, a máxima potência assumida pela imaginação significa que ela então alcança sua máxima capacidade produtora; capacidade de produção tal que, impossível de ser absorvida pelo entendimento, se torna então impossível de ser conhecida; para de alguma maneira dobrá-la a um sentido, Kant precisa *subordiná-la* à razão. Dizemos subordiná-la e não articulá-la pois o sentido que a experiência do sublime receberá pela introdução do supra-sensível implicará, para o próprio Kant, o limite da autonomia do juízo estético. A hipótese arqueológica permite não só que se revejam as relações da terceira Crítica com as precedentes como que se repense o problema da imaginação, no sistema kantiano.

Já a segunda via deriva da anotação: a máxima produtividade que, no sublime, a imaginação atinge revela um instante *anterior* à sua domesticação pelo entendimento. O pré-lógico, a que se referia Lebrun, não tem qualquer conotação de irracional senão que aponta para o que vem antes e prepara a racionalidade operatória. O texto kantiano traz imerso em si o que no Vico da *Scienza nuova* (1744) aparece de forma historicizada – o poeta como primeiro legislador do mundo, antes que fosse possível o advento do filósofo. Mas, ao passo que a solução diacrônica de Vico trazia a dificuldade de ter-se de explicar como, depois do "ultrapasse" de sua fase historicamente necessária, a imaginação ainda pode ser produtora, o texto kantiano permitirá mais que o exame de fases temporalmente sucessivas. A tentativa de sua demonstração, contudo, apresenta para seu expositor uma dificuldade particular. Para que a reflexão não se torne especialmente difícil, será preciso que, presumindo-se que o leitor não domina a terceira Crítica e, mesmo sem a pretensão de oferecer uma introdução a ela, sejam oferecidas condições para sua compreensão.

2.1. A terceira Crítica: um percurso menos superficial

A primeira Crítica estabelecera uma modalidade de juízo que supunha o acordo, na experiência, entre o aparato transcendental humano e a fenomenicidade das coisas. Além de necessariamente misterioso para nós – só uma outra criatura poderia apreender como as propriedades do pensar humano se conformam e são coerentes com as propriedades que mostram os fenômenos – este acordo supunha a constância no comportamento dos "parceiros" – i. e., que o aparato transcendental humano não varia no tempo e no espaço e que tampouco, sem causação compreensível, se modifiquem os objetos.

Sob o pressuposto de tal acordo e de tal constância, o juízo expresso ao longo de KRV era não só universal como oferecia uma primeira homogeneização do mundo. A esse juízo, KU agora dá nome. É o juízo determinante. "Se o universal (*Allgemeine*) (a regra, o princípio, a lei) é dado, então a faculdade de julgar, que nele subsume o particular (*das Besondere*), é determinante" (B XXVI). A necessidade que então sente Kant, no momento da composição da terceira Crítica, de voltar a ele e então nomeá-lo resulta de o filósofo compreender que a força organizadora do juízo determinante está longe de homogeneizar toda a experiência. "(...)Na natureza, com respeito a suas leis meramente empíricas, devemos pensar em uma possibilidade de leis empíricas infinitamente diversas que, para nossa inteligência, são entretanto contingentes (*a priori* não poderão ser conhecidas)" (B XXXIII).

A observação bem indica que os resultados de KRV, tendo em conta o seu escopo crítico-construtivo, não eram suficientes. Seus operadores funcionavam quanto à experiência possível mas se paralisavam diante da multiplicidade do estritamente empírico. Ora, sem a recondução do fenômeno a um princípio unificador, o *meio* em que se cumpre a experiência, *meio* que se confunde com o próprio mundo real, se tornaria, para o homem, um caos. É preciso pois que a faculdade de julgar suplemente a ordem instaurada pelo juízo determinante. Essa suplementação será oferecida por uma segunda modalidade de juízo. Ela se distingue da primeira porque já não poderia supor que celebra o acordo entre as propriedades do transcendental humano e as propriedades dos fenômenos. Noutras palavras, o juízo de reflexão não diz da fenomenicidade dos objetos, não os afeta ou os empenha em sua formulação. "(...) A faculdade de julgar deve, para seu próprio uso, admitir como princípio *a priori* que o que, para a inteligência humana, é contingente nas leis particulares (empíricas) da natureza, todavia contém uma unidade legítima (*eine gesetzliche Einheit*) na ligação de sua multiplicidade com uma experiência em si possível, a qual sendo na verdade inapreensível para nós é entretanto pensável" (B XXXIV). Este princípio suplementar é o da finalidade. Sua caracterização conceitual mostra o quanto, com ele, nos afastamos do puro campo do científico:

> Este conceito transcendental de uma finalidade (*Zweckmäßigkeit*) da natureza não é nem um conceito da natureza, nem um conceito da liberdade, pois nada atribui ao objeto (à natureza), senão que apenas representa o único modo como devemos proceder na reflexão sobre os objetos da natureza, em vista de uma experiência por completo coerente; por conseguinte, é um princípio (máxima) subjetivo da faculdade de julgar (B XXXIV).

Porque então não afeta o objeto a que se refere, pois o que lhe empresta, i. e., uma finalidade, nele propriamente não está, o juízo de reflexão se define por, sendo-lhe dado o particular, ter de sair à procura do universal a que corresponde (cf. B XXXVI).

Falharíamos na compreensão dos juízos determinante e de reflexão se associássemos o primeiro ao que ocorre de maneira automática e o segundo ao que exige uma consideração apurada. O critério distintivo é a propriedade de cada um dos juízos ser capaz de penetrar ou não na estrutura do fenômeno que analisa. O juízo determinante caracteriza a ciência constituída ou passível de constituição; o suplemento da finalidade indica que as ciências não satisfazem, por completo, a necessidade humana de homogeneizar sua experiência do mundo.

O juízo de reflexão possui portanto um princípio *a priori,* o princípio da finalidade, que prescreve uma lei para a natureza, em virtude do qual se restringe a margem de caos que, apesar da ação do entendimento, se mantivera. Sua presença por sua vez indica que o filósofo já não se contenta com a distância que guardara quanto à experiência e deixa de tratar dela como possível, para considerá-la em sua incidência concreta.

Essa troca se acompanha da admissão de um desafio de maior complexidade. Se os objetos se mantêm estáveis – o cobre não perde seu tom avermelhado nem por si se liqüefaz – a recorrência ao aparato transcendental contudo já não basta para a instalação da ordem desejada. O juízo de reflexão vem em socorro. Mas, se como lembrávamos, prescreve uma lei para a reflexão da natureza, não a prescreve à própria natureza senão que apenas à faculdade de julgar (é heautonômica e não autonômica, cf. B XXXVII). O juízo de reflexão presta portanto um serviço ao conhecimento, mas apenas indireto. Sua plena propriedade não se localiza senão no foro subjetivo. Daí sua associação com o prazer. O entendimento, na operação de suas categorias, "procede necessariamente segundo a sua natureza e sem premeditação" e não exerce "o mínimo efeito sobre o sentimento do prazer" (B XL). No juízo de reflexão, em contraparte, "sem dúvida, não mais experimentamos algum prazer especial diante da compreensibilidade da natureza e de sua unidade na divisão em gêneros e espécies (...): mas, por certo, este prazer existiu em seu tempo e, apenas porque a experiência mais comum não teria sido possível sem ele, pouco a pouco se misturou com o mero conhecimento e não é mais particularmente notado" (B XL). A tal ponto esta espécie de juízo está conectada ao sentimento de prazer que, mesmo onde já não se assinale, resta a marca da ocupação antiga. Corroborando sua afinidade com a idéia de *meio*, afirmada quando assim definimos o encontro do aparato transcendental com a materialidade do fenômeno, o próprio entendimento é visto como faculdade que confina, de um lado, com o prazer, de outro, com o automatizado.

Verifica-se pois a dupla conexão em que se acha envolvido o juízo de reflexão: verticalmente, ele é atravessado pelo princípio de finalidade, de que deriva seu funcionamento específico – sua heautonomia; horizontalmente, expande-se em efeito de prazer. Ter em conta esta sua figura ilumina a compreensão de suas espécies: o juízo teleológico e o juízo estético.

Se tivermos alguma dúvida por que o juízo teleológico não integra o campo do juízo determinante bastará que releiamos a seguinte passagem:

> (...) Um fim (*Zweck*) é o objeto de um conceito à medida que este é considerado como a causa daquele objeto (como fundamento real de sua possibilidade). (...) Concebe-se um fim ali onde não só o conhecimento de um objeto mas o próprio objeto (sua forma ou existência) é pensado como efeito, como possível apenas através do conceito deste efeito (B 33)

Do estrito ponto de vista do entendimento, um conceito assim concebido, à medida que sua formulação é precedida e presidida pela representação do fim, não deixaria de ser arbitrário e falso. Enquanto gerado pelo entendimento, o conceito não sintetiza mais do que o puro contato entre o que o homem põe, através de seu aparato transcendental, e o objeto expõe. A introdução da finalidade introduz a "humanização" do objeto da experiência. A finalidade não é *determinante* porque tem um caráter apenas regulador (cf. B 343).

À primeira vista, pareceria pois uma contradição primária que Kant, como fazia na primeira "Introdução" da KU, definisse o juízo teleológico como um juízo de conhecimento. Há de se atentar porém para seu acréscimo: "que entretanto pertence apenas à faculdade do juízo de reflexão e não à faculdade do juízo determinante" e para sua explicação derradeira:

> Em geral, a técnica da natureza, seja ela apenas formal ou real, é tão só uma relação das coisas com nossa faculdade de julgar, unicamente na qual se pode encontrar a idéia de uma finalidade da natureza e que é atribuída à natureza apenas quanto àquela faculdade (Kant, I.: 1789, 34).

Assim, por diversos que sejam seus caminhos, os juízos teleológico e estético, partem de um mesmo leito, originado pelo mesmo princípio de finalidade. Por isso, mesmo que o primeiro não tenha relevância para o presente estudo, tivemos de descrevê-lo, para que só agora nos aproximemos da espécie que nos importa.

Chamávamos há pouco a atenção para o diagrama do juízo de reflexão – sua verticalidade e horizontalidade. Podemos agora acrescentar: as espécies teleológica e estética se diferenciam à medida que põem em primeiro plano, respectivamente, ora a dimensão vertical, ora a expansão lateral. Tenhamo-lo em conta observando a própria descrição kantiana do juízo estético:

> (...) Se a forma de um objeto dado na intuição empírica é feita de tal maneira que a apreensão dos diversos aspectos do mesmo na imaginação coincida com a apresentação de um conceito do entendimento (deixando indeterminado qual conceito), então entendimento e imaginação concordam reciprocamente na simples reflexão para que promovam sua tarefa e o objeto será percebido como final apenas para a faculdade de julgar; em conseqüência, a própria finalidade é considerada apenas como subjetiva; nenhum conceito determinado do objeto é para isso requerido, nem é assim produzido e o próprio juízo não é um juízo de conhecimento (Kant, I. : 1789, 34)

A citação trata apenas da finalidade (*Zweckmäßigkeit*), descrevendo as condições para sua manifestação: a imaginação opera a síntese do diverso da intuição, "entregando-a" ao entendimento. Este "escolhe" um conceito que coincide com ela. Mas este é um conceito indeterminado. Deste modo a imaginação, em vez de funcionar dependente da faculdade do entendimento, com ela se ajusta. Isso significa que o universal, sob a forma de lei ou regra, não conseguiu subsumir o objeto particular. É diante do obstáculo à via reta do entendimento, da trava que o objeto apresenta que o aparato cognoscitivo lança mão da finalidade. Ao então postular algo como 'o objeto x tem tal forma porque é para (ou se destina a)' a razão trabalha com uma analogia do tipo causal – 'se tem tal forma, então ...' – e prescreve uma regra que não afeta o objeto senão a si própria – daí Kant chamá-la heautonômica.

Por enquanto o texto selecionado apenas serviu para melhor concretizar o mecanismo da finalidade. Mas o rendimento da leitura pode e deve ser maior. Ainda que o trecho não fale explicitamente do prazer, ele se apresenta na própria dupla remissão com que entendimento e imaginação operam. O prazer surge da impossibilidade do alcance imediato do sentido, pois depende do que não é automático. O advento de um conceito determinado encerraria o comércio com a impressão sensível – comércio que se mantém assegurado enquanto a imaginação permanece ativa – e seria simultâneo ao encontro de um sentido. O encontro do sentido pela formulação de um conceito propicia a extinção do prazer. Na atividade intelectual – e toda forma de juízo é por certo uma atividade intelectual – o prazer subsiste apenas se o conceito permanece indeterminado. Ora, por via oblíqua, a finalidade a seu modo restaura a uniformização do sentido. Isso equivale a dizer que o diagrama do juízo de reflexão apresenta em potência sua tensão própria. Abstraindo-nos momentaneamente de uma e outra espécie, podemos descrever da seguinte maneira essa tensão: a verticalidade (o eixo da finalidade) deriva de e, ao mesmo tempo, controla a expansão lateral (o sentimento de prazer). A tensão se anula no juízo teleológico, porquanto a finalidade emprestada ao objeto se redobra em finalidade com um fim. Pela redundância, finalidade com um fim, queremos ressaltar a propriedade de juízo "de apreciação objetiva", específica ao teleológico. E, muito embora o trecho citado acima não introduza a designação, reservada ao juízo de reflexão estético, dotado de "finalidade sem fim", vemo-lo presente, sem que para isso se faça violência à letra do texto. No juízo estético, portanto, a *Zweckmäßigkeit* se mantém, afirmando-se quanto à forma possuída pelo objeto, mas a ausência de seu redobramento – o fim atribuído a tal finalidade – corta a pretensão objetiva, cognoscitiva da suposta finalidade. O objeto estético se investe de uma finalidade sem fim porque a imaginação que o trabalha nele não reconhece senão a possibilidade indeterminada de sentido(s); sua finalidade como que se encerra no efeito intelectual mas prazeroso, prazeroso mas intelectual que sua recepção provoca. Assim compreendido, torna-se evidente por que passagem imediata acentua tanto o efeito sobre o sentimento quanto o caráter não objetivo do juízo estético:

> Pela denominação de um juízo estético sobre um objeto se indica assim de imediato que uma representação dada é por certo relacionada a um objeto, mas que, no juízo, se compreende não a determinação do objeto senão que do sujeito e de seu sentimento (Kant, I.:1789, 36)

Alcançada esta diferença, a seguinte se torna tranqüila: ao passo que o juízo teleológico responde a um interesse, o juízo estético não se interessa senão pelo estrito intercâmbio entre a presença do objeto e o efeito sobre quem o experimenta: "(...) É o que faço em mim mesmo desta representação, não em que dependa da existência do objeto, que importa para que diga que ele é belo (...)" (B 7).

Reservando-se para o item seguinte a reflexão mais sistemática sobre o significado do que está sendo mostrado, acentue-se por ora apenas a direção do movimento kantiano: o desligar-se do entendimento, o afastar-se do reino dos fins, torna o prazer estético menos uma ilha aprazível, votada à plenificação dos sentidos, que o porto despragmatizado por excelência. Seus limites pois não são menos rigorosos que os que marcam o campo da moral. O dever que move a moral, o sentimento de respeito que engendra são de certo modo também despragmatizados: a moral kantiana não conhece recompensas (cf. Alquié, F.: 1943, VII-XXXIV). Despragmatizada que seja, seu território próprio é no entanto pragmático. Sem se temer o paradoxo, poder-se-ia mesmo dizer: a moral kantiana se despragmatiza para que seja movida por uma motivação pura: o cumprimento do dever, o impulso gerado pelo respeito.

Tal como Kant o concebe, nem mesmo esta restrição cabe ao juízo estético. O mínimo indício de agrado dos sentidos ou de apego ao próprio objeto, o compromete. Só a experiência estética satisfaz a ambição do absolutamente despragmatizado, do que, como a "bailadora andaluza" de João Cabral, incendeia sem estímulo externo, por combustão própria. Esta circunstância lhe é indispensável. Só ela lhe assegura universalidade. Pois o que o filósofo escreve sobre o belo também se aplicaria ao que dirá acerca do caráter do sublime: "Aquilo de que alguém está consciente que a satisfação que nele provoca é isenta de todo interesse não pode ser por ele julgado senão como um objeto que deve conter um princípio de satisfação para todos" (B 17). [A sintaxe com freqüência tortuosa de Kant dificulta uma afirmação aqui meridiana: ter consciência que a satisfação produzida pelo objeto não foi provocada por nenhum interesse particular tem por conseqüência que dele se infira que deve conter uma satisfação para todos (universal)].

De um ponto de vista histórico – e não estritamente filosófico – a necessidade de afirmar o universal, de verificar sua vigência efetiva, resultava do reconhecimento da importância decisiva da subjetividade individual. No caso da experiência possível, i. e., no âmbito da primeira Crítica, ela se demonstrara pelo acordo entre propriedades transcendentais imutáveis e a não menor imutabilidade da estrutura material dos objetos. No campo da segunda Crítica, o dever cumpria função semelhante. Algo ainda de análogo haveria de ser alcançado no caso de um juízo em que, paradoxalmente, mais ressalta a marca da individualidade. Qualquer que seja a posição do intérprete a respeito, ele só pode confessar a sensação da genialidade de quem conseguiu ultrapassar o paradoxo. O belo, para Kant, atinge o patamar das experiências dignas de serem meditadas à medida que rompe todas as amarras com o interesse; o belo só alcança seu perfil inconfundível depois de se desprender de qualquer motivação personalizada.[3] Daí a curiosa propriedade do juízo de gosto, sobre a qual ainda voltaremos:

---

[3] Compreendermos a motivação histórica da obsessão kantiana com a universalidade não nos deve impedir de notar que hoje a alegação de desinteresse estético faz

O próprio juízo de gosto não postula o assentimento de cada um (pois só um juízo logicamente universal, porquanto pode apresentar suas razões, pode fazê-lo); ele apenas atribui a cada um este assentimento, como um caso da regra, de que *ele* espera a confirmação não de conceitos mas sim da adesão dos outros (B 26)

Tomando-se o juízo de gosto (*Geschmackurteil*) como o efeito da experiência estética, afirma-se tanto a sua universalidade quanto a impossibilidade de ser ele adequadamente comunicado. Ou seja, nega-se à estética – disciplina que sistematizaria o estudo dos objetos que provocam o juízo de gosto – qualquer possibilidade de ser objetiva. A própria razão que atribui universalidade à experiência estética lhe nega a possibilidade de objetivar o que fosse um valor estético. É então legítimo dizer que, para Kant, a experiência estética supõe uma *universalidade muda*. No próximo item, veremos as implicações ainda caladas nesta mudez e suas conseqüências na reflexão teórica sucessiva à recepção da KU. Baste-nos por ora encerrar esta preparação pela lembrança da diferença entre as experiências do belo e do sublime.

Vários são os traços pelos quais Kant distingue o belo do sublime. O primeiro supõe que o objeto que o suscita tem uma forma delimitada, provocando uma satisfação que se acompanha da representação da qualidade, que, por sua vez, provoca um sentimento de elevação; recordemos por fim que ele implica o jogo livre (a interação entre iguais) da imaginação e do entendimento. Não há ademais dificuldade em falar-se em um belo da natureza porque as propriedades precedentes concordam com a admissão de uma finalidade que o entendimento empresta ao objeto, tomando-a como dada na própria natureza (cf. B 75). Ao sublime correspondem as propriedades opostas. Sua experiência, não propriamente suscitadora de satisfação, se acompanha da representação da quantidade e provoca um sentimento de bloqueio das forças vitais, de que decorre, em vez do jogo livre, a ativi-

---

parte das suposições do homem culto contemporâneo: "We in the West tend to dismiss the kinds of powers that were once called divine, all the more when we perceive the deployment of artistry and skill in working the object. But we do so because of our cultural prejudices in favor of what we think of as disinterested aesthetic judgement, and not because the god has departed from the image" (Freedberg, D.: 1989, 74).

dade séria da imaginação, que a liga à razão. Por decorrência deste perfil, como já notamos, no texto definitivo da KU Kant nega a validade de falar-se em um sublime da natureza, pois nada no objeto que o promove suscita a Idéia de finalidade: "(...) No que costumamos aí [na natureza] chamar de sublime não há absolutamente nada que conduza a princípios objetivos particulares e a formas da natureza adequadas a eles, de modo que se a natureza prova a idéia de sublime é antes por seu caos ou pela desordem e desolação mais selvagens, em que apenas se vislumbra grandeza e potência (*nur Größe und Macht*)" (B 75).

Diante de um objeto que a imaginação não consegue sintetizar, que, por isso, se mostra *informe*, permitindo contudo que se vislumbre sua totalidade, a única analogia possível é com o infinito. Ora, o infinito é irrepresentável pelo entendimento, para o qual a quantidade supõe uma contagem, ou seja uma finitude. Por isso apenas uma Idéia da razão é capaz de dar sentido a este análogo. A inquietude e o desassossego provocados pelo sublime só se apaziguam ante a Idéia do suprasensível. Em palavras diretas, se a relação com o belo prepara o aparato transcendental para o encontro do conceito, a relação com o sublime não se resolve senão na admissão de Deus.

Kant consegue assegurar a seu pensamento a sistematicidade que lhe era interditada pelos continentes antípodas das razões teórica e prática. Pela experiência do belo, a faculdade de julgar remete ao entendimento, pela experiência do sublime à razão. O fato de que a faculdade de julgar não disponha de uma legislação própria mas tão-só de um princípio é para o construtor do sistema uma felicidade, pois é este princípio de finalidade que, ao se bifurcar, termina por assegurar a mediação buscada.

Começamos aqui a ter ocasião de explicitar por que resistimos a aceitar tal fecho arquitetônico. Por ora, apenas adiantemos: a sistematicidade harmônica é alcançada por Kant sob o preço porém de ignorar uma variável: o infra-sensível – por que a falência da imaginação diante do sublime haveria de remeter ao supra-sensível e não a um infra-sensível!? Deslocando seu melhor entendimento para a discussão imediata seguinte, reencaremos a questão do belo e do sublime por outro ângulo.

Sabemos que, como membros de um juízo de finalidade sem fim, o belo e o sublime integram o juízo estético. Mas as derivas que cada um estabelece não são simplesmente paralelas que terminariam por se ligar às faculdades autônomas e diferenciadas do entendimento e da razão. São sim paralelas *de extensão desigual*. A promessa, contida pelo jogo livre instaurado pelo belo, de dar lugar ao conceito, não violenta a própria experiência do belo. Esta experiência se mantém plena, considere-se ou não sua "vocação" cognitiva. Isso porque *tal promessa é inferida apenas como projeção lógica*. Se o belo implica, do ponto de vista do entendimento, um conceito indeterminado, logicamente se pode admitir que o prazer, suscitado pelo belo, possa encontrar a saída que o leve ao determinado, tornando-se então outro produto. Sem que explore o ponto, Kant entretanto o levanta quando toca em uma arqueologia da faculdade do entendimento. Poderíamos entretanto pensar que o trabalho sobre essa projeção lógica seria até mais fecundo se efetuado em um plano sincrônico, pois abriria um caminho para a análise do processo criador na própria ciência. De qualquer modo, seria inerente a esta via que, em certo momento, se verificasse a metamorfose: ao encontrar um conceito determinado, a experiência do belo deixaria de singularizar o objeto que a provocava e passaria a tomá-lo como caso de uma lei geral. Ora, a propósito da relação do sublime com o supra-sensível não se poderia falar em mera projeção lógica. A sensação de bloqueio das forças vitais que provoca, o colapso de qualquer finalidade natural que se pudesse associar à sua ausência de forma, em termos kantianos impõe que a razão, que acorre à imaginação, necessite lançar mão da Idéia do Ser Supremo. Pois só ele parece capaz de dar uma razão ao que se experimenta como além de toda medida. Ou seja, a figura do religioso irrompe no interior da experiência e interrompe a sua autonomia. Em suma, no belo, a irrupção do conceito determinado é apenas uma possibilidade lógica, ao passo que o sublime kantiano não completa seu trajeto sem a admissão de Deus; a hipótese do infra-sensível, i. e., do aquém da consciência, não era historicamente disponível.

Talvez a interrupção da autonomia do estético fosse benfazeja para o próprio Kant, que não se interessava pelo estético senão como modalidade extrema do juízo de reflexão, por sua parte importante para o alcance da solda arquitetônica do sistema total. Mas, independente de seu propósito sistemático, Kant foi o responsável pela legitimação da autonomia da experiência estética; legitimação tanto mais intrigante por assinalar uma área que, dotada de um princípio universal, é incompatível com a objetividade de normas; área pois que combina o incombinável: supõe o território de uma Lei – i. e., de um enunciado de alcance universal – no interior do qual, entretanto, toda norma seria arbitrária. Kant ainda recorreria à figura do gênio para o ultrapasse de toda norma; mas o argumento pode ser aqui poupado.

O sublime é incômodo a Kant porque ameaça sua arquitetônica. Antes de desenvolver as razões da ameaça, articule-se melhor o que pretende este item com o que se expusera antes. Havia-se mostrado que, do ponto de vista desenvolvido neste livro, a importância de Kant, para o contexto presente da reflexão sobre a literatura, resulta de sua tematização, em um mundo constituído sob o império da subjetividade individual, dos limites da Lei. O próximo passo do argumento só poderia ser dado mediante um esboço compreensivo da terceira Crítica, a que então nos dedicamos. Isso porque da admissão da presença da subjetividade derivava a pergunta: como pode o sujeito individual mover-se em um mundo governado por duas legislações contrapostas? A hipótese arquitetônica se impusera neste exato contexto e sua validez estava em propiciar a captação de uma faculdade mediadora.[4] Mas as peças para tanto reunidas se indispuseram contra o propósito que as convocara. E a autonomia do estético não só embaraça a buscada harmonia como aumenta a fragmentação dos valores.

Nosso próximo passo então consistirá em nos indagarmos como essa autonomia veio a ser trabalhada pelos que, havendo meditado sobre Kant, se preocuparam com a questão da arte. Procuraremos respondê-la, primeiro historicamente, pela análise de Schiller, Novalis e Friedrich Schlegel. De sua fecundidade dependerá o "programa" que

---

[4] O filósofo se empenha em explicitar seu propósito concluindo a "Introdução" definitiva da KU com um quadro que abrange o conjunto das faculdades, das faculdades de conhecer (*Erkenntnisvermögen*), de seus princípios *a priori* de operação e de suas aplicações (cf. B LVII).

daí se extrai. Anunciado no final deste capítulo, ele será concretizado na abordagem de Kafka, a que o capítulo seguinte estará dedicado. Antes destes passos porém, voltemos ainda à terceira Crítica, agora não mais de modo descritivo.

2.2. Convite à reflexão da terceira Crítica

A que visa o conjunto das três Críticas? Sabe-se pelo "Prefácio" à segunda edição da KRV que o exercício da crítica buscava preparar para a metafísica um caminho que lhe fosse mais seguro. O intenso trabalho desenvolvido entre 1781, quando aparece a primeira edição da KRV, até 1790, quando se publica a terceira Crítica, bem indica que os primeiros resultados não pareceram suficientes ao autor. Ora, considerando que ao menos o plano da *Crítica da razão prática* já está delineado nas páginas da primeira e que a KU procurava coroar as conclusões daquelas, podemos presumir que o alvo de uma nova metafísica não deixou de ser perseguido por Kant. Contudo, se não nos contentarmos com o pretenso resgate da intenção autoral, caberá indagar o que o conjunto das três obras efetivamente cobre.

Uma primeira hipótese ressalta a convicção política do filósofo. Kant não só defendera a Revolução Francesa, como, ao contrário da grande maioria dos intelectuais alemães e ingleses, seus contemporâneos, não mudou de posição, mesmo diante do expansionismo napoleônico. Poderíamos pois pensar que, sempre dando a primazia ao cidadão e não ao puro indivíduo, houvesse se proposto discriminar os planos em que se processa sua ação. Assim à ação propriamente cognoscitiva corresponderia a legislação respaldada pelo entendimento, tendo por objeto os fenômenos naturais. Muito mais do que apenas extrair as conseqüências gnoseológicas da ciência da natureza, em evidente avanço desde Galileu até o coroamento newtoniano, Kant teria dado condições de tranqüilidade em um mundo que já prescindia de Deus para sua explicação. A primeira Crítica visaria pois ao cidadão socialmente cognoscitivo. Já a segunda atacaria outra frente: a do cidadão socialmente ativo. Para ele, se legitimaria a segunda legislação, amparada pela razão prática e tendo por objeto as relações inter-humanas. Como entretanto manter a preocupação com o cidadão ao considerar-se a terceira Crítica? Poder-se-ia sair da dificuldade argumentando-se que, sendo o juízo estético obrigatoriamente despragmatizado, não é ao indivíduo enquanto tal que ele se dirige senão ao indivíduo a que se atribui um juízo universal. Embora privado, o receptor da experiência estética era menos uma imagem do cidadão.

Tão logo recebe forma escrita, a hipótese impressiona por sua pobreza. Sua carência está em ser demasiado estática, apenas ordenando, no espaço da página, os três alvos da indagação; como se todo o labor de Kant se confundisse com o trabalho de um enciclopedista que, depois de traçado seu plano, se esforçasse em preenchê-lo minuciosamente.

É forçoso pois vir-se a uma segunda hipótese. Encontramo-la em um pequeno ensaio de Odo Marquard. Destaquemos o que nos importa.

Marquard considera a própria abertura dos tempos modernos: a separação, realizada no fim da Idade Média, entre teologia e filosofia, tornava "o mundo de certa maneira teologicamente inapreensível" (Marquard, O.: 1962, 235). A razão assim passava a encontrar condições para sua emancipação, como ocorre dentro da tradição iluminista. No interior desta, Kant busca descobrir na certeza das ciências da natureza a base para o salto emancipatório. A conclusão da primeira Crítica contudo lhe mostra que ficara aquém do que pretendera. Marquard sintetiza as teses que extrai da KRV:

"Primeiro: a ciência é ciência exata unicamente e no melhor dos casos quando não promove uma proposta de direção e de salvação (*Führungs und Rettungsanspruch*). Segundo: a razão justificará sua proposta de direção e salvação unicamente e no melhor dos casos quando não se equipara à razão científica, quando conduz a uma nova forma de razão (*idem*, 241).

O fracasso da razão científica, portanto, não chega a ser propriamente dela, mas sim da pretensão com que seu exame fora promovido. Compreendê-lo, implica a postulação de uma dupla e separada razão. Daí pois a retomada da busca e a tentativa que empreende o filósofo de extrair melhor resposta no âmbito da razão prática. No entanto, a demanda continuará a mostrar-se excessiva. A razão moral exige do homem viver de tal maneira 'como se' vivesse em uma realidade política em que os homens pudessem viver e vivessem como homens. Este 'como se' demonstra que a boa realidade é um postulado (*Forderung*). O 'reino dos fins' não é uma realidade. Assim a razão moral manifestamente oferece apenas o conceito, não a realidade do estar pleno (*des guten Seins*). Como essa plenitude é a meta, isso então significa que a filosofia kantiana da razão moral oferece apenas o simples conceito de fim, de meta (*ibidem*, 364).

Dois trajetos haviam sido traçados, ambos movidos pela mesma busca de encontrar uma proposta orientadora para a emancipação humana. Nas duas ocasiões, a meta se dissipara. Kant então se voltaria para faculdade de julgar, impulsionado pela mesma esperança. A impotência que a razão revelara para si própria não resultaria de ela ser travada por um mundo coberto por interesses que a desviariam e a fragilizariam? Não se deveria portanto astuciosamente conceber que o mundo dos interesses de algum modo se metamorfoseasse e se convertesse em advogado da razão até agora derrotada? Isso, como acrescenta Marquard, era supor que há interesses que abdicam de sua própria meta, "interesses livres de interesses" (*ib.*, 369).

Tal seria o impulso que conduziu à terceira Crítica. Terminado seu percurso, porém, o intérprete se pergunta:

> (...) É o sentido estético o que era realmente buscado? Buscada era uma naturalidade dotada de razão (*eine vernünftige Natürlichkeit*), um poder sensível de realização da meta da razão. Encontrado é um poder sensível, que entretanto não é um poder de realização mas sim apenas um poder de simbolização da meta da razão (*ib.*, 369).

Em termos kantianos, a razão se revelaria incapaz de indicar um rumo para seu detentor. A legitimação que Kant oferece à modernidade seria ao mesmo tempo a prova de sua fatuidade. Mas não é bem por esse caminho que Marquard dirige sua reflexão. Ao invés, ela se concentra sobre o resultado do terceiro e último percurso e então se indaga:

> Pertence a estética à ponta de lança ou ao cortejo fúnebre da tarefa histórico-racional? Enquanto símbolo da moralidade, é o belo estimulante da realização ou sedativo em face de sua inutilidade? (*ib.*, 370)

A interpretação, acima esquematizada, tem a qualidade de estabelecer uma nítida paralela entre o esforço reflexivo kantiano e os dilemas a que a modernidade nos tem acostumado; de assim acentuar como o desencantamento (*Entzauberung*) que ela opera termina por assumir um sentido ambíguo: é tanto desmistificação quanto desencanto; tanto quebra dos ídolos quanto volta para casa de mãos vazias. De nosso ponto de vista particular, ela ainda apresenta um interesse suplementar: permite-nos reconduzir sua pergunta final para o interior da terceira Crítica e melhor definir a resistência à hipótese arquitetônica. Dito de modo mais preciso: dentro de si mesma, a reflexão estética kantiana apresenta um caráter crítico ou nela se insinua um aspecto compensatório? Já podemos saber que nela a questão da Lei se torna menos relevante ou mesmo secundária, porquanto a posse do princípio *a priori* da finalidade não se desdobra na posse de uma legislação. Como já indicamos, o embaraço é descartado pela hipótese arquitetônica: remetendo ora ao entendimento (através do belo), ora à razão (através do sublime), o juízo de reflexão serve de mediador entre as razões teórica e prática. Contudo, se observarmos que esta hipótese só se mantém se se conceder no abandono da autonomia do juízo estético, então a carência da Lei assumirá outro aspecto e outra relevância.

Estão assim destacadas as questões de que derivam duas tarefas imediatas: (a) por que, afinal, a hipótese arquitetônica fica aquém da extraordinária riqueza da terceira Crítica?; (b) que conseqüências a liberação da terceira Crítica acarreta quanto a tal arquitetônica, do ponto de vista da compreensão da experiência estética? Dito de modo ainda mais explícito: a alternativa consiste em se indagar se a experiência estética é encarada pela KU de maneira crítica ou como palinódia compensatória da impotência da razão moderna.

Para o desenvolvimento da primeira meta, ressaltemos algumas passagens de Octave Chédin. Sua discussão será econômica porque já começara atrás. Assim, ao empreendê-la, já poderemos nos encaminhar para a segunda meta. Exposta de maneira abrupta, a tese de Chédin consiste em acentuar, na consciência estética, menos um *deficit* (a impossibilidade de a imaginação se conectar a um conceito determinado) que uma produção específica: a produção de um esquematismo sem esquema e, por isso, sem conceito.[5] Essa produção, por assim dizer clandestina, não aumentaria o desgarre já provocado pela divergência das legislações teórica e prática porque habitaria no subsolo arqueológico em que o espírito se habilita para vir a contar com o esquema:

> O objeto belo seria assim aquele cujo diverso dá à imaginação um movimento "esquematizante" que a concilia em geral com a faculdade dos conceitos, porque este movimento se exerce de acordo com a condição (i. e., o esquematismo) segundo o qual conceitos e imagens se associam para conhecer objetos. O *esquematismo sem esquema* despertaria um *conceber sem conceito,* que, por sua vez, mobilizaria o esquematismo... (Chédin, O.: 1982, 113)

Tal arqueologia, por conseguinte, não teria por correspondente uma criatura primitiva, a ser depois superada por outra mais avançada senão que conteria, empregando-se noutro contexto a metáfora kantiana, o monograma do pleno desenho transcendental. O monograma é *como se* fosse o nome. Mas qual nome? Não podemos supor um acordo "selvagem" entre imaginação e entendimento, "senão supondo que o espaço e o tempo da apreensão estética se apresentam 'como' conceitos, ou seja, *assumem a forma do poder mesmo de formar conceitos.* (...) Este *objeto* 'realiza' portanto por antecipação os princípios fundadores do poder de conhecer" (Chédin, O.: *op. cit.,* 118-9). Assim pois, mesmo não prolongando as atestações até o tratamento do sublime, compreendemos porque tal leitura da experiência estética não conduz ao supra-sensível, senão que, enfatizando a solidariedade interna das

---

[5] Para que melhor se compreenda a ousadia da tese, lembre-se que "le schématisme est un acte original de l'imagination: elle seule schématise. Mais elle ne schématise que quand l'entendement préside ou a le pouvoir législateur" (Deleuze, G.: 1963, 29).

formas do belo e do sublime, vem a acentuar o infra-sensível que, independente do propósito do filósofo, sua reflexão traz à cena.

Será desnecessário acentuar a renovação da letra kantiana que assim se opera. A suspeita de mero exercício compensatório a que se entregaria a razão recebe uma vigorosa contestação – embora isso não diminua o desencanto com a esperança liberadora da razão. O desinteresse, que, em Kant, caracteriza a experiência estética, já não era destacado por uma razão que desespera em encontrar seu desiderato, nem tampouco se recluiria em uma subjetividade encerrada em seu prazer intelectual:

> (...) O desinteresse exprime no fundo todo o inverso do que parece significar: com efeito, só ele pode nos fazer perceber a existência mesma, a coisa mesma, sem 'interesse' (projeto) de conceito algum... como a existência mesma é sem conceito (Chédin, O.: 1982, 19)

Mas o entusiasmo que provoca a leitura do intérprete não nos deve fazer esquecer que seu resgate deixa alguma coisa de lado. O último período transcrito já o mostra: aceitemos que a consciência estética cria a condição de apreensão da existência em sua presença mais elementar. Para de fato constituí-la, contudo, algo se lhe deve acrescentar: a perspicácia crítica do que a existência traz. A ausência de tal perspicácia não implica manter da existência uma visão extasiada, extásica, estetizante? Fugir-se-ia da identificação do estético kantiano com o compensatório para que se absolutizasse o primeiro: só o estético permitiria a compreensão da existência mesma; tudo o mais apenas a instrumentalizaria. O que portanto aqui nos propomos não é reler a terceira Crítica à luz da interpretação nova de Chédin mas sim, tendo-a bem em conta, perceber como o próprio texto kantiano se comporta diante de seu intérprete.

Pelo que já antes aqui se escreveu, reconhecemos que a hipótese arquitetônica ficava aquém das formulações que continha. É também certo que a penetração que pretendemos é dificultada porque o filósofo, sem maior familiaridade com a arte, só oferece exemplos banais de experiência estética. Mas, não contando com outros, vejamos três deles:

> As flores são belezas livres da natureza. Que coisa deva ser uma flor dificilmente saberá alguém que não seja botânico; e mesmo este, que aí reconhece os órgãos de fecundação da planta, quando a julga segundo o gosto, não leva em conta esse fim da natureza. Não há assim a fundamentar esse juízo nenhuma perfeição de qualquer tipo, nenhuma finalidade interna a que se refira a combinação do diverso. (...) [Do mesmo modo] Os desenhos à grega, as ramagens para moldura ou sobre papéis pintados etc, nada significam por si mesmos: representam nada, nenhum objeto sob um conceito determinado; são belezas livres. Pode-se no mesmo tipo incluir o que em música se chamam fantasias (sem tema) e toda a música sem texto (Kant, I.: 1790, B 49)

> (...) Nos parques, nas decorações de interior, em todo o mobiliário de bom gosto etc, evita-se a regularidade que se anuncia como coerção (*Zwang*); daí o gosto inglês nos jardins, o gosto barroco nos móveis impulsiona a liberdade da imaginação até próximo ao grotesco; é neste afastamento de qualquer coerção da regra que surge a ocasião para que o gosto possa mostrar sua maior plenitude nos projetos da imaginação (*idem*, B: 71)

> Aquele que contempla solitário (e sem a intenção de comunicar a outrem suas observações) a bela forma de uma flor selvagem, de um pássaro, de um inseto etc, para admirá-la e amá-la e lamentasse que não seja freqüente na natureza (...) assume um interesse imediato, na verdade, intelectual na beleza da natureza. Ou seja, causa-lhe agrado não só a forma de seu produto mas a sua própria existência, sem que aí entre uma excitação sensorial ou sem que ligue seu agrado a alguma finalidade (*ibidem*, B: 166-7)

Mesmo pela divergência que marcarão nossas interpretações, notemos o comentário que Chédin reserva para o primeiro:

> Uma bela ramagem deve "confundir" a forma normal (do motivo) com os jogos que provoca. Assim em si mesma se torna fantasista (artística)... e natural. As formas lúdicas que a figura normal inspira afrouxam suas regras enquanto que, reciprocamente, sua regularidade mantida "naturaliza", regulariza seus jogos. Assim se opera uma espécie de troca, de osmose entre a regularidade normal do entendimento (conceito do modelo) e a liberdade "sem regra" da imaginação (Chédin, O.: *op. cit.*, 238-9)

Autoriza o comentário o próprio Kant haver dito que, em tais casos, a reflexão sobre o objeto não é suscitada ou não conduz a qualquer conceito; tampouco o comentário é uma mera glosa por conter a observação sutil da obediência e transgressão simultâneas à ordem do modelo. Que, entretanto, ela deixa de notar? Que esta oscilação ainda não libera a experiência estética da função de ornamento; ornamento, para o filósofo, do jogo livre entre imaginação e entendimento, de que os casos seriam exemplos e ilustrações; ornamento também para o receptor que se compraz em compreender as fugas e voltas ao padrão. Noutras palavras, o intérprete não parece observar que um resto ainda se agrega ao louvor kantiano do desinteresse, da ausência de finalidade.

A falha seria mesmo do intérprete ou, ao contrário, passaria a ser nossa? Poder-se-ia propriamente dizer mais sobre a experiência estética? As duas passagens logo após transcritas indicam que este é, para Kant, o limite do dizível: não fazem mais que reiterar o que já enunciava a primeira – as formas belas da natureza reiteram, para o olhar do não-especialista, a graça despragmatizada que ofertam; o excesso sem utilidade; a complexa cornucópia indiferente a qualquer para quê. Tal disfuncionalidade levaria o contemplador a compreender a singularidade do objeto estético. Apesar de sua extensão, há de ser transcrita a passagem do § 5:

> [O contemplador] falará então do belo como se a beleza fosse uma propriedade do objeto e o juízo fosse lógico (como se constituísse por meio de conceitos do objeto um conhecimento do mesmo); de fato, o juízo é apenas estético e apenas contém uma relação da representação do objeto com o sujeito: daí, porquanto esse juízo se assemelha ao lógico, pode-se pressupor sua validez para todos. Mas esta universalidade não se funda em conceitos. Pois dos conceitos não há passagem para o sentimento de prazer ou desagrado (salvo nas leis práticas puras, que, no entanto, comportam um interesse, a que o juízo de gosto não está ligado). Em consequência, deve-se unir ao juízo de gosto, com a consciência de estar afastado de todo interesse, uma pretensão de validade para todos, sem universalidade objetivamente fundada, i. e., deve-se-lhe ligar à pretensão de uma universalidade subjetiva (B: § 18)

A efetiva atualização de uma experiência enquanto estética se define pois por constituir uma *universalidade muda,* necessariamente incomunicável. Se não fosse biograficamente arbitrário, poder-se-ia dizer que, pela terceira Crítica, Kant incorporava parte do contemplativo oriental. Seria menos absurdo, embora não deixe de sê-lo, falar-se em algo próximo do místico. Mas o próprio Kant não dá oportunidade a que a aproximação fecunde. Ao invés, a conclusão que pretende daí tirar é até oposta: "Poder-se-ia mesmo definir o gosto através da faculdade de julgar aquilo que torna universalmente comunicável (*allgemein mitteilbar*), sem a mediação de um conceito, o sentimento em nós suscitado por um dado objeto" (B: 161).

A discordância entre a leitura do filósofo e a interpretação que propomos é tamanha que o desacordo poderá surpreender. No entanto, ambas as formulações concernem ao mesmo fenômeno: para Kant, a comunicabilidade universal do efeito da experiência estética, i. e., o gosto, resultaria de que todos, ao se desligarem de qualquer interesse privado, estariam aptos a senti-lo. O que vale dizer, é de dentro da própria leitura kantiana que se afirma a mudez. Ela é mesmo sua condição necessária, pois se convenço a alguém da validez de meu gosto, o transformo em norma e assim abandono o campo estrito do estético. Mesmo aí o cidadão não cederia a vez ao mero sujeito individual porque o estritamente privado da experiência seria a condição para que se mantivesse o solo comum à humanidade.

A demonstração do caráter mudo da experiência estética reforça pois o limite do que é kantianamente passível de ser dito sobre ela. Mas qual a conseqüência da conclusão? Dizíamos há pouco que o limite da voz kantiana impedia que o objeto estético deixasse de se confundir com um ornamento, com uma ilustração. Ou, utilizando o comentário de Chédin, sem conceitos determinantes, pela experiência estética o objeto nos inunda do prazer do encontro sensível com a própria configuração do objeto. Mas, para que esse encontro com a própria materialidade enquanto sensível da "coisa mesma" se converta em prazer, em sensação de beleza, será preciso que a coisa experimentada não nos ameace, não provoque um choque em nosso entendimento; que, ao invés, o confirme em sua suficiência. Reduzido a essa função, o objeto estético se torna... estetizante – é importante notar que, em sua justificação, tenhamos falado em "sensação de beleza": a menos que se conserve a acepção mais corriqueira, o sublime se exclui da estetização Como tal, o objeto estético passa a desempenhar um papel altamente compensatório; no que, entretanto, se esvai. Será por isso importante que se distinga entre o limite da voz kantiana e o limite do objeto que se aborda.

Não se prometeria um melhor resultado se pensássemos o objeto estético através do par 'sintaxe – semântica'? Esboçando o que então se deveria desenvolver: fora da experiência estética, seja na relação pragmática mais banal, seja na composição do mais abstrato dos tratados, estamos sempre presos ao império do semântico. Pode-se modelar a sintaxe o quanto se queira, lançar-se mão de toda a gama dos recursos expressivos da língua, sempre contudo a sintaxe e, com ela, o *ritmo* concretizado pela modulação da frase, se manterá a serviço do semântico. A arte escrita – para efeito de comunicação mais direta contentemo-nos em chamá-la de 'literatura' – implica a suspensão *provisória* do império do semântico. Assim se dá toda vez que, diante de uma formulação ou mesmo de uma única palavra – ou de qualquer signo, verbal ou não verbal - suspendemos a pergunta sobre seu significado e admiramos a própria configuração conseguida. A experiência estética implicaria tomar-se a sintaxe como *espera e intervalo que antecede a (re)ocupação semântica*.

Espera e intervalo: essas designações acentuam que o desligamento do semântico é apenas provisório. A duração da experiência estética não se confunde com esse instante, senão que está na própria tensão entre o "o momento sintático" e a iminência de sua reocupação semântica. *Tal experiência só se encerra quando o retorno do semântico torna esquecido a prévia atenção ao corpo sensível da expressão*. Ela assim já não se definiria pela ausência de interesse, pois a esta ausência sempre circunda a iminência da estetização. Definir-se-ia sim pela atenção dual ao sintático e ao semântico; pela tensão que acompanha tal dualidade. A tematização do sintático deixaria em segundo plano a cadeia dos significados; não que dela se desconectaria, como se nos fosse possível, mesmo que por um instante, esquecer a familiaridade dos termos mais comuns. Deixar o significado em segundo plano quer dizer que se focaliza a própria nervura da construção, a áspera ou branda, a fria e agressiva ou doce e melodiosa combinação das unidades expressivas na carnação das palavras ou dos signos não verbais. Não significa que se passe a "curtir" palavras e linhas como se fossem notas soltas de uma partitura musical. Pelo "momento sintático", a experiência estética "vê" de longe o uso semântico ordinário a que comumente se submetem as mesmas palavras e os mesmos torneios. De maneira que, no momento da reocupação semântica, esta mesma ganha com aquela distância; isso significa dizer que, emocional – não só intelectualmente –, o receptor ganha espaço para *sentir* criticamente o que perde no mundo tão-só semantizado. Em última análise, esta experiência constitui menos um objeto de prazer porquanto também envolve o sublime do que configura um objeto enquanto ficcional. O objeto se ficcionaliza quando interagimos com ele através deste jogo de dessemantização e ressemantização. Não que o prazer dele se afaste senão que não basta para caracterizá-lo.[6]

A intenção que guiou o último desenvolvimento não foi "corrigir" Kant mas sim, por contraste com sua própria explicação, acentuar a ambigüidade em que se mantém sua apreciação do estético. A ambigüidade entre estetização e criticidade. Tudo o que aqui se escreveu sobre as três Críticas, fora do propósito de esclarecimento do leitor não familiarizado com elas, visava apenas dar sentido a essa afirmação simples. Respaldá-la, mostrar o que efetiva nos pareceu indispensável porque, como depois veremos, a recepção imediata da terceira Crítica será marcada por tal ambigüidade. Mas antes de estabelecer a ligação que se anuncia, ainda precisamos de elementos que completem a compreensão do ambiente a ser estudado.

---

[6] Um correlato empírico do que chamamos de espera e intervalo se encontra no pequeno relato precioso de Elias Canetti, *Die Stimme von Marrakesch* (*As vozes de Marraskesch*). O fato, ademais, de pôr em cena o encontro de uma escuta e de uma vista européias com um ambiente oriental aumenta sua operacionalidade pelo contraste com a visão exótica do Oriente, ressaltada nas inúmeras viagens de escritores do século XIX.

3. O IMPACTO DA PALAVRA 'CRÍTICA' E FICHTE

> Nos escritos dos primeiros românticos (*Frühromantiker*), de todas as expressões técnicas, de ordem filosófica e estética, 'crítica' e 'crítico' (*kritisch*) são provavelmente as mais freqüentes. (...) Pela obra filosófica de Kant, o conceito de crítica tomou para a nova geração um significado quase mágico; de toda maneira, não se lhe ligava, de forma preponderante, ao sentido de uma atitude espiritual apenas judicativa e não produtiva; para os românticos e para a filosofia especulativa, o termo 'crítica' significava: objetivamente produtivo, lucidamente criador (Benjamin, W.: 1919, I - 1, 51)

A passagem do jovem Benjamin destaca o impacto de Kant sobre os românticos e seu simultâneo afastamento. (Explicite-se que a afirmação é válida unicamente quanto aos *Frühromantiker*, pois, com a exceção de Coleridge, nenhum romântico estrangeiro manteve o mesmo intenso intercâmbio com a filosofia). Os três fatores aludidos – impacto de Kant, restrições à sua sistemática e especificidade alemã no interesse voraz pela filosofia – já se mostram na combinação das passagens dos fragmentos 26 e 387 da revista *Athenäum* (de ora em diante AF):

> A germanidade é o objeto de predileção do caracterizador porque quanto menos realizada esteja uma nação tanto mais é objeto da crítica e não da História (Schlegel, F.: 1798, 1, 192)
> Sempre se considera a filosofia crítica como se houvesse caído do céu. Mesmo sem Kant, deveria ter nascido na Alemanha e o teria podido de diversas maneiras. No entanto, é melhor assim (*Doch ist's so besser*) (Schlegel, F.: 1798, 1, 242)

O primeiro acentua por que a dispersão política alemã motiva sua *intelligentsia* para a criticidade. O segundo, ao mesmo tempo que insiste na contextualização do fenômeno, de algum modo diminui o mérito de Kant. Mas a ressalva final acata que a inflexão decisiva partiu dele. Daí derivam duas linhas que permanecerão paralelas. A primeira tem por sujeito a situação de uma nação sem unidade política e, portanto, sem identidade estatal.; a segunda, a deriva que a criticidade assumirá entre os autores que serão aqui tratados.

Schlegel intui que a obsessão com a criticidade, mais que resultante de um pensador genial, era motivada por um quadro político. A Alemanha contemporânea era uma soma de cerca de 300 principados e estados soberanos, governados ou pelos antigos privilégios estamentais ou pelo modelo absolutista. A ausência de um centro político fazia com que os povos alemães não pudessem enfrentar os grandes do fim do século – a Inglaterra e a França. A criticidade que então empolga seus grupos intelectualizados é tão extrema quanto pragmaticamente ineficaz. Não pensamos, a exemplo de outros intérpretes, defini-la como atividade compensatória, cujos resultados seriam afinal lastimáveis, mas sim ressaltar que o espírito crítico era ativado pela falta de um ponto de referência em que pudesse repousar. Utilizando expressão de Kafka, a germanidade formava então uma "literatura menor". O Iluminismo de um estado metropolitano como o francês pudera contribuir para que uma classe rompesse as amarras que a separavam da assunção ao poder político. Nada de semelhante ocorreu na Alemanha. Por isso, se sua criticidade não isenta nenhuma área, ela é temporalmente de pequena duração. Não se trata pois de estabelecer uma oposição entre o quadro metropolitano e a antecipação terceiro-mundista que há nesta Alemanha de fins do XVIII, insinuando-se o que seria vantagem intelectual da parte político-economicamente desfavorecida (!), mas apenas de contextualizar ali onde a criticidade tem seu mais intenso e instantâneo brilho. E aqui se encerra o esclarecimento sobre a primeira paralela.

A segunda concerne à insatisfação que os românticos mantêm quanto ao pensamento de Kant. Em 1796, Schlegel apontava na primeira Crítica "um massacre da razão" (*apud* Ayrault, R.: 1961, III, 139). Pois o mesmo Schlegel, que seria capaz de ultrapassar seu culto dos gregos e da objetividade que representariam, não tinha condições de se desfazer da velha unidade metafísica. Em carta ao irmão, afirmava esta sua incapacidade: "Que é a razão senão a faculdade dos ideais?" (*apud* Ayrault, R.: *idem, ibidem*).

Ao contrário do que era possível pelo pensamento kantiano, a velha unidade metafísica podia ser de algum modo preservada pela influência da doutrina de Fichte. Embora este mesmo se tomasse como um prosseguidor da lição de Kant, sua primeira versão da

Wissenschaftslehre (*Doutrina da ciência*, a partir de agora WL) permitia a Novalis e a Schlegel encontrar no indivíduo o depositário agora de um outro centro. Ao lado disso, o realce do indivíduo por Fichte justificava o destaque da imediaticidade. Na única versão da *Doutrina* que os primeiros românticos terão conhecido, a de 1794, Fichte escrevia: "(...) A razão é meramente prática e (...) só na aplicação de suas leis a um não-eu que a limita ela se torna teórica" (Fichte, J. G.: 1794, 126). E Benjamin bem acentuaria: "Fichte partilha com os primeiros românticos o interesse na imediatidade (*Unmittelbarkeit*) do conhecimento mais elevado" (Benjamin, W.: 1919, I -1, 25).

Ao passo que em Kant era realçado o acordo entre as propriedades do aparato transcendental do sujeito e as propriedades dos objetos, graças ao qual a atividade crítica escapava quer do ceticismo, quer do dogmatismo, em Fichte toda ação reflexiva se concentra sobre a atividade do eu:

> O eu determina a realidade e, mediante esta, a si mesmo. Ele põe toda realidade como um *quantum* absoluto. Fora dessa realidade não há nenhuma. Essa realidade está posta no eu. O eu está, portanto, determinado, na medida em que a realidade está determinada (WL, 129)

É, portanto, pelo centramento na produção do sujeito individual que Fichte mantém a primazia do termo 'crítica'. Como bem assinala R. Torres Filho:

> O idealismo *transcendental* estabelece as relações entre os opostos absolutos, o eu e o não-eu, naquilo que deverá constituir o saber em sua universalidade, em termos de uma *alternância* (determinação recíproca) superior (...). E com essa operação esse idealismo é também *crítico*, pois, enquanto não for empreendida essa determinação recíproca superior, enquanto a determinação recíproca mantiver, em absoluto, uma atividade independente exterior a ela, quer seja pensada como atividade do eu, quer como atividade do não-eu, a filosofia será forçada, pelo princípio de razão, a postular um sujeito absoluto ou um objeto absoluto, caindo nas ilusões inversas e solidárias do idealismo e do realismo dogmáticos, prisioneiros da alternativa (Torres Filho, R.: 1975, 207)

Pela absoluta centralidade na atividade do sujeito individual, a própria realidade, toda a realidade, "está posta no eu" (Fichte: WL, 138). A sua própria passividade não lhe advém senão de sua própria atividade ("Agora pode-se compreender perfeitamente como o eu pode determinar, por e mediante sua atividade, sua passividade, e como pode ser ativo e passivo ao mesmo tempo. Ele é *determinante* na medida em que, por absoluta espontaneidade, se põe em uma esfera determinada (...). É *determinado* na medida em que é considerado como posto nessa esfera determinada e é feita abstração da espontaneidade do pôr) (*ibidem*, 142); e, ademais, é a única substância originária (cf. WL, 142). E ainda, porque investido da tarefa infinita de superar as contradições através de sínteses sempre superiores, o eu é não menos que infinito: "Na medida em que é limitado pelo não-eu, o eu é finito; mas em si, assim como é posto por sua própria atividade absoluta, o eu é infinito" (WL, 144).

Todo o movimento descrito agradava os românticos. A posição assumida diante da infinitude terminará contudo por contrapor Fichte aos *Frühromantiker*. Para o pensador, a tarefa infinita – de cada contradição, a exemplo daquela pela qual o eu se põe a si mesmo e ao não-eu e implica atividade e passividade, deriva uma síntese, no caso do exemplo a da determinação recíproca, que, por sua vez, dá lugar a uma nova contradição e assim *ad infinitum* – termina, não por ser resolvida, mas sim por ser abolida, por ter seu nó cortado (cf. WL, 144). Os românticos, ao invés, o cultuarão e imprimirão "sua marca em sua teoria do conhecimento" (Benjamin, W.: *op. cit.*, 25).

Além de obrigatoriamente superficial, a descrição até agora apresentada corre ainda o risco de dar a entender que, depois de se separarem de Kant, os primeiros românticos também terminassem por se afastar de Fichte. Mas o movimento entre eles e os pensadores seus contemporâneos não é tão simples. A figura que traçam é de outra ordem. Peter Szondi já o observava ao anotar que, "muito embora Schlegel devesse os estímulos filosóficos mais importantes à teoria fichteana da ciência (...) a orientação de seu pensamento filosófico e estético é determinada pela problemática kantiana" (Szondi, P.: 1968, 32). Para que se desmanche o aparente quebra-cabeça, há de se considerar que as divergências, sobretudo em um tipo inimigo de concessões como o jovem Schlegel, derivam do próprio ponto de vista que os aglutinara e em que pareciam convergir: a afirmação da imediatidade, a partir da centralidade do eu. Conforme se escreveu acima, esta parecia sanar ou, como seria mais correto, adiar a ruptura da unidade conseqüente à teoria kantiana sobre os limites da razão teórica. O eu passava a ser assim estrategicamente exaltado. O antigo centro na divindade era apenas deslocado e o novo divino podia esperar de seus cultores que, sem que fosse afetado o cômodo princípio do uno, adquirisse uma sistemática mais visível e menos intelectual. No entanto, como *Kunstkritiker* (crítico de arte), Schlegel não estava disposto à idolatria da subjetividade. Melhor dito, percebe que sua adoção comprometeria o labor em que mais se empenhava. Seu tom mordaz não deixa dúvida. Basta que se leiam nos AF o fragmento 124 e a abertura do 196:

> Desde que se escrevem ou se lêem romances a partir da psicologia, é muito inconseqüente e mesquinho temer-se a dissecação lenta e minuciosa de prazeres contra a natureza, de terríveis torturas, de infâmias escandalosas, de asquerosas impotências físicas e morais (Schlegel, F.: 1798, I, 207)

> As puras autobiografias são escritas ou por doentes dos nervos, sempre fascinados com seu eu, a cujo tipo pertence Rousseau ou por um egoísmo fortemente estético ou aventureiro, como o de Benvenuto Cellini (...) (Schlegel, F.: 1798, I, 213)

Em plano filosófico, Kant havia manifestado seu pleno desacordo com quem entretanto se apresentava como seu discípulo – "Tenho a *Doutrina da ciência* de Fichte como um sistema por completo insustentável. De fato, uma pura doutrina da ciência não é nem mais nem menos que uma simples *lógica* que, com seus princípios, não chega aos materiais do conhecimento (...) (Kant, I.: 1799, XII, 3, 370). A divergência de Schlegel tem em comum a recusa de centrar-se no puro eu. Outra vez, o claro juízo certeiro foi proferido pelo jovem Benjamin: "No sentido dos primeiros românticos, o centro da reflexão é a arte, não o eu" (Benjamin, W.: 1919, 39). Assim, para que convertesse o exercício crítico em parte integrante da atividade criadora, Schlegel, ainda que não seguisse a proposta gnoseológica kantiana, não tem outro meio senão desenvolver o método crítico. E nisso se diferenciará de quem fora muito mais submisso ao ensinamento kantiano: "Enquanto Schiller se inspirara sobretudo em alguns conceitos kantianos para suas teorias do sublime e do caráter lúdico da arte, o método do criticismo foi aplicado à estética não por ele, mas sim por Friedrich Schlegel" (Szondi, P.: 1968, 32).

Delineia-se o movimento que as páginas seguintes deverão executar: elas incidirão sobre a diversa fortuna que a criticidade terá nas ensaísticas de Schiller e Schlegel. Mas antes de empreendê-lo, uma última preparação há de ser ensaiada: ela concerne ao significado do primeiro romantismo quanto à modernidade. Tal cuidado se impõe pelo próprio espírito do livro que escrevemos: se, a partir do item sobre Novalis, será cada vez mais explícita preocupação com o caráter da crítica literária, com o papel aí cumprido pela criticidade, em troca, é de se esperar que, desde o primeiro capítulo, o leitor tenha percebido que este aspecto é tematizado *no interior da questão da modernidade*. Em palavras mais diretas: este livro tem tratado da questão que apresentou para a modernidade a legitimação da subjetividade individual. Esta teve por conseqüência a necessidade de repensar-se a Lei – como afirmar-se sua objetividade se se aceitava que todo juízo passava e era afetado pela sensibilidade individual? Daí a extrema relevância reconhecida à obra de Kant – ao caminho pelo qual buscava demonstrar a universalidade das legislações das razões teórica e prática. O repensar da Lei traz ainda em seu bojo o problema da arte. Através do *desvio* da atração que mantêm por Fichte, os primeiros românticos, mais uma vez com a primazia de F. Schlegel, constituirão a crítica literária. Assim fica melhor entendido por que, antes de nos aprofundarmos e de verificarmos dilemas, limites e oposições, precisamos considerar a relação dos primeiros românticos com a modernidade. A maneira mais eficaz e, ao mesmo tempo, mais econômica parece examinar os ataques que lhes dirige um de seus mais argutos adversários.

4. Carl Schimitt: crítico do romantismo

O livro *Politische Romantik* foi originalmente publicado no mesmo ano de 1919 em que Walter Benjamin defendia sua tese de doutorado, *Der Begriff der Kunstkritik in der deutschen Romantik*. Reeditado em 1925, incorporou então prefácio escrito no ano precedente e a versão ampliada do ensaio "Politische Theorie und Romantik", de 1920.

Jurista, professor em Bonn (1922-1928), então partidário do catolicismo político, Schmitt seria depois defensor da República de Weimar até que, com a ascensão de Hitler à chancelaria do Terceiro Reich, ingressou no partido nazista, formando com Ernst Jünger e Martin Heidegger a tríade dos intelectuais eminentes alemães a integrar os quadros do nacional-socialismo. Ser o fato indiscutível não impede que Schmitt seja reconhecido como um dos grandes pensadores políticos do século. Por força da razão pela qual seu ensaio é aqui trazido, só se cogitará de acentuar o relacionamento de sua postura quanto ao romantismo com o esforço de deslegitimação da modernidade – o mesmo esforço que caracterizará o pensamento heideggeriano.

Em estilo direto, em uma prosa em que a agilidade quase jornalística não comprometia a agudeza das formulações, Schmitt a princípio destaca a insuficiência dos critérios com que se tem definido o romantismo. Ele não se caracteriza pela predileção manifestada a certo tipo de cena ou a certos objetos. As ruínas, a solidão das montanhas, os povos primitivos, o poema lírico, a Idade Média, a cavalaria, a aristocracia feudal não são temas intrinsecamente românticos. Em segundo lugar, tampouco o define um determinado estado psicológico. Assim a fuga para o remoto ou o culto do anômalo e estranho tampouco lhe são específicos. Em terceiro lugar, Schmitt ataca a bipolaridade que, originada de Goethe e propagada pelos irmãos Schlegel, o opõe ao racionalismo clássico. A identificação do romantismo com o emocionalismo não seria menos falsa que a sua associação com a Igreja católica, tentada depois que cessara o entusiasmo com a espírito revolucionário por sobreviventes do primeiro romantismo, com destaque ainda para F. Schlegel. "A miraculosa construção da ordem e da disciplina cristãs, a clareza dogmática e a moral precisa" da Igreja católica não se confundem nem com o racionalismo do século XVIII, nem muito menos com o romantismo (cf. Schmitt, C.: 1919, 9) A última identificação não seria senão produto da "lógica curiosa que define por meio da concordância nas negações e, sob a bruma de tais semelhanças negativas, leva a cabo sempre novas conexões e misturas" (*idem, ibidem*). Romantismo e classicismo não são direções arquetípicas que sobrevoam os tempos; a precisa determinação daquele não pode ser alcançada sem que se desmanchem as confusas e abusivas identificações.

Ainda se há de nomear um quarto falso critério: o romantismo não é politicamente nem progressista, nem muito menos conservador; nem "um *laudator temporis acti nem um prophète du passé*" (*idem*, 13). A adoção de semelhantes vias apenas aumenta a balbúrdia dos estudos. Onde pois está o cerne do romantismo? Para Schmitt, o romantismo é uma modalidade do ocasionalismo moderno, corrente que encontra em Malebranche seu representante mais conhecido. "O problema da causa verdadeira é a questão de partida do ocasionalismo" (*idem*, 124). Em lugar de causas – cuja incidência já implica a vigência de leis universais e preestabelecidas – a corrente só admite a existência de ocasiões propícias a algo.

Para o ocasionalismo dos neocartesianos – Schmitt nomeia Géraud de Cordemoy, Geulincx, além de Malebranche – a dificuldade oriunda da não fundamentação da causalidade é superada pela recorrência a Deus. Deus é a verdadeira causa e todos os eventos do mundo são a sua mera ocasião. Pouco importa pois que não haja uma legislação interna ao mundo, que, regulando-os, justificasse seus acontecimentos. Nem por isso esta ordem deixa de ser-lhe garantida:

> Deus efetua a inexplicável concordância dos fenômenos corporais e mentais; todos juntos, o processo consciente, o impulso da vontade e o movimento muscular, são a mera ocasião para a atividade de Deus. Na verdade, não é o homem mas sim Deus quem age (*idem*, 125)

Ter Deus como ponto de amarração e garantia para a ordem mundana tornava os filósofos ocasionalistas menos... ocasionalistas do que serão os românticos. Conforme apontava no "Prefácio" de 1924:

> O romantismo é um ocasionalismo subjetivizado, pois uma relação ocasional com o mundo lhe é essencial; mas, em vez de Deus, agora é o sujeito romântico que ocupa o lugar central e faz do mundo e de tudo que nele sucede uma pura ocasião (*Anlaß*)" (*idem*, 24)

E o que se disse sobre o motivo da preferência dos *Frühromantiker* pelo pensamento de Fichte – dado com que Schmitt não trabalha – reforça o argumento. A descrença na relação causal e a laicização da experiência do mundo seriam portanto as condições para que o centro vazio viesse, no romantismo, a ser ocupado pelo sujeito individual.

Não se esqueça tampouco que, no horizonte da reflexão de Schmitt, está claramente presente a figura da modernidade, pela legitimação que aí se cumpre da subjetividade e pela falência da postulada unidade cognoscitiva do cosmo. A aproximação com a modernidade parece contudo criar um embaraço. A humanidade e a História, declara no importante capítulo 2, são "os demiurgos modernos" (*idem*, 118). Se a modernidade como um todo, poderíamos acrescentar, não postula o ocasionalismo é por haver acreditado encontrar, no meio social, mecanismos ordenadores, com a redução do indivíduo a peça de uma ordem. Pensar-se-ia então que o ataque de Schmitt ao romantismo não atingiria a modernidade porque ela estaria a salvo da acusação reservada aos ocasionalistas subjetivizantes? A restrição seria inválida. Na continuação do capítulo 2, Schmitt denuncia a pretensa ação dos demiurgos modernos de reduzir-se a uma mera metáfora – como escreve, citando Novalis, a pretensa ação de "um ser humano compósito e mais alto: o gênio" (*idem*, 119). Noutras palavras, *vista como um todo, a modernidade se diferencia do romantismo apenas porque sofistica ou metaforiza o sujeito individual*. E aqui não há possibilidade de descompreender-se a posição do autor:

> Pela observação mais circunstanciada contudo se mostra que não é nenhum destes dois demiurgos – a humanidade e a História – mas sim o próprio sujeito romântico que a tudo toma como ocasião" (*ibidem*, 119)

Trata-se então de analisar que conjuntura social favoreceu tal estado de coisas. O autor tem agora a oportunidade de explicitar sua posição política:

> O suporte (*Träger*) do movimento romântico é a nova burguesia. Sua época começa no século XVIII; em 1789, com violência revolucionária, ela triunfou sobre a monarquia, a nobreza e a Igreja; em junho de 1848, defendendo-se do proletariado revolucionário, já está do outro lado da barricada. (...). Com a democracia, com o novo gosto do novo público burguês origina-se a nova arte romântica. Experimenta as formas aristocráticas tradicionais e a retórica clássica como esquemas artificiais e, em sua necessidade do verdadeiro e natural, vai até à completa destruição de cada forma (*ib.*, 16-7)

De um lado, pois, resta uma terra arrasada – não só se arruinaram as formas como se perdeu a "clara ortodoxia", o sentimento do hierárquico, a consciência de que o mundo é uma vasta engrenagem que, infalível, processa a vastidão das coisas. De outro, a centralidade no sujeito individual, com suas metáforas sublimadoras e o relegar do mundo a mero posto de ocasião para o desempenho da vontade.

Talvez por não pretender que, para seu leitor, tivesse outra credibilidade senão a de homem das leis, Schmitt não se preocupa em analisar aquela vasta engrenagem da concepção clássica e o sentido que dava ao comércio do homem com o mundo. Estivesse ou não consciente do que calava, é evidente a eficácia de seu silêncio: enquanto mantém debaixo de véus o que defende ou propõe, é minucioso no que agride. Dentro destes pressupostos, tratava-se para ele de então mostrar as conseqüências práticas de um exame até agora abstrato.

O ocasionalismo romântico é uma modalidade subjetivizada porque não concebe o mundo senão como ocasião para a fruição de um projeto pessoal. O mundo se torna teoricamente pensado como um aglomerado caótico e anômico. Nele, portanto, ordem alguma poderia *a priori* considerar-se legítima. Compreendê-lo, tem implicações imediatas:

> De oportunidades sempre novas se origina um mundo sempre novo; mas sempre e apenas um mundo ocasional, um mundo sem substância e sem conexão funcional, sem direção constante, sem

conclusão e sem definição, sem decisão, sem uma última corte de apelo (*ohne letztes Gericht*), a continuar indefinidamente, conduzido apenas pela mão mágica do acaso (*ib.*, 25)

Assim pois o que ao Iluminismo parecera a destruição dos velhos grilhões e o advento da possibilidade de emancipação do homem se convertera numa *razzia* anárquica. Em vez de libertos, baratas tontas, ávidas e oportunistas.

O argumento se aproxima do instante culminante, que se deflagra na passagem seguinte. Que pois sucede ante tal oportunismo que só favorece ao sujeito individualizado? A destruição de todos os valores em prol da estetização da vida. A estetização portanto significa converter o mundo em um vasto campo de operações para o usufruto exclusivo do eu; transformá-lo em altar para um sacerdócio privado. A estetização do mundo é assim a conseqüência básica, o último avatar da democracia burguesia. Schmitt o expressa com todas as letras:

> (...) O romantismo trasladou a produção intelectual para o estético, para a arte e para a crítica de arte e, então, a partir da estética, abrangeu todos os outros domínios. (...) A absolutização da arte é proclamada; uma arte universal é exigida e tudo que é intelectual, a religião, a Igreja, a nação e o Estado, flui na corrente que se origina do novo centro, o estético (*ib.*, 20)

Contudo, como um feiticeiro que por fim se voltasse contra seu feitiço, a estetização não apenas reduz tudo a arte senão que também a ela destrói. E isso não seria por acaso: a estetização não privilegia tipo algum de objeto; em seu cerne, ela é contrária a qualquer objetivação:

> A arte é absolutizada, mas, ao mesmo tempo, se torna problemática. É tomada como absoluto mas sem a mínima obrigação de uma forma grande e rigorosa ou de visibilidade. (...) A nova arte é uma arte sem obras, ao menos sem obras dotadas de um grande estilo, uma arte sem espaço público (*Publizität*) e sem representação (*idem*, ib.)

Enquanto no fim do XVIII, o otimismo de um Kant acreditara ver na crítica da visão unitária da metafísica clássica a precondição para a maioridade do homem, no começo do século XX o autocomprazimento da subjetividade mostrava que o mundo se tornara pasto de uma voragem. Produto do processo de secularização, a emancipação do eu o convertera em deus mais ávido que os sanguinolentos deuses das antigas civilizações. O diagnóstico indiretamente procurava evitar catástrofe maior.

Em análise recente do *Politische Romantik,* K. H. Bohrer observa a convergência da reflexão de Schmitt com o ataque de Hegel à subjetividade romântica como vazia e como esquecimento da objetividade e o quanto ela ecoa as críticas de Kierkegaard. Não se trata pois de um empreendimento sem ilustres predecessores. Muito menos teríamos o direito de suspeitar de sua validez por saber-se da posterior opção política do autor. Nem a observação daquele relacionamento nem tampouco o cultivo desta suspeita seriam de ajuda. Ao invés, será relevante reiterar-se que "seu ataque se dirige ao romantismo como paradigma da modernidade" (Bohrer, K. H.: 1989, 288). Com efeito, é a própria legitimação da modernidade que se punha em questão. Metonímia dos tempos modernos, o romantismo fabrica um mundo "sem definição, sem decisão, sem uma derradeira corte de apelo". Inaugura um mundo não respaldado por uma substancialidade que, captada por normas, lhe asseguraria estabilidade; um mundo, em suma, sem fundamento para a invocação da Lei. Víamos que essa *razzia* procedia através de uma estetização que não poupa sequer a arte. E aqui temos ocasião de começar a compreender porque a posição do autor não poderia ser interpretada como preparatória de sua posterior adesão ao nazismo. O decisivo para tanto está na passagem, já transcrita, em que justifica sua investida contra a arte romântica por seu caráter não-representativo: a tal ponto chegaria o "ocasionalismo subjetivizado" que da arte romântica não só se ausentaria a exigência de estilo quanto ainda o elemento de representação. Mas que entenderia Schmitt exatamente pelo termo?

> Para Schmitt, "representativo" significa que a grande arte não projeta o fantasma que se basta a si mesmo mas sim o reflexo (*Widerspiegelung*) de conteúdos positivos. Schmitt assim partilha suas convicções estéticas fundamentais com Hegel e Lukács e, como

se deveria acrescentar, com o modo de ver estético-literário da sociologia e da historiografia de até hoje (Bohrer, K. H.: *idem*, 292)

Ao conceito tradicional de representação[7] repugna o caráter *produtivo* da arte, sobre o qual tanto insistiram os *Frühromantiker*. Em troca, aquele conceito é hasteado por todos aqueles que, independente de suas posições políticas, têm uma visão conservadora da arte. Por negarem a sua capacidade produtiva, eles assim se tornam seus controladores. Em contraposição, os *Frühromantiker*, como temos insistido desde *O controle do imaginário*, foram os primeiros a dar condições para que se teorizasse de maneira fecunda a relação da arte com a sociedade.

A tal ponto concordarmos com a crítica de Bohrer ao conceito de representação em que se enraíza o ataque de Schmitt à concepção romântica da arte que a enlaçamos à nossa própria tese, não significa que se negue a alta dose de penetração da tese de Schmitt. Ao passo que os que compartilham de seu pressuposto, sob a condição de historiadores e sociólogos em geral, se contentam em valorizar aqueles objetos artísticos em que são capazes de encontrar *a repetição* do que já sabem ou que já poderiam saber sobre a sociedade que os gerou, Schmitt formula com agudeza a questão do esteticismo:

> Apenas em uma sociedade individualisticamente desagregada, pôde o sujeito esteticamente produtivo deslocar para si mesmo o centro intelectual; apenas em um mundo burguês, que isola intelectualmente o indivíduo, impõe-se sobre ele toda a carga que, em uma

---

[7] Ao falarmos em conceito *tradicional*, estamos implicitamente assinalando que nossa posição não se confunde com alguma modalidade do textualismo contemporâneo. Este parte da afirmação de que a categoria da representação está indissoluvelmente ligada à noção mais obtusa de 'referente'. Para nós, ao contrário, assim como o referente não se confunde com uma materialidade que se projetaria e determinaria o sentido do signo senão que é um efeito discursivo, nos termos de Foucault, "o correlato do enunciado" (cf. Costa Lima, L: 1989, 87 ss), assim também a representação não é "o reflexo de conteúdos positivos" senão que o efeito suscitado no receptor pela interação entre suas expectativas e valores e uma obra particular. É pela recuperação destas noções que temos julgado possível e mesmo desejável a retomada do entendimento da mímesis (cf. Costa Lima, L: 1980; 2000).

ordem social, era hierarquicamente partilhada entre diferentes funções (Schmitt, C.: *id.*, 26)

Ao contrário do repúdio terminante das teses do autor, do ponto de vista do presente ensaio é decisivo acentuar-se o que há nele de fecundo e certeiro. Isso, entretanto, não deverá impedir duas retificações: (a) a concepção que se faz Schmitt do papel do sujeito individual no romantismo e (b) o repúdio do legado romântico.

Quanto a (a), já se chamou a atenção para o caráter apenas metafórico que, para Schmitt, assumem os "demiurgos modernos" – o homem e a História. Considerá-los metafóricos é tornar enigmática a relação entre a centralidade do sujeito individual e o primado da ciência, na modernidade. Passo muito mais avançado se dá com futuro "companheiro de viagem" de Schmitt:

> Por certo, em conseqüência da liberação do homem, os tempos modernos conduziram ao subjetivismo e ao individualismo. Mas é também certo que nenhuma outra época anterior produziu um objetivismo comparável e que em nenhuma outra época precedente o não-individual se impôs na forma do coletivo. O essencial aqui está na reciprocidade necessária entre o subjetivismo e o objetivismo (Heidegger, M.: 1938, 81)

Ademais, se não nos parecer suficiente encerrar o exame na declaração dessa reciprocidade necessária – "quanto mais objetivo se mostra o objeto, tanto mais subjetivo, i. e., tanto mais premente eleva-se o sujeito" (*idem, ibidem*, 85) – teremos ocasião de ver ambos os aspectos como decorrências paralelas de um termo que os engloba: a auto-finalidade que o trabalho assume na modernidade, distinguindo a sua sociedade de todas as anteriores:

> No sistema produtor de mercadorias dos tempos modernos, (...) a lógica da necessidade se inverteu: à medida que as forças de produção, pela industrialização e cientificismo, desbancam a coação e o poder da 'primeira natureza', integram-se elas em uma coação secundária, inconsciente e socialmente produzida. A forma de reprodução da mercadoria se converte em 'segunda natureza', cuja

necessidade se põe à frente dos indivíduos, de modo tão cego e exigente como as da 'primeira natureza', se bem que tenham se originado de maneira puramente social (Kurz, R.: 1991, 16)

Venhamos ao ponto (b). Se a absolutização da recusa do romantismo por Schmitt é no mínimo simplificadora, sem sua análise do fenômeno da estetização se perderia uma das chaves para o entendimento da cena contemporânea. Tivemos atrás a oportunidade de mostrar que a estetização constitui um dos termos da ambigüidade que encontrávamos presente na apreciação kantiana da experiência estética. Já estamos próximos de poder desenvolver suas conseqüências. Mas neste fim do último item preparatório, convém atentar que a estetização – a redução de todos os valores ao estético e a subsunção deste ao deleite intelectual do receptor – não se restringe ao passado romântico. Não é ao romantismo por exemplo que se refere o trecho seguinte:

> A tradição clássica do *theatrum mundi* equiparava a sociedade ao teatro, a ação cotidiana à representação teatral. Essa tradição assim exprimia a vida social em termos estéticos e tratava todos os homens como artistas porque todos homens podem atuar. A dificuldade com essa imagem está em que é a-histórica. Toda a história da cultura pública do século XIX era de pessoas que gradualmente perdiam a crença em seus próprios poderes expressivos, que, ao invés, elevavam o artista à posição de alguém que era especial porque podia fazer o que as pessoas comuns não poderiam na vida diária (Sennett, R.: 1977, 266)

Sem explicitar o termo, é bem à estetização na vida pública do século XIX que o autor se refere. Tudo pois seria mais fácil se pudéssemos estigmatizar o argumento de Schmitt pela alegação de que o totalitarismo sempre se manifesta onde quer que o pensamento dominante negue a capacidade de produção de uma certa área de conhecimento. Ainda que isso seja verdade, a conclusão seria demasiado genérica para que fosse eficaz. Por outro lado, contudo, seria ridículo apoiar-se em uma passagem descontextualizada para demonstrar seu acerto. A referência a Sennet não pretende mais do que assinalar um indício da presença de um fenômeno cujo desdobramento deverá ser mostrado pela abordagem da reflexão sobre a arte imediatamente seguinte à recepção da terceira Crítica kantiana. Neste sentido, a reflexão sobre a *Politische Romantik* adensa a compreensão do quadro histórico-intelectual formado por Kant e sua leitura por Schiller, Novalis e Schlegel.

5. SCHILLER E A ESTETIZAÇÃO DA ARTE

Além de separados por ideais estéticos divergentes, Schiller e Friedrich Schlegel não se toleravam pessoalmente. No entanto, aquém do duplo fosso que os separava, conjugava-os uma certa comunidade de interesses. Ela se fundava na admiração comum pela Grécia e na base histórico-filosófica que orientava suas reflexões. Uma e outra, por sua vez, motivavam a maneira como pensam a modernidade.

A Grécia é miticamente concebida como o lugar da plenitude, o tempo em que os deuses, mantendo-se próximos às querelas humanas, servem aos homens de companhia e espelho. A experiência moderna se lhe contrapõe: este é o tempo da carência. Daí, como dirá Szondi, "já em Schiller, a poesia *sentimental* podia-se chamar *progressiva*" (Szondi, P.: 1973, 74). O que vale dizer, as categorias cunhadas por cada um dos dois – poesia sentimental e progressiva, respectivamente – tinham a íntima correspondência resultante de que ambas só se aplicariam a uma época marcada pela falta e pela busca: a época contemporânea. Sua correlata exclusão do espaço do mundo antigo, de sua parte, explicitava a filosofia da história por ambos praticada: ela supunha a visão de um percurso, dentro do qual teria sucedido a quebra da plenitude, assim como passara a fomentar a promessa de outra unidade. Em vésperas do pensamento hegeliano, nas reflexões de Schiller e Schlegel a semente teleológica já amadurecia. Como já mostrou Hans Robert Jauss, se a plataforma comum fora estabelecida pelo entusiasmo que a Grécia despertava, adquirira sua inflexão própria pela tomada de posição de ambos os autores ante um debate que, advindo do Renascimento, encontrara seu desfecho no começo do século XVIII francês: a "querelle des anciens et des modernes".

Em seu começo, entre os humanistas italianos, os escritores antigos eram tomados por superiores aos modernos, tanto no campo das letras, quanto da indagação filosófica. Os pesos serão invertidos com a intervenção de Perrault, cujo prefácio já principia por considerar que o justo sentimento de amor e respeito pelos antepassados se convertera, no correr do tempo, em "superstition criminelle et a passé même quelquefois jusqu'à Idolatrie" (Perrault, J. B.: 1688-97, I - II). Os valores são trocados e os modernos serão vistos como os excelentes.

Assinalem-se as conseqüências daí tiradas na França metropolitana e na Alemanha marginalizada. Do primeiro caso, é exemplo o "De l'origine des fables" do iluminista menor Fontenelle. A Antigüidade deixa de conotar, como há pouco ainda sucedia com Perrault, os antepassados, para se confundir com os primeiros séculos que formam "l'ancienne Histoire d'un Peuple, qui n'est qu'amas de chimères, de rêveries, & d'absurdités" (Fontenelle, M. de: 1742, 270). As fábulas propalam o legado deste tempo grosseiro. São atravessadas pelo maravilhoso porque a imaginação não se contenta em "laisser une belle chose imparfaite" (idem, 272). São, em suma, relatos falsos e enganosos ou porque era débil a razão dos autores ou porque agissem de má fé. Na França metropolitana, como o indiciam as palavras de Fontenelle, o louvor dos modernos preparava a idéia do tempo como progresso.

Distinta é a recepção do debate na Alemanha de cinqüenta anos depois. O presente se confunde com a falta e o trajeto do poeta moderno é marcado pelo esforço de superá-la. A imagem do progresso também aí está presente, de forma contudo indireta: o presente em si não é avanço senão necessidade de ultrapasse.

Sendo marcante a diferença das duas leituras da modernidade, não é menos significativo que ambas partam da consciência de que "as obras dos antigos e dos modernos devem ser julgadas como produções de épocas históricas diversas e assim de acordo com um padrão relativo do belo e não mais conforme a um conceito absoluto da perfeição" (Jauss, H. R.: 1967, 71).

A questão da modernidade não era pois uma mera questão alemã ou que se resolvesse na polêmica sobre as excelências de cada povo. Era sim a maneira com que o contemporâneo pensava a sua própria temporalidade. Dentro dela porém já se preparava a idéia de progresso, de evolução, que lhe imprimirá um curso distinto: ao passo que a maneira alemã, onde o princípio do progresso apenas se insinua, supunha a vista presa à imediatidade do tempo pela apreciação concreta das obras aí produzidas, a segunda, dirigida pela escala da evolução, considerará as obras como indícios de uma fase, abstratizando-as e tomando-as por ilustrações de uma linha supostamente progressiva. Com a anotação, queremos apenas insinuar o que só se cumprirá nas primeiras décadas do século XIX, sob o reino da história literária. Mas mo momento que temos em consideração, entre as duas décadas finais do XVIII até começos do século seguinte, é o contato concreto e pontual o que move o ânimo dos ensaístas. Trata-se de ver como isso se dava.

No caso de Schiller, estaremos interessados tão-só nos dois ensaios que remetem ao mesmo ano de 1795: *Cartas sobre a educação estética da humanidade* (*Über die ästhetische Erziehung des Menschen*, a partir de agora *Cartas*) e *Poesia ingênua e sentimental* (*Über naive und sentimentalische Dichtung*, a partir de agora, NSD).

As *Cartas* têm por ambiência a sociedade contemporânea. Não se trata para o autor de descrevê-la ou de mostrar seu regozijo ou desagrado senão de compará-la com o constante modelo da Grécia. Em especial, a carta VI formula a desvantagem que encontra na vida presente. Na Antigüidade, o indivíduo "recebia suas formas da natureza, que tudo une" ao passo que o indivíduo moderno "as recebe da razão, que tudo separa". "A experiência acrescida e o pensamento mais preciso", junto com o surgimento do Estado, "fazendo necessária a estrita delimitação dos estamentos e dos negócios", agem em conjunto no sentido de afastar o homem de sua harmonia natural (Schiller: 1795a, Carta VI, 19-20, 47). Em vez de consonância e acordo, para a situação moderna a metáfora central torna-se a da máquina, a da engrenagem em que o indivíduo se ocupa de uma mínima parte e perde o todo de vista:

> Mesmo esta participação parca e fragmentária, porém, que ainda une as partes isoladas ao todo, não depende de formas que se dêem espontaneamente (...), mas é prescrita com severidade escrupulosa num formulário pelo qual fica aprisionada a sua liberdade de visão. A letra morta substitui o entendimento vivo, a memória bem

treinada é guia mais seguro que gênio e sensibilidade (Schiller, F.: 1795a, Carta VI, 21, 48)

O que fora satisfação animal, interação do indivíduo com a natureza, progressivamente se transforma em "totalidade abstrata", tanto do ponto de vista do dirigente, quanto da experiência do súdito. Diante do sorvedouro que o puxa sem sequer dele dar-se conta, o homem reage ativando sua razão; "nessa medida, tornou-se necessariamente um estranho no mundo sensível, perdendo a matéria pela forma" (Schiller, F.: 1795a, Carta VI, 22, 50) ou se encerrará no mundo dos negócios e, entesourando o particular, alienar-se-á do todo. Em ambos os casos, o remédio não cura. Ao pensador restará um coração frio, ao profissional, uma alma estreita.

As duas situações expostas, representadas respectivamente pelo pólipo dos Estados gregos e pela engrenagem centralizante do Estado moderno, correspondem as duas modalidades de organização do Estado: o natural e o que deriva da necessidade. Para melhor se compreender a correspondência com o segundo ensaio e, portanto, para a percepção de que a ambos anima o mesmo projeto se há de verificar que a pretensão schilleriana não consistia em projetar para o futuro desejado algo semelhante à modalidade natural. O Estado natural, "como podemos denominar todo corpo político que tenha sua instalação originalmente derivada de forças e não de leis" (Carta III, 9, 38), satisfaz apenas o homem físico e deixa ociosa a razão moral. Deve-se supor que Schiller concebesse que, sob o domínio do Estado natural, o homem não precisava desenvolver sua razão; em troca, esta seria cada vez mais empenhada quanto mais a complexidade social ameaçasse romper o primitivo idílio com a natureza. As *Cartas* não pretendem especular sobre a passagem mas se contentam em visualizar de súbito a segunda cena: "Ele desperta de seu torpor sensível, reconhece-se homem, olha à sua volta e encontra-se no Estado. O jugo da necessidade para aí o arremessou" (Carta III, 8, 37).

A contraposição entre natureza e razão agrega a esta outros dois termos: liberdade e moral. À maneira de Kant, Schiller as concebe como indissolúvel par. Agora, então desperto, posto sob o jugo de um Estado que a necessidade para ele criou, intenta o homem pensá-lo segundo um projeto de liberdade e de acordo com o plano da moral. Pelo primeiro, "recupera em sua maturidade sua infância, forma em idéia um *estado natural* que não lhe é dado na experiência, mas é posto como necessário pela sua determinação racional" (Carta III, 8, 37). O verbo 'recuperar', *nachholen,* pode suscitar o equívoco de pensar-se que se propusesse a efetiva reocupação dos primeiros tempos no tempo buscado; que este não é o plano de Schiller o mostra o trecho que formula a exigência do plano moral. Para melhor compreensão, transcrevemo-lo desde a frase precedente:

> O homem físico, entretanto, é *real,* enquanto o moral é apenas *problemático.* Se a razão nega, portanto, o Estado natural para substituí-lo pelo seu, como é necessário, ela confronta a existência da sociedade com seu ideal apenas possível (ainda que moralmente necessário) (Carta III, 9, 38)

Em suma, o confronto das experiências grega e moderna oferece a Schiller um conjunto simples de oposições: Estado natural x Estado da necessidade; natureza x razão e uma implicação: razão -> liberdade e moral. Com base neste arcabouço, o ensaísta projeta uma terceira modalidade: o Estado moral. É bem um Estado ideal, apenas possível, portanto também ele correlato da poesia *progressiva* que proporá Schlegel. Nunca será plena a realização de um e de outra. Mas é por isso mesmo que hão de ser perseguidos.

O Estado moral de Schiller é uma utopia permanente, nunca de todo resgatada, que impõe uma tarefa que de si não desespera; infinita. Só ao se identificar com essa idealidade, poderá o Estado ultrapassar sua face moderna e "servir de representante da humanidade pura e objetiva no seio de seus cidadãos" (Carta IV., 13, 42). Para que essa meta seja concebível, será contudo preciso que o cidadão não só se empenhe senão que sua luta se acompanhe de sua própria transformação. É o que declara o prosseguimento do trecho acima: "Por servir de representante da humanidade pura e objetiva no seio de seus cidadãos, o Estado deve estar para eles na mesma conexão em que eles estão para si mesmos, e poderá respeitar-lhes a humanidade subjetiva somente naquela medida em que ela estiver elevada à objetividade" (Carta IV, 14, 42). *O ponto de encontro do Estado com os cidadãos tem por condição necessária que a subjetividade destes se explicite; que, ao invés, não seja resguardada ou escondida. E isso só poderá suceder se ela necessariamente não contiver restrições ou não abrigar conteúdos contrários à ordem estatal. Do contrário, tal manifestação engendraria um clima de criticidade, que, como veremos, será por Schiller identificado, como algo nocivo.*

A explicitação que deduzimos nos antecipa algo de precioso para o encaminhamento do presente capítulo. Procuremos pois tornar nítida sua procedência quanto ao todo da argumentação schilleriana.

Já sabemos que seu alvo era não o regresso à condição natural da humanidade mas a edificação de um *topos* – mesmo que este nunca renunciasse por completo à sua disposição de *u-topos* – em que a natureza se conciliasse com o exercício da liberdade. Mas ainda nada sabemos do caminho que Schiller para tanto propunha.

Tal caminho envolve obrigatoriamente a experiência da arte. Mais explicitamente: a sua politização. Esta entretanto há de se cumprir de modo a satisfazer a exigência há pouco manifestada: objetivar, trazer ao plano do comunicado o que estivera no espírito do cidadão. Ora, considerando todo o apego de Schiller à lição kantiana, podemo-nos indagar: como seria isso possível sem que se causasse dano à *universalidade muda*, que víamos contida na formulação kantiana da experiência estética? Na verdade, se temos em conta, por um lado, a necessidade da explicitação e, por outro, a universalidade muda o choque se torna inevitável. Tínhamos visto que tal universalidade significa que cada receptor pode ter a presunção de que a sua experiência do belo é de tal maneira isenta de interesses particularizados que é então passível de se cumprir em qualquer outro receptor, desde que também liberto de um alvo pragmático. Era muda, ademais, porque toda "justificação" de por que tal objeto parece belo converteria a experiência na proposição de uma norma, a qual só seria justificada se pertencesse à legislação ou do entendimento ou da razão prática. Como pois poderá Schiller defender seu argumento e, ao mesmo tempo, manter sua tão ressaltada fidelidade a Kant?

A difícil conciliação será intentada pelo que as *Cartas* apresentarão como o caminho da educação estética. A educação estética propor-se-á a conciliação dos impulsos sensível e formal. O primeiro visa "dar realidade ao necessário que está em nós"; o segundo, "submeter a realidade *fora de nós* à lei da necessidade" (Carta XII, 45). Através deles, se opõem as naturezas sensível e racional do ser humano. Mas a tarefa de harmonizá-los não parece impossível a Schiller. Para tanto, converte o jogo livre da experiência kantiana do belo em impulso, o impulso lúdico:

> O impulso sensível quer que haja modificação, que o tempo tenha conteúdo; o impulso formal quer o tempo negado, para que não haja modificação. O impulso em que os dois se conjugam (...), o impulso lúdico (*Spieltrieb*), portanto, aspira a superar o tempo no tempo e combinar ao ser absoluto o devir, a modificação à identidade (Carta XIV, 57, 77-8)

Só pelo *Spieltrieb* a beleza encontra o seu objeto, a "figura viva" que ao homem se mostra bela à medida que concretiza a harmonia de seus díspares impulsos. Ser "figura viva" significa que um objeto é simultaneamente recebido e acatado por nossa sensação e por nosso entendimento. Assim, por exemplo, enquanto apenas *pensamos* a figura de um homem, "ele é inerte, mera abstração" e, "enquanto apenas *sentimos* sua vida, ela é informe, pura impressão" (Carta XV, 59, 80). Portanto, a conciliação dos contrários é apenas atingível por uma obra que ponha o impulso lúdico em movimento. Este pois não depende de uma *comunicação* – 'tal objeto é belo porque ...' – que, em termos de Kant, destruiria a experiência enquanto estética.

Isso equivale a dizer que o impulso lúdico, que tanto prometia a Schiller, é uma expressão homóloga ao que Kant já havia formulado? Claro que não: ele pressupõe a educação estética, e o Kant das três Críticas não se arrogava à postura de pedagogo, nem a acharia possível sobre tal objeto. Isso entretanto ainda não basta para definir-se a especificidade da posição schilleriana. Tentemos captá-la considerando as relações previsíveis da educação proposta com o Estado.

Poder-se-ia ter a impressão de que tal processo pedagógico apenas supusesse o desvelo das autoridades estatais por uma educação que tornasse seus membros mais aptos para a apreciação do belo! Mas tal impressão seria desabonadora da inteligência do autor. A chave para seu correto entendimento está mais uma vez no comentário do trecho da Carta IV.

A questão básica consiste em relacionar a atualização do impulso lúdico com a imprescindível explicitação dos conteúdos subjetivos dos membros do Estado. O trecho a respeito decisivo se localiza na Carta X. O entusiasmo que os gregos provocam em Schiller não chega ao ponto de que os tomasse como modelos para seu proposto Estado. Muito ao contrário, a constatação que faz sobre a Antigüidade não os excetua:

> Onde quer que perscrutem o mundo passado, nossos olhos aí sempre encontram que o gosto e a liberdade mutuamente se escapam *(Geschmack und Freiheit einander fliehen)* e que a beleza funda seu domínio apenas no crepúsculo *(Untergang)* das virtudes heróicas (Carta X, 40, 64)

O exemplo unânime do passado há portanto de ser evitado. A lição das civilizações desaparecidas deve ser considerado para que se evitem suas falhas. Para tanto, será preciso que o próprio poeta seja educado, i. e., que os princípios da educação estética o incluam. Só assim será previsível que não venha a se repetir o que os antepassados estadeiam:

> Quantos entendimentos débeis entraram em contradição com a organização social apenas porque à fantasia do poeta aprouve erigir um mundo em que tudo se passa de outro modo (...). Que perigosa dialética não aprenderam as paixões desde que brilham, no quadro dos poetas, com fortes cores, e lutam e ganham das leis e dos deveres? (Carta X, 38, 62-3)

Claramente, Schiller enfatiza de modo negativo a força de questionamento das leis que mostrou o poeta de antes ou de agora. *Que isso significa dizer senão que afasta como mal intrínseco, a criticidade!? É pelo descarte, portanto, do espírito crítico, que a educação estética podia se apresentar como programa favorável à consecução do Estado ideal; do Estado estético.* Cabe entretanto ainda perguntar: manter-se-ia ainda assim fiel ao pensamento kantiano? À primeira vista, a própria pergunta parece irresponsável, porquanto é a criticidade, chave do sistema kantiano, que é tomada por prejudicial. Mas não parece fortuito que, fora desse aspecto, é certo que crucial, cada passo do ensaio seja guiado por uma fomulação de procedência kantiana. Basta a respeito que se pense na passagem da terceira Crítica sobre o jogo livre entre imaginação e entendimento e a caracterização do impulso lúdico como apto a satisfazer a sensação e o entendimento. Isso equivale então a dizer: se não se pode negar que Schiller se separa de Kant pelo ostracismo a que, na educação estética, relega a criticidade, não é menos verdade que, no mais, guarda sua lição.

A solução entretanto ainda é insatisfatória: ela "salva" a "originalidade" de Schiller pela infidelidade a seu modelo. A melhor resultado chegaremos à medida que o associemos à ambigüidade antes referida da experiência estética kantiana: ao ostracizar a criticidade, Schiller não teria senão explicitado algo já latente no próprio Kant. O resultado só deixará de ser arbitrário se a própria fonte já o admitir. Retrospectivamente, pois, as *Cartas* corroboram que a experiência estética kantiana é governada pela ambigüidade; que seu criticismo é internamente refutado pela estetização que os comentadores não costumam perceber. Mas a diferença das duas postulações nos é de extrema importância: enquanto o risco estetizante se instalara na terceira Crítica pela tensão de caracterizar uma experiência particular e *sui generis*, a experiência estética, sem que seu autor pretendesse estendê-la além de seu âmbito, é este passo mesmo que é dado por Schiller. Embora iniciada com a experiência estética, a estetização só mostra concretamente a sua cara em um programa político, ainda que ele seja tão pouco prático como o exposto nas *Cartas*.

Mesmo que o ensaio de Schiller não tivesse outra importância, explicitar o que explicita já lhe emprestaria interesse. Considerando-se, ademais, que, no início deste item, se atentara para a comunidade que forma com o outro ensaio do mesmo ano, é então de se ver como por este se mantém a interpretação do primeiro.

A um primeiro contato, parece frustrada a possibilidade de uma relação fecundante. No *Poesia ingênua e sentimental*, a meta político-utópica desaparece por completo e o ensaio se concentra no estabelecimento de uma tipologia do artista e suas obras. Marquard, no estudo já referido, via nisso um nítido indício de que o realce da estética correspondia ao reconhecimento pela razão moderna de sua impotência. A concentração no estético como atividade compensatória seria correlata à falência do otimismo iluminista. Schiller se consagra ao estudo do "papel do artista e da arte, não mais em relação ao Estado mas sim quanto à natureza: (...) desta maneira é fundamentalmente alcançada a posição romântica" (Marquard, O.: 1962, 373). Por via diversa da de Schmitt, chegava-se a um resultado semelhante: o pensamento político romântico seria irresponsável quanto ao mundo, fosse porque hostil à explicação causalista (Schmitt), fosse porque herdara o desespero em entender e conduzir o processo histórico (Marquard).

Sem se pretender que haja concordância, sequer mínima, entre os projetos políticos dos dois intérpretes — o ensaio de Marquard era animado por um hegelianismo propensamente de esquerda — poder-se-ia entretanto afirmar que, na base de seus argumentos, estaria contida a afirmação: os românticos construirão seu esteticismo a partir da intuição, explicitada pela trajetória schilleriana entre os dois ensaios aqui estudados, de que a indagação da História não se sujeita a um plano racional; ou seja, não se sujeita a leis.

Se adotada, essa conclusão teria a vantagem de nos poupar de maiores exames de NSD pois, de imediato, estaria assegurada a convergência com as *Cartas*. Se nestas, animadas pela busca de constituição de um bom Estado, a estetização já era o instrumento pregado para seu alcance, por que ainda se preocupar com o sentido de uma análise já evidentemente "formalista"? Guardemo-nos porém dos enganos causados por conclusões supostamente evidentes.

Algumas das dificuldades que o leitor encontrará no *Poesia ingênua e sentimental* serão evitadas se for considerado um dado elementar: o ensaio aparece como um todo integrado apenas quando da edição das obras de Schiller, em 1800. Originalmente, suas partes formavam três artigos, aparecidos entre 1795 e 1796 (cf. Suzuki, M., introd. a Schiller, F.: 1795 b, 9). Sabê-lo, facilita compreenderem-se as contradições que envolvem a própria conceituação do par ingênuo — sentimental.[8] Não seria de nosso interesse explorá-las, mas, tomando-as como sinal de um *work in progress* (Szondi) gnoseológico, verificar o seu alcance.

Independente das oscilações conceituais, a distinção entre o ingênuo e o sentimental mais uma vez pressupõe a consciência da diferença entre a Antigüidade e o moderno. Melhor, da relação que cada um dos dois tempos estabelece com a natureza. Esta relação diferencial constitui o primeiro traço a ressaltar: ingênuo e sentimental implicam sentimentos inconfundíveis perante a natureza. Assim, para os gregos antigos, "todo o edifício de sua vida social estava erigido em sensações, não num trabalho de arte mal acabado; mesmo sua mitologia era o estro de um sentimento ingênuo, o rebento de uma imaginação jovial, não da razão ensimesmada como a fé eclesiástica das nações modernas" (Schiller, F.: 1795 b, 24, 56); para o homem moderno, ao invés, "a natureza foi, pouco a pouco, desaparecendo da vida humana como *experiência* e como *sujeito* (agente e paciente); assim a vemos assomar no mundo poético como *idéia* e como *objeto* (*idem*, 25, 56).

A distinção estabelecida por conseguinte supunha que a experiência grega partia de um sentimento de inclusão, ao passo que a do homem moderno se origina do sentimento de separação. Daí a tipologia dos dois tipos de poeta: "*Serão* natureza ou *buscarão* a natureza perdida" (*idem*, 25-6, 57). Sentimento de inclusão no caso significa "que o objeto que o inspira seja *natureza* ou ao menos assim considerado por nós" (*ib.*, 3, 43), e que, de sua parte, esta seja considerada "a existência espontânea (*das freiwillige Dasein*), a subsistência das coisas por si mesmas, a existência (*Existenz*) segundo leis próprias e imutáveis" (*ib., idem* (*idem*).

Seja ainda assinalado que, para Schiller, tal relação diferencial com a natureza não tinha em vista uma experiência *estética*, nem era orientada por um propósito *experimental*: "(...) Essa espécie de satisfação

---

[8] Baste-nos a propósito transcrever a síntese da questão por Szondi: "Considerado em parte como simples contraponto do *ingênuo*, o qual só é atribuído ao gênio, depois ainda como uma possibilidade da poesia, que pode, com o mesmo direito, subsistir ao lado do ingênuo, outras vezes o *sentimental* é reconhecido 'sob os condicionamentos da reflexão', como o próprio *ingênuo*" (Szondi, P.: 1973, 103).

com a natureza não é estética, mas moral; pois é mediada por uma Idéia, não imediatamente engendrada pela observação" (*ib.*, 4, 44). Por isso mesmo ainda supõe que "a natureza esteja em contraste com a arte e a envergonhe" (*ib.*, 3, 43). Em si, o campo da arte é o campo do artifício, do apenas humano, daquilo que, por conseguinte, se desgarra de sua ambiência e então se mostra separado e imperfeito.

As poucas passagens acima caracterizam simultaneamente o par tematizado pelo ensaio. Plenitude versus carência, inclusão versus separação são seus traços contrastantes. Estes contudo já anunciam a presença de outro não menos capital: a subjetividade. Depois de citar passagem de Homero – Glauco e Diomedes interrompem a luta que travam e prometem-se poupar nos combates vindouros por ter aquele informado ao contendor da fraternidade de suas estirpes – o autor comenta:

> Dificilmente um poeta *moderno* (...) poderia esperar até aqui para testemunhar sua alegria com tal ação. Nós facilmente lho perdoaríamos, tanto mais que também nosso coração faria uma pausa na leitura e de bom grado *se distanciaria do objeto para olhar em si mesmo* (*ib.*, segundo grifo nosso, 29, 59)

É imediata a compreensão da ausência e presença da subjetividade nos dois tempos, sendo, respectivamente, esta a condição para que o poeta ingênuo se perceba parte integrada à natureza e para que o moderno sofra o estilete da solidão. Sem que o próprio Schiller disso pareça se dar conta, a passagem capta a diferença essencial entre os modos de viver a subjetividade. O modo antigo se constitui comunitariamente, implica, portanto, a assimilação da individualidade em um grupo. Daí a familiaridade que envolve sua experiência da natureza. Por contraste, a quebra de vigência deste elo é indiciada pela atração do homem moderno em converter o que vê em colheita para seu olhar interior. Daí que observe a natureza com a curiosidade de quem os sabe estranhos e experimente os objetos, impondo-se a introspecção reorientadora.

Até agora foi-nos possível acompanhar o ensaio evitando a sua ambigüidade conceitual (cf. nota 7). Cabe então agora perguntar: será a distinção estritamente histórica? Se, com efeito, essa é a primeira impressão, para corroborá-lo, necessitaríamos amputar passagens inteiras do ensaio. Algumas serão secundárias – como "Achamos ingênuo se um homem sem conhecimento do mundo, mas de resto de bom entendimento, confessa seus segredos a um outro e, por sua própria sinceridade, fornece os meios para que este (...) o prejudique" (13, 49) ou as identificações semelhantes da ingenuidade com o estado infantil. Mesmo aí entretanto não se poderá descurar que a acepção com que o termo central está sendo usado não tem nada de histórica. Além do mais, o mesmo sentido não-histórico preside as considerações imediatas sobre o gênio:

> Todo verdadeiro gênio tem de ser ingênuo ou não é gênio (*Naiv muß jedes wahre Genie sein, oder es ist keines*). Apenas sua ingenuidade o torna gênio (...). Apenas ao gênio é dado estar sempre em casa fora do que é conhecido e *ampliar* a natureza sem *ir além* dela. Decerto, mesmo os maiores gênios por vezes vão além dela, mas apenas porque também têm seus momentos imaginosos (*ihre phantastischen Augenblicke*), em que a natureza protetora os abandona, quer porque o poder do exemplo os arrebata, quer porque o gosto corrompido do tempo os desencaminha (*ib.*, 15-6, 51)

Desde as *Cartas*, Schiller vinha considerando arbitrário julgar-se a produção dos tempos antigo e moderno por uma mesma medida. Haveremos pois de entender que agora se desvia de seu propósito e, considerando o gênio privilégio dos tempos antigos, tivesse por inferior a produção dos contemporâneos?! A dúvida é simplesmente absurda por não querer considerar que o termo 'ingênuo' não é empregado, na passagem, em um sentido histórico. É verdade que a enfática formulação acima não impedirá que adiante o autor afirme a existência de dois tipos de gênio e, o que é mais curioso, de certo modo diminuindo o gênio enquanto ingênuo:

> Chamei a poesia ingênua de um *favor da natureza* para lembrar que a reflexão não tem participação alguma nela. É um lance de sorte: se bem-sucedida, não precisa de aprimoramento algum, não sendo, porém, capaz de nenhuma melhora, se malograr. A obra do

> gênio ingênuo se encerra por inteiro na sensibilidade; aqui reside sua força e seu limite. Portanto, se já não *sentiu* de maneira imediatamente poética, isto é, de maneira perfeitamente humana, essa falta já não pode ser corrigida por arte alguma (*ib.*, 390, 89)

O limite do gênio ingênuo se capta em vista da espécie contraposta: "O gênio ingênuo, portanto, se acha numa dependência da experiência que o sentimental desconhece. (...) A força deste consiste (...) em transportar-se por seu próprio poder de um estado limitado a um estado de liberdade" (*ib.*, 77, 90). Um e outro derivam pois de um mesmo ponto de partida, plenitude ou carência, que servira para caracterização inicial. Deveríamos portanto entender que esse ponto permanece em vigência e que a cada uma de suas espécies corresponderia um tipo diverso de genialidade. Daí então se deve concluir que tais espécies são de ordem histórica? Se considerarmos apenas a última passagem, a afirmação será patente. Para isso, entretanto, teríamos de haver esquecido as duas anteriores ou desculpá-las como resultantes da flutuação conceitual de um ensaísta que não pretendia seguir o rigor terminológico dos filósofos. Se não quisermos adotar uma desculpa esfarrapada, deveremos antes declarar que os conceitos do autor são de fato contraditórios; seu lastro histórico é mais evidente sem contudo deixar de oscilar em prol de uma definição psicológica; usando sua própria terminologia, antigos e modernos se opõem tanto por "diferença de época" (*Unterschied der Zeit*) como por "diferença de maneira" (*Unterschied der Manier*) (*ib.*, nota, 32, 61). A distinção, por conseguinte, dá lugar a uma tipologia que ora é de ordem histórica, ora define a personalidade do autor.

O esclarecimento biográfico a que se costuma recorrer – o ensaio sendo lido como uma espécie de alegoria das diferenças que o próprio Schiller sentia em si frente a Goethe, encarnação do gênio ingênuo (cf. Wilkinson & Willoughby: 1967, espec. XXXIX) – converteria o *Poesia ingênua e sentimental* em uma pobre racionalização. Ao invés, o reconhecimento de sua flagrante ambigüidade terminológica libera o intérprete para admitir que, independente das falhas, o ensaio é bastante relevante. Para fazê-lo contudo será ainda preciso acentuar que

NSD opera, não com dois senão que com três termos. É o que se mostra por passagem aparentemente só recapitulativa:

> Se o homem entrou no estado de cultura e a arte nele pousou a mão, suprime-se a harmonia *sensível*, e ele ainda pode se manifestar apenas como unidade *moral*, ou seja, empenhando-se pela unidade. A harmonia entre seu sentir e pensar, que no primeiro estado ocorria *realmente*, agora existe apenas *idealmente*. (...) Aplicando-se, então, àqueles dois estados o conceito de poesia, que não é outro senão o de *dar à humanidade a sua expressão mais completa possível*, resulta que, no estado de simplicidade natural, onde o homem ainda atua simultaneamente com todas as suas forças como uma unidade harmônica, (...) *o que tem de constituir o poeta é a imitação* mais completa possível *do real* – que no estado de cultura, ao contrário, onde o atuar em conjunto harmônico de toda a natureza é apenas uma Idéia, *o que tem de constituir o poeta* é a elevação da realidade ao Ideal (...). E estas são também as duas únicas maneiras possíveis nas quais em geral pode se manifestar o gênio poético. *São, como se vê, extremamente diferentes uma da outra, mas há um conceito mais alto que abarca as duas, e não é de estranhar que esse conceito coincida com a idéia da humanidade* (*ib.*, 31-2, 61, grifo meu)

A longa passagem não se restringe a reescrever o que já dissera, mas sim apresenta a medida comum que permitiria comparar o ingênuo e o sentimental. Esta medida é dada pela "idéia de humanidade" (cf. neste sentido, Suzuki, M.: introd. a Schiller, F.: 1795 b, 39). Mas o esclarecimento permanece insatisfatório pois se poderia entender tal idéia de humanidade como uma mera constante lógica que atravessaria e então conectaria os termos diversos. Schiller encontrava uma formulação mais feliz em passagem de carta dirigida a Wilhelm von Humboldt, de 25 de dezembro de 1795: "A poesia sentimental é por certo *conditio sine qua non* do ideal poético, mas é também um seu eterno impedimento" (*apud* Szondi, P.: 1973, 99). Mesmo porque originada de um tempo em que o homem já não se acha integrado à natureza, a poesia sentimental é movida por um ideal que, no entanto, não se concretiza e por ela se adia. Seria então falso tomar-se a "idéia de humanidade" como simples constância lógica. Na verdade, há de se compreender que o par contraposto se desdobra em uma tríade, cujo terceiro termo, o ideal (de uma humanidade plena), ilumina e dá sentido retrospectivamente aos termos contrapostos.

A conversão da polaridade em tríade provoca uma reviravolta na interpretação do ensaio. Ela afeta nada menos que sua própria significação na história do pensamento teórico sobre a literatura. Com efeito, se considerarmos apenas a polaridade, tenderemos a ver seus componentes como registros de uma reflexão, cuja virtude operacional já não se poderia resgatar. Entretanto o caminho agora se modifica. E a peça decisiva é fornecida pela apreciação de Szondi.

Szondi compara a tríade referida com o início da segunda observação de Kant sobre a tábua das categorias – "Que em cada classe haja um mesmo número de categorias, ou seja três, é um fato que exige reflexão, pois toda divisão *a priori* por conceitos deve ser uma dicotomia. Além disso, deve-se observar que a terceira categoria sempre resulta da ligação da segunda com a primeira" (Kant, I.: 1787, B 110), – e anota, com sua agudeza peculiar, que a passagem "virtualmente contém a dialética hegeliana" (Szondi, P.: *op. cit.*, 100), pois o próprio Kant se impossibilitava de explorá-la por força da matriz sobre a qual seu pensamento se elaborava:

> A dialética contida no princípio triádico de sua tábua das categorias, enquanto dialética histórica, não podia absolutamente ser aproveitada no quadro da gnoseologia kantiana, orientada no sentido das ciências naturais ahistóricas (Szondi, P.: 1973, 101)

Foi a Schiller então que coube o mérito de "aplicar à história a tese kantiana (...), fundando assim uma filosofia histórica especulativa" (*idem, ibidem*). Do ponto de vista deste capítulo, a dedução de Szondi é particularmente preciosa porque demonstra que a consideração formal do poeta e da poesia era acompanhada do mesmo propósito histórico-filosófico evidente nas *Cartas*. Para comprová-lo, basta comparar-se a tríade indiscutível das *Cartas* com a que a argúcia analítica de Szondi nos fez perceber. O mesmo papel que ali desempenhava o Estado ideal é aqui ocupado pelo ideal. Um e outro impedem que a descrição do moderno se transforme em expressão de melancolia ante a perda da plenitude da Antiguidade. Um e outro impulsionam o pensador e o poeta para uma tarefa que em nenhum dos casos é menos infinita.

No entanto a perfeita superposição das duas tríades ainda conduz a um resultado que já não terá o respaldo de Szondi. Da análise da primeira tríade retirávamos uma comprovação que poderá ser agora reforçada: víamos que a educação estética proposta implicava a atualização extrema do esteticismo e o descarte da virtualidade crítica; que a ênfase daquela e o ostracismo desta tornavam mais visível uma ambigüidade presente na explicação que Kant oferecia da experiência estética. Ora, se a superposição for, como se disse, perfeita, será preciso que este resultado se mantenha. Mas como fazê-lo, se aqui desaparecem as alusões ao Estado ideal e ao instrumento que deveria favorecê-lo?

A tarefa não é impossível desde que nos fixemos sobre as conseqüências da estetização. Seu efeito mais visível e reiterado é por certo a dissolução de todos os outros valores. Carl Schmitt, ao que saibamos, foi o primeiro a notá-lo. Ainda recentemente, Jürgen Habermas volta a sublinhá-lo, negando contudo que a redução se desse em Schiller pois nele não era atingida "a lógica independente das esferas de valor da ciência, da moralidade e da arte (...)" (Habermas, J.: 1987, 50). [Mas a defesa é demasiado superficial: o Estado ideal teria podido reconhecer a autonomia de outras esferas de valor mesmo porque a educação estética já teria disciplinado os educandos para seu uso correto (estético e não crítico)]. Já temos entretanto condições de perceber que a estetização tem um outro efeito: ela atinge a própria produção da arte. Releia-se passagem final de trecho já referido: "Decerto, mesmo os maiores gênios por vezes vão além dela (natureza), mas apenas porque também têm seus momentos imaginosos, em que a natureza protetora os abandona" (NSD, 15-6, 51). A recorrência ao gênio como atualizador de uma virtualidade da natureza já fora formulada, no século XVIII, por Diderot e Kant. Schiller entretanto faz mais do que repetir um *topos*. O gênio agora se torna criticável quando desconhece seus limites, indo além da natureza e deixando-se guiar por "seus momentos imaginosos" (*ihre phantastische Augenblicke*).

Duas pequenas passagens da "Analítica do belo" nos ajudam a perceber o alcance da restrição. Tratando do caráter produtor e espontâneo que a imagem desempenha no juízo de gosto, Kant observa que ela, entretanto, não tem "toda liberdade de jogo (como na poesia)" (Kant, I: 1790, B 69). A seguir, tratando do "livre jogo das faculdades representativas", i. e., da experiência do belo, abre um parêntese e escreve que isso se dá "sob a condição entretanto de que o entendimento não sofra nenhuma afronta" (*doch unter der Bedingung, daß der Verstand keinen Anstoß leide*) (*idem*, B 71). Ou seja, para Kant há uma margem em que é lícita a ativação produtora da imaginação; além dela, *como sucede na poesia,* seu exercício já seria uma *afronta* (*Anstoß*) ao entendimento.

O que, para Kant, se daria *naturalmente,* na experiência do belo, vem a ser destacado por Schiller no interior da própria produção do objeto de arte: também o gênio tem seus *phantastische Augenblicke,* o que vale dizer, também ele pode ser desencaminhado, como acrescenta a citação, pelo gosto corrompido do tempo. Não seria este o caso daqueles poetas do passado, criticados pelas *Cartas* porque sua fantasia os levava a construir mundos em que tudo se passava de diversa maneira do que de fato ocorria?

O cotejo das passagens acima destaca um efeito da estetização muito pouco notado: ele implica o exercício de um controle sobre a própria imaginação, tanto do produtor (ressaltado por Schiller) quando do receptor (apenas insinuado em Kant). Ao captarmos pois este segundo efeito, muito mais do que apenas corroborar a perfeita coerência dos dois ensaios de Schiller, *verificamos a convergência entre a estetização e o controle do imaginário.* Devemos porém concordar que, como aqui se lhe apresenta, o último relacionamento precisaria ser muito mais discutido.

5.1. Excurso retrospectivo

A última frase do item anterior me faz perceber que o hipotético leitor precisará de uma pausa porque, a partir do item 2.2, têm-se introduzido reflexões pouco rotineiras, de cuja compreensão, contudo, depende todo o livro. É essa a finalidade deste excurso.

Já o cuidado que se dedicou a uma leitura sumária da primeira e da terceira Críticas ressaltava a importância que tem aqui o pensamento kantiano. Retrospectivamente, i. e., levando-se em conta o capítulo dedicado a Montaigne, essa importância se concentra na explicitação da Lei de que, desde sua sagração, carecia de um modelo de conhecimento fundado antropologicamente. Com a primeira Crítica, Kant parecia haver preenchido essa falta. Mas, não se satisfazendo com seu próprio resultado, o filósofo fora além. Com a segunda Crítica, o desbravamento ampliado encontrara um contrapeso: as legislações do entendimento e da razão não se conciliam, são radicalmente antagônicas, embora não menos indispensáveis. Não pondo pois em questão a unidade do sujeito – o que, sem dúvida, seria provocar uma revolução intelectual dentro da "revolução copernicana" que já produzia –, procura harmonizá-las pela terceira Crítica. Assim a faculdade do juízo, passível de ser exercida estritamente por cada homem, é pensada como a cúpula que conciliaria as razões teórica e prática. Tal função caberia por excelência ao juízo estético. Ora, precisamente aí encontra-se um dos pontos de mais extrema fortuna na experiência intelectual que fecunda desde os finais do século XVIII. Como se há de entender o juízo estético que Kant concebe? Assinalam-se duas leituras: uma crítica, a outra estetizante. Pela primeira há de se compreender, nos termos do próprio Kant, a via de indagação que rechaça os apelos quer do dogmatismo, quer do ceticismo; que então se indaga pelos limites da razão e busca verificá-los no objeto que está analisando. Por estetização, em contrapartida, se compreende, a redução de todo e qualquer valor à dimensão do valor estético.

A repetição acima mostra sua utilidade ao notar-se a posição que cada uma destas direções estabelece quanto ao interesse desinteressado, à finalidade sem fim da experiência estética, kantianamente definida. Ao passo que a atitude crítica situa-se fora da experiência estética, julga-a por assim dizer à distância, a estetização, ao contrário, a estende a qualquer outro modo de experiência do mundo e o subsume a ela. Ademais a atitude crítica quanto à arte mantém-se atenta ao que a experiência estética lhe oferecera, enquanto a estetização torna a posse prazenteira.

É a partir da posição de fora em que se põe a criticidade que melhor se entende o que se escreveu sobre a experiência estética como um momento de suspensão e espera, i. e., como momento em que se suspende provisoriamente a absolutidade do semântico. Tal suspensão supõe que a criticidade fecunda esse mesmo momento, mas que sua presença não se atualiza senão depois, quando o receptor ressemantiza a experiência estética, afasta-se da *mudez* do estético e procura mediá-la para o mundo de outras experiências. Afasta-se, portanto, depois de tê-la "ouvido", ressemantiza depois de haver aprendido com a forma provisoriamente livre do lastro do significado.

Como todo este livro se quer guiado por um viés crítico, convém ainda nos estendermos. Desde logo, se há de acrescentar que o realce da postura crítica nada tem em comum com o predomínio do valor ético. O que não quer dizer que a experiência estética seja aética. Mas não é menos certo que nela o ingrediente ético assume outra posição. Chamamos a atenção para o fato de que a experiência de intervalo e espera se prolonga, nas artes verbal, pictórica e escultórica, em experiência do ficcional. Ora, esta não se atualiza senão como um apreciar à distância. Este estar à distância faculta ao receptor reconhecer *despragmatizadamente*[9] o mundo que dele esteve próximo. Esse deslocamento do próximo para o distante, do familiar e automatizado para o surpreendente permite ao receptor examinar também eticamente seu mundo "real". Se a criticidade nem se confunde com o domínio do ético, nem se opõe a ele é porque o reconhece a partir desse posição deslocada. O ético, sem preocupações estéticas, julga a ação que se processa aqui e agora. Assim se dirá ser pouco ético ou mesmo imoral especular-se como seria o mundo em que houvesse paz quando damos pouca atenção à guerra que se trava em torno de nós ou que se processa em diversas partes do mundo.

Acrescente-se não ser habitual a insistência em distinguir-se entre criticidade e estetização. Ao invés, costuma-se exaltar o "estado estético", a partir de sua formulação schilleriana, pela promessa aí contida

---

[9] Ressalte-se que falar em despragmatização do mundo a propósito da experiência estética é apenas parcialmente procedente. A despragmatização provocada por ela é sua maneira específica de ser... pragmática.

de um mundo mais humano. Esta é a linha que atravessa um livro recente, que, para caracterizar a posição de Marx, endossa a seguinte citação: "(Marx) constitui como 'ciência' aquilo que em Schlegel, Hölderlin, Novalis era apenas sentido intuitivamente: que a atualização de seu ideal estético é ligado ao curso temporal, ao cumprimento do 'tempo'" (*apud* Chytry, J.: 1989, 267). Não sei o que aí mais se destaca: a ingenuidade ou a paralisia inebriante.

E, por fim, que as duas atitudes destacadas, criticidade e estetização, não esgotam as modalidades da experiência estética. O espetáculo circense, por exemplo, não se inclui em nenhuma das duas. Mas que sei eu do mundo do circo!?

6. NOVALIS: A CONTRAVERTENTE ROMÂNTICA

Além de amigo e colaborador de Schlegel, o seu mais constante interlocutor, Novalis realizava a combinação rara, mesmo em um ambiente de extraordinária emulação intelectual, de talentos poético e filosófico. Se seus inúmeros fragmentos e esboços enciclopédicos testemunham a extraordinária extensão de seus interesses, sua morte precoce aos 29 anos de idade não impediu que a posteridade nele reconhecesse uma das grandes vozes do primeiro romantismo. Aqui, nosso campo de análise será curto; sequer aludiremos ao poeta e, das muitas centenas de fragmentos, apenas destacaremos uns poucos. Pois nosso objeto não será a produção propriamente dita de Novalis mas apenas a verificação do extremo emaranhado que a alternativa entre estetização e criticidade é capaz de formar. Destacá-lo terá a função de prevenir contra a tentação das dicotomias simplificadoras. Em virtude desta proposta, far-se-á do ensaio "Die Christenheit oder Europa" ("A Cristandade ou a Europa") nosso ponto de partida.

Ao longo deste livro, algumas vezes temos nos referido ora ao lento mas crescente desabrochar da subjetividade nos séculos próximos anteriores ao tempo analisado, ora à falência da concepção metafísica unitária do universo. Não se cogitou de apresentá-los como fenômenos inscritos em um mesmo eixo, de modo que um se apresentasse como o determinante do outro. Fazê-lo, não passaria de uma insensatez que marcaria ato de presença tanto se se dissesse que a potente cosmovisão clássico-medieval fora gradualmente solapada pelo reconhecimento da subjetividade enquanto individual, como se, ao invés, se afirmasse que o realce do sujeito individual, que o destaque de *sua* experiência, de *seu* poder de observação, de *sua* iniciativa, debilitara a permanência da visão unificada. Em vez de partes do mesmo eixo, estes fenômenos são correlatos na constituição da modernidade, na desteologização do pensamento e na secularização do mundo. Sua indagação específica levaria o pesquisador para séculos antes do XVI, para o interior da Alta Idade Média. De nossa parte, contentamo-nos com a observação superficial de aqueles fenômenos correlatos, durante algum tempo, correrem paralelamente. Podemos nos satisfazer com essa anotação ligeira porque nosso estudo já principia em um tempo em que a legitimação da subjetividade individual e a falência de uma visão substancialista e totalizante só não eram aceitáveis pelos defensores da ortodoxia. Assim, se no final do século XVI, Montaigne afirmava o direito de pensar o eu sem prestar reverência a sistemas, saberes, gêneros e modelos antigos, no fim do XVIII, o Kant da primeira Crítica formulava uma nova teoria do conhecimento, que partia das propriedades cognoscitivas do sujeito enquanto humano. Concretizam-se aqui as dificuldades de uma exposição que se quisesse em linha reta. Devemos saber do abismo que separa o sujeito transcendental kantiano do sujeito empiricamente considerado. Também já devemos reconhecer que os esforços das duas Críticas seguintes não foram suficientes para que se lograsse a arquitetura asseguradora de uma nova unidade. A razão humana não é apenas condição para o entendimento mas para o excesso, ou seja, do que deve ser indagado, embora nunca possa ser comprovado. A razão não é apenas constitutiva, como no caso das ciências naturais, mas também reguladora, i. e., afirmar o que não pode demonstrar. (No caso do pensamento que permanecia fiel ao paradigma substancialista-totalizante, a própria diferença kantiana entre razão constitutiva e reguladora era desconhecida ou rejeitada e se continuava a afirmar que é a coisa-mundo e mesmo que propriedades tem seu Criador.)

Kant teria talvez evitado a celeuma que provocou entre seus primeiros leitores – e então provocado a ira das autoridades – se houvesse então declarado a ilegitimidade deste uso excessivo da razão. Ou, o que haveria sido mais sensato, se houvesse anunciado que suas indagações em nada interfeririam com a doutrina tradicional sobre tudo que não se referisse às ciências da natureza. Ao invés, procurou legitimar o uso excessivo. Preocupou-se, para isso, em estabelecer as fronteiras até onde cada atividade seria válida. A arquitetura com que afinal intentou conjugar cada esfera era uma *arquitetura de sistema,* i. e., que visava estabelecer uma construção que possibilitasse a seu praticante compreender os abismos que separam cada esfera e, ao mesmo tempo, trafegar entre eles.

Essa dessubstancialização do mundo preocupa e mesmo obseda os primeiros românticos. Dois anos depois da redação de *A Cristandade ou a Europa,* Heinrich von Kleist descrevia à sua noiva Wilhelmine von Zenge o impacto que lhe causava a leitura recente da filosofia kantiana. Em carta de 22 de março de 1801, traduzia em termos acessíveis ao leigo o que compreendera e o alarmava:

> Se, em vez de olhos, os homens tivessem óculos verdes, deveriam julgar que *são* verdes os objetos que deste modo descobrem e não poderiam jamais decidir se seus olhos lhes mostram as coisas como são ou se não lhes põem algo que não pertence a elas senão aos olhos. Esse é meu entendimento. Não podemos decidir se o que chamamos verdade é verdade verdadeira (*wahrhaft Wahrheit*) ou se ela assim apenas nos parece. No segundo caso, a verdade que aqui acumulamos e todo o esforço de adquirir-se uma posse que nos acompanhasse até ao túmulo, depois da morte não existe mais. – Ah, Wilhelmine, se o espinho deste pensamento não fere teu coração, não sorrias de um outro cujo íntimo mais sagrado foi por ele aturdido. Meu único e supremo alvo se dissipou (*ist gesunken*) e agora não tenho nenhum outro mais (Kleist, H. v.: 1801, 1281)

Já atrás chamáramos a atenção para o comentário indignado com que Schlegel reagia à primeira Crítica: era "um massacre da razão"; mas a repulsa, como então víamos, não eliminava também o fascínio. Da parte de Novalis, a preocupação causada pela perda da unidade assumia uma direta inflexão política; mais precisamente, político-religiosa. Suas palavras recebem um tom que hoje pareceria inacreditável em quem não estivesse investido do dever de defesa da tradição:

> O supremo pontífice da Igreja se opunha com razão ao desenvolvimento descarado das capacidades humanas à custa do sentido sacrossanto e às intempestivas e perigosas descobertas no domínio do saber. Proibia assim aos pensadores ousados que professassem publicamente que a Terra seja um planeta insignificante pois bem sabia que os homens, ao perderem o respeito por seu próprio lugar e por sua pátria terrena, também perderiam o respeito por sua pátria celeste e por sua espécie e prefeririam à fé infinita o saber limitado e se habituariam a desprezar toda grandeza e milagre e a examinar tudo isso como efeitos de uma lei sem vida (Novalis: 1799, 3, 508-9)

Fora a degenerescência dos padres que provocara a Reforma, com que se selara a desgraça. Os protestantes "separaram o inseparável, dividiram a Igreja indivisível e criminosamente se desgarraram da universal comunhão cristã, pela qual e na qual somente era possível o renascimento autêntico e duradouro" (*idem*, 511). No entanto "a verdadeira anarquia é para a religião o elemento gerador" (*ibidem*, 517). Por isso o estado presente é provisório. O caminho de seu ultrapasse conduziria, não ao desprezo ou às restrições levantadas contra o saber, mas sim a uma concepção superior da ciência:

> Quanto mais nos familiarizamos com elas, se faz, nos últimos tempos, cada vez mais visível a indigência (*Hülfsbedürftigkeit*) das ciências objetivas. A natureza começou a parecer cada vez mais miserável e, acostumados ao brilho de nossas descobertas, habituamo-nos a perceber que era uma luz de empréstimo e que, com os instrumentos e métodos conhecidos, não encontraríamos e não construiríamos o essencial. Cada pesquisador deveria se declarar que nenhuma ciência é nada sem as outras. Assim se originaram as pesquisas místicas (*Mystifikationsversuche*) das ciências (...) (*ib.*, 521)

Se a concepção científica das ciências as torna indigentes, é à concepção mística que caberá congraçá-las. Ao assim fazer, o epistemólogo "místico", como o jovem Novalis deveria se considerar, trabalharia em prol da nova unidade. Ela seria consagrada pelo restabelecimento da cristandade: "Só a religião pode despertar a Europa de novo e dar segurança aos povos e instalar a cristandade, em sua antiga e pacífica missão, no resplendor de uma nova majestade sobre a terra" (*ib.*, 523).

O breve resumo é suficiente para mostrar que, apesar de seu flagrante conservadorismo, o autor não cogitava de um mero retorno à situação prévia à Reforma e às guerras religiosas. Esperava que o próprio caos revelasse a sua fecundidade e operasse, como diria Fichte, o filósofo favorito de Novalis, uma síntese superior. O que então pareceria um conservadorismo grosseiro, tinha na verdade outro caráter. A Europa restaurada fantasiada por Novalis, bem diversa da real que sucederia à queda de Napoleão, supunha o alcance da unidade pela qual os modernos ansiavam. Deveremos então nos contentar com a ressalva de que a restauração real descaracterizaria a imaginada em *A Cristandade*? Estaríamos assim querendo resguardar muito depressa o poeta. Por outro lado, o desenvolvimento deste aspecto não estaria nos distanciando de nosso ponto? Procuremos aprofundar o argumento e, ao mesmo tempo, manter o enlace com nosso tema.

Em passagem já transcrita, o autor se referia a oposição do papa ao desenvolvimento das capacidades humanas que prejudicasse o sentido unitário que a doutrina da Igreja encarnava. O antagonismo entre o supremo responsável pela manutenção da unidade precedente à Reforma e a pesquisa científica – que o levava a proibir que se declarasse a insignificância da Terra – haveria sido ocasional, dependente de que funcionasse dentro de uma síntese "inferior" ou, ao invés, decorrente da própria existência de uma metafísica unitária? Os termos com que Novalis formula sua afirmação impedem de levar a primeira hipótese a sério: "O sumo pontífice da Igreja se opunha *com razão* (*mit Recht*)." Do ponto de vista do autor, nada aí havia de fortuito. Mas a segunda hipótese tampouco seria aceitável por Novalis. Nenhuma das duas, em suma, corresponderia a seu propósito. E esse é bastante evidente pela simples leitura de seu ensaio. O interesse então da alternativa consiste em nos abrir uma outra trilha. Ela poderia ser assim formulada:

as prenoções contidas nas qualificações 'inferior' e 'superior' dos modos de síntese propostos por seu filósofo admirado não o terão impedido de verificar a contradição do que afinal propunha? (Por certo, as expressões síntese superior e inferior não aparecem no *Cristandade* mas não é menos certo que Novalis estava familiarizado com seus conceitos). Formulando de maneira mais concreta: não seria verdade que a unidade que obsedava os primeiros românticos *a priori* desfazia a autonomia de esferas diferentes de valores? A última pergunta conduz a uma conclusão tão estranha quanto preciosa: a margem de liberdade que se apresenta para o homem moderno, a possibilidade de pensar-se, a partir dela, em sua emancipação, não seria preservada e fecundada pela reinstauração de um juízo final, mas, ao contrário, por sua inexistência. O equívoco de Novalis e dos *Frühromantiker* foi, talvez por falta de experiência histórica, insistir em uma solução que provocava o resultado oposto do que pretendiam. O que vale dizer, a existência de um centro unitário, religioso ou secular, capaz de legitimar o que deve ser valorado e, então, socializado, sempre termina por provocar a subordinação de escalas diferenciadas de valores a uma escala una e única. Ao contrário, aquela margem de liberdade dependeria da permanência da controvérsia, do embate, do dissenso, da vigência de regras que, usando a expressão de Wittgenstein, variam de acordo com os "jogos de linguagem". Ou seja, da irredutível heterogeneidade destes; da impotência da razão unitária em amoldá-los. A liberdade depende da manutenção do dissenso.

Procuramos assim responder à exigência que nos impusemos de não abandonar pela rama a questão proposta por *A Cristandade ou a Europa*. Tal tratamento apresenta a vantagem extra de facilitar a ligação com o tema central deste livro. Mas, para que estejamos seguros de que o enlace é percebido, cabe reiterar-se seu último passo.

Tem-se procurado mostrar a relação existente entre a questão kantiana da Lei – a impossibilidade de justificar-se, em termos do entendimento, a plenitude de sua incidência – e o realce da experiência estética. O privilégio assim concedido ao pensamento kantiano não é arbitrário porquanto deveremos estar de acordo em ser ele que melhor formula e busca resolver a questão do dilaceramento conseqüente à dissolução da unidade clássica. Ora, se no ensaio de Novalis é evidente o louvor do místico como o que ultrapassa a indigência das ciências particulares, este louvor, deve-se agora notar, está próximo da maneira como se contrapunha o prazer estético ao mecanicismo dos procedimentos científicos. Assim, depois de anunciar o nascimento de uma "experiência mística das ciências", Novalis acrescentava que, se as coisas assim prosseguirem, "será fácil conjecturar quão propícias deverão ser para a cultura superior da inteligência essas trocas entre o mundo externo e interno", de que espera o reaparecimento do "velho céu" e da "astronomia viva" (*ib.*, 522). Por outro lado, não é menos evidente que a referência explícita ao estético é substituída pela ênfase no político. *É da articulação entre o termo que se ausenta e o que se ressalta que depende a esperança de Novalis em uma restauração, religiosamente orientada, da unidade perdida.*

Se concordarmos ser este um encaminhamento viável, como entretanto não concluir no extravio de nossa meta? Pela razão simples de que a reflexão estética envolve a política. A troca de uma pela outra, que Novalis efetua, nada tem de conjuntural. E aqui ela apresenta a virtude de nos levar a melhor explicitar o que já se poderia haver entendido. Víamos pela análise do item precedente que a estetização exigida pelo Estado ideal de Schiller continha um evidente programa político, que não se atualizava senão a partir do próprio circuito da arte, mediante *a interdição da criticidade*. Não se cogita de integrar de imediato o quadro da restauração de Novalis na estetização. Isso seria demasiado simplificante. No entanto uma exclusão comum termina por enlaçar os dois projetos. Em Schiller, ela é diretamente nomeada: é a exclusão da criticidade. Em Novalis, indiretamente: no tempo passado, que não se trata de restaurar plenamente, ou seja, no tempo de uma síntese "inferior", o supremo representante da unidade *com razão* interditava a autonomia da ciência. Ou seja, *com razão* tinha uma conduta normativa, dogmática, anticrítica – oposta à que a lição kantiana favoreceria. A diferença com o tempo proposto da síntese "superior" não estaria em que a suma autoridade correspondente viesse a ser mais cordata, senão que a ciência mesma, atenta à visão mística, deixaria de ser apenas material e parcelar para que se tornasse instrumento de comunhão e harmonia entre o interior e o exterior, conduzindo afinal ao ressurgimento do "velho céu e da aspiração (*Sehnsucht*) por ele". Não era pois de se esperar que o novo pontífice permanecesse contrário à investigação científica porque, *com razão*, esta já teria deixado de ser perigosa... *Não importa, por conseguinte, que Novalis nem utilizasse a arte em favor de sua pretendida restauração, nem a ela se referisse fosse no presente ou no futuro. O valor que emprestava à arte já estava afetado pelo papel – no caso, pela eliminação do papel – que estabelecia para a criticidade.* Esta simplesmente se tornava ociosa porque a fragmentação da visão de mundo estimulada pelo desenvolvimento das ciências teria sido estancada.

Por nos obrigar a vir ao que chegamos, o *A Cristandade ou a Europa* assumiu um destaque particular entre os textos selecionados. Sem falar da arte não era menos sobre ela que também falava.

Cabe entretanto ainda perguntar: Kant está ausente do pensamento de Novalis? Mais precisamente, escapa Novalis da ambigüidade da experiência estética de Kant? Contra aquela ausência se insurgem as anotações do poeta durante o ano de 1797 – as "Hemsterhuis-und Kant-Studien" (cf. Novalis: 1797, 2, 360-395). Muitíssimo menos abundantes que as observações copiladas sobre Fichte, durante 1795-96, não deixam de testemunhar que Novalis tampouco descurava do sistema kantiano. Por conseguinte, trata-se agora de ver, entre alguns de seus fragmentos, como se posicionava quanto ao par estetização – criticidade. Além do mais, sabendo-se de seu intenso intercâmbio com F. Schlegel, entender sua posição poderá nos ser de ajuda para o exame seguinte.

6.1. Alguns fragmentos de Novalis: esteticismo ou criticidade?

A presença de Fichte é quase palpável em inúmeros dos fragmentos de Novalis. Nossa preocupação não será mostrá-la, mas sim verificar a postura que essas minireflexões assumem quanto à abordagem teórica adequada à arte. Convém para isso relevar a centralidade que se empresta à consciência reflexiva, voltada para a interioridade do eu, tendo o "homem" por conteúdo e meta. Por si, o destaque nada teria de extraordinário, vistos a juventude do autor e seu entusiasmo por Fichte. No caso presente, todavia, daí provém uma conseqüência não corriqueira: não se diferenciam os campos da ciência, da filosofia e da poesia:

> A apresentação (*Darstellung*) é uma manifestação do estado interior, das mudanças interiores – a aparição do objeto interior. O objeto externo se modifica, pelo eu e no eu, em conceito e assim se produz a visão intuitiva (*Anschauung*). O objeto interior, pelo eu e no eu, se modifica em um *corpo que lhe convém* e assim nasce o signo. Aquele é objeto do corpo; este é o objeto do espírito (Novalis: 1795-96, 2, fragm. 637, 283-4)

Considerando-se que o sujeito inicial, *Darstellung*, implica o ato da escrita, ainda se poderia pretender que há na passagem um elogio da literatura (no sentido literal do termo). Mas este entendimento restrito é desmentido se a combinarmos a apontamento seguinte:

> O fenômeno mais maravilhoso e eterno é *a própria existência.* O maior mistério é o próprio homem. A solução desta tarefa infinita, *de fato,* é a história universal. A história da filosofia ou da ciência em geral, da literatura como substância, contém as tentativas da solução ideal deste problema ideal – desta idéia pensada (Novalis: 1797, 2, fragm. 1, 362)

Vivemos enquanto movidos por idéias. Por isso, continua a parte não transcrita do fragmento, a história universal, em claro viés fichteano, é confundida com o Ser em geral (*das Seyn en gros*), assim como o filosofar com *das Denken en gros*. O eu é visto por seus produtos. Em termos fichteanos, Novalis poderia haver escrito: o eu põe o não-eu; com o que estaria sublinhando que, considerar suas obras, não deverá conduzir ao esquecimento da fonte; melhor ainda porque se a fonte-eu projeta-se no mundo, nem tudo que este contém àquela se relaciona: "O interior e o exterior se opõem. O eu é o conceito do interior; em conseqüência, o eu sempre estará no interior" (Novalis: 1795-6, 2, fragm. 645, 286). Mas esta residência não o enclausura em si mesmo ou não limita seu comércio com aquilo que, tendo sido por ele ideado, se transformara na concepção de uma obra?

Como que ciente do risco, Novalis concede ao eu uma outra extensão: é o eu prático. Ambos os aspectos, o criador de externalidades e o que com elas se relaciona, se apresentam no fragmento:

> O eu livre e necessário – não há sofrimento no eu. O eu é, ao mesmo tempo, ação e produto. Vontade e representação determinam-se reciprocamente. O eu não é senão vontade e representação (*Wollen und Vorstellen*). O eu prático é o que se diferencia do mundo externo. Apenas o eu prático pode ser percebido; este pois é também o eu propriamente básico (*das eigentliche Grundich*). Ele é apenas à medida que se põe e se põe apenas à medida que é. Ser o eu pleno é uma *arte* (*Kunst*). Pode-se ser e se é o que se *quer*. É-se mais ou menos eu à medida que se quer (Novalis: 1795-96, 2, fragm. 659, 294)

Por certo, a extrema centralidade do eu e no eu não impedia que Novalis reconhecesse a independência do mundo material. A função do eu prático, se interpretamos corretamente, seria constituir uma segunda espécie de não-eu: aquela que, à diferença da primeira, se relaciona com a fonte de sentido. Como a diferença inexiste em Fichte, nem explicitamente se apresenta em seu discípulo, mantemos em dúvida nossa dedução.

Sob a cláusula da cautela, parece-nos possível dizer-se que, para Novalis, o eu tem dois braços estendidos para o mundo: um é propriamente criador e se objetiva nas obras em que ele reconhece sua autoria; o outro é prático. Um e outro são produtos de sua "vontade e representação", mas o segundo se distingue por apenas *regular* o seu comércio e não *constituir* o que com ele interage. De qualquer maneira a insistência do autor em que só o "practische Ich" pode ser percebido diminui de maneira significativa a diferença entre as duas modalidades do não-eu, em detrimento do mundo material independente da ação do eu. Afirmar do eu prático que ele é também *das eigentliche Grundlich* supõe ressaltar o que há de comum nas duas relações com o mundo: a propriamente criadora e a prática. E qual poderia ser este traço comum senão a *poiesis*, a capacidade de se *impor* do sujeito humano? Entende-se perfeitamente agora por que Novalis não diferenciava filosofia, ciência e poesia. Fazê-lo seria se comportar como o cientista que desconhecesse a concepção "mística", considerada no item anterior, i. e., seria fixar-se na parte, desgarrá-la de seu todo e, assim, não se aperceber de seu centro operador: a egoidade (*Ichheit*). (Sintomaticamente, a centralização fichteano no eu – em Novalis, no eu depurado, "livre e necessário" – elimina a questão do dilaceramento com que Kant se debatia).

Em Novalis, o princípio da *poiesis* sobrepassa as distinções, quer as práticas, quer as propriamente criadoras; implica a atenção sobre o concreto, seja o manipulado (prático), seja o propriamente produzido, sem que esse ato prejudique o simultâneo realce do centro originador. Se esquecêssemos a religiosidade do autor, poderíamos acrescentar que a *poiesis* torna o Deus desnecessário na economia de seu pensamento. Como isso seria biograficamente injustificado, será ao menos legítimo dizer-se que Deus aí se torna uma figura suplementar, o apoio da corte final, *sendo, no entanto, posto pelo homem*. Poder-se-ia então ainda afirmar que, contra a atomização do mecânico, contra a admissão da ordem diversa de objetos e valores não superponíveis e integráveis – os estabelecidos pelas razões teórica e prática e pelo juízo de reflexão – postulados tanto pelo kantismo como pelo empirismo, embora com resultados bastante diversos, e, fora de qualquer filiação filosófica, pelo pragmatismo do Estado real – Novalis propunha uma dupla e integrada atenção: ao mundo das obras e a seu centro de criação? Fazê-lo seria descabido. Se bem que a *poiesis* seja o que se projeta, o que não se confunde, o que se libera da interioridade do produtor, em Novalis o termo que sempre se destaca é bem a interioridade do que cria. Releia-se neste sentido a última anotação dos "Fichte-Studien":

> Sobre a humanidade. Seu puro e pleno aperfeiçoamento deve de início tornar-se a arte dos indivíduos e daí passar para as grandes massas populares (*die großen Völkermassen*) e daí para a espécie. Até que ponto ela é um indivíduo? (Novalis: 1795-6, 2, fragm. 667, 296)

De categoria central na teoria fichteana do conhecimento, o eu se converte, em Novalis, no fundamento para a utopia de uma humanidade redimida. O sonho iluminista da autonomia do sujeito, de sua maioridade quanto a toda tutela, traduz-se agora na exaltação do individual. É da constituição de um grupo especial de indivíduos que passa a depender o aperfeiçoamento das massas e da espécie mesma. Mas poderia esta última, pergunta-se o fragmento, ser compreendida como um indivíduo plural? A interrogação com que se encerra a passagem contém a dúvida de se o limite da utopia exclui a espécie ou, hipótese mais fraca, se a abrange por inteiro. Mesmo que não se possa levar adiante a suspeita, é inquestionável que a centralidade no indivíduo exclui a imagem do cidadão, de que não se afastara o pensamento kantiano. É dela que se origina a projeção imediata de um grupo eleito, de uma elite a servir de modelo e exemplo para as massas populares.

As passagens acima destacadas são coerentes com a proposta restauradora que logo elaboraria em *A Cristandade ou a Europa*, muito embora não haja articulação imediata e necessária com o realce que nos fragmentos assume o princípio criador, a *poiesis*. É sobre este pois que ainda temos de refletir. Tome-se pois como critério orientador da recolha a pergunta: tal como concebida por Novalis, o primado da *poiesis* equivaleria à estetização de Schiller?

> A forma plena das ciências deve ser poética. Cada frase deve ter um caráter autônomo (*selbstständig*) – ser um indivíduo evidente (*selbst-verständlich*), o invólucro de uma incidência inusitada (*Hülle eines witzigen Einfalls*) (Novalis: 1798, fragm. 17, 527)

O dever ser que orienta o primeiro enunciado não determina uma solução inequívoca porque a qualificação *poëtisch* tanto poderia remeter a *poiesis*, ao ato de criação em geral, quanto ao que se atualiza no poema. Ser a primeira parte da alternativa mais plausível é, no entanto, contrariado pelo restante da passagem, onde, de maneira explicativa se afirma que cada frase científica deva ser autônoma, ter uma individualidade evidente e derivar de uma apreensão imprevista. Ou seja, a explicação enfatiza propriedades que são de ordem formal e não conceitual. De tal maneira o trecho oscila entre a transversalidade da *poiesis* e a centralidade então assumida pela arte poética que se torna impossível a decisão definitiva por uma ou outra. Outros meios de teste hão de ser procurados.

O primeiro fragmento a considerar, com alucinada força de vidência, antevê a conseqüência mais drástica da estetização:

> O ideal da moralidade (*Sittlichkeit*) não tem competidor mais perigoso que o ideal da força suprema – da vida mais poderosa – o que se poderia também denominar o ideal da grandeza estética, no fundo correto mas em minha opinião bastante falso. É ele o máximo da barbárie. Infelizmente, em nosso tempo de cultura degenerada, encontra, precisamente entre os mais fracos, um grande número de adeptos (Novalis: 1798, 2, fragm. 232, 576)

Schiller antes tinha uma visão beatífica do que seria esperável com sua proposta de educação estética, ao passo que Novalis intui algo de pavoroso. Assim, ao invés do que pareceria apontar no fragmento precedentemente citado, a percepção deste nos força a tirá-lo das proximidades do autor das *Cartas*. Para a mesma divergência ainda nos encaminha anotação próxima à anterior:

> A moralidade e a filosofia são artes (*Künste*). A primeira é a arte de bem escolher, nos motivos de conduta, uma idéia moral, uma idéia *a priori* e de assim conceder a todas as condutas um sentido grande e profundo; (...) a segunda é a arte de proceder de modo semelhante com os pensamentos, de escolhê-los: a arte de produzir nosso conjunto de representações conforme a uma idéia absoluta, artística (...) (Novalis: 1798, 2, fragm. 234, 577)

Não há dúvida que moralidade e filosofia são chamadas artes enquanto formas de irradiação da *poiesis*. Se ambas as caracterizações são triviais, têm aqui a qualidade de mostrar que em nada contactam com a estetização: moralidade e filosofia supõem regras e procedimentos criados, ao passo que a estetização schilleriana implicava a internalização de normas preexistentes. Mas ainda testemos o que dizer de Novalis a partir de mais duas passagens:

> Conhecemos algo apenas à medida que o *expressamos*, i. e., que podemos fazê-lo. Quanto melhor e mais diversamente podemos *produzir, executar* algo, tanto melhor o *conhecemos* (...)

> Nossos Estados quase não passam de instituições *jurídicas,* de dispositivos de *defesa.* As instituições de ensino, as academias e as sociedades artísticas infelizmente não o são ou apenas muito pouco. Os homens devem assim ainda supri-las por coalizões específicas (Novalis: 1798, 2, fragms. 267 e 269, 589)

Se, em si mesma, a primeira atestação apenas reitera o poder da *poiesis,* a segunda ressalta o extremo contraste entre ela e o Estado. Para Novalis, era evidente que a confiança depositada por Schiller no Estado, mesmo sob o título de o Estado ideal, era no mínimo desproporcionada. É certo que a drástica oposição entre a *poiesis* individual e a força defensiva do Estado cria um hiato preocupante – daí, como refere o resto do fragmento, a necessidade de alianças particulares que suplementem as instituições que não têm tal poder de defesa. Esse hiato deixaria de haver se algum trânsito ligasse o produtor e o apenas defensivo, ou seja, respectivamente o indivíduo e o Estado.

Pode-se alegar quer que estes são meros apontamentos não destinados à publicação, quer que o autor não visava compor um tratado sobre uma constituição, sequer menos imperfeita. Embora as ressalvas sejam óbvias, não é menos evidente que a identificação do indivíduo com a *poiesis* indicia mais que o louvor da capacidade humana de produzir; desde logo, refere o satisfazer-se com o apenas individual. É a partir dessa auto-satisfação que, por via própria, ressurge em Novalis a estetização:

> (...) O eu deve ser construído. O filósofo prepara, fornece elementos artificiais (*künstlich*) e assim procede à construção. Aqui não se trata da *história natural* do eu – o eu não é um produto natural, não é uma natureza, não é um ser histórico (*kein historisches Wesen*) mas sim um ser artístico, uma arte, uma obra de arte. A história natural do homem é a *outra metade.* A doutrina do eu e a história da humanidade – ou a natureza e a arte – se fundem e *reciprocamente se completam* em uma *ciência* superior – *a doutrina da formação moral*) (Novalis: 1798-99, 3, fragm. 76, 253)

Nos termos em que o fragmento se formula, o que se exalta é a construção artística do eu. Muito embora tal construção devesse ser superada por uma "ciência superior", seu caráter permaneceria nesta *moralischen Bildungslehre*. Não estranha pois que passagem da mesma coletânea, "Das algemeine Brouillon" expresse o sonho de uma vida preenchida por belas obras. Sob o título de "Literatura futura", lê-se a reflexão seguinte:

> Será um belo tempo aquele em que só se lerão as *belas composições*, somente obras de arte literária. Todos os outros livros são meios e serão esquecidos tão logo já não sejam meios úteis e não mais possam permanecer como livros (*idem, ibidem,* fragm. 210, 276-7)

Que dizer afinal? A posição de Novalis é considerada afim ou antagônica à de Schiller?! Ambas as respostas seriam corretas enquanto parciais. A estetização que fermenta nos fragmentos de Novalis é de outra espécie. Ao passo que a de Schiller era pública, mais ambiciosa e mais sonhadora, servia de instrumento para que concebesse um Estado consonante com os interesses dos cidadãos, a de Novalis não precisa do futuro senão para o devaneio do que será o "belo tempo". O divórcio presente e irrecuperável, entre a atuação do Estado e a capacidade privada do indivíduo tanto impede a Novalis de coincidir com Schiller quanto o impele a seguir sua rota própria. A estetização que seus fragmentos configuram é de espécie exclusivamente privada. A própria concepção de uma ciência "mística" subordinava-se à superioridade reservada à literatura. Se a estetização schilleriana era vaga, a de Novalis chega a ser alucinada.

A solução encontrada porém não dissipa a existência de outra contradição. Assim o autocontentamento com a força singular do individual se choca com a crítica aguda do indivíduo que tem por objeto apenas a si mesmo: "Pela reflexão ultrafreqüente sobre si mesmo, o homem se satura de si próprio e perde o sentido justo de si (Novalis: 1798, 2, fragm. 144, 558). Mas talvez o choque só se tenha insinuado porque ainda não tenhamos bem compreendido a distinção novaliana entre a exaltação da individualidade e o individualismo rejeitado. Com efeito, outra anotação reforça a necessidade de estabelecer-se a diferença:

> A (filosofia) não deve explicar a natureza, que se explica a si mesma. Toda satisfação é uma solução de si mesmo. A necessidade nasce da discórdia, da influência alheia, da vulnerabilidade (*Verletzung*); o que deve por si mesmo se reequilibrar. A solução por si mesmo do impulso (*des Triebes*), essa autocombustão da ilusão, do problema ilusório, é justamente o que há de voluptuoso na satisfação do impulso. Que é a vida senão isso? O desespero, o medo da morte são exatamente uma das ilusões mais interessantes deste gênero. (...) Cada história *contém uma vida* – um problema que se soluciona a si mesmo. Assim cada vida é uma história. (...) (Novalis: 1798, 2, fragm. 187, 562-3)

Quaisquer que sejam as dificuldades causadas pela redação de um texto que não se destinava senão ao uso pessoal, é evidente que a satisfação (*Befriedigung*) exaltada não se confunde com a da banalidade individualista, com o que a gíria espanhola contemporânea chama de *panzismo* (satisfazer-se com a própria barriga). Mais arbitrário ainda seria identificá-la com um rigorismo moralista. Dizer, como o faz o fragmento, que ela depende de uma solução encontrada pelo sujeito para si mesmo, da vulnerabilidade ou ferida (*Verletzung*) que impulsiona sua necessidade não significa nem o encontro de um sedativo – a solução individualista – nem tampouco a capacidade interna de recalcar a ferida. Significa, e o próprio texto o declara, a autocombustão da ilusão – *diese Selbst-verbrennung der Illusion*) – ela mesma causadora de volúpia. Significa pois uma produção do sujeito. Sua satisfação, com o abrandamento do desespero e do medo da morte, sucede ao trabalho da *poiesis* sobre si mesmo. (Daí a insistência de vocábulos compostos com *selbst* – auto).

Já podemos pois superar o sentimento de confusão que os fragmentos podem causar e afirmar que a modalidade privada da estetização presente em Novalis não é contraditória com sua simultânea rejeição do autocontentamento individualista: aquela se funda no louvor da individualidade, produtora menos de objetos que da própria existência. Essa individualidade autoprodutora apresenta em seu horizonte um misticismo difuso; aponta para um mistério cujas portas são devassáveis, mas difuso mistério porque não dá ingresso a alguma doutrina certa da salvação; não se integra nem propõe Igreja alguma –

esta ainda seria uma Instituição, com o defensivismo com que caracterizara o Estado.

Por mais fascinante que pareça esta via – mais intuída que propriamente formulada por Novalis – não devemos esquecer que ela se articula com o que chamamos a modalidade privada da estetização. Isso é reiterado por acréscimo pertencente ao mesmo fragmento: "A vida não deve ser um romance que nos foi dado mas sim um romance que fazemos" (*idem, ibidem*). *Poiesis* e poética mantêm sua inarredável oscilação. Embora a realização poética não pareça o desiderato único da *poiesis,* em Novalis, seria impossível distinguir um poiético que não partilhasse de propriedades poéticas.

Mesmo considerando o que chamamos de caráter alucinado das reflexões, a indistinção tem conseqüências graves. Dada sua existência, como seria aferido o valor de uma obra filosófica ou científica? Privada ou pública, a estetização reduz todas as escalas a uma única escala. Desta maneira, se a estetização pública implicava o controle da própria produção artística, como se seu direito de existência houvesse de ser pago por não discutir as instituições que a cercam, a privada só isenta dos mecanismos de controle o artístico. De controlada, a arte se tornaria controladora. Ora, como essa instância controladora poderia ser crítica? Como poderia manter exclusivamente para si o que aos outros valores negaria? Especulativamente, poderíamos vislumbrar um caminho: que, no *pilgrim's progress* da individualidade se verificasse que a indispensável autocombustão das ilusões tornasse indispensável o recurso à criticidade. Contudo, se esse passo se atualizasse, o próprio enlace com a estetização teria de ser destruído pois ou ele ou a criticidade haveria de ser afirmada. A criticidade é o espinho dissonante a qualquer satisfação contente de si própria. Noutras palavras, o que impõe a separação dos campos de produção humana. E, em conseqüência de sua dissonância, a tensão entre eles. Todo o retorno a uma unidade harmônica é uma perigosa quimera. O reconhecimento da *voz* humana, a admissão de uma Lei antropologicamente orientada, implica que o que ela pronuncia, sob a forma de pensamento filosófico, de conhecimento científico, de crença religiosa ou de produção artística, já não pode ser subsumido a um único parâmetro. Saber, portanto, dos limites da voz significa admitir que a pretensão de um sujeito uno é uma pretensão de totalidade que se volta contra a própria autonomia do sujeito individual. As formas visadas por Schiller e por Novalis de estetização deixam claro este risco. A estetização assumida pela contemporaneidade, de cunho mercadológico, encara com desdém aquelas fantasias. Em troca, converte o que era risco em pura realidade.

Deixando de lado as especulações, retornemos à atmosfera dos textos, analisando-se por outro ângulo a estetização a que Novalis chegava. Víamos que seu processo se pusera em marcha a partir do realce da força produtiva do indivíduo. A *poiesis* seria portanto a marca indelével deste ser fadado à morte e ao provisório. Mas aceitamos a caracterização de modo muito rápido. Por isso deixamos de indagar o que Novalis excluiria do que legitimava como autêntica produção. Venhamos pois ainda a seu texto:

> Pode-se pagar pela verdadeira (*ächte*) poesia de arte. A poesia como necessidade, como traço do caráter, como manifestação de minha natureza, em suma, a *poesia sentimental* só seria paga por um bruto e indelicado (Novalis: 1798, 2, fragm. 348, 600)

A oposição que estabelece pressupõe a inferioridade dos produtos alienáveis, entre os quais se inclui mesmo a *ächte Kunstpoesie*. A "poesia sentimental" confunde-se agora com o invólucro do idiossincraticamente pessoal. A oposição entre a "verdadeira poesia de arte" e a que manifesta a *necessidade* do criador se enraíza na existência, neste fim do século XVIII, de um mercado editorial, que permitia e mesmo exigia dos autores levarem em conta a demanda e o nível de entendimento do público. Passava a ser assim diferenciada a linha dos tratados sem concessão e os ensaios vazados em linguagem popular. Mesmo os filósofos, como Kant e Fichte, consideravam esse divisor de águas, compondo de forma menos técnica e com raciocínios mais simples, quando se dirigiam ao público geral. Embora não fosse novidade o atraso da burguesia alemã, havia um potente mercado para o livro alemão (cf. Fontius, M.: 1977, I, 184 - 187).

Embora nem Novalis nem Schlegel tivessem uma posição financeira confortável, e Friedrich, junto com seu irmão August Wilhelm, sempre estivesse às voltas com iniciativas editoriais que garantissem sua subsistência, os amigos, poeta e crítico, concordavam no desprezo reservado ao público. No mesmo ano em que é presumível que Novalis tenha composto a passagem acima, Schlegel publicava nos "Athenäum Fragmente" o fragmento de nº 275:

> Sempre se queixam de que os autores alemães só escrevem para um círculo tão pequeno e, muitas vezes, uns para os outros. Isso é muito bom. Deste modo a literatura alemã adquirirá cada vez mais espírito e caráter. E neste entretempo talvez possa um público nascer (Schlegel, F.: 1798, II 212)

Por essa atitude tanto podiam ser acusados de proponentes de uma aristocracia do espírito como louvados por sua insubmissão à lei do mercado emergente. A atenção aos termos da passagem de Novalis permite um caminho mais adequado: a comercialização do produto, diz ela, afeta seu valor... espiritual. É indicativa de um objeto que não é a manifestação de *meiner Natur*. Comercializável é o que sai do criador mesclado a algo alheio, material, *mundano*. O que vale dizer: o elogio da *poiesis* não abarca todo o *poiético* senão que propriamente só destaca o supremamente espiritual, confundido com a pura e interna necessidade criadora.

Chega-se a conclusão idêntica por passagem de "Das allgemeine Brouillon":

> História filosófica. É uma pergunta filosoficamente estranha e *irrespondível* indagar-se se a espécie humana vai progredindo; por que também não perguntar: a espécie humana muda? Esta pergunta é mais alta: só da mudança se infere a melhoria ou a piora (Novalis: 1798-9, 3, fragm. 633, 381)

Contra a prenoção do progresso da sociedade, Novalis contrapõe a prévia mudança da espécie. Nenhum leitor seu cometeria o contra-senso de supor que se referia a uma mudança material, pois é evidente sua conotação ético-intelectual. Que esta portanto indica senão a mesma identificação da *poiesis* com o espiritualizado? Em conseqüência, todo produto humano, seja um objeto, seja uma instituição, que esteja ligado ao material é tido por intelectualmente inferior ou desprezível. A conotação já não estivera presente quando caracterizara o Estado – "nossos Estados" – como mero dispositivo de defesa? Sobre as justas restrições que implicitamente então estabelecia acerca da "educação estética do homem" também portanto pesava o preconceito "espiritualista". O Estado necessariamente constrói sua morada na margem oposta à do individual porque, se este tem vocação de pássaro ou bailarina, aquele não pode deixar de ser uma máquina, um pesado terra-a-terra.

A estetização privada que parte de Novalis em larga medida depende do preconceito com que os *Frühromantiker* consideravam o mundo material. Os ideais de pureza e sublimidade projetavam uma imagem do poeta e do intelectual que menos os desligava do mundo do que os tornava inclinados a aderir aos programas restauradores – por definição, as restaurações se fundam na reconquista de alguma aura perdida.

As últimas considerações não significam que o exame de Novalis termine por dar razão a Carl Schmitt. Não se poderia afirmar que o poeta era um ocasionalista que só encontrava no mundo a oportunidade para a autofruição. Mas não se nega o acerto parcial da *Politische Romantik*: o exame das condições que o mundo apresenta para o eu autonomizado conduz a uma modalidade de estetização, correlata ao viés de uma espiritualidade que desdenha do material.[10] Mesmo por conta deste segundo aspecto, a estetização extraída das anotações do poeta seria menos operacionalizável do que a estetização pública. Esta, em vez de desprezar a materialidade, a aceita como parte da Lei a ser internalizada. Sempre ressalvando a rejeição por ambas da virtualidade crítica, deve-se pois observar que é a modalidade proposta por Schiller a que ainda mostrava melhores condições de prosperar – nem por isso ela se confundiria com a estetização que hoje conhecemos.

---

[10] Este preconceito tem uma incrível capacidade de resistência, mantém-se intacto e está na base de muitos dos ataques que Adorno, em meados dos anos de 1940, durante

Um último ponto ainda nos prende: que relação se poderia estabelecer entre o que se escreveu neste item e o que se dissera a propósito de *A Cristandade ou a Europa*?

Seria abusivo estabelecer-se um elo direto entre o realce da produtividade "espiritualizada" e o conservadorismo político do ensaio. Poderíamos no máximo afirmar que tal realce propiciava a solução conservadora. Será contudo mais sensato dizer-se que o ensaio, em vez de conter a *conseqüência* daquelas ruminações apenas preparatórias, representa sua *contraface brutal*. Como que Novalis se cansara de uma elocubração sem fim e, a exemplo do que fizera seu prezado Fichte com a questão do infinito, das contradições que não param de surgir, interrompera bruscamente seu processo e criara um compromisso entre o real possível e o eterno adiamento da desejada comunhão. A espiritualidade programada tem isso de paradoxal: o ódio à materialidade, em certos momentos, se converte em sua máxima sede. *A Cristandade ou a Europa* expressa o duro chão por que eventualmente optam as asas do anjo.

Teria ele assim antecipado o que seu amigo Friedrich dentro em pouco empreenderia de maneira prática e sem retorno? Ou seja, estaria o primeiro romantismo fadado, em algum instante da existência de seus membros, a estigmatizar a crítica, a exaltar a estetização e a transformar seu engajamento revolucionário em estreita integração conservadora?

7. SCHLEGEL: TEÓRICO DA LITERATURA

Friedrich Schlegel não era um dramaturgo, um poeta ou um romancista que por desfastio ou premência financeira também se dedicasse à apreciação da obra alheia. A imagem contrária seria mais próxima da verdade. Até o seu tempo, é o primeiro homem da modernidade que concentra toda sua formação a serviço do alvo de ser um crítico.

---

seu exílio, dirigia à barbarização da cultura norte-americana. Ao ler-se seu *Minima moralia*, deve-se ter o cuidado de distinguir entre o que são observações críticas agudas do que não passa de rescaldo da "aristocracia do espírito" em que também primaram os "primeiros românticos".

Já sabemos do prestígio que, por influência do pensamento de Kant, a palavra 'crítica' gozava entre os primeiros românticos. Mas Novalis, Tieck e o irmão, August Wilhelm, apenas melhor acentuam a pecualiaridade de Friedrich Schlegel. Novalis, seu mais íntimo e constante colaborador, era um poço de conhecimentos enciclopédicos. Mas antes de tudo era o poeta dos *Vermischte Gedichte*, dos *Hymnen an die Nacht* ou mesmo o romancista do *Heinrich von Ofterdingen*. Tieck se notabilizaria como tradutor de Cervantes e fora conhecido como ensaísta. Mas o melhor de si se guardara para o romance. O mesmo não poderia ser dito de August Wilhelm, que, durante sua longa vida, não mais escreveu que sumas históricas sobre as mais diversas literaturas. Mas a semelhança com Friedrich é aparente. Só este soube dar à apreciação crítica uma extraordinária dinâmica teórica. O fato se reveste de importância não menos extraordinária e o que Benjamin diz sobre os românticos concerne sobretudo a Schlegel:

> Só com os românticos a expressão crítico de arte (*Kunstkritiker*) se contrapôs definitivamente à mais velha de juiz da arte (*Kunstrichter*) (Benjamin, W.: 1919, I - 1, 52)

Como seu exemplo permaneceu excepcional – na primeira metade do século XIX só Coleridge dele se aproximaria e, no século XX, só os talentos críticos de Henry James e de Valéry lhe seriam comparáveis – tende-se a não perceber a relevância da distinção. Juiz da arte era por excelência Boileau ou, mais próximo a Schlegel, Lessing.

Como todo juiz, a ação do *Kunstrichter* pressupõe o respaldo de uma legislação que aplica. Pode também suceder, como fora o caso dos poetólogos renascentistas, que o *Kunstrichter* seja simultaneamente o legislador. Ele então legisla sobre o que julga a seguir. A diferença entretanto é bastante clara: o crítico, no sentido próprio do termo, supõe a intervenção teórica e não a mera aplicação de normas preexistentes. O que vale dizer, a intervenção teórica se torna imediatamente motivada quando os valores legislados perderam vigência e deixaram de ser eficazes. Podemos pensar que, no caso francês, a preceptística de Boileau deixara de ser vinculante porque a sociedade de corte já não impunha seus padrões de gosto sobre uma produção que, preponderantemente, se dirigia a uma classe, a burguesia, cuja maioria dos membros não a freqüentava. Com o Iluminismo, sobretudo através da ação de Diderot, a nova legislação que se prepara leva em conta o indivíduo, exalta seus sentimentos, suas relações familiares e um modo de conduta que nada tem com o aristocrático.[11] Contudo o padrão iluminista quanto à arte, na Alemanha representado por Lessing, não se estende até os *Frühromantiker*. O Iluminismo, quer o francês, quer o alemão, considerava ser a arte, não uma esfera autônoma, mas sim o campo destinado a socializar os valores construídos sobre o culto da razão. Nos termos de um neo-habermasiano, a falência da *Aufklärung*, no campo da arte, sucede porque "seu projeto de acoplar a arte e a vida, por meio da apresentação detalhada de constelações de normas e valores contextual, política e economicamente importantes, por completo negligencia ou contradita a dissociação de esferas distintas e independentes dentro da sociedade (...)" (Schulte-Sasse, J.: 1985, 111). Por isso, acrescenta o autor, ao passo que em Kant se acreditava que a experiência estética podia se harmonizar com as leis das razões teórica e as normas da razão prática, i. e., servia para o momentâneo desafogo da "razão instrumental" sem a pôr em xeque, para os primeiros românticos, "tais atos de emancipação eram a condição básica e necessária para a *possibilidade* de subjetividade" (*idem*, 145-6).

Correta no que concerne ao Iluminismo, a interpretação citada se perde no entendimento dos românticos. Para o autor, o fracasso do Iluminismo em tornar a arte o campo de mediação de valores, dá lugar à "institucionalização da arte como meio compensatório" (*ibidem*, 111). Isso equivaleria a dizer que se há de optar entre fruição estetizante e via crítica; a falência do Iluminismo implica automaticamente a primeira. Por conseguinte, seria arbitrário alegar-se a interveniência de um momento teórico, em que excederia a contribuição de F. Schlegel. Com os românticos apenas sucederia a passagem de uma concepção "progressista" para uma "esotérica" e compensatória. Por conseguinte ainda, a própria distinção benjaminiana entre o crítico e o juiz seria ociosa!

---

[11] Para a apreciação de Diderot como crítico de arte, cf. Costa Lima, L: 1988, cap. III.

Na verdade, estas negações só têm guarida dentro de uma concepção unitária e totalista da sociedade. De acordo com ela, ou a arte medeia e amplia a circulação de valores, que não são seus mas supostamente da sociedade, ou é um sedativo oficializado.

Ao invés deste ato de soberba, pelo qual o intérprete empresta à teoria que esposa um olhar absoluto sobre o mundo histórico-social e passa a se ter a si mesmo como o que está investido desta inteligência, acentue-se que tanto em Schlegel, como em Novalis ou em Schiller não encontramos uma legislação pronta a ser executada; as contradições de cada um quanto aos outros ou de cada um em si mesmo decorrem exatamente dessa inexistência. Em comum, eles teorizam porque se encontram em uma situação de crise. Afirmar *a priori* que têm a resposta ou que, afinal de contas, suas respostas são idênticas, equivale a afirmar que entre eles havia uma unanimidade que seus textos desmentem.

As figuras aqui discutidas terem estado envolvidas em uma mesma situação de crise não quer dizer que tenham por isso teorizado em favor de uma via propriamente crítica. Víamos não ter sido o que sucedeu nem com Schiller, nem com Novalis. Por enquanto, ainda não tentamos saber se o exemplo deles se estende ou não a Schlegel. Procuramos de início apenas abrir o caminho para a discussão conveniente acentuando a pobreza mental ou, o que dá no mesmo, a lastimável arrogância intelectual dos que já partem da afirmação de sua equivalência. Ao afastá-la, somos automaticamente levados a meditar sobre uma das passagens iniciais do ensaio de Benjamin:

> A fundação objetiva do conceito de crítica de arte, que oferece Friedrich Schlegel, tem a ver somente com a estrutura objetiva da arte, como idéia, e de seus produtos, como obras (Benjamin, W.: 1919, I - 1, 13)

Schlegel oferece o fundamento objetivo do conceito de crítica de arte porque, ao invés de se satisfazer com a aplicação de normas prévias, a exemplo do que ainda sucedia em seu começo, se impõe como tarefa apreender a "estrutura objetiva", manifestada pelas obras. Este fundamento objetivo portanto só é vislumbrável à medida que o exercício crítico é impulsionado por uma questão teórica: que é a arte, que constitui esta obra precisa? Devemos por isso acrescentar que a crítica moderna se particulariza e se diferencia das apreciações anteriores porque, ao contrário de uma normativização, supunha a própria pergunta: diante da obra de arte, há normas a serem operacionalizadas? Que legitimidade pode haver nas normas concebidas para o julgamento da arte?

Ao afirmá-lo, ademais, não estamos apontando para o que seria um traço próprio a toda e qualquer época, a saber que ela implica uma descontinuidade, oriunda da perda de vigência de valores passados. Esse princípio seria aqui disfuncional e ocioso porque, se os valores propagados pelo Iluminismo já não vigoram para os *Frühromantiker* e se é indiscutível que os iluministas também pertenciam à época moderna, então implicitamente reconhecemos que, dentro da própria modernidade, há uma descontinuidade que, no caso da arte, separa iluministas de românticos. O que se enfatiza é algo muito menos genérico: a peculiaridade da crítica moderna seria impensável sem se considerar o impacto de Kant. É ele pois que nos permite a escapar das visões de sobrevôo; totalistas e empobrecedoras.

As perguntas primárias de que, a partir da lição de Kant, a reflexão de Schlegel deriva, supunham o exercício da via crítica. Mais precisamente: a crítica de arte se objetiva à medida em que simultaneamente se afirma como exercício teórico. Contudo a crítica assim orientada cedo desaparecerá. Tanto maior pois o motivo para compreendermos seu instante meteórico. Para isso, preliminarmente, tem-nos parecido necessário enfatizar duas direções: (a) ressaltar que essa vontade de compreensão é comprometida pelos quadros teórico-conceituais que postulam uma visão unitária e totalista da sociedade. Considerando-se o afã dos próprios românticos em contribuirem para o encontro de uma nova visão unitária, pelo qual resistiam ao pensamento de Kant, não deixa de ser irônico que o menosprezo que vieram a sofrer se respalde em uma concepção unitária. (Na verdade, nada há aí de extraordinário: o debate teórico que aludimos apenas prolonga as restrições que Hegel formulava contra os românticos); (b) que, ao invés, essa vontade é favorecida pela articulação que Benjamin estabelecia entre fundação da crítica de arte e a preocupação concreta com as propriedades concretas das obras. Neste sentido, se há de acrescentar com Benjamin que, "quando fala de arte, (Schlegel) pensa antes de tudo na poesia" (*idem, ibidem*). E isso ainda torna mais concreto e particularizado o seu alvo.

É com este fim que Schlegel procura compreender as obras em sua própria constituição, afastando-se do propósito, freqüente nos pensadores, de apresentá-las como exemplos ou ilustrações de algo anterior. "Os românticos não compreenderam, como o Iluminismo, a forma como uma regra de beleza da arte, sua observância como uma premissa necessária para o efeito agradável ou edificante da obra. (...) A idéia da arte como meio (*eines Mediums*) produz assim, pela primeira vez, a possibilidade de um formalismo livre ou não dogmático ou, como diriam, de um formalismo liberal" (Benjamin, W.: 1919, I – 1, 76-7). A insistência na forma, ao mesmo tempo que presidia a busca de um entendimento objetivo, desqualificava a identificação da concepção romântica da arte com uma atividade compensatória. Pois, se esta função estivesse previamente assegurada, por que ainda seria preciso o empenho crítico? Ainda podemos ir adiante: a interpretação compensatória e a concepção iluminista da arte, em vez de se contraporem, apresentam uma equivalência: ambas subordinam a arte ao mecanismo do controle. O Iluminismo e a estetização, embora de maneiras diversas, a controlam *a priori*. O primeiro porque lhe impõe que faça circular valores morais que julgava superiores e universais. O segundo porque exige de seu produtor e de seus receptores que previamente internalizem os valores da sociedade. Se, entre os iluministas, não se punha a questão da autonomia da arte, em Schiller, esta implicava a simultânea homogeneidade dos cidadãos: não deviam eles ter reservas (segredos, reticências, restrições) quanto aos princípios da ordem. Se nestes dois casos a arte é controlada, com a estetização privada de Novalis ela se torna controladora: seus traços formais são por si imprescindíveis indicadores de qualidade. Por conseguinte, sem que se ponham no mesmíssimo lugar, as três propostas sobre a arte a conectam ao poder, submetendo-a ou com ele a confundindo. A inoperância da Lei metafisicamente justificada, i. e., que pressupunha conter a substância do cosmo, termina por provocar uma variedade de leis que, por se chocarem entre si, suscitam o anseio doutra justificativa unitária. Se o poder está sempre por detrás das justificações do controle, o poder que se quer unitário é o que melhor explicita a vontade de controle. E, quando não apenas se lhe quer mas ele é efetivamente unitário, o controle (por certo, não só o da arte!) é o instrumento que irriga seu exercício.

O desenvolvimento acima reitera a razão do interesse em examinar-se com detalhes o caminho crítico. Compreendê-lo não satisfaz apenas uma meta histórica senão que pretende ajudar na própria compreensão do contemporâneo. Vejamos pois como a questão se configura em Friedrich Schlegel.

7.1. Schlegel: crítico da poesia

Schlegel começa a publicar ainda muito jovem. Tem apenas 20 anos quando edita seu primeiro ensaio de alguma nomeada, "Über das Studium des griechischen Poesie" – publicado em 1797, na verdade sua composição era anterior, pois a enviara a seu editor em fins de 1795.

Filólogo de formação e participante na exaltação da arte antiga empreendida por Winckelmann, o autor postula na própria abertura do "Studium" sua crítica da poesia moderna:

> Salta aos olhos que a poesia moderna ainda não alcançou o alvo que persegue ou que não persegue algum alvo firme; que a sua composição não tem uma direção certa, que sua história não tem nenhuma conexão fundada em leis (*gesetzmäßig*) e o todo, nenhuma unidade (Schlegel, F.: 1797 a, 121)

Por isso, a categoria que reserva para a poesia moderna, o interessante, não tem mais que "valor estético provisório" (*idem*, 119), quando, ao invés, "há leis puras para a beleza e para a arte, que devem valer sem exceção" (*ibidem*, 115). Desta maneira, "a falta de traços característicos parece o único traço da poesia moderna, a perplexidade, a marca comum de suas obras, a ausência de lei, o espírito de sua história e o ceticismo, o resultado de sua teoria" (*ib.*, 125). Caracterização crítica tão veemente que se é levado a suspeitar que o sujeito acusado não é apenas a poesia. Na verdade, como confirma passagem de resenha sobre o romance filosófico de Jacobi, *Woldemar*, o efetivo sujeito do ataque de Schlegel é a própria época moderna:

> O pecado original da cultura moderna é a separação total e o desmembramento das forças humanas, que, entretanto, só poderiam saudavelmente subsistir em uma associação livre (Schlegel, F.: 1796, 260)

O louvor dos gregos se fundava no alcance da "objetividade" por seus poetas, enquanto os modernos giram em torno do apenas "individual" e "interessante". A modernidade era identificada com o primado do indivíduo e, mesmo porque assim eram feridas as "leis puras" que a tudo deveriam governar, sua produção era inferiorizada. A posição de Schlegel era portanto oposta à que Schiller manifestava, em 1795, no primeiro artigo que depois integrará o *Poesia ingênua e sentimental*.

A leitura deste artigo, provavelmente feita só depois de o manuscrito de "Das Studium" haver sido enviado ao editor (cf. Eichner, H.: 1955, 260-4), provocou a reviravolta de Schlegel. Em carta ao irmão, de 11 de junho de 1796, escreve: "Na introdução ao 'Studium', louvei intensamente o poeta sentimental de Schiller e, próximo ao fim do mesmo ensaio, sobretudo a sua poesia" (apud Eichner, H.: *op. cit.*, 262). Por suposto, a introdução referida teria sido acrescentada ao ensaio cuja publicação demorava. Assim, ao invés de uma manobra oportunista, que visaria a facilitar a aceitação de Schlegel e seu irmão na revista que Schiller então publicava, *Die Hore*, é mais sensato admitir com H. Eichner que a reflexão do dramaturgo servira de alerta retificativo para o jovem crítico. O fato é que Schlegel renega sua primeira posição tanto nas "Kritische Fragmente" (1797) como na resenha que publica em dezembro do mesmo ano sobre Lessing. Nesta, o autor da *Hamburgische Dramaturgie* é não só louvado por seu espírito revolucionário – "Na teologia, como no palco e na crítica não só fez época mas sim produziu uma revolução total e duradoura (...)" (Schlegel, F.: 1797 b, I, 106) – mas também como individualidade cuja riqueza sobrepassava seus muitos talentos – "*Ele mesmo tinha mais valor do que todos os seus talentos*" (*idem*, 119, grifo do original). A categoria do 'interessante' já não conota o provisório. O indivíduo é celebrado enquanto passa para as obras: em sua qualidade de "perfeito conhecedor da arte", "o ideal e o conceito do indivíduo aqui se mostram quase fundidos" (*ibidem*, 109). Deste modo o "Über Lessing" indica, junto com as duas séries de fragmentos que analisaremos, uma segunda tomada de posição quanto à maneira de o crítico encarar a fratura entre o antigo e o moderno.

Independente do interesse de verificar-se como este Schlegel se conduzia quanto ao Schiller que lhe fora decisivo, ressalta um problema que desde logo se deve explicitar: a renúncia à primazia concedida no "Studium" ao critério da objetividade está por certo orientada por uma visão oposta da obra poética. Ora, este critério, desde os poetólogos renascentistas até Winckelmann, se apoiara em uma estética normativa, i. e., em uma legislação que oferecia normas positivas para o julgamento, "sem exceção", das obras. O abandono de tal critério significava para este Schlegel – leitor na época de Kant – a renúncia à pretensão de alcançar uma estética objetiva, sistemática? Aqui então se corrobora e melhor concretiza a necessidade de falar-se de Schlegel como teórico da literatura. Precisamente: a desistência da cobertura da legislação que primeiro endossara não implica a adoção de outra. No momento, só se trata de formular o problema; ele nos acompanhará no exame de seus textos decisivos.

7.2. Schlegel: os fragmentos

Uma primeira questão nos intriga: qual a significação da preferência pelo fragmento? Para que a pergunta não encaminhe para uma resposta psicológica, deverá ser reposta: haverá alguma maneira de especificar o fragmento enquanto forma?

A partir da influência declarada das *Maximes* de Chamfort e da formulação do fragmento 206, das AF – "Igual a uma pequena obra de arte, um fragmento deve ser totalmente separado do mundo circundante e pleno (*vollendet*) em si mesmo, como um ouriço" (Schlegel, F.: 1798, 197) – R. Ayrault comentava: "Substitua-se 'fragmento' por 'máxima' ou 'sentença' e a fórmula ainda subsiste, sem que nada mais tenha necessidade de ser modificado, sequer a irônica imagem final" (Ayrault, R.: *op. cit.*, 124). Mas a equivalência proposta é equívoca. A máxima ou o epigrama tem por certo em comum com o fragmento schlegeliano a ponta da agudeza *(Witz)*, que era o estilema por excelência do conceptismo e da poesia metafísica. Mas isso não torna o fragmento do autor uma prolongação do barroco. Distingue-o a presença da individualidade, do sujeito individual que o agita. Além do mais, ao passo que a agudeza barroca visava ao efeito despertado em um ouvido fino, o fragmento busca a página escrita. Ele é testemunho de individualidade e, ao mesmo tempo, constituinte de autônoma individualidade: "(...) O fragmento funciona simultaneamente como resto de individualidade e como individualidade" (Lacoue-Labarthe, Ph. – J.-L. Nancy: 1978, 63).

Enquanto testemunho do autor, de sua singularidade, o fragmento é sempre um produto inacabado. Neste sentido, é bastante justa sua aproximação com os *Essais*:

> O fragmento designa o enunciado que não pretende à exaustividade e corresponde à idéia, sem dúvida propriamente moderna, que o inacabado pode, ou mesmo deve, ser publicado (ou ainda à idéia de que o publicado nunca está acabado...) (Lacoue-Labarthe, Ph. – J.-L. Nancy: *idem*, 62)

Por que se há de dizê-lo inacabado senão porque visa a mais do que exprimir a subjetividade que o promovera? E isso não é propriedade de todas as formas que remetem de imediato a uma fonte subjetiva. A agudeza separa a forma-fragmento das confissões, gênero por excelência do expressivismo. Havia-se atrás notado, com Benjamin, que os *Frühromantiker* se afastavam de Fichte pela obsessão pela obra de arte. É a individualidade desta, o esforço permanente de compreendê-la, de a tal ponto absorvê-la que assim pudesse se constituir sua teoria, que distingue o fragmento de Schlegel do pansubjetivismo.

No fragmento moderno, coabitam duas subjetividades, uma a ser expressa, a outra a ser provocada. A hermenêutica romântica, pela figura da intencionalidade, legou o mau hábito de ver a forma como propriedade de uma autoria, de subordiná-la à manifestação do que, antes dela, já era: a idiossincrasia de um eu. O fragmento de Schlegel impede essa redução. O que seria sua intencionalidade pouco acrescenta à letra do fragmento.

Se duas individualidades estão contidas no fragmento, se a primeira se mostra em estado de inacabamento, por que o mesmo se daria quanto à segunda, a individualidade a ser produzida? A resposta parece evidente: a poesia romântica, dirá Schlegel explicitamente, é uma tarefa progressiva; poderia também haver dito, inexaurível, infinita. Inacabado, o fragmento aponta para o Livro que nunca se acabará de compor; que, por isso, sempre se retoma e sempre se difere. Por isso chamamos agora o fragmento de a mínima forma seminal do ensaio. Com isso, se acentua no eixo fragmento–ensaio tanto sua proveniência moderna – seu enraizamento na experiência de um eu – como seu caráter de busca que não se resolve; a incompletude como ponto derradeiro.

Tomando-se as considerações acima como pano de fundo, enfrentemos cara a cara as duas séries de fragmentos.

Na série dos "Fragmentos críticos" (*Kritische Fragmente*, a partir de agora KF), o primeiro a ser acentuado tem o número 14:

> Também na poesia, toda totalidade bem poderia ser parte e toda parte, totalidade (Schlegel, F.: 1797 c, 148)

É patente a comparação entre fragmento e poema. Nas duas formas, ressalta a equivalência "química" entre parte e totalidade. O fragmento assume uma feição crítica não porque se ponha *sobre* a poesia, no sentido em que se diz que o juiz se põe sobre os litigantes, mas porque partilha de sua natureza. Isso, sem dúvida, cria um embaraço: estaria Schlegel dizendo que a crítica, enquanto gênero autônomo, deveria ter o mesmo caráter literário que o poema? Não se pense que se trata de uma questão que seja proposta para que logo se desfaça. Ao menos o fragmento 117 manifestamente o declara:

> A poesia só pode ser criticada pela poesia. Um juízo sobre a arte, que não seja ele mesmo uma obra de arte, ou na matéria como

apresentação da impressão necessária em seu devir, ou pela bela forma e pelo tom liberal no espírito da antiga sátira romana, não tem direito de cidadania no reino da arte (KF, 162).[12]

Em sentido contrário, porém, postulava o irônico fragmento 57:

> Se certos amantes místicos da arte, para os quais toda crítica é uma dissecação e toda dissecação destruição do prazer, pensassem conseqüentemente, o melhor juízo sobre a obra mais valiosa seria um ah! Muitos críticos não fazem melhor do que isso, só que com mais palavras (KF, 154)

Não seria possível desfazer a ambigüidade. Com efeito, ela resulta de que a idéia de espaço literário com que passamos a nos defrontar não é algo estável, de fronteiras estabelecidas. O abandono da prática do "juiz da arte" (*Kunstrichter*) deslocara a posição da crítica: de fora, ela passara para dentro da literatura. A literatura – muito mais que a filosofia, e nem falar das ciências –, ainda que não se confundisse com a expressão da subjetividade autoral, como se dará com o romantismo "normalizado" das primeiras décadas do século XIX, por certo tinha o sujeito individual como sua básica matéria-prima. Neste sentido, pareceria evidente a razão do fragmento 117. Sucede porém que o circuito formado por subjetividade autoral e obra não esgota o problema. *Per se*, ele não dá conta do que os "primeiros românticos" mais privilegiam: a *poiesis*, a prática da produção. Por isso, em vez de a obra se definir como transposição para o reino das palavras da idiossincrasia do escritor, ela é a produção de um texto, i. e., de algo que não se justifica por um fim determinado; que, de imediato, não diz para o que veio. Os "amantes místicos" da arte – assinale-se que a ironia é mais

---

[12] Assim por exemplo a afirmação de que o capricho (melhor dito: a capacidade de ser árbitro, a *arbitrariedade*) do poeta não tolera lei alguma, tanto poderá ser entendida como reiteração da autonomia do juízo estético, como decorrência de uma implícita hierarquia social, em cujo topo estaria o artista. Parece-nos que ambas as leituras são válidas no contexto desta fase do autor. A elas ainda se acrescentaria a dimensão religiosa. Mas tudo isso só seria cabível em uma análise cuja meta central fosse o puro exame de Schlegel.

forte pela extrema positividade que o termo 'místico' gozava no círculo do autor – ignoram que um texto exige muito mais que seu entusiasmo. Assim, confundindo a melhor crítica com uma expressão exclamativa, tornam a expulsar a crítica da literatura e dão por resolvido o que os próprios *Frühromantiker* não solucionaram: qual o estatuto do espaço literário? Ao contrário de Kant, Schlegel não se contenta em reconhecer no juízo sobre o belo uma propriedade universal. Esta ainda poderia se satisfazer com a fruição "desinteressada" do receptor. Para Schlegel, o problema se torna a própria obra. Só aparentemente a questão era mais fácil. Desde logo, ela era embaraçada porque ao abandono de uma estética objetiva correspondera a pergunta: como o juízo sobre uma obra de arte pode provocar mais que uma *comunicação muda?* O que vale dizer, tal como concebida por Schlegel, a crítica envolve uma teorização de sua atividade, que só avançará em função de sua mesma prática.

A ironia de que Schlegel não poupa os que se exasperam com o exercício da crítica mostra que, prática e não só teoricamente, se distancia da explicação kantiana da experiência estética e que usa o termo 'crítica' em uma acepção que transpassa os limites da mesma. Não se dissolve pois a contradição existente entre os fragmentos 57 e 117, senão que se assinala que o primeiro aponta para o insuficiência em que recai o segundo, ao passo que este, apesar de sua carência, ressalta que a crítica já não está apenas fora ou sobre o objeto literário. Esta contradição pois é decisiva em si mesma: ela indica que a emancipação da crítica da ambigüidade que encontráramos na explicação kantiana da experiência estética exigia que a crítica rompesse com sua qualificação de gênero literário ou de apêndice exclamativo das obras literárias; e, ao mesmo tempo, que não determinasse para si um espaço separado. Escolher entre os dois fragmentos e declarar-se ou que, contra o modelo do 117, nenhum passo considerável da crítica como disciplina poderia ser aferido por sua inclusão na literatura, ou, contra o modelo do 57, que assim a crítica se opõe à *la jouissance de l'écriture,* seria escolher entre vias igualmente estéreis. Vejamo-lo com mais atenção.

O paradoxo está na própria letra do fragmento 117 das KF: o juízo sobre a arte há de ser uma obra de arte. Afirmação que deverá abranger a alternativa logo a seguir estabelecida. A primeira possibilidade desta se enraíza "na matéria" (*im Stoff*). Dizê-la constituída pela "apresentação da impressão necessária em seu devir" pode-se entender como formada por uma impressão (*Eindruck*) que não se esgota na explicação biográfica do que suscitou a peça crítica. (Seria o caso em que o crítico justificasse(?) seu interesse por tal obra porque tivesse tido experiências semelhantes às que ali se relatam). Em vez dessa impressão contingente, a que se faz é de tal modo formulada que o devir nela se condensa e se incorpora à letra do texto crítico, tornando-se por este legível. Ora, como seria possível incorporar o devir – o tempo que medeia entre o texto-objeto e o objeto crítico – à impressão originadora, i. e., converter o tempo em co-autor do texto-objeto se tal impressão não fosse movida por um "fictional drive"? (Hartman, G., 1980, 201).

Já a interpretação da segunda possibilidade não traz dificuldade. Nela, declara-se que a obra crítica seria uma obra de arte pela "bela forma" e pela consonância com o tom liberal da antiga sátira romana. Se a "bela forma" a subordinaria à estrita condição de gênero literário, o espírito comum com a sátira ressaltaria seu caráter de indagação a contrapelo do puro espaço literário, pois a sátira supõe o voltar-se para o mundo de fora. A partir, portanto, dessa interpretação, podemos voltar ao que se declarava sobre a primeira possibilidade e englobar uma e outra na afirmação: a crítica não está nem dentro, nem fora do puro espaço literário. Faz parte da *poiesis*, sem se confundir com o poético. O poeta pode ser ou não ser crítico. Coleridge e não Wordsworth o era, assim como João Cabral e não Carlos Drummond. A presença de uma atualização crítica não aumenta o valor do poeta, porque já enquanto poeta exercita sua dimensão poiética. Em troca, que é o crítico sem *poiesis* se não um juiz da arte disfarçado? A crítica reside em um certo intervalo. Para dizê-lo com o próprio Schlegel, nela se concretiza o dilema entre ater-se a um sistema ou não contar com sistema algum: "É igualmente funesto para o espírito ter um sistema e não ter nenhum. Tem-se assim simplesmente de se decidir a combiná-los" (Af, 173). O *fictional drive* é o elemento que articula o ter um sistema – i. e., dispor de um quadro teórico – e não ter nenhum – i. e., não entender a teoria como um modelo pronto para ser aplicado.

O material de que até agora dispomos não nos permite saber se Schlegel teria efetuado outros passos, que melhor concretizassem fosse o solo da poesia, fosse o da própria crítica. A única certeza que já podemos ter se resume à pergunta: como o exercício crítico poderá deixar de ser arbitrário se Schlegel cedo renunciara ao julgamento conforme normas prefixadas? É importante reiterá-la para que se tenha em conta que a sombra da questão sempre nos acompanha.

O primeiro fragmento escolhido neste item é o 14 de KF. Voltemos à sua proximidade pela transcrição do de número seguinte:

> O tolo mestre em *Jacques le fataliste*, de Diderot, talvez honre mais à arte do autor do que seu louco criado. Aquele tem uma tolice que raia à genialidade. O que era muito mais difícil do que fazer um louco por completo genial (KF, 148)

Declara-se que o amo do romance de Diderot, dotado de uma tolice que chega às raias da genialidade, é uma personagem melhor realizada porque a demência de seu criado era de mais fácil realização. Que indica a hierarquia entre as figuras do mestre e do criado senão o realce da pura produtividade textual? Schlegel desenvolve a propósito do próprio Diderot a reflexão que este desenvolvera no *Paradoxe sur le comédien*. Assim como a qualidade do ator depende da distância que assume quanto à personagem que representa, assim também a qualidade das figuras em um romance depende da distância entre a característica representada – no caso, a tolice ou a loucura – e a densidade que textualmente ela alcança. Diz-se pois que o amo honra melhor à arte de Diderot porque apresenta uma tolice só comparável à de uma estupidez genial. O que, na realidade, seria um paradoxo, na literatura se torna uma virtude.

Se não nos contentarmos com a mera glosa, poderemos ainda aí vislumbrar a aproximação de uma categoria que não se concretizará em Schlegel: a categoria da ficção. Que é um texto, cuja máxima virtude depende de tornar verossímil o que fora dele seria inverossímil, senão um texto ficcional? Desta maneira, preocupando-nos primeiro com a determinação do fragmento como forma, chegamos a apontar para uma questão ainda a ser examinada: a visão implícita, nunca plenamente formulada pelo autor, do ficcional.

Deixando sua análise para o momento conveniente, é preferível encerrar-se este item lembrando-nos do já referido fragmento 206 (AF, 197). Ele nos permite notar que a crítica não se afirma como atividade autônoma senão à medida que simultaneamente afirma a autonomia de seu objeto. Destacados e fechados em si mesmos, a obra de arte e o fragmento não se pretendem excludentes ou isentos do que os envolve. Pensar o contrário implicaria não compreender como praticamente todo o mundo contemporâneo – a Revolução Francesa, a filosofia de seus dias, a relação do público com o escritor, a discussão sobre o casamento, etc. – é abordado nas duas séries. A autonomia afirmada não põe a poesia e a crítica dentro de um cordão sanitário que as protegesse do mundo. Ao contrário, a possível qualidade de ambas depende de estarem infiltradas de mundo.

Enquanto forma mínima do ensaio, o fragmento indica o território que a crítica deverá ocupar: a crítica é uma modalidade do ensaio. Como tal, a crítica é medularmente um gênero moderno. A ela pois ainda se aplica a segunda frase do fragmento 24: "Muitas obras dos antigos se tornaram fragmentos. Muitas obras dos modernos o são pelo nascimento" (AF, 169).

7.3. *Schlegel: a constituição da textualidade*

Referimo-nos ao *Witz* como trampolim para a caracterização da forma do fragmento. Trata-se agora de vê-lo como parte na dinâmica da obra.

Em um dos primeiros "Fragmentos críticos", o de nº 9, o *Witz* é definido pelo espírito de sociabilidade:"O *Witz* (agudeza) é o espírito de sociabilidade incondicionada ou a genialidade fragmentária" (KF, 148). O enunciado parece se contrapor ao que dissemos sobre a distinção do fragmento quanto à poética barroca. Por isso é preciso combiná-lo com o fragmento 394 da segunda série:

> É um grande erro querer-se restringir o *Witz* a seu uso na sociedade. Por sua força aniquilante, por sua concentração infinita e por

sua forma clássica, as melhores incidências do *Witz* causam com freqüência uma paralização desagradável da conversa. Como as leis, só se pode bem pensar o *Witz* por escrito (...) (AF, 239)

As passagens conflitam. Para que sejam compreendidas será preciso considerá-las historicamente. As duas formulações dão conta da drástica mudança que a agudeza sofreu no curso de dois séculos. Muito embora seja provável que a referência ao espírito de sociabilidade se ligasse em Schlegel à sua experiência dos *salons* berlinenses, onde, jovem, circulava, estas reuniões representavam o resto de um meio passado de socialização. (Que, como resto, ainda duraria bastante tempo, como mostra a ambiência da *Recherche* proustiana).

Il Libro del cortegiano (1528) de Baldassar Castiglione e *El Discreto* (1646) de Baltasar Gracián são os grandes documentos da socialização pela corte. Ambos visavam à formação do perfeito cortesão. Daí as minúcias sobre os modos adequados de conduta, no exame do saber que cumpre assimilar e, sobretudo, nos torneios indispensáveis à sua expressão. "Sea pues", escreve Gracián na abertura de seu tratado, "el genio singular, pero no anómalo; sazonado, no paradojo". Para que se amolde às exigências, o cortesão há de automatizar o *modus dicendi* adequado. Este há de ser agudo, mesmo porque "las verdades que más nos importan, vienen siempre a medio decir" (Gracián, B.: 1646, 21). Contudo não devem menos estar submetidas ao *decorum,* como não se cansa de advertir passagem do diálogo do Autor com "el doctor F. Francisco Andrés":

> Autor: El saber nunca daña
> Doctor: Pero tal vez da pena, y así como previene la cordura el que dirán, la sagacidad ha de observar el que dijeron" (idem, 22)

Na programática que o homem de corte há de cumprir, a palavra que se considera, o torneio que se escolhe e recomenda têm uma destinação oral. Correlatamente, o refinamento ambicionado não condiz com a exploração de virtualidade pessoais: assim como a agudeza *(Witz)* serve ao *decorum,* assim também o gênio é admirado enquanto *ingenium.*

A sociedade da corte não se prolonga até à época de Schlegel. Entre Castiglione, Gracián e ele, entre as cortes dos príncipes italianos e a do soberano espanhol, por um lado, e os salões privados berlinenses, por outro, haveria de se lembrar o exemplo de La Rochefoucauld. Ele próprio recebera a educação reservada aos membros das famílias nobres e servira na corte de Luís XIV. Seu desacordo com o absolutismo e sua participação na Fronda terminaram por afastá-lo do serviço do monarca e levá-lo ao retiro. Exilado em sua propriedade, é nas horas de ócio que escreve as *Réflexions ou sentences et maximes morales* (1664).[13] A prática *witzige* permanece viva e textualizada. Mas, fora da corte, o decoro perdera sua função prática. Para o nobre alijado do poder, a oralidade cede a vez à escrita e o propósito de ensino do homem refinado dá lugar às ruminações de um cortesão desencantado. A própria mudança da organização do poder motiva a realocação da agudeza em um contexto agora escrito.[14]

É pela consideração do declínio do modelo do cortesão que podemos vislumbrar a fecundidade dos últimos fragmentos transcritos. O *Witz* é agora convocado para outra tarefa. Em vez de polido, ao gênio se prescreve descobrir sua voz. O *Witz* então se torna um dos lastros sobre os quais o texto virá se construir. O fragmento 17 parece indicar que será um lastro com limites:

> Nada é mais desprezível que o *Witz* triste (KF, 148)

A que atinge sua restrição? Só mediante sua integração no conjunto das séries será possível sabê-lo. Assim o irrestrito louvor de Shakespeare não nos permitiria pensar que a restrição contra a agudeza triste indicasse a insensibilidade do crítico ante a tragédia ou o drama. Ao contrário, ela incide sem reservas sobre o lacrimoso e o melodramático que não exigem mais que uma recepção amolecida. O *Witz* triste seria uma contradição em seus próprios termos. Pois o

---

[13] Para um aprofundamento da questão tratada, cf. Costa Lima, L: 1988, 50 - 73.

[14] Não se poderia aqui empreender o aprofundamento do exame. Por ele, se destacaria como tanto em La Rochefoucauld (cf. nota anterior) quanto em Schlegel começam a se acumular elementos para a tematização do ficcional.

Witz é sinal de uma razão densa, imprevista e instantânea. Ao invés da associação banal da "alma romântica" com o espírito de devaneio e com a meditação melancólica, o louvor da fantasia – tomada como sinônimo de imaginação – entre os *Frühromantiker*, não conotava o culto da irracionalidade. Eis a letra do fragmento 104:

> O que comumente se chama razão, é apenas uma de suas espécies: a razão diluída e aquosa. Há também uma razão espessa e incandescente, que faz do *Witz* propriamente o *Witz* e dá ao estilo genuíno elasticidade e eletricidade (KF, 159)

A razão densa será noutros fragmentos referida como atividade química. A equivalência nos leva a entender que o autor não cogitava da simples valorização de certas propriedades textuais em detrimento de outras: o que um intérprete de Novalis escreve a seu respeito teria a mesma ou maior propriedade quanto a Schlegel: "(...) A transferência de elementos químicos no discurso estético (...) confere por sua vez a este a característica de um fato revolucionário" (Moser, W.: 1989, 235).

A compreensão pois do papel reservado ao *Witz* por Schlegel envolve o entendimento de suas relações com vários elementos. É por um lado canal para a exploração da virtualidade individual. Mas esta é sempre tomada como matéria-prima a ser transformada. O produto resultante passa a constituir outro espaço, não mais subordinado ao princípio da realidade "física" que terá de governar aos demais (o político, o moral, o filosófico etc). Nos fragmentos, esse espaço é descrito com as metáforas de denso, elétrico, imprevisto, instantâneo, químico. O último qualificativo indica que a transformação visada não é apenas estética mas também política. Por outro lado, sendo atravessado por uma razão não-diluída, este espaço supunha o comando do mais que apenas intelectual. É neste sentido que o fragmento 350, atribuído a Schleiermacher, declara que "só a varinha mágica do afeto (*Gemüt*) faz com que tudo ecloda" (AF, 227). O peso que os *Frühromantiker* concedem ao afetivo não se confunde porém com a exclusividade que o romantismo "normalizado" estabelecerá. Como já era o caso com o poeta sentimental de Schiller, o afetivo e o sensível lhes importam como meios para o espessamento da razão. Assim a razão ressaltada nos Fragmentos é tanto "sentimental" quanto aguda, tão afetiva quanto *witzige*. Ao compreendê-lo, temos facilitado o acesso ao destaque da ironia.

Se o *Witz* remetia ao fragmento, a ironia remete a um gênero, o romance. É certo que, na primeira série, a abertura do fragmento 42 (KF, 152) – "A filosofia é a verdadeira pátria da ironia" – antes aponta para outro tema: o da unidade a ser alcançada entre poesia e filosofia. Dando-lhe por ora menos importância, conectemos a passagem com o fragmento 26: "Os romances são os diálogos socráticos de nosso tempo. Nesta forma liberal, a sabedoria da vida escapou dos bancos escolares" (KF, 149).

O fragmento não fala da ironia senão que a transpira. Se os diálogos socráticos, desde o Renascimento, pareceriam se confundir com a sabedoria escolar, sua encarnação moderna tem a peculiaridade de evitá-la. Além do mais, para assegurar sua forma liberal, a sabedoria da vida foge da forma legitimada do saber. A crítica irônica do oficializado indica uma outra ruptura que surge no horizonte.

Mesmo sem nos determos nas considerações que Schlegel tece sobre o romance como "o livro romântico" por excelência, não prescindimos da justificação que lhe concede. Em obra posterior aos fragmentos, introduz o termo que mediatiza a ironia com o romance: ao passo que "a poesia antiga se apóia por completo na mitologia e chega a evitar a matéria propriamente histórica", "a poesia romântica repousa por inteiro em um fundo histórico"; "Boccaccio é quase tão só história verdadeira" (Schlegel, F.: 1800, 2, 177-8). História, e não mitologia, é o leito que subjaz entre o procedimento irônico e o gênero romanesco.

Pela combinação das passagens, estabelece-se o elo entre o procedimento irônico e a poética do romance e se acrescenta seu termo media-dor, a História. Como não se explicitou a razão de seu comparecimento, ainda precisamos compreendê-lo. Recorra-se à parte final do fragmento 42:

> Só a poesia (...) ainda pode se erguer à altura da filosofia e não se funda, como a retórica, em passagens irônicas. Há poemas antigos e modernos que por todas as suas partes respiram o sopro divino da ironia. Neles, vive uma palhaçada (*Buffonerie*) realmente

> transcendental. Dentro deles, o estado de ânimo que a tudo domina e se alça infinitamente sobre todo o condicionado, inclusive sobre a própria arte, sobre a virtude ou a genialidade; de fora, na execução, a maneira mímica do costumeiro bufão italiano (KF, 152)

A ironia é capital para o romance porque, sendo histórica sua matéria, ele lida tão-só com sujeitos humanos. Sem o emprego de uma técnica distanciadora, a presença do apenas humano ameaçaria comprometer o sentido da cena, dando a entender que a meta visada fossem os tipos que as personagens encarnam e não o texto que compõem. Ao mesmo tempo que assegura o contato com o humano, a ironia impede que o apenas humano usurpe o lugar do texto. Como já foi dito de modo lapidar: "A ironia é o meio da auto-representação da arte" (Strohschneider-Kohrs, I.: 1977, 70). Pois o espaço literário não é um altar levantado ao humano. Histórico, o romance não é um instrumento de divinização do fato ou da criatura. Neste instante, extremamente rápido, de fulgor da crítica, o romance não é tido por alegoria, mais ou menos disfarçada, quer do homem comum, quer dos heróis. O indivíduo, a matéria humana são o meio para a consecução de outra materialidade que os metamorfoseia. Para o texto, está reservada a ambição de que contenha, em um reduzido espaço, uma multiplicidade de planos. Por isso o fragmento 48 da primeira série subordina a ironia ao paradoxo – "A ironia é a forma do paradoxo. Paradoxo é tudo que ao mesmo tempo é grande e bom" (KF, 153) e o 108 retoma o elogio da ironia socrática. Sua justificação, oferecida pelo final do 108 – "Ela contém e excita o sentimento do indissolúvel conflito entre o incondicionado e o condicionado, entre a impossibilidade e a necessidade de uma comunicação plena" (KF, 160) – evidencia o oposto de uma poética da complacência. Se duvidarmos, releiamos o fragmento 251, da série seguinte:

> Quanta gente há hoje tão terna e bonachona que não agüenta assistir uma tragédia e tão nobre e digna que não quer escutar uma comédia. Grande testemunho da delicada moralidade de nosso século. Só a Revolução Francesa o difama (AF, 207)

A ironia ainda tem um uso suplementar pela capacidade de transtornar a letra que pareceria impedi-la. Que gênero poderia haver mais contrário ao procedimento irônico que as confissões? Isso entretanto não impede que ainda aí seu leitor instile o escárnio da ironia e das *Confessions* de Rousseau possa Schlegel dizer que, como romance, é inexcedível (*ein höchst vortrefflicher Roman*) e deixaria *Héloïse* no chinelo (Schlegel, F.: 1800, 2, 182). Mas a transformação da seriedade lacrimosa do genebrino em romance cômico é tão instantânea que parece coisa de mágico. Com efeito, a fim de que se perceba a rapidez da operação não ser menos crítica é preciso assinalar que ela depende de uma transformação formal no objeto confessional: o molde ingênuo (*auf dem Wege des Naiven*) de sua composição há de poder ser recebido como *arabesco*.

A penetração no uso do termo 'arabesco' por Schlegel nos auxilia a reiterar a oposição de seu criticismo quanto à prática estetizante. Para tanto se impõe que se note que o arabesco se põe no mesmo plano que o *hieróglifo* e que um e outro se conectam ao elogio do *caos*, na obra de arte. No fragmento 173, da série do *Athenäum,* se lê: "No estilo do poeta autêntico, nada é ornamento; tudo aí é hieróglifo necessário" (AF, 193).

A formulação deve ser combinada com passagem da "Brief über den Roman" – parte integrante do "Gespräch". Depois de assinalar exemplos que mais contribuiriam para uma teoria do romance, acrescenta que "seriam verdadeiros arabescos", sendo antes explicados como "pinturas agudas e bizarras" (*witzigen Spielgemälde*) (Schlegel, F.: 1800, 2, 181 e 173, respectiv.). Facilita a compreensão desta caracterização do arabesco saber-se que se formula a propósito do *Tristram Shandy*. Mesmo isso contudo não basta para torná-la satisfatória. Em troca, a dificuldade não se torna menor se se nota que Schlegel procurava se aproximar da experiência do sublime? É o que nos leva a dizer tanto a descrição que oferece da Revolução Francesa, no fragmento 424 – onde "o maior e mais incrível fenômeno da história política" é exposto "como um terremoto quase universal, uma incomensurável inundação no mundo político ou como o arquétipo das revoluções", ainda "como o grotesco mais terrível da época" e "um espantoso caos" (AF, 247-8) – quanto o que assinalava em fragmento que deixou inédito: " A coisa mais importante no romance é a forma caótica – arabesco, conto de fadas" (apud Brown, M.: 1979, 92). O arabesco e o caos o fascinam e são incorporados aos valores da obra por conterem tamanha complexidade que, para dizer com um poeta contemporâneo, "ao tentar apreendê-la / toda imagem rebenta". No caos e no arabesco, combinam-se a maravilha e o espanto. São neste sentido funções do hieróglifo necessário; opostos, como dizia o fragmento 173, ao ornamento. Ornamento é o que agrada sem muita exigência. É o belo domado. Nada portanto é dele mais antagônico que as funções do hieróglifo; isso desde seu selvagem limite máximo, o caos, até as elaborações artísticas do arabesco e do bizarro.

A reflexão acima tem o efeito imediato de nos permitir enfatizar a distância que separa o Schlegel crítico dos termos como em Kant se descrevia a experiência estética. Considere-se a passagem em que o filósofo discutia a experiência em que o objeto não se subordina a uma finalidade objetiva. Quando assim sucede "nada resta no espírito do contemplador senão a finalidade subjetiva das representações, que bem indica (*angibt*) uma certa finalidade do estado de representação no sujeito e, neste estado, um bem-estar do sujeito em apreender uma forma dada na imaginação" (Kant, I,: 1790, B 47). Ora, fora do ornamento que poderia melhor corresponder a este "bem-estar do sujeito" diante do trabalho de sua imaginação? Seria correto contrapor-se que a proposta do texto kantiano não era propriamente o juízo da obra de arte; que seu exemplo imediato à passagem citada, o da clareira na floresta, evidencia que se preocupava em refletir sobre experiências com a natureza. Mas o acerto do reparo não impugnaria a réplica: independente de o filósofo dedicar-se na passagem ao exame do que chamará juízo de reflexão, não é menos verdade que viria a encontrar no juízo estético a forma mais pura da reflexão. Assim pois não se poderá impedir que, a partir da experiência estética *com a obra de arte,* se refaça o caminho sobre o texto kantiano e que então se verifique que, mesmo independente de seu propósito, privilegia na arte o ornamental – o que, não respondendo a qualquer finalidade objetiva, mais cedo satisfaz e relaxa o contemplador. (A outra possibilidade, a de Kant antecipar a experiência da arte abstrata, ainda não será aqui considerada).

As trabalhosas equivalências a que há pouco nos dedicamos têm ainda outro resultado: as funções do hieróglifo necessário são ressaltadas mesmo em decorrência da autonomia quanto ao princípio da realidade assegurada ao poético pela teoria schlegeliana. A formulação a respeito capital já foi enunciada:

> A alusão ao caos e a eros simboliza a despedida da função de imitação e reflexo; simboliza a correlação entre a 'atividade livre e criadora da fantasia' e a negativa de todo vínculo e restrição, por meio de um mundo estabelecido de leis, que obriga ou orienta o poema (Preisendanz, W.: 1967, 64)

Um último apontamento: a aproximação da questão da "beleza livre" em Kant, através do arabesco, ficará perdida se não se acrescentar: ao passo que no filósofo, o elogio do arabesco ainda podia se confundir com o louvor do ornamento, em Schlegel, mesmo por seu empenho com a própria obra literária, assim já não se dá. O realce do arabesco pelo crítico mostra que, no romance, é decisivo não só o que se narra mas como se narra, e as interrupções, voltas e torneios de um Sterne não interessam apenas por agredirem a linearidade e sim por criarem uma disposição receptiva mais elástica do texto.

7.4. Schlegel: o espaço do poético

Os fragmentos há pouco mencionados destacam os procedimentos técnicos responsáveis pela metamorfose cumprida no poema. À medida que recusara uma estética "objetiva" e, portanto, normativa, seria um contrasenso supor-se que o crítico os considerasse garantias para a qualidade. Tais instrumentos são apenas a condição propiciadora do *efeito poético*. Este é pois seu *pendant* e seu complemento. Assim, o fragmento 20 – "Um escrito clássico nunca deve poder se tornar de todo compreensível. Mas as pessoas cultivadas e que se cultivam devem querer sempre aprender mais com ele" (KF, 149) – naturalmente não aponta senão para o efeito da obra. A Schlegel ainda não ocorre a idéia, que se tornaria freqüente na indagação contemporânea, de que a própria situação histórica favorece, dificulta ou bloqueia a motivação do leitor. Para ele, ao contrário, clássico é o que provoca um efeito infinito, assegurando à obra sua (suposta) forma de eternidade. Importa fundamentalmente no fragmento 20 considerar o papel constituinte do receptor na *formação* da obra, antiga ou moderna.

O destaque do efeito da obra poética é indispensável para que não se tome a teorização de Schlegel como precursora do que, no século XX, se nomearia a crítica imanentista – de que o *new criticism* foi a espécie mais divulgada. Sintonizado com os traços formadores da obra literária, o efeito tem por sujeito o leitor. Este pois não é levado em conta por efeito de uma genérica centralização no eu individual mas por seu deslocamento em favor do objeto da experiência. É pelo destaque da *poiesis* objetivada em um produto que os fragmentos tratam do receptor. Destaque-se por ora apenas o fragmento 28:

> Ter o sentido (de uma arte, de uma ciência, de um homem particularizados etc.) é uma divisão do espírito, uma autolimitação e, assim, o resultado da autocriação e da autonegação (KF, 149)

A preocupação constante na época com a educação do indivíduo abre aqui uma frente inesperada. Considere-se, em primeiro lugar, que sua surpresa tem indiretamente a ver com a reflexão sobre a arte, pois o receptor fora trazido à cena pelo exame do efeito do poema. Assim portanto, em vez de uma educação estética, cujas conseqüências já foram examinadas, temos uma *educação crítica*. Seus frutos ultrapassam as fronteiras da arte e formulam um parâmetro para a maturação individual. Pois é aqui que se deve acentuar a maior novidade da proposta: em vez de a expansão infinita do indivíduo ser exaltada, assinala-se sua necessidade de autolimitação (*Selbstbeschränkung*). Como o poema, a matéria individual é semelhante a um gás que, para não se diluir, precisa ser comprimido em estreito recipiente. O que se autonega se torna condição para o que se autocria. A imposição de limites condiciona a possibilidade de concentração. Com o que vemos melhor porque criticidade e *poiesis* se retroalimentam. Schlegel aí mostra a surpreendente capacidade de fornecer uma teoria da experiência poética que, servindo de modelo para a *Bildung* do receptor, não reduzisse as outras atividades ao princípio estético. E, como essa capacidade se sustenta no uso do *Witz*, devemos acrescentar não ser menos surpreendente que a palavra incisiva, *witzig*, não crie um circuito direto senão que oblíquo – o exame do poema não se prolonga em um programa que então seria por força estetizante, senão que se desdobra em um espelho inespecífico, i. e., adequado a toda formação intelectual.

A mesma obliqüidade se faz notar no retorno da consideração ao campo estrito da experiência da arte. O fragmento 172, atribuído a August Wilhelm, afirma: "Pode-se dizer que um traço característico do gênio poético é saber muito mais do que sabe que sabe" (AF, 192). Conseqüência: nega-se relevância à captura de uma dita intenção autoral. Note-se de passagem a não convergência absoluta entre os que são membros do grupo de Jena. Sabe-se bem que Schleiermacher era não só amigo, e colaborador dos fragmentos que Schlegel publicava senão que se preocupava com uma hermenêutica que já não se restringisse ao texto bíblico. Ora, um dos princípios deste fundador da hermenêutica romântica, consistia em estabelecer para o intérprete a meta do resgate do que, mesmo sem o saber, o autor quereria dizer. Através do que chamaria o método divinatório, o intérprete recuperaria a *poiesis* autoral. Em sua formulação cortante, o fragmento 172 interdita todo psicologismo ali presente. Ademais, se o ligarmos ao fragmento 299, de cuja autoria por Friedrich Schlegel não parece haver dúvida, teremos um resultado que extrapola a área do literário: "Como inconsciência genial, parece-me que os filósofos podem disputar acirradamente a palma com os poetas" (AF, 215).

É óbvia a carga de heresia do enunciado. Tornar os filósofos concorrentes do poeta enquanto possuídos por um "demônio" que por eles fala era questionar a legitimação secular da filosofia. O que, entretanto, mais importa é que a autonomia do texto quanto à intenção que o teria regido se estende além do poético. Pela excepcionalidade da afirmação é de se lamentar que não tivesse ido além de um fragmento.

Guardou-se a parte final deste item para a reflexão sobre três dos mais importantes fragmentos. São eles os de nº 116, 238 e 74, todos da segunda série. Traduzimos as partes a serem discutidas.

A poesia romântica é uma poesia universal progressiva. Sua destinação *(Bestimmung)* não é apenas reunir outra vez todos os gêneros separados da poesia e pôr a poesia em contato com a filosofia e a retórica. Ela quer e deve também tanto misturar, quanto fundir a poesia e a prosa, a genialidade e a crítica, a poesia de arte e a poesia natural; tornar a poesia viva e comunicativa, a vida e a sociedade poéticas; poetizar o *Witz;* preencher e saturar as formas de arte da matéria genuína da cultura e animá-las com as vibrações do humor. (...) Somente ela pode, semelhante à epopéia, converter-se em espelho de todo o mundo circundante, em imagem da época. (...) Outros gêneros poéticos estão prontos e podem ser plenamente dissecados. O gênero poético romântico ainda está em devir; sua essência própria é não poder senão eternamente se tornar, sem que jamais se complete. Nenhuma teoria pode esgotá-la e só uma crítica divinatória poderia ousar a caracterização de seu ideal. Só ela é infinita, como só ela é livre e reconhece como sua primeira lei que o capricho (*Willkür*) do poeta não tolera lei alguma. O gênero poético romântico é o único que é mais que um gênero e, por assim dizer, é a própria arte poética: pois em certo sentido toda poesia é ou deve ser romântica (AF, 116)

Há uma poesia que é, por inteiro, a relação do ideal com o real e que, por analogia com a terminologia filosófica, deverá se chamar poesia transcendental. Ela começa como sátira, com a absoluta diferenciação entre o ideal e o real, no meio, flutua como elegia e termina como idílio, com a absoluta identidade entre ambos. Mas, assim como se atribuiria menor valor a uma filosofia transcendental que não fosse crítica, assim também esta poesia deverá reunir aos materiais e exercícios transcendentais freqüentes nos poetas modernos uma teoria poética da faculdade de poetar (...) (AF, 238)

No uso defeituoso da linguagem, *verossímil* significa tanto *quase verdadeiro* ou *um pouco verdadeiro* ou *o que ainda pode se tornar verdadeiro.* Tudo isso, no entanto, de acordo com sua composição (*Bildung*) não pode designar a palavra. O que parece verdadeiro não precisa por isso, e em grau algum, ser verdadeiro; mas deve positivamente parecê-lo. O verossímil é o objeto da sagacidade, da faculdade de acertar, entre as possíveis seqüências de ações livres, a que se realizará; é algo completamente subjetivo. O que alguns lógicos assim chamaram e procuraram descrever é a possibilidade (AF, 74)

O primeiro fragmento é atravessado pela tensão entre a inexauribilidade da poesia romântica e a vontade de unificação que a percorre. Seu primeiro qualificativo, ser progressiva e universal, indicia sua diferença quanto ao modo antigo – correspondente a um mundo pleno em si mesmo – como a demanda de a ele se integrar, em um terceiro tempo não visualizável. (Não será preciso chamar a atenção para a manifesta influência do esquema schilleriano). Antagônicos, os modos antigo e moderno mostram sua correspondência pela comparação do papel outrora desempenhado pela epopéia e o que se espera seja cumprido pelo modo moderno do romance.

Ademais, se nenhuma teoria pode esgotá-lo, reitera-se o caráter de projeto e incompletude que move a crítica correspondente. Para Schlegel, portanto, a crítica trabalha no eixo que tem em seus extremos o fragmento e o ensaio. A crítica permanece ensaística enquanto não se vincula a uma estética sistemática. O que, por outro lado, a obriga a continuar teorizante.

O comentário do fragmento 116 foi econômico ora porque apenas aglutina aspectos que, em separado, já haviam sido analisados, ora porque seu tratamento exaustivo seria aqui disfuncional, ora ainda porque a vontade de união que reitera só adiante será abordada. E, embora ainda não seja o momento de fazê-lo, a leitura do fragmento já o prepara pois é bem a questão da unidade que o obseda.

A seu propósito, note-se com Benjamin que a expressão 'poesia transcendental' é uma "alusão mistificante" (Benjamin, W.: 1919, I-1, 95). Dentro de um contexto kantiano, definir o transcendental como o que une e se ocupa da relação entre o real e o ideal – caracterização que era reiterada no final do nº 22 (AF, 169) – é flagrantemente violentar a distinção estabelecida por Kant entre o transcendental – exame das condições dentro das quais a razão, do ponto de vista do conhecimento pretendido de um objeto, pode ser eficaz – e o transcendente – o que recolhe a pretensão excessiva da razão.

Pode-se alegar que a insistência no detalhe nos arrisca a perder o que há de relevante no fragmento. É o caso de uma eminente intérprete. Na reflexão poética, diz Strohschneider-Kohrs a propósito da passagem, "as partes integrantes, em uma consecução (*Vollzug*) transcendental, se convertem em síntese: a síntese que reúne sujeito e objetividade, mas de tal modo que os componentes da criação artística, o criado e o criador, são reconhecíveis em coexistência" (Strohschneider-Kohrs: I., 1977, 48). A via tem o defeito de descurar a conexão, sempre presente em Schlegel, entre a crítica de arte e a concepção da História. A síntese que a poesia transcendental propicia supõe não só uma consecução poética, como ressalta a analista, mas ainda um encaminhamento histórico, com o idílio final anunciando a conciliação dos contrários. A opção da intérprete implica que a segunda camada não interfere na primeira, o que retira a problematicidade do pensamento do autor. Mais correto será acentuar, na aspiração "idílica" da poesia transcendental, a presença subterrânea de uma força antagônica à criticidade. Essa força contrária, por enquanto, apenas revela sua ambição unificante. Contudo ela tem nome mais preciso. É uma intencionalidade religiosa. Trata-se com efeito de uma religião que, como dizem Lacoue-Labarthe e J.-L. Nancy, "é a própria arte, mas a arte a partir de agora pensada como *Darstellung* (absoluta, sem restos) da verdade" (*op. cit.* 203).

A validade da última ressalva só poderá ser bem aferida pela continuação do exame. Por enquanto, se lhe confia apenas o papel de advertir ao leitor que, sob o edifício da teorização crítica de Schlegel, algo contraposto se mostra. Mal se notam os sinais de movimento da camada contrária. Em algum momento, eles serão ativados e o terremoto não deixará nada de pé. Mas, se não é prudente descurar a "falha arqueológica", tampouco sua advertência deve provocar o descaso do fragmento 74. Muito menos famoso que os dois outros, a reflexão que se lhe conceda conduz à captação de um ponto surpreendentemente pouco explorado. Para sua exata compreensão, aproximemo-lo do que ainda enunciam os fragmentos 100 e 101:

> A aparência (*Schein*) poética é jogo das representações e o jogo é aparência de ações (AF, 180)

> O que na poesia sucede, sucede nunca ou sempre sucede. Do contrário, não é verdadeira poesia. Não é preciso que se deva crer que isso, de fato *(wirklich)* agora sucede (*idem, ib.*)

O que se diz do verossímil, o que se nega que ele seja e, a seguir, o que dele se afirma, supõe sempre o relacionamento do verdadeiro com a aparência *(Schein)*. No fundo, pois, a apreciação do verossímil implica a apreciação do trabalho da *mímesis*.

Desde a Antigüidade clássica, o tratamento da mímesis deu lugar a uma dicotomia. A muito citada passagem da *Poética* – "De seres cujo original desagrada a vista gostamos de ver a imagem executada com a maior exatidão; por exemplo, as formas dos animais mais vis e dos cadáveres" (Aristóteles: *Poét.* 1448 b 9-11) – representa um dos lados da alternativa. Ela se traduz pela afirmação de que a imagem não é recebida da mesma maneira que sua fonte; o desagradável que a *percepção* desta suscita não se refaz necessariamente diante da imagem da mesma coisa. Ora, o que é percebido – desde que se esteja certo que não se trata de uma ilusão, que *não somos vítimas de nossa imaginação* – é classicamente tomado por verdadeiro ou, no mínimo, por lastro do verdadeiro. O poder de ação específico da imagem cria portanto uma dificuldade para *a teoria da verdade de base substancialista* – a verdade como o que declara o que *é* sem a interferência decisiva do agente ou da forma que a recebe. Como uma teoria substancialista da verdade, que a esta concede o caráter de um reconhecimento, poderia se conciliar e fazer justiça à direção que destaca a autonomia e divergência da imagem quanto ao percebido? Como poderia aceitá-la senão de algum modo a reconduzindo, como o pastor que traz a ovelha tresmalhada à unidade do rebanho, à comunidade? A dificuldade da empresa faz com que o outro lado da alternativa tenha mais simplesmente consistido em recalcar a autonomia da imagem e em tratá-la ao nível dos *percepta*. À medida que o pensamento clássico venceu os "présocráticos", a tradição substancialista da verdade passou a ditar a interpretação legitimada da mímesis. Mímesis tomada como *imitatio* e, por conseguinte, adequação a um modelo, ou seja, a um percebido ou perceptível – não importa o quanto o modelo está próximo ou idealiza o percebido – real, empírico, dado.

A incursão visa mostrar o elo direto entre a lição clássica e sua recusa por Schlegel. O fragmento 74 denuncia a arbitrariedade de interpretar-se o verossímil segundo a escala da verdade. Sua negação em acatar o entendimento usual do termo implica que o verdadeiro e o verossímil constituem duas escalas diferenciadas. Ora, à medida que o verossímil se manifesta em uma imagem ou é o produto que se atualiza por uma imagem, ele pertence à área da mímesis. Daí deriva que só impropriamente, por decorrência do uso de uma linguagem já amoldada ao paradigma substancialista, e não mais integrada à ordem da *mimesis* (cf. cap. I, 1), esta última pode ser entendida como imitação. Por conseguinte, as afirmações – o verossímil não pertence à escala da verdade e o verossímil está inteiro no *Schein*, na aparência, no que brilha, no brilho da aparência – são absolutamente coerentes com o autor, que, logo em seu início, rompera com uma estética que acreditava saber *a priori* o que é e onde está a objetividade do valor em arte.

Se estas duas afirmações já eram, de um estrito ponto de vista lógico, previsíveis, o mesmo não se poderia declarar da ponta mais incisiva do fragmento: se o que parece verdadeiro, não necessita em grau algum sê-lo, "necessita porém positivamente parecê-lo" (*aber es muß doch positiv scheinen*). *A aparência não pode ser nem submetida diretamente à escala da verdade, nem tampouco se restringir à propriedade do que ilude e brilha.* Todo o problema está em como a necessidade de parecer-se positivamente com o que não é, de fato, não afeta a autonomia da escala do verossímil. Há pouco dizíamos que essa escala autônoma era logicamente previsível desde que Schlegel renunciara à linha adotada em "Das Studium". Devemos agora acrescentar que sua explicitação entretanto se chocava com o que mais atrás chamáramos de sua vontade de recuperar a unidade, i. e., de ter ou dar acesso a uma posição que ultrapassasse a fragmentação de valores do mundo moderno. Na simples frase – *Was wahr scheint, braucht darum auch nicht im kleinsten Grad wahr zu sein* – está contida todo o dilema que percorre este primeiro Schlegel. A via estetizante, nas duas modalidades que mostramos, a pública (Schiller) e a privada (Novalis) conseguira disfarçar, senão mesmo de apagar a questão do relacionamento do verossímil artístico com a verdade. Ao evitá-la, possibilitou a instauração do controle a partir da própria arte.

Schlegel teve o extraordinário mérito de intuir a questão decisiva. Sua descoberta porém se dava no interior de um pensamento que aspirava o reencontro de uma unidade abrangente. Daí o dilaceramento que seu texto exprime: contribuir para a unidade perseguida ou ajudar a liberação da escala própria à verossimilhança. Em si mesmas, as duas propostas são irreconciliáveis. A unidade poderá ser alcançada em detrimento da arte ou, aparentemente, a seu favor. No segundo caso, a escala da verossimilhança se imporia sobre a escala da verdade e ridicularizaria toda a proposta que nela não visse a verdade – o que, em termos práticos, equivaleria a uma religião da arte.

Reiterando contudo dedução já feita a propósito de outro fragmento, é justo notar-se que a frase condensadora de seu dilema continha, sem que disso se desse conta, a chave para um próximo passo. Que é um produto que, sem se confundir com um enunciado verdadeiro, necessita positivamente parecê-lo senão um produto ficcional? *O ficcional é um Schein que não se contenta com seu brilho, i. e., que não se satisfaz com o efeito – a emoção, a efusão, o arrebato ou o simples contentamento – que provoca; este precisa assemelhar-se ao verdadeiro para que seu receptor reconheça o que toma por verdade, o ponha em questão, disponha de algo concreto – o texto e seus efeitos – que concretiza seu questionamento da verdade.*

Não basta pois falar-se na escala própria que o verossímil ocupa; ainda faltaria relacioná-lo com a escala vizinha da verdade. É o que Schlegel faz, embora sem compreender totalmente o que a letra já diz. Pela combinação do verossímil com a verdade, i. e., pela interconexão de suas escalas, o verossímil na arte se mostra como um *diferente* funcional: autonomiza a obra de arte da exigência de verdade para que a perspectivize, i. e., para que a submeta ao exame da comunidade de receptores. Assim entendido, o ficcional é, em suma, a figura que se condensa pela adoção da criticidade, i. e., que se põe diante de outras experiências de mundo: seja a filosófica, com sua concepção clássica da verdade como adequação, seja a científica, com sua concepção operacional da verdade – aquilo que está de acordo com a formulação de uma ciência particularizada –, seja a cotidiana – o que assim se considera segundo os usos e valores de uma sociedade.

Declarar-se-se que a figura do ficcional esteve iminente à reflexão de Schlegel mas que não se explicitou quer dizer que sua plena formulação foi bloqueada por uma força contrária. A figura condensadora da criticidade não emerge porque a ela resiste a vontade de reconquista da unidade, de legitimação pois de uma Lei de vigência geral e obrigatória, i. e., que se impusesse por sobre as particularidades dos povos e de sua localização espaço-temporal.[16]

8. COMPLEMENTO RETIFICATIVO

Os fragmentos a considerar concernem à crítica e ao indivíduo e são agrupados em função de um duplo motivo: reforçar observações já apresentadas e preparar o tratamento final.

A premência que acompanha a questão da crítica resulta, em plano geral, do sentimento de insatisfação, de crise e, ao mesmo tempo, do ânimo em responder revolucionariamente à marginalidade daquela Alemanha da segunda metade do XVIII. Daí a extrema variedade de frentes que os fragmentos tematizam e a centralidade que emprestam à Revolução Francesa. No plano particularizado da literatura, ademais, origina-se da situação dos modernos face aos antigos. Na formulação do fragmento de nº 93, da primeira série: "Nos antigos, vê-se a letra plena de toda a poesia; nos modernos, pressente-se o espírito que devém" (KF, 158). A dissociação entre os dois tempos já estivera bem formulada por Schiller. Schlegel menos a avança do que imprime outro rumo à tarefa daí derivada: o rumo da criticidade.

Até agora nos contentamos em caracterizá-lo o rumo da criticidade como o *outro* em relação ao esteticismo. Esta pureza, contudo, dependia do estágio em que se encontrava o argumento. Já podemos saber que tal pureza opositiva é fictícia. Embora em menor grau, a estetização também esteve presente em Schlegel. O enfraquecimento da via crítica já podia ser assinalado quando observamos que sua manifestação era acompanhada por uma força subterrânea e oposta. É o momento de explicitá-lo melhor.

---

[16] Ao conhecedor da obra de Wolfgang Iser não passará despercebida o quanto lhe é devedora a idéia do ficcional como questionadora das verdades historicamente vigentes. Com isso, automaticamente estamos dizendo que sua reflexão ultrapassa o que fora o limite de Schlegel.

No "Discurso sobre a mitologia" ("Rede über die Mythologie"), parte do "Gespräch", a mitologia é indicada como o elemento que dava coesão e unidade aos antigos e cuja falta provocava a carência impulsionadora dos modernos:

> Mantenho que falta à nossa poesia aquele ponto central (*Mittelpunkt*) que a mitologia era para os antigos e que todo o essencial em que a arte poética moderna figura atrás da antiga se resume nestas palavras: não temos uma mitologia (Schlegel, F.: 1800, 2, 159)

Logo a seguir, acrescentava: era o contato da expressão poética antiga com a mitologia que transmudava o caos "em um mundo harmônico" (*idem*, 161). Identificando-se a "beleza suprema" com "a ordem suprema (...) do caos"(*ibidem*) implicitamente se impõe à beleza moderna o caráter de progressiva e infinita (o que o autor chamava de beleza suprema melhor corresponde ao sublime). Até aí não há novidade. Contudo os mesmos parágrafos iniciais da "Rede" acrescentavam: "(...) Estamos próximos de alcançar (uma nova mitologia), ou melhor, urge que seriamente colaboremos em produzi-la" (*idem*, ib.). Voto que não seria desvairado porque a existência mesma do idealismo alemão conteria "um sinal muito significativo e uma notável confirmação" de que a nova mitologia se geraria "a partir da mais íntima profundeza do espírito" (*idem*, 160).

Note-se bem que o texto é de 1800, portanto anterior à virada político-intelectual do autor e ainda contemporâneo de seu ânimo transformador. Isso significa claramente dizer que seu criticismo era acompanhado de um veio diverso, a que animava o propósito de contribuir para uma nova mitologia harmonizadora do caos criador. Do ponto de vista deste, o criticismo aparece como um instrumento provisório, destinado a colaborar com o advento de um tempo em que se tornaria desnecessário.

Por certo, Schlegel não cogitava de diminuir o mérito da obra romântica e contemporânea porque fosse movida por um caos sem centro. A criticidade parece-lhe legítima neste entretempo. O que implicitamente significava que se pensar em uma existência inteira a serviço da criticidade era intolerável. Lamentavelmente, essa intolerância não se manifestou apenas na própria existência de Schlegel, mas se estenderá pelo tempo que se abrirá com a queda de Napoleão e a restauração conservadora.

É naquele curtíssimo entretempo – iniciando-se em 1797, com o aparecimento da primeira série dos fragmentos, não vai além dos primeiros anos de 1800! – que se elabora a assombrosa parcela da obra de Schlegel – mesmo o Rimbaud transformador da lírica não teve tão curta existência. Enquanto crítica literária no sentido próprio do termo – atualização prática de uma elaboração teórica – esta obra era impulsionada pela necessidade de oferecer outro caminho ao estado insatisfatório que apontava na abertura do fragmento 167: "Quase todos os juízos de arte são ou demasiado genéricos ou demasiado particulares" (AF). Em 1804, na introdução de uma antologia a escritos de Lessing, formulara de modo irretocável a concepção de crítica que praticava:

> Pensa-se a crítica como um intermediário entre a História e a filosofia, que são por ela ligadas. Na crítica, História e filosofia devem se aproximar para que um terceiro campo se forme. Sem espírito filosófico, a crítica não pode prosperar; nisso todos concordam; e tampouco sem conhecimento histórico (Schlegel, F.: 1804, III, 60)

Para a compreensão da passagem, é importante notar que sua idéia de História ainda supunha a veemente negação da proposta factualista já presente em Herder:

> Pois que sempre se fala mal das hipóteses, uma vez dever-se-ia procurar escrever uma História sem hipóteses. Não se pode dizer que alguma coisa é sem que se diga o que é. Desde que se pensa em fatos, se lhes relaciona a conceitos e está longe de ser indiferente quais sejam eles. Se assim se sabe, determinam-se e escolhem-se, entre os conceitos possíveis, os que são necessários para que fatos de todos os tipos sejam relacionados. Se não se quer reconhecê-lo, a escolha é deixada para o instinto, para o acaso ou para o capricho e o investigador se sente lisonjeado em ter uma pura e sólida empiria *a posteriori*, quando tem uma visão *a priori* altamente parcial, dogmática e transcendente (AF, 201-2)

Ao contrário do que estatuirá a História factualista vencedora, Schlegel compreende que, propriamente, não há fatos sem interpretação, que, propriamente, não há interpretação de fatos sem a incidência prática de conceitos e valores.

Em suma, é dentro desta obra tão pequena quanto rica que se acumulam as cargas que terminarão por paralisá-la.

Não nos despedimos do Schlegel crítico antes de precisarmos como nele, afinal, se resolve a questão do estatuto da estética. Se abandonara a de cunho objetivo, se se desviara de Fichte pelo privilégio que concedera ao exame do objeto poético, se afirmara que a poesia contemporânea estava fadada a ser progressiva e, portanto, sempre experimental, sem que houvesse a possibilidade de uma teoria que a esgotasse e que, por conseguinte, possuísse um quadro de normas a guiar o juízo, que critério, por fim, poderia guiar um crítico que não se contentasse com valores apenas subjetivos? Por tudo que vimos, Schlegel não formula uma resposta *teórica*. Sua lição se condensa no que nega:

> À consciência histórica da modernidade, a beleza não é dada senão como ideal a realizar. Como a arte se emancipara de um 'ideal de beleza' definida conteudisticamente na velha estética, tratava-se de se, em suma, a crítica estética devia ser justificada, ter em conta a problemática de um ideal de beleza nunca legitimado, sem por isso se fundar a arte em uma disposição psicológica e, deste modo, histórico-relativista (Weber, H.-D.: 1973, 177).

Disso se infere que, apesar de seus protestos e da maior admiração que conserva pela *Doutrina da ciência* de Fichte, Schlegel se manteve no horizonte da terceira Crítica kantiana. Confirma-o passagem de um de seus muitos inéditos: "O *supremo belo* moderno da forma artística jamais é alcançável; é uma Idéia reguladora" (Schlegel, F.: KA, XI, 199).

A frase recorre especificamente ao conceito kantiano. Por princípio regulador, Kant entendia aquele que se infere de uma Idéia (como a de Deus, da liberdade e da alma) que, sendo indispensável à razão, não é, do ponto de vista do entendimento, senão um conceito problemático e inacessível (Kant, I.: 1790, B 341). "Os juízos então conduzidos por conceitos que, para o entendimento humano, são excessivos (*überschwengliche Begriffe*) não podem ser constitutivos senão apenas reguladores" (*idem*, B 342). A passagem do *Nachlaß* mantém o mesmo sentido: os valores que orientam os juízos sobre a arte se fundam em um princípio regulador e, assim, nem podem ser automáticos, nem declaram a estrutura do objeto de que tratam. Daí seu risco inevitável de arbitrariedade. Daí a própria urgência de uma criticidade que acompanhe cada passo seu. (Ou, correlatamente, o reaparecimento de cada uma das normatividades que a história da crítica conhecerá – de ordem étnica, histórico-nacional, sociológica etc. – estará na dependência do olvido da criticidade.) Ora, como vimos, essa criticidade não era menos acompanhada por um veio contrário. Não dizemos simplesmente que a teoria da crítica que Schlegel empreende tenha sido prejudicada por sua aspiração de uma nova e harmonizante mitologia. Dizemos sim que foi por ela cortada, neutralizada e, afinal, abolida. Vejamos o caminho do antagonista.

Também caminho contraposto à criticidade se origina do que pensa sobre o indivíduo. Dois fragmentos merecem atenção, os de nº 116, da primeira, e 414, da segunda série:

> Diz-se que os alemães são o primeiro povo do mundo no que concerne à excelência do sentido artístico e do espírito científico. Certo; só que há muito poucos alemães (KF, 161)

> Se há uma Igreja invisível, é a do grande paradoxo inseparável da moralidade e que não se deve confundir com o apenas filosófico. Homens, bastante excêntricos para que sejam e se tornem gravemente virtuosos, se compreendem em todas as partes, se encontram sem dificuldade e formam uma oposição silenciosa contra a imoralidade reinante, que se transveste mesmo em moralidade. Um certo misticismo de expressão, que, ligado a uma fantasia romântica e ao sentido gramatical, pode ser algo muito bom e atraente, serve-lhes com freqüência de símbolo de seus belos mistérios (AF, 243-4)

A expressão cristã 'Igreja invisível' faz sua única entrada nestas séries antes marcadas pela irreverência. Mas seu destaque é capital porque se lhe confia congregar os novos eleitos que o fragmento 161 de KF refere. Para entender-se a ligação que fazemos será preciso que se veja além da ironia que impressiona na primeira leitura do 161. A excepcionalidade alegada dos alemães é aceitável, diz o fragmento, desde que se note que eles são poucos. Mas serão poucos por que a Germânia é pequena? Esta é a chave da ironia e a maneira de ir-se além. Não é uma razão geográfica que torna poucos os alemães, senão que é pequeno o número dos que têm as qualidades louvadas.

O fragmento 414, da segunda série, por sua vez estende a presença destas almas de escol para além da Germânia. Ademais, os torneios, "um certo misticismo de expressão", "uma fantasia romântica" e a posse de "sentido gramatical" tornam evidente o cosmopolitismo romântico desta aristocracia do espírito. Como legítima aristocracia, também esta despreza o mundo material. Assim, em óbvia consonância com o que já lêramos em Novalis, o fragmento 410 da segunda série afirma que 'o cotidiano, a economia são o suplemento necessário das naturezas que nada têm de universal" (AF, 243).

A "Igreja invisível" pois sofre um deslocamento significativo: não congrega os cristãos mas sim os homens de espírito ou, o que é tomado por equivalente, os românticos.

Fragmentos que seriam irrelevantes assim assumem um realce surpreendente. O objeto poético, que fora iluminado pelo investimento crítico, agora serve de meio para a legitimação de uma certa elite. Fora da aristocracia de sangue, o intelectual justifica seu direito à superioridade. Ao percebê-lo, verificamos que – do ponto de vista da compreensão da obra do autor, ainda que não de sua teoria da crítica – sua idéia da fusão da poesia, da ciência e da filosofia não pode ser descurada. Sua busca não estava apenas a serviço de uma abstrata cosmovisão metafísica, de uma nova Lei tranqüilizadora, mas sim da legitimação de uma nova aristocracia; de uma aristocracia que representaria a nata de uma humanidade divinizada. Neste contexto, outro fragmento "irrelevante", o de nº 262, mostra sua tremenda seriedade: "Cada homem de bem torna-se cada vez mais Deus. Tornar-se Deus, ser homem, cultivar-se (*sich bilden*) são expressões que se equivalem (*die einerlei bedeuten*)" (AF, 210).

O fragmento 406, por fim, comprova que não é a própria interpretação que estaria forçando o elo entre arte, artista e respaldo religioso:

> Se todo indivíduo infinito é Deus, então há tantos deuses quanto são os ideais. Também a relação do verdadeiro artista e do homem verdadeiro com seu ideal é por completo uma religião. Aquele para quem este serviço divino interior é meta e ocupação de toda a vida é um sacerdote. Aquilo que cada um pode e deve se tornar (AF, 242)

Ora, todos os últimos fragmentos referidos são contemporâneos dos precedentes. Não se pode pois imaginar que representassem alguma mudança. É forçoso concluir que, em Schlegel, a criticidade é acompanhada de uma aristocrática artisticidade, entendida como a condição indispensável para ingressar-se em uma Igreja "alternativa".

A conclusão é por sua vez reforçada por curiosa carta que Schlegel envia a Novalis em 2 de dezembro de 1798. Em explicação mais cabal do anúncio de que queria "escrever uma nova Bíblia", contida em carta ao mesmo destinatário, de 20 de outubro do mesmo ano, Schlegel agora acrescenta: "Meu projeto bíblico não é literário senão que bíblico, absolutamente religioso. Penso em fundar uma nova religião; ou melhor, em ajudar a anunciá-la: então ela virá e vencerá sem mim" (Schlegel, F.: 1798 b, 4, 507).

Víramos que, em Novalis, a estetização privada implicava um encontro místico e independente de qualquer Igreja. Em Schlegel, a situação se torna mais complexa: *simultaneamente,* encontramos uma teoria que, pela criticidade, é uma verdadeira teoria da literatura, e a via que postula uma religião da arte. Elas são direções antagônicas porque a primeira é movida por um impulso progressivo, experimental e sem ponto de chegada, ao passo que a segunda afirma precisamente o encontro de uma meta, uma nova *religio* que absorveria o até então disperso e fragmentário e tornaria inútil e mesmo suspeito o criticismo. Mas também será correto acrescentar-se que a segunda corrente é motivada mesmo porque a primeira não consegue satisfazer a vontade de harmonia e unidade que buscava. Paradoxalmente, pois, a criticidade de Schlegel terminava por caminhar ao lado de uma estetização privada ainda mais radical que a de seu amigo: a que desaguava em uma nova *ecclesia*. Por isso afirmávamos que a criticidade de Schlegel se cumpria no curto entretempo em que a fantasiosa idéia de fundar uma nova religião não se convertia no ato mais pragmático de ele próprio se converter à Igreja já estabelecida.

Em síntese, a crítica tivera entre os *Frühromantiker* a extensão conhecida porque solo algum – instituição ou sistema intelectual vigente – lhes parecia satisfatório. Dirigindo-se a todas as frentes, a criticidade, sobretudo por Schlegel, concentrava-se porém na compreensão da arte da poesia. Deste modo Schlegel chegaria à fronteira do conceito decisivo para a especificidade do poético: seu caráter de ficcional, figura que, inscrevendo-se no cruzamento das escalas da verdade e do verossímil, dá a seu produto uma posição peculiar quanto à verdade: não podendo ser tomado como proponente de alguma verdade, ele se localiza em um lugar que possibilita a perspectivização das verdades aceitas. É neste sentido que dissemos que o ficcional é a condensação mesma do caminho crítico. Contra sua plena formulação, entretanto, se indispusera a existência de outra camada também presente no pensamento de Schlegel: a busca de uma unidade de sentido para o mundo, inequívoca, criadora de uma comunhão para os que a ela aderissem. Se essa camada já não era criticamente impulsionada, não tinha menos a arte como objeto de culto. A religião da arte, encarnação suprema do esteticismo "espiritual", i. e., não ainda mercadológico, foi, portanto, o terremoto destruidor da cidade da crítica.

9. O APAGAMENTO DA VIA CRÍTICA

Para a orientação do leitor, enumeremos alguns dados biográficos pertinentes.[17]

Em março de 1801, morre Novalis. Se bem que a aventura que levara à edição da revista *Athenäum* já estivesse encerrada, o desaparecimento do amigo, junto com a mudança do irmão para Berlim, leva Schlegel a compreender que não tem mais nada a fazer em Jena. Em abril, se dirige também a Berlim, acompanhando os passos do irmão, August Wilhelm. Tampouco aí consegue um meio de sobrevivência. Concebe então o plano de mudar-se para Paris, onde espera fundar

---

[17] Eles se baseiam no esboço biográfico apresentado por K. Peter (Peter, K.: 1978, espec. 50 - 66).

uma revista de alcance internacional. Parte de Berlim em janeiro de 1802 e passa por Dresden, Leipzig e Weimar. No fim de julho, estabelece-se em Paris com Dorothea Veit, a filha do filósofo judeu Moses Mendelssohn, com quem já vivia desde os anos de Jena. Suas bodas serão celebradas em Paris, em 1804. No entanto, o ambicioso projeto que o trouxera ao estrangeiro fracassa e a revista *Europa* que aí edita não lhe permite sequer a sobrevivência. O casal inicia o regresso. Em Köln, onde de início se fixam, Schlegel pensa em apresentar seu nome para o preenchimento de uma cátedra universitária. Outra vez, fracassa. Em 1808, ainda estando em Colônia, Friedrich e Dorothea se convertem ao catolicismo. No verão do mesmo ano, Friedrich dirige-se a Viena, onde espera a colaboração de amigos influentes para tentar a sorte que não conhecera na França. Em novembro deste ano, vencidas as dificuldades materiais, manda vir a esposa. No fim de março de 1809, comunica ao irmão que afinal conseguira um lugar na administração austríaca. Combina então as atividades políticas de jornalista defensor da guerra que a Áustria empreende contra Napoleão, eventualmente a prestar serviço diplomático sob Metternich, e a ser conferencista. Até à morte, em 1829, Schlegel será um apagado exemplar homem da ordem. Embora sua produção intelectual permanecesse incessante, seu brilho desaparecera, ao compor de acordo com o metro comum das obras escritas no início do XIX sobre a literatura.

Baste-nos uma rápida consideração das conferências que pronuncia em Viena, entre 27 de fevereiro e 20 de abril de 1812. Publicadas em 1815, com dedicatória a Metternich, traziam por título *História das antigas e novas literaturas* (*Geschichte der alten und neuen Literatur*). Desde a primeira conferência, as *Vorlesungen* acentuam a relação da obra literária com o espírito de nacionalidade. A obra poética já não é um particular que exigiria a fina compreensão de suas partes senão um bloco expressivo e ilustrativo da nação que a engendrara:

> Para o desenvolvimento posterior e para a plena existência intelectual de uma nação, o mais importante fator, do ponto de vista histórico e comparativo, consiste em que o povo tenha uma reserva de tradições nacionais. O mais admirável ofício da poesia é con-

servar e enaltecer estas tradições, sobretudo quando se perdem na distância da origem (Schlegel, F.: 1815, KA, VII, 15)

Poetas e filósofos de primeira grandeza são sempre raros; onde surgem, porém, são tomados com razão como prova e critério da força espiritual e da educação da nação a que pertenceram (*idem,* 17)

Sintomaticamente, a obra poética deixa de ser vista como produção e conquista para se tornar documento, testemunho e reverência. Os poetas se tornam os guardiães dos tesouros acumulados por seus povos. E, correlato à nacionalização da literatura, os termos teóricos se tornam decorativos. Chega a ser difícil de se crer que passagens semelhantes sejam do mesmo autor dos Fragmentos, do ensaio sobre Wilhelm Meister (1798) e do "Gespräch". Só por respeito à identidade civil, Friedrich Schlegel continua o mesmo.

O esquema expositivo das conferências é o mais adequado às expectativas de sua nobre platéia. A algumas páginas introdutórias, recheadas de clichês como os indicados, seguem-se as apresentações das literaturas nacionais. Serão ao todo doze conferências, que principiam com Homero e os gregos antigos, se estendem pelas literaturas latina, hebraica, persa e hindu – Schlegel já chegara a Paris profundamente interessado no Oriente – passam pela Idade Média, pelas literaturas modernas, onde a Espanha, por sua antiga unidade nacional e o conservadorismo de sua vida, agora aparece como exemplo e modelo, mostra-se ao lado da Itália, da França e da Inglaterra, e se encerram com o destaque, nas duas últimas, da alemã. Se bem que valorizadas por leituras que podemos supor de primeira mão, a síntese afasta-se do que não fosse o comentário ilustrativo. Não há sequer o que aí estranhar. O fio crítico fora conscientemente substituído por outra medida. O interesse maior de sua análise, que não nos propomos, estaria na verificação da metamorfose que sofrem as antigas categorias analíticas. O louvor da imaginação agora se conjuga à preservação do passado: o elogio de um Cervantes se funda em que a vida da Espanha que conheceu ainda continha traços cavalheirescos! E o louvor dos poetas contemporâneos ao autor do Quixote, em sua busca de "escapar da realidade estreita e ganhar uma abertura, um acesso ao domínio em que a fantasia pudesse se mover com liberdade" (*ibidem,* confer. XII, 274-5).

Não se deixe contudo de observar que essa concentração da fantasia no tempo passado, conquanto agora presidida por uma motivação político-pragmática antes ausente, prolongava uma raiz plantada desde a fase precedente. Como então víamos, o encarecimento do espiritual por Novalis e Schlegel justificava o desdém de ambos pela realidade prosaica – o cotidiano, as preocupações econômicas, tarefas para homens sem acesso ao universal.

O desdém pela vida material encontra seu *habitat* ideal na corte vienense que quintessenciava então a Europa conservadora. Dentro de seus quadros, o autor das *Conferências* procura se enobrecer, *adotando normas objetivas de julgamento.* Elas se baseiam no cristianismo e na moral do tempo. Um e outra se conjugam no repúdio da mitologia, sem que sequer Homero fosse poupado, porque tal mitologia, "nos tempos que nos são historicamente conhecidos, é merecedora de censura, não só porque se choca com conceitos morais particularizados senão porque sua visão era material, condenável e ímpia" (*ib.*, confer. II, 49). A antiga atração pela mitologia, que víamos alimentar a idéia de reconquista de uma concepção unitária, é agora repudiada em nome de um cristianismo reles, porquanto a poesia cristã "prescinde de uma mitologia particular e própria por causa de seu *fundamento natural* (*dagegen der natürlichen Grundlage*) (*ib.*, confer. XII, 284, grifo meu). Nada mostra melhor como a busca de um fundamento substancialista para a Lei, então sustentado pelo autor, do que a alegação com que se justifica a recusa do mitológico: o cristianismo dele prescinde porque tem um *fundamento natural.*

Cristianismo e padrões morais da boa sociedade são, portanto, os fundamentos sobre que se apóiam as normas objetivas deste último Schlegel. Ademais, elas encontram seu campo de eleição na investigação histórica. Não é esta, por certo, que é nova, senão os conceitos com que os fatos agora são lidos: a obra poética documenta os tesouros acumulados pelo povo a que pertence seu autor; mesmo por isso não há necessidade de penetrar na particularidade da obra; os valores cristãos oferecem a medida *natural* para os julgamentos *objetivos.*

Parecerá estranha a "atualidade" deste Schlegel? Não será ela obviamente mais nítida que o papel da criticidade que tanto encarecemos?

Por mais diverso que seja o padrão em que assenta esta fase não é menos evidente o esforço do autor em "salvar" algumas de suas pretéritas indagações. Romantismo permanece seu termo chave; só que agora cristianizado. O cristianismo teria encontrado na alegoria de sua visão cosmogônica o seu primeiro modo de expressão. O romantismo dele se diferenciaria porque tem por matéria a vida individual e por meta a sua purificação. Para tanto, contaria com a beleza simbolizada. Se, na primeira espécie, Dante é *il miglior fàbbro*, na segunda, Calderón é o modelo (cf. confer. XII, 285-6). Em um tom de absoluta seriedade, Schlegel não cristianiza menos seus conceitos. Em certas ocasiões, este esforço chega às raias da paródia. Assim, quando a propósito da linguagem das Escrituras alude à figura do hieróglifo. Schlegel compara a máxima (*Spruch*) hindu e hebraica, assinala sua semelhança e ressalta sua distinção: a irregularidade métrica do hebraico contamina sua construção mental, também irregular e de mais alto vôo imagético, "de modo que nas passagens mais ricas quase cada sentença forma um hieróglifo verbal (*eine Hieroglyphe in Worten bildet*) (*id.*, confer. IV, 109). Por uma espécie de dissociação da sensibilidade, Schlegel não se dá conta de que o comentário só seria válido – e na verdade então se tornaria precioso – se não estivesse obrigado, como seu critério *objetivo* impõe, a subordinar a passagem bíblica à função de confirmadora de uma doutrina preestabelecida. Que papel poderia desempenhar uma formulação complexa, como ele diria hieroglífica, que complica o doutrinariamente já estabelecido, senão o de ornamento embelezador? Que poderia ser ela além de uma ilustração? Ornamento e ilustração agora se tornam as funções asseguradas ao poético. Se o ornamento remete à estetização, e a ilustração à idéia do evento histórico como explicitação da *substância nacional*, seu elo então demonstra nada menos que a estetização da História, já aqui bastante evidente. Assim pois, na diminuição de seu perfil intelectual, Schlegel, muito mais do que indicar as desastrosas conseqüências pessoais de sua opção, desvenda a profunda mudança que, em apenas vinte anos, sofreu a reflexão sobre a literatura. A primeira teoria moderna da literatura se elaborou ao longo de apenas quatro anos (1797-1800)! Depois deste curtíssimo florescimento, a crítica, no sentido do horizonte aberto pelos três tratados kantianos, assumiu caminho bem diverso. Sua dissolução se exprime tanto pelo reaparecimento de critérios "objetivos", i. e., normativos, e predeterminados para o julgamento valorativo, quanto pelo papel de que agora a história literária se investe. Schlegel fora o primeiro a fazer da "história uma categoria determinante na reflexão sobre o belo" (Witte, B.: 1990, 71). Depois de sua conversão político-religiosa e especialmente nas *Vorlesungen*, "a função social da história literária é (...) percebida como uma contribuição à formação da identidade nacional, à medida que abre a via para uma nova compreensão de sua própria origem, interpretada a partir dos interesses políticos do historiógrafo" (*idem*, 76).[18]

O confronto desta função com o que dizia a passagem já citada de "Da essência da crítica" sobre o papel da História e da filosofia na constituição da crítica literária mostra com clareza que é *a história literária que se põe no lugar da crítica*. Ao fazê-lo, Schlegel se torna um dos precursores da historiografia literária, o máximo instrumento da legitimação do ensino da literatura, desde os tempos da Europa restaurada. Por certo, não estaria ele de acordo com um destes futuros historiadores, Gervinus, quando, em 1842, declara: "Os julgamentos estéticos sobre os objetos não me concernem, não sou um poeta, nem um amador das belas letras" (*apud* Witte, B.: *op. cit.* 77). Mas a divergência seria de superfície pois ambas as abordagens são comandadas por categoria que as *Vorlesungen* formulavam em seu final:

> O conhecimento verdadeiro porém consiste em ter uma visão e intuição de conjunto de todas as coisas e, então, no discernimento ou na distinção do que é correto (Schlegel, F.: 1815, VI, 412)

A totalidade é a categoria que permite à história literária substituir a crítica. Mas simplesmente dizê-lo ainda nos deixa aquém do que esse capítulo procurou encaminhar.

---

[18] Note-se que, para Bernd Witte, não haveria sequer mudança porque ele simplesmente não distingue momentos diferenciados em Schlegel (cf. Witte, B.: *op. cit.*).

A análise aqui efetuada conduziu à verificação de que, a partir da ambigüidade constitutiva da explicação kantiana da experiência estética, se originou uma bifurcação de caminhos: o estetizante e o propriamente crítico. Mostrou-se a seguir que a via crítica, engendradora da primeira teoria da literatura, teve curta vida. Sua substituição pela história literária nos permite por fim ressaltar o estreito elo que une a idéia de História que então prepondera com a estetização. (Caberá à história da literatura afastar-se do estético para enfatizar a nacionalidade).

Em ensaio recente, David Lloyd mostra o quanto a reflexão de Schiller se tornou paradigmática em um mestre da historiografia inglesa da segunda metade do século XIX, Matthew Arnold, e nas observações paralelas de Samuel Ferguson.

> Escrevendo nos anos de 1830 e 1860, respectivamente, Ferguson e Arnold têm à sua disposição uma configuração discursiva em que a filologia, a etnologia e a historiografia estão intimamente ligadas com critérios estéticos em uma maneira sobre a qual nunca lhes parece necessário refletir criticamente" (Lloyd, D.: 1984-5, 161)

Embora ambos os autores dedicassem seus esforços à consecução de uma meta que não seria imaginável em Schiller – a justificação da hegemonia inglesa – é em concordância com a postura deste que o estético oferece "*os critérios pelos quais o desenvolvimento formal é visto como a medida da maturidade política*" (*idem*, 147, grifo meu). Pragmatizada, a utopia schilleriana se converte na equação cultura – Estado e se conforma à legitimação imperial. E, no entanto, o ostracismo da criticidade e o domínio da estetização não prestam serviço apenas à subárea da história literária. Anteriormente ao ensaio de Lloyd, Hayden White já acentuara que a disciplinarização da História e sua legitimação acadêmica foram acompanhadas de seu descarte do sublime em favor do belo:

> (...) Tanto para a Esquerda como para a Direita, esta mesma estética do belo preside o processo em que os estudos históricos se constituíram como disciplina academicamente (*scholarly*) autônoma.

> Exige pouca reflexão perceber que o esteticismo é endêmico ao que é encarado como a atitude própria face aos objetos do estudo histórico, na tradição derivada de Leopold von Ranke e seus epígonos, a qual representa a coisa mais próxima de uma ortodoxia que a profissão possui. Para essa tradição, qualquer que seja a 'confusão' contida no registro histórico, ela é apenas um fenômeno de superfície (...). Se essa confusão não é redutível ao tipo de ordem que uma ciência dotada de leis poderia impor sobre ela, pode entretanto ser domada por historiadores dotados da espécie correta de compreensão. E, quando essa compreensão é submetida a análise, sempre se revela ser de natureza essencialmente estética" (White, H.: 1982, 70-1)

A passagem de White se fez obrigatória não só porque explicita a conexão com o factualismo nacionalista do modelo historiográfico como porque relaciona a predileção concedida ao belo com a tranqüilidade resultante da crença de que também o mundo humano seria governado por leis ou por algo próximo de sua estabilidade.

Interessamo-nos por Schlegel na busca de entender por que a primeira teorização da literatura teve uma duração tão pequena, de localizar suas dificuldades internas e externas, para que então tentássemos o solo para um outro uso da criticidade.

III
Kafka: diante da lei

> *Sou fim ou começo*
> (KAFKA, 25 de fevereiro, 1918)

1. PREÂMBULO

Franz Kafka não poderia haver imaginado a fama que hoje o cerca. Morto em junho de 1924, um mês antes de completar 41 anos, além das colaborações em revistas e almanaques literários, podia ser conhecido por sete pequenos livros (*Betrachtung*, de 1913, contendo 18 relatos, *Der Heizer*, também de 1913, *Die Verwandlung*, de 1915, reimpressa em 1918, *In der Strafkolonie*, de 1919, *Ein Landarzt, Kleine Erzählungen*, contendo 14 relatos, de 1919, *Ein Hunger Künstler. Vier Geschichten*, de 1924), de que o mais extenso, *Betrachtung*, não chegava a ocupar 100 páginas.[1] Considerando esta escassez, sua recepção, se bem que não numerosa, cabendo em pouco mais de 150 páginas (cf. Born, J.: 1979), e, em sua maioria apenas polida e formal, apresenta exceções surpreendentes. Ela revela que, em vida ou um pouco depois de sua morte, Kafka, ao contrário do que se costumou dizer no início de seu renome, não era um mero desconhecido. Consideremos o teor de sua recepção inteligente.

Em 1916, Oskar Walzel publica no *Berliner Tagebücher*, uma resenha sobre *Der Heizer (O foguista)*, fragmento do que será depois capítulo de *Die Verschollene (O desaparecido)*, e *Die Verwandlung (A meta-*

---

[1] Para a relação completa do que publicou em vida, inclusive os trabalhos técnicos para a *Companhia de seguro de acidentes de trabalho (Arbeiter-Unfall-Versicherungsanstalter)*, cf. Dietz, L.: 1965, 85-113. Para a datação da composição de seus textos, cf. Pasley, M. e K. Wagenbach: 1965, 55-83.

morfose). Walzel dava prova de incrível agilidade crítica ao aproximar *Der Heizer* da narrativa de Kleist. "O pequeno relato", escreve na própria abertura de seu mini-ensaio, "tem algo de kleistiano" (Walzel, O.: 1916, 33). E não se limitava a intuí-lo. Comparando os procedimentos kleistiano e kafkiano com o modo dos românticos alemães (Arnim, Chamisso, Hoffmann) de conduzir o assombroso, distingue o passo lento com que os últimos aclimatam o leitor ao surpreendente da rapidez magnética preferida por Kleist e Kafka. "Com a primeira frase, Kafka lança o leitor dentro do assombroso" (*idem*, 36). A diferença de tratamento não indica tão-só a ruptura do compromisso com a verossimilhança e com o papel de guia do leitor, como, e esse é o ponto que Walzel destacava, a abertura para tratar a personagem em frente externa e interna, enquanto percebida de fora e dotada de inconsciente. Para isso, o relato kafkiano não só lança o assombroso *ex abrupto* senão que, em vez de multiplicá-lo, o trata como um fato prosaico, trabalhando-o com o "padrão da marca da realidade", que, dizia o crítico com ironia, "poderia causar inveja a um naturalista" (*ibidem*, 37). "É como se toda sua (de Kafka) narrativa apenas portasse a representação de uma chave lógica *(eine logische Schlußkette)*" (*ib.*, 36-7) e todo o desenrolar "naturalista" fosse a sua conseqüência. Diante da própria leitura. Walzel se comporta reservada e ironicamente. Ele mesmo não poderia saber como, a partir do acerto da comparação com Kleist, já descobria em Kafka a tensão de que dependerá sua narrativa, entre, como logo se dirá, o traço onírico e o desdobramento realista. Tampouco poderia Walzel reconhecer a relação entre a rapidez do salto kafkiano no assombroso e o o recurso lógico-matemático que emprega – a "chave lógica" que referia. Podemos entretanto perceber no duplo efeito – seu achado crítico e sua reação irônica – o ponto de fricção que Kafka tão cedo provocava. O mais curioso é que esse duplo efeito reaparece, de modo autônomo, noutro dos que primeiro reconheceram a força de Kafka.

Na *Weltbühne*, nos números de 3 de junho de 1920 e 9 de março de 1926, Kurt Tucholsky, sob o pseudônimo de Peter Panter, trata de "Na colônia penal" e de *O processo*. Na resenha, retoma a comparação com Kleist, a que acrescenta a observação sobre o estrago que a lógica onírica provoca no tratamento da causalidade: "Este livrinho (...) é uma obra-prima. Desde o *Michael Kolhaas*, nenhuma novela alemã recalcou com força tão consciente a participação (*Anteilnahme*) interna aparente, a qual, no entanto, é tão disseminada, de seu autor. (...) E então a imagem se desloca e, em um nexo causal só compreensível em termos de sonho, o oficial liberta o condenado..." (Tucholsky, K.: 1920, 94-6). Como sucedera com Walzel, o resenhador é simultaneamente atraído e repelido por um texto cuja novidade bem percebia.

Ainda mais admirável é o espanto que reservaria para a edição da primeira grande obra póstuma de Kafka. Três pequenas observações são preciosas: "Evidencia-se que Joseph K. caiu em uma máquina gigantesca, na constante, laboriosa, bem azeitada máquina do tribunal" (Tucholsky, K.: 1926, 107); a relação de K. com tal máquina, diz a seguir, cumpre-se por "a mistura cruel da realidade mais cortante e do menos terreno" (*Unirdische*) (*idem*, 108). Que significa essa mistura? *O processo* não é "uma sátira à justiça, como tampouco *Na colônia penal* é uma sátira ao militar ou *A Metamorfose* uma sátira à burguesia; são imagens autônomas, não alusivas" (*ibidem*, 109).

Parece evidente haver uma contradição nas reações. O entusiasmo de Tucholsky esbarra em um ponto crítico: *Na colônia penal*, a simpatia interna (do autor) é combatida por uma força consciente; mas aquela simpatia irriga toda a obra. Por tal combate, a pequena novela não podia ser tomada como uma sátira aos militares, como se pode supor fosse do agrado do resenhador – que não escapará dos nazistas senão para morrer no exílio, já em 1935. Seu interesse por Kafka embaraça-se diante da pergunta: como seriam essas obras interpretáveis? Formula-se assim o que é o *embaraço* dos primeiros comentadores inteligentes de *Kafka*. Ele revela que souberam identificar a singularidade da narrativa em questão e que bem atinaram em que não se integrava ao modelo interpretativo habitual.

Uma última confirmação é fornecida por um ensaísta que, no entanto, dava outro rumo a seu comentário. Em "Über Kafka", Walter Muschg apresentava o escritor como "um mestre da pequena forma, do arabesco fantástico" (Muschg, W.: 1929, 101) e indicava um condicionamento histórico cuja fortuna será crescente: "A culpa da existência

(*Dasein*), primeiro sentida por escritores (*Dichtern*) e outros órgãos supersensíveis da criação, converteu-se, em nosso tempo, no ânimo fundamental de toda uma geração (...)" (Muschg, W.: *idem*, 104). A partir daí, procurava o ensaísta a compreensão analítica do objeto, em que destacava o que já não era novidade: a importância da cena onírica: "Os episódios presentes nesta obra, os espaços em que se dá, as figuras que neles assomam, a tormenta do medo e a beatitude por que passam são daqueles que se conhece apenas nos sonhos: inescapáveis e inesquecíveis. Kafka é um dos mais importantes exemplos dos copiosos e profundos efeitos que a psicanálise exerce em nosso tempo" (*ibidem*, 106). Muschg assim substituía a tensão em que se punham Walzel e Tucholsky por um modelo teórico, a psicanálise, que tanto pareceria ser suficiente que, durante certo tempo, se constituiria em sua praga daninha.

No mesmo ano de 1929, era publicado em *Die Literarische Welt*, de Berlim, a transcrição da conferência radiofônica que seu redator-chefe, Willi Haas, proferira em homenagem a Kafka, no quinto aniversário de sua morte.

Para caracterizar a obra em questão como uma "narrativa mística", poder-se-ia supor que Haas apenas difundia a interpretação religiosa promovida por Max Brod. Nada mais falso. A mística a que Haas se refere ligava-se a uma experiência religiosa profundamente negativa. Para Haas, o mundo de Kafka contém dois poderes, um sobre o homem, cuja característica é a graça, e outro sob, que atua pela falta de misericórdia e pela condenação. A diferença entre os poderes é contudo apenas espacial – o primeiro, exposto em *O castelo*, o segundo em *O processo*; na verdade, atuam em íntima consonância. O poder superior é tão cruel, felino e ardiloso com as vítimas quanto o poder inferior:

> (...) Ambos os mundos são um labirinto sombrio, empoeirado, estreito, mal ventilado, de escrivaninhas, escritórios, quartos de espera, com uma imensa hierarquia de pequenos e grandes, muito grandes e inacessíveis funcionários e auxiliares, escriturários, advogados, e colaboradores e mensageiros, que, aparentemente, atuam como uma paródia de um corpo de funcionários ridículos e sem sentido" (Haas, W.: 1929, nº 35, 3)

Pois Kafka teria uma sensibilidade religiosa que o tornaria "o único descendente legítimo de Kierkegaard e Pascal". Mas descendente à beira da blasfêmia, porquanto seu motivo religioso básico seria de que "diante de Deus, *o homem está sempre errado, mesmo se, diante do homem, também Deus está errado*" (*idem*, 4, grifo no original). Haas justifica a equivalência das faltas divina e humana recordando a exigência do sacrifício de Isaac. A relação de Deus com Abraão seria incompreensível se a divindade não se mostrasse, por sua conduta, de certo modo, um Deus degradado – "... der Gott [...] schon gewissermaßen, ein erniedrigster Gott" (*ibidem*, 4). Kafka é, portanto, um poeta "judeu-fáustico", cujas fontes, Haas não pretende que conscientes, seriam "mitos primitivos, orientais, quase incompreensíveis mesmo para os judeus de agora" (Haas, W.: 1929, nº 36, 6).

A alusão a um fundo místico remoto far-se-á igualmente presente em ensaio que Walter Benjamin dedicará a Kafka. Como ainda sucederá com Benjamin, Haas contudo não se contenta com esse deslocamento abissal, pelo qual reencontra "antiqüíssimas cerimônias e intuições semíticas" (*idem*, 7), senão que as traz ao contemporâneo:

> Esta onirização e, ao mesmo tempo, esta misteriosa precisão mecânica, a realizar-se com perfeição mas distante de qualquer funcionamento causalista, este mundo onírico mecânico, em que tudo se conecta funcionalmente, mas em absoluto desacordo com a lei do entendimento humano, é o traço característico do mundo e da arte de Kafka (Haas, W.: 1929, nº 37, 7)

Não há exagero em dizer-se que, sendo uma das primeiras, esta é uma das mais notáveis compreensões de Kafka, estranhamente pouco referida nos estudos especializados.[2]

Se esta era a situação até o final dos anos de 1920, em troca, sobre o momento de agora, um de seus especialistas pôde escrever que "a cada ano se publica sobre Kafka mais literatura crítica do que sobre qualquer outro escritor, exceto Shakespeare" (Corngold, S.: 1988, 24).

---

[2] Para uma apreciação crítica da recepção e da bibliografia sobre Kafka, cf. Beicken, P. U.: 1974, espec. 21-33.

Motivos diversos se acumulam na avalanche – desde o estritamente comercial, passando pela premência acadêmica de teses e ensaios, até o intelectualmente legítimo de tentar um caminho nesta *selva selvaggia*. O resultado é a formação de um aglomerado industrial, de uma *Kafka Industrie* que encheria de espanto, agrado e surpresa o velho Hermann Kafka. Em sua melancólica e agressiva ironia, Adorno constata que o escritor se converteu em um "escritório de informação sobre a condição humana" (Adorno, T. W.: 1967, 245).

A proximidade entre sua obra e sua biografia, o pronto acesso a diários e cartas, as inúmeras traduções de seus relatos, a inequívoca, se bem que não menos enigmática, relação com os dilemas do mundo contemporâneo, favorecem uma curiosidade com freqüência estéril, senão até negativa e desastrosa, ora porque apenas positivista, como as discussões favoritas dos filólogos, a partir de Hermann Uyttersprot, sobre qual seria a verdadeira seqüência dos capítulo de *O processo*, ora porque empenhada na mera ilustração de alguma tese. Através de "Um artista da fome" ("Ein Hungerkünstler"), o próprio Kafka ironizara o que seria seu destino, tendo tido a sorte de morrer antes de o público haver-se cansado de sua *performance*.

Este estado de coisas é relembrado para que se declare o propósito desta abordagem. O Kafka de que nos ocuparemos é de limites restritos: o que assina aquela parcela que nos permite pensar no questionamento do estatuto moderno da ficção. Por essa meta, procuraremos conjugá-lo ao argumento central a este livro – a questão da Lei sob o primado da subjetividade individual – e ao tema sub-reptício que o tem alimentado: a questão do controle, nos tempos modernos.

Se é louvável que aquele que escreve diga o que se propõe, não lhe será menos recomendável a cautela de não converter seu objeto em mera ilustração de uma hipótese. A interpretação de uma obra corre o risco de se tornar uma prática "industrial" quando se lamina a matéria-prima para que caiba nas especificações exigidas para o produto. Já foi assim que se passou a ter um Kafka freudiano, outro heideggeriano, um religioso, se não místico, um Kafka revolucionário ou o que mais seja. Não se diz que sejam apropriações arbitrárias, senão que desprezam a "irregularidade" do objeto e ignoram sua pluralidade ficcional. Se é comum a acusação de a crítica ser em geral reducionista, não é por sabê-lo que deixa de sê-lo.

2. Kafka e a literatura

Contemporâneo da fase heróica das vanguardas, Kafka tem da literatura uma visão bem diversa da que as vanguardas favoreciam. Desde o dadaísmo, a disposição básica das vanguardas consistira em romper com a territorialidade assegurada às artes e à literatura. Reservada aos instantes de ócio e ao espaço dos museus, a arte se afastara do cotidiano para se confundir com uma atividade suntuária e reforçadora de *status*. Quer nos salões da antiga aristocracia freqüentados por Swann, quer nas dependências da riqueza suspeita de Gatsby, os objetos de arte se confundiam com os símbolos do luxo e da vida despreocupada. Independente das posições políticas que viriam a assumir, para os vanguardistas se tratava de reinvestir de liberdade o traço, o som e a palavra, de romper diques e comportas que diferenciavam e limitavam o produto de arte, de trazê-lo de volta à praça pública e ao cotidiano. A palavra em ordem aleatória do poema dadaísta ou exposta ao fluxo das associações dos surrealistas ou a introdução de matéria vil, como o recorte de jornal, na superfície do quadro ou a introdução do urinol no espaço do escultórico eram o homólogo daquele gesto libertário. Se há pouco mais de cem anos, Kant pudera pensar no juízo estético a partir da reflexão sobre a moral, para os jovens vanguardistas já se tornava impensável qualquer ligação entre arte e moral. Tal prolongamento era tido por efeito do farisaísmo que buscava conciliar o inconciliável: o apito das fábricas com a harmonia dos acordes, as lúgubres concentrações urbanas com a tranqüilidade do *déjeuner sur l'herbe*.

Encarada do ponto de vista das vanguardas, a atitude de Kafka é tímida e provinciana. Não se diz que a sua obra fosse contrária, alheia ou indiferente ao experimental. É evidente seu débito ao expressionismo. Mas ainda não é de sua obra que aqui se fala senão de sua atitude perante a literatura. Pode-se supor que, para Kafka, a literatura se punha em um patamar anterior e mais elementar do que aquele em que cogitavam os vanguardistas. Os vanguardistas tomavam suas personalidades como veículo para uma produção agressiva. Em Kafka, ao invés, a literatura não se afasta da busca de fixar a imagem interior:

> O sentido para a apresentação de minha vida interior, que tem algo de onírico (*traumhaft*), fez tudo mais retroceder ao acessório, se atrofiou de maneira terrível e não cessa de se atrofiar. Nada diverso poderá jamais me satisfazer (Kafka, F.: T., 6 de agosto, 1914, 306)

Se bem que a afirmação deva ser posteriormente nuançada, ela capta mais do que um estado de espírito passageiro. Tomar a própria individualidade como matéria essencial para a escrita era considerar-se um solo, conquanto oniricamente flutuante, estável. O juízo não muda mesmo se acrescentarmos que este solo estável podia ser tão transtornado como o de Artaud, pois não estamos considerando a questão em termos psicológicos senão que expressivos. Em Kafka, a demanda da literatura não se enraíza senão no circuito de si mesmo. A seu propósito, poder-se-ia mesmo falar em um extremo egoísmo "neurótico": nada é visto sem que passe para sua inscrição interna. Mas dizê-lo é demasiado pouco; a qualidade própria desta internalização consiste na metamorfose que operará; por ela, o obsessivo olhar para dentro se transformará em objeto, o idioleto do eu em linguagem para o outro. Por ora, apenas anunciamos a transmutação e nos limitamos a assinalar o intenso comércio entre a obsessiva introspecção e a não menos obsessiva procura da palavra.

Para Kafka, a literatura é um absoluto. Como dizia em carta de 30 de novembro de 1912 a Felice: "Escrever mal, dever contudo escrever, se não se quiser abandonar-se ao desespero completo" (Kafka, F.: BF, 142). E a ansiosa fixação volta a ser referida em carta datada de 11 para 12 de dezembro, do mesmo ano:

> (...) Agora à noite tive oportunidade de escrever, o que toda minha natureza pedia, se não diretamente, com um desespero interno crescente, mas só escrevo o estritamente bastante para suportar o outro dia (...) (BF, 176)

A relação amorosa entre Kafka e Felice poderia ser comparada a um sistema de tráfego com duas mãos. Na direção Kafka → Felice, circulam dejetos, o processo físico da descarga; na direção oposta, Kafka recebe de Felice alimentos, o processo químico do fortalecimento. As atestações que apresentamos apenas dão conta do primeiro percurso. As outras devem vir depois.

Para Kafka, o ato de escrever é uma urgência de resgate e liberação: "Não escrevi nada hoje e, tão logo deixo o livro de lado, sou imediatamente assaltado pela insegurança que, como um espírito mau, segue-se a não escrever" (BF, 254). E, se a página não é composta, a mudança dos dias não abranda a insistente exigência. Se não é a Felice que a descarga se dirige, é ao próprio Diário:

> Como não sou outra coisa senão literatura e nada posso ser ou quero de diverso, meu emprego nunca pode me monopolizar, embora bem possa me arruinar (T., 21 de agosto, 1913, 233)

Mais do que medusina divindade, a literatura antes se compararia a um torvelinho voraz que, a tudo o mais expelindo, não aspirasse a tragar senão a alma do devorado. Perante o olhar imantado da terrível divindade só há entrega ou perdição. Por isso a tudo renuncia em favor do branco da página:

> Quando se tornou evidente a meu organismo que escrever é a direção mais fecunda de minha natureza tudo para aí foi puxado e esvaziou todas as capacidades que se voltavam para as alegrias do sexo, do comer, do beber, da meditação filosófica, da música. Emagreci em todos esses sentidos. Era necessário porque, somadas, minhas forças eram tão poucas que só assim reunidas podiam servir regularmente à meta de escrever" (T., 3 de janeiro, 1912, 167).

Por isso quer o trabalho no escritório, quer na fábrica de que o pai o faz sócio lhe é um estorvo inarredável. Diz de um: " Tenho assim de expulsar meu trabalho burocrático desta comunidade para que (...) comece minha verdadeira vida" (*idem*, 168); e do outro: "Este esforço nulo empregado em prol da fábrica roubar-me-ia (...) a possibilidade de usar em meu favor as poucas horas de que disponho pela tarde, o que levaria necessariamente à completa destruição de minha existência, que, mesmo sem isso, cada vez mais se restringe" (*ibidem*, 28 de dezembro, 1911). O escritório e a fábrica não são menores contratempos do que a própria vida em família ou a vontade de constituir a sua própria. Em 9 de março de 1914, *antes* pois da oficialização e da ruptura de seu noivado, anotava no Diário:

> Não pude então me casar. Por mais que amasse Felice, tudo em mim se revoltava contra o ato. Foi sobretudo ter em conta o meu trabalho literário que me impediu, pois acreditava que esse trabalho estava em perigo com o matrimônio (T., 266)

Mentalmente, Kafka se antecipava ao que ainda daria muitas voltas, antes de suceder em sua vida real. A "decisão", ali anunciada, contudo continuava um processo que já se mostrava à vista no balanço dos prós e contras o casamento, que faz em 21 de julho do ano anterior:

> A união com F. dará mais força de resistência à minha vida. (...) Odeio tudo o que não concerne à literatura; as conversas (mesmo as que se relacionam com a literatura) me entediam; entedia-me ter de fazer visitas; as tristezas e alegrias de meus parentes me entediam até à alma. As conversas tiram a importância, o caráter sério, a verdade, de tudo que penso. – Medo de me ligar, de atravessar a margem. Nunca mais então estarei sozinho (T., 227-8)

Pelo dilaceramento, Kafka sente-se próximo da loucura. Perdido o absoluto literário, que alimentava a própria exigência absoluta? Assim, afirmará em carta a Felice de 13 de julho de 1913: "*Quero apenas atravessar as noites escrevendo. E morrer por isso ou enlouquecer, também o quero, desde que é a conseqüência necessária e há muito esperada*" (BF, 427).

No mesmo sentido, muitos anos passados ainda anotará:

> Escrever mantém-me vivo; não é mais correto, contudo, dizer que mantém essa maneira de viver? Com isso naturalmente não acho que minha vida seja melhor quando não escrevo. Ao contrário, é então muito pior e, insuportável, deve terminar na loucura. Mas, em todo caso, apenas sob a condição, como de fato é o caso, mesmo se não escrevo, de que sou escritor e um escritor que não escreve é, por certo, um absurdo que desafia a loucura (B., carta a M. Brod, 5 de julho, 1922, 385)

O elo com a loucura não será ainda próximo do que admite quando se lhe toma como oposta à fixação na literatura? É o que admite passagem de humor levemente negro de carta a Milena (4 de agosto de 1920): "Recentemente, um leitor do *Tribuna* me disse que eu teria feito estudos aprofundados no manicômio. 'Apenas no meu próprio', respondi-lhe, com o que me felicitou por meu 'próprio manicômio'" (BM, 183). Embora o traço de humor seja freqüente em Kafka, mesmo dentro das situações mais angustiadas, é em tom antes sombrio que zombeteiro que a conexão entre loucura e obsessão literária é reiterada a Robert Klopstock, o amigo dos últimos dias:

> Neste entretempo, depois de açoitado por acessos de insanidade, comecei a escrever; essa escrita é, para mim, da forma mais cruel para os que me rodeiam (inaudita crueldade, disso não falo) a coisa mais importante sobre a terra, algo como para o louco o seu delírio (se ele o perdesse, tornar-se-ia 'louco') ou como para a mulher a sua gravidez (B, 431)

A dupla conexão que o afã literário mantém com a loucura – escrever é o que a escoa e a maneira de não se confundir com ela – reaparece no plano das imagens religiosas. Assim, em carta a Felice, de 14 de agosto de 1913, conta-lhe a história de um padre cuja sonora voz não era senão a voz do demônio e acrescenta: "Semelhante, muito semelhante é a relação entre mim e a literatura, com a única diferença de que minha literatura não é tão doce como a voz daquele homem" (BF,

444 – 5). Na maioria das vezes, porém, sua paixão por escrever é referida como o único meio de que dispõe para salvar-se: "O mundo espantoso que tenho na mente. Mas como me libertar e libertá-lo sem destruir. Mil vezes é melhor destruí-lo do que conservá-lo e enterrá-lo em mim. Estou aqui para isso, é bem claro" (T., 21 de junho, 1913, 224). A palavra 'missão' ou 'vocação' paira sobre o contexto. A obsessão kafkiana com a literatura parecia fazer parte de um processo, não importa que *sui generis*, de conversão salvadora. Sem recusar o que possa haver de religioso em seu trajeto, alerte-se desde agora que esta seria uma verdade apenas parcial. Que resgate afinal opera em Kafka a literatura? Recorde-se a propósito o tom incisivo da afirmação contida na projetada carta a ser remetida ao pai de Felice, e que nunca o foi: "Meu emprego me é intolerável porque contradita meu único desejo e minha única vocação (*Beruf*), que é a literatura (T., 21 de agosto, 1913, 233).[3]

A frase condensava um grito de socorro dirigido ao sr. Bauer, a quem implicitamente solicitava que desfizesse um compromisso que o próprio missivista não tinha coragem de romper.

Que salvação a literatura poderia lhe oferecer a ponto de por ela sacrificar os deveres comunalmente mais corriqueiros? Destaque-se passagem cujo tom de algum modo eufórico nele é tão raro. Na entrada, tantas vezes citada, do dia seguinte à composição de "O Julgamento" ("Das Urteil"), Kafka observa:

> A convicção confirmada de que, com a escrita de meu romance, me encontro no mais baixo e vergonhoso ponto (*in schändlichen Niederungen*) da literatura. *Apenas assim* se pode escrever, apenas em tal conexão, com tal plena abertura do corpo e da alma (T., 23 de setembro, 1912, 214-5)

Mesmo quando escreve em condições que lhe parecem ideais, seu resultado não o incorpora senão ao plano mais baixo da literatura. O teor nada depressivo de toda a passagem não permitiria que se em-

---

[3] Embora esta reedição não acolha a bibliografia crítica posterior a 1993, abre-se uma exceção para a magnífica biografia da autoria de Reiner Stach: 2004.

prestasse à localização um sentido autodepreciativo; antes mostra a intuição do solo em que sua escrita opera. E a associação que lhe parece natural com Freud – "lembranças de Freud, naturalmente" (*Gedanken an Freud natürlich*) – indica que tal ponto se conecta com sua vida interior. A "vocação" (*Beruf*) a que Kafka se sente convocado não se materializa em um produto sublime e luminoso que se costuma entender como o mais alto da expressão literária. Sua missão não põe em cena o Deus de seu povo, Jeová, mas ao invés aquele cujo conhecimento é dificultado por anjos maus, o Deus dos gnósticos.

Não se cogita por certo de "converter" Kafka ao gnosticismo, senão de acentuar a marca comum que aproxima o escritor e a corrente. Ao que saibamos, foi Erich Heller quem primeiro relacionou a obra de Kafka, mais especificamente *O castelo*, com o pensamento gnóstico (cf. Heller, E.: 1975, 223).[4] De Heller contudo escapava que, na correlação, ainda se instalava uma diferença: "No gnosticismo, há um Deus forasteiro, totalmente transcendente e o adepto, depois de consideráveis dificuldades, pode encontrar o caminho de retorno à presença e plenitude. O gnosticismo é por isso uma religião da salvação, embora a mais negativa de todas as visões salvadoras. A espiritualidade kafkiana não oferece esperança de salvação (...)" (Bloom, H.: 1989, 167). Com o que ainda mais ressalta a incrível intuição de Willi Haas.

A retificação ajuda a entender-se melhor a aproximação que, para Kafka, a literatura apresenta com o demônio, i. e., sua conexão com o que aturde e desagrega. Contudo nem mesmo essa ênfase no *religiosamente negativo* apresenta a direção satisfatória para o entendimento da obsessão com a literatura. Ela teria mesmo o risco de emprestar à obra de Kafka um significado potencialmente unívoco. A simples consideração de seus escritos privados o desmente.

Passagem da carta de 16 de junho de 1913 a Felice apresenta a cena:

> Só o que tenho são certas forças, que, em uma circunstância normal, se concentram em uma profundidade inacessível à literatura,

---

[4] "O castelo do romance de Kafka é, por assim dizer, a guarnição pesadamente fortificada de uma companhia de demônios gnósticos, sustentando com êxito uma posição avançada contra as manobras de uma alma impaciente" (Heller, E.: 1975, 223).

> nas quais, em meu presente estado profissional e físico, não ouso confiar, pois a todos os reclamos internos se opõem ao menos outras tantas advertências internas. Pudesse nelas confiar e de fato me libertariam uma vez por todas, disso estou certo, de toda a desolação interior (BF, 400-1)

A esta altura da exegese já seria redundante insistir-se em que a indecisão é o traço constante na busca de Kafka por uma definição existencial. Baste assinalar que a figura do pai é peça indispensável na economia da indecisão. Assim a entrada de 14 de dezembro de 1911 refere uma das muitas discussões em que o velho Hermann o recrimina por não se empenhar com a fábrica. Em vez de queixas e recriminações com a incompreensão paterna ou com seu pragmatismo, o memorialista se declara surpreso com que, horas passadas, considere "que deveria estar muito contente com minha situação atual e que deveria me guardar de dedicar todo meu tempo à literatura. (...) Negava-me a capacidade de poder usar todo o tempo para a literatura" (T., 140). Dois dias depois, a reflexão se desvincula de seu motivo imediato e se desdobra em apreciação crítico-objetiva:

> Quando uma educação intelectualmente desordenada, que tem apenas a coesão suficiente e indispensável para uma existência insegura, é de repente obrigada ao trabalho temporalmente limitado, portanto, necessariamente enérgico, de se desenvolver e tomar a palavra, a conseqüência é apenas uma resposta amarga, em que se misturam o orgulho, pois só se pode suportar o resultado com todas as forças não empregadas, um pequeno retorno ao saber que logo desaparece, (...) e, por fim, o ódio e a admiração dos que o rodeiam (T., 141)

A frase densa e enredada cria um labirinto para a constância da indecisão. Provavelmente, o memorialista se referia ao próprio trabalho intelectual e ao desagrado com que o encarava. O enunciado busca uma causa e se emaranha numa constelação de efeitos gerados em si ou nos outros. A conseqüência é o aumento da paralisia.

No mesmo sentido, opera a própria permanência em Praga. Se a cidade lhe desagrada e chegara a pensar, no início de sua vida profissional, que a companhia poderia prepará-lo para assumir um posto na América Latina ou, em caminho mais curto, para que se instalasse em Berlim, só no fim da vida, em uma conjuntura bastante desfavorável, Kafka ousaria a mudança. Se a idéia de abandonar a casa paterna e responsabilizar-se por sua própria família também lhe parecera uma maneira de concentrar sua força dispersa, por outro lado sua correspondência com Felice evidencia sua busca de convencê-la de sua inadequação para o matrimônio. E, como Felice demora a se convencer e o velho Kafka já ocupava, na economia psíquica do filho, o papel de quem estimulava sua indecisão, cogita de motivar a interferência do pai de Felice. Mas, em vez de lhe enviar a carta, tê-la entregue a Felice parece uma prova a mais de sua necessidade de manter a indecisão. Como se, apesar de sua angústia e desespero, só desejasse seu prolongamento. Contudo passagem da carta não remetida oferece uma melhor visão do quadro:

> A sua filha, cuja natureza de moça saudável a destinou a uma efetiva felicidade matrimonial (*zu einem wirklichen Eheglück*), haverá de viver junto a tal tipo de homem? Terá de suportar uma vida monástica com um homem que, embora a ame como nunca amara alguém mais, por conta de sua decisão irrevogável, passa a maior parte do tempo em seu quarto ou a caminhar sozinho? (BF, 28 de agosto, 1913, 457)

A alusão à sua incapacidade de oferecer à noiva uma verdadeira vida matrimonial perde seu eufemismo se a superpusermos a outros documentos. Dois são suficientes. Um ano depois de haver conhecido Felice, sob o impacto de sua impressão, Kafka anotava em 14 de agosto de 1913:

> O coito como castigo da felicidade de estar junto. Viver o mais asceticamente possível, mais asceticamente que uma pessoa solteira, é a única possibilidade para que eu suporte o casamento. Mas ela? (T., 231)

Não será sequer necessário explicitar a referência ainda velada na carta ao pai da noiva. Sem nenhuma reserva, Kafka declara em carta a Felice, de 1º de abril de 1913:

> Meu único medo – nada pior de ser dito e ouvido – é que eu nunca possa te possuir (*daß ich Dich niemals werde besitzen können*). Que, no melhor dos casos, deva me limitar, como um cão de cega fidelidade, a beijar tua mão distraidamente a mim oferecida, o que não seria uma prova de amor mas do desespero do animal condenado ao silêncio e à eterna distância (BF, 351-2)

Julgando-se incapaz de funcionar sexualmente no casamento, a idéia da união estável não deixa porém de persegui-lo. Testemunha-o seu futuro noivado, em 1919, com Julie Wohryzek, suas relações com Milena Jesenská e com Dora Dymant, para não falar das não bem esclarecidas com Grete Bloch, amiga de Felice e talvez sua rival. Por suposto, a inibição sexual só ocorreria diante da mulher eleita.

O distúrbio é reiterado de modo ainda mais claro por dois trechos de carta a Max Brod, de meados de julho de 1916:

> No fundo, nunca tive uma relação íntima com uma mulher *(war ich noch niemals mit einer Frau vertraut)*, se excetuo dois casos, uma vez em Zuckmantel (mas ela era uma mulher e eu um jovem) e outra em Riva (mas ela era quase uma criança e eu completamente confuso e doente). (...) Nada me dava tanto medo como me encontrar sozinho com F. antes do casamento (B., 139-40)

Para alguém que se exprimia com tamanha nitidez e, ademais, era admirador de Freud, não se poderia cogitar que a natureza do sintoma fosse mal interpretada: é mesmo porque sabe não ser sexualmente impotente que Kafka mantém a tortura da indecisão. O alcance desta, no entanto, é ainda constatado em anotação de 14 de agosto de 1913. A reflexão que antecede à do coito como castigo tem por objeto a contradição que Felice nele provoca: "Deduções de "O Julgamento" aplicadas a meu caso. É a ela que indiretamente devo haver escrito o relato. Mas Georg morreu por causa da noiva" (T., 231)

A brevíssima anotação condensa o dilema provocado por Felice. "Das Urteil" ("O Julgamento") é composto dias depois de haver sido apresentado à berlinense; Kafka reconhece ter sido mobilizado por sua atração (cf. entrada de 11 de fevereiro, 1913, T., 217-8). Por outro lado, no relato o protagonista não é menos condenado por conta da existência da noiva. Felice, ao mesmo tempo, é sedução e ameaça, estímulo para a criação e iminência de desastre. A modesta berlinense, que nunca compreendeu o papel que desempenhara, não terá sido senão a catalisadora de um novelo previamente formado.

Muito embora tantas páginas de memória e de cartas sejam acessíveis, talvez nenhuma seja tão reveladora da maneira como Kafka via a constituição de sua individualidade que um fragmento de caráter autobiográfico, no entanto não editado como parte de seus diários senão em uma coletânea de textos diversos, *Hochzeitsvorbereitungen auf dem Lande und andere Prosa aus dem Nachlaß (Preparativos de boda no campo e prosa póstuma)*.[5] Na impossibilidade de apresentar todo o fragmento, restringimo-nos às passagens mais significativas:

> Cada homem é singular e chamado a agir em virtude de sua singularidade. É preciso contudo que tome gosto por sua singularidade. A julgar por minha experiência, tanto na escola como em casa se trabalhava para que a singularidade desaparecesse. Dessa maneira se facilitava o trabalho da educação e também a vida da criança, que, entretanto, antes devia amargar a dor provocada pela coerção. Um garoto, por exemplo, que chega à noite lendo uma história excitante, nunca compreenderá por meio de uma argumentação, restrita seu caso, que deva interromper o livro e ir dormir. (...) Essa era minha singularidade. Ela era reprimida fechando-se o gás e me deixando sem luz. (...) Eu sentia apenas a injustiça que me faziam; ia tristemente dormir e se desenvolvia o começo do ódio que de certo modo determinou minha vida na família e, desde então, toda minha vida. A proibição de ler é por certo apenas um exemplo, mas um exemplo característico pois agia profundamente. Não se reconhecia minha singularidade. (...) Se já se condenava uma singularidade exposta às claras, qual não seria a gravidade daquelas que eu mantinha escondidas, nas quais eu mesmo já reconhecia algo

---

[5] Observe-se contudo que a passagem referida, parte dos "Fragmente aus heften und losen Blättern" foi pela primeira publicada sob o título "Skizze einer Selbtsbiographie" (cf. Kafka, F.: *Hochzeitsvorbereitungen...*, 165). De maneira mais ousada, o editor da tradução francesa, a integra à edição dos Diários, dando-lhe por data julho-agosto de 1916 (cf. Kafka, F.: 1984, III, 419 ss). Já o volume das *Kritische Ausgabe* conserva a lição tradicional, cf. *Nachgelassene Schriften und Fragmente*, II, 1992, 7-13.

> de ilícito. (...) As singularidades que exibia aumentavam à medida que eu me aproximava da vida a meu alcance. Nenhuma salvação porém sucedeu; a quantidade das coisas mantidas em segredo não diminuiu por isso; a uma observação mais fina, descobria que nunca mais tudo poderia ser confessado (H., 165-8)

Tal como se vê a si mesmo – não importa que o acidente tivesse tido materialmente a força que lhe concede senão que assim o interpreta – Kafka se socializa a partir de uma interdição precisa: a de continuar a ler o que o excitava. A leitura proibida converte-se, retrospectivamente, em germe da hostilidade por seu meio familiar. O que teria sido uma singularidade talvez inconseqüente, converte-se em resistência em acatar a voz que o reprimia. Ela cresce e se converte em sua singularidade adulta.

O quadro não explica deterministicamente a indecisão que se lhe tornará constitutiva. Por certo, várias outras conseqüências seriam dali possíveis. Entre a explicação e o resultado final há sempre um salto; seus elos? Inexistem ou escapam. A singularidade de cada trajeto individual é o que não se explica bem. Estabelece-se, no caso, uma clara divisória entre a proibição à leitura e a instituição interditora. Como essa divisória não se enrijeceu em pura oposição, os termos envolvidos, leitura e família, obsedam sem cessar a pessoa de Kafka, sem descanso ou solução. Por isso, ao contrário do que postula um freudia-nismo primário, o pai não é uma peça de significado unívoco na formação do complexo edipiano, mas sim uma condensação do poder social: "Os juízes, comissários, burocratas, etc., não são substitutos do pai; é antes o pai que é um condensado de todas essas forças, às quais ele próprio se submete e convida seu filho a submeter-se" (Deleuze, G. – Guattari, F.: 1975, 19).

É ainda porque a descontinuidade entre o ato preferido, a leitura, e a instituição interditora, a família, não se transforma em oposição pura que Kafka assume uma direção antagônica à clássica via rousseauniana. Para o Rousseau das *Confessions*, a palavra tinha a força de revelar, fora de todo o compromisso com as convenções e autoridades, *le coeur mis à nu*. Em Kafka, o confessionalismo provocador de transparência não tem vez. Continuação da passagem dos "Fragmente" observa:

> Mesmo que não conservasse em mim nenhum segredo mas sim o tivesse expelido, de modo a me mostrar em completa pureza, no momento seguinte estaria de novo congestionado pelo antigo caos (*Durcheinander*), pois a minha opinião seria de que o segredo não teria sido plenamente reconhecido e apreciado e, em conseqüência, as pessoas mo devolveriam e de novo me imporiam sua carga (H., 168)

Que validade portanto tem a palavra que pretende limpar a alma dos mais íntimos segredos? Kafka trata de um *topos* decisivo na tradição cristã. Ao menos desde Agostinho, o sentido mais usual estivera fixado: a alma que se confessa recebe a absolvição divina. Com as *Confessions* e as *Cartas sobre a educação estética*, Rousseau e Schiller haviam substituído o interlocutor: já não se tratava de Deus mas da opinião pública e do Estado. Em ambos os casos, se mantinha o serviço da explicitação dos segredos – a transparência assegurada ao comércio humano. Sem que tivesse consciência da mudança que nele se manifesta e, ao mesmo tempo, provoca, em Kafka nenhuma liberação é mais possível. Convém ainda se voltar à longa meditação dos "Fragmente":

> Se, por exemplo, alguém confessa a um amigo a sua avareza, no momento, diante do amigo, i. e. diante de um juiz competente, parece absolvido da avareza. No momento, é indiferente como o amigo o receba, que negue a existência da avareza ou que aconselhe como dela poderia libertar-se ou mesmo que a defenda. Talvez sequer fosse decisivo que, em virtude da confissão, a amizade se rompesse. Decisivo, ao contrário, é que se tenha, talvez não como pecador arrependido mas sincero, confiado seu segredo à generalidade e que se tenha assim esperado reconquistar a boa e, o que é mais importante, livre infância. Mas conquistou-se uma loucura e muito amargor para depois (H., 168)

O que fora proibido prolifera como segredo; a culpa que o acompanha e seu próprio caráter "material" do que se esconde à vista dos outros não se resgatam porque se converta em palavra manifesta. Ao invés, não assegura a seu detentor senão uma curta demência. Transformada em escrita, a leitura impedida na infância se metamorfoseia, afinal, em uma literatura que não resgata. Sua exigência absoluta expõe sua proximidade com a loucura. Proximidade que já sabemos ambígua: a literatura é tanto defesa contra a loucura, como sua modalidade de acesso.

Dizíamos que acompanhar Kafka em sua introspecção não tornava explicável a ambigüidade que cobre os termos 'coisa interditada' e 'instituição interditora'. É o próprio Kafka que tem consciência da inexistência de um elo necessário entre suas primeiras experiências e seu destino:

> Não posso (...) de maneira alguma admitir que os começos de minha infelicidade fossem internamente necessários; poderiam ter tido alguma necessidade mas não interna; voaram sobre mim como moscas e poderiam ter sido tão facilmente afugentados como estas (T., 24 de janeiro, 1922, 412)

Sabe ainda que, em vez de uma explicação monocausalista, em seu destino pesara a sua própria capacidade mimética:

> Meu desenvolvimento foi simples. Quando ainda era contente, queria ser insatisfeito e, com todos os meios acessíveis pelo tempo e pela tradição, me lançava na insatisfação; logo depois queria voltar atrás. Estava assim sempre insatisfeito, mesmo com meu contentamento. É estranho que o uso sistemático da comédia possa convertê-la em realidade (T., 24 de janeiro, 1922, 411)

Não é ocasional que o reconhecimento dessa capacidade de uma mímesis voluntariamente provocada sobre si próprio incida sobre a linguagem. Apontava-se há pouco como por esse rumo Kafka divergiria de Rousseau. Enquanto o genebrino tinha a linguagem por instrumento de revelação e transparência, Kafka é consciente de que, entre o ponto a revelar e o momento da revelação, há uma distância indeterminada. É nesta que se instala *a cenarização pela linguagem*; cenarização que convoca, se não produz, causas suplementares à derivada de fato vivida na infância. Tal *mise-en-scène* se cumpre na linguagem e não simplesmente nela ocorre.

É elementar pois notar-se a extrema consciência de Kafka da potencialidade contida no arco formado por mímesis e linguagem. A reflexão sobre as relações entre individualidade e escrita, que vimos, no capítulo anterior, tão explorada pelos *Frühromantiker*, ganha um passo importantíssimo: não há relação direta entre uma e outra; a escrita começa antes do ato material de escrever. Por ora, baste acrescentar: é pela atenção à cenarização processada pela linguagem que Kafka não é um escritor "de uma nota só" e que sua visão do absurdo do mundo em que os homens se movem, em vez de se ater a um *pathos* monocorde, é propensa à visão cômica das situações. O cômico não lhe seria fácil, sobretudo se se tem em conta que ele mesmo reconhece, e não se satisfaz com os impasses em que se vê preso – "(...) Por que então amplio a infelicidade de estar nesta margem pela ânsia de estar na outra? (T., 24 de janeiro, 1922, 412). Mas a consciência do poder da linguagem serve de contrapeso à ambigüidade paralisante. Não fosse aquela consciência sua obra ficaria à mercê da vontade de ser a expressão dos infortúnios de uma certa vida. Agora que sabemos os elementos a destacar – indecisão e arco que liga mímesis e linguagem – podemos voltar com mais segurança ao primeiro.

A indecisão é eterna companheira na intensa correspondência com Felice. E não segue o rotineiro trajeto – vindo após o que *a priori* a amenizaria: as declarações apaixonadas. Em vez deste, a paixão é protegida por outro meio: pela distância, embora bastante relativa, que separa Praga de Berlim. Ela assim podia se alçar em chamas sem que fosse afetado o núcleo mais duro da indecisão. A coexistência da paixão com a indecisão chega a ser exasperante. Entre dezenas de incidências ressalta a expressa em carta de 11 de novembro de 1912:

> (...) Não quero saber que simpatizas comigo pois então por que me mantenho sentado, oh demente, no escritório ou aqui em casa, em vez de me lançar de olhos fechados no trem e só abri-los quando estivesse contigo? Ah, há uma triste razão para que não o faça. Em poucas palavras: minha saúde basta apenas para mim, mas não para o casamento e menos ainda para a paternidade (BF, 88)

Ao mesmo tempo, Kafka exerce a sedução e dá motivos para ser rejeitado. As queixas por sua saúde são tão freqüentes nos diários como a insatisfação por seu próprio corpo. Nas cartas a Felice elas assumem uma função determinada, se bem que inconsciente. Anos antes de conhecê-la, Kafka confiara a seu Diário que as forças que ganhava em escrevê-lo eram em troca dissipadas por seus sofrimentos cotidianos (T., 1º de novembro, 1911, 100). Mas Felice é fonte mais resistente. Convencido de sua própria fragilidade e não menos de sua "vocação", Kafka vê em Felice a possibilidade de uma recepção contínua de força vital.[6] Isso é evidente no princípio de carta de 7 de dezembro de 1912: "Tenho em ti, querida, uma segunda justificativa para viver, só que é vergonhoso encontrar uma justificativa para a vida na existência da amada" (BF, 163). E, se o final de "O julgamento" lhe parece fraco, o conduto que poderia fortalecê-lo estava aberto, com nome e endereço precisos. De modo insuperável, Elias Canetti já mostrou que Kafka se comporta como um parasita que suga vorazmente a energia da amada (cf. Canetti, E.: 1968). Não será preciso repetir sua argumentação, nem acentuar o quanto o legado literário kafkiano dependeu da "sucção". Apenas recordemos que a força lhe é transmitida em duas fases: no início da relação, quando escreve "O julgamento", "O foguista" ("Der Heizer") e mais cinco capítulos de *O desaparecido*, *A metamorfose*, e ao conseguir a ruptura. "O desengano daquela época estiolou a escrita. Desta vez, o efeito de sua separação foi ao contrário: trouxe-o de volta à escrita" (Canetti, E.: 1968, 88). Mas as duas motivações não são contraditórias, porquanto seus signos opostos – a busca de aproximação na primeira, a ânsia de liberação, na segunda – estão congeminados no eixo da indecisão. É dentro deste que precisamos entender que, de modo não consciente, Kafka procurava conjugar o que para ele era

---

[6] "O importante de Felice era que ela existisse, que não a tivesse de inventar e que fosse assim como era, sem qualquer necessidade de invenção por Kafka. Ela era tão diferente, tão ativa, tão compacta. (...) O que ela lhe concedia por amor, chegava a ele, pelo coração, em sangue, a ele que não tinha outro mais. Não se dava ela conta de que, em suas cartas, Kafka não propriamente a amava, pois então deveria apenas pensar nela e escrever sobre ela mas sim a adorava e dela esperava todo o tipo de ajuda e de bendição para as coisas mais insensatas?" (Canetti, E.: 1968, 29).

inconciliável: a mulher, a promessa de família e a literatura. A obsessão com que perseguia a criação literária já provocou a surpresa de um de seus melhores intérpretes: "Como se pode engajar toda a existência na inquietude de ordenar um certo número de palavras?" (Blanchot, M.: 1949, 21). Na literatura, Kafka encontrava o único resguardo contra a indiferença, a agressão e a crueldade que sua sensibilidade, mais lúcida mesmo porque mórbida, descobria no mundo. [Lembre-se a carta a Milena: "Compreendo muito bem teu tcheco, também escuto o riso, mas escavo em tua carta entre palavras e riso e então apenas escuto a palavra que ademais é minha essência: medo (*Angst*)" (BM, 12 de junho, 1920, 57)]. Mas a interpretação é demasiado confortável para que seja suficiente: a indecisão em Kafka contamina sua relação com a literatura e o mundo. Em vez de antagônicos, como se esperaria de seu voto de salvação pela literatura, a mancha do mundano modela suas figuras; tanto mais porque a indecisão perde sua exclusiva marca psicológica ao se manifestar, lado a lado, com a aguda consciência das palavras.

3. Kafka e a questão da representação

Ao menos em seu uso comum, pode-se caracterizar o termo 'representação' como a imagem internamente concebida a partir de e em correspondência à percepção de um objeto. Básica à definição é a proporcionalidade entre o percebido e a imagem interna então suscitada. A tal ponto decisiva é a proporcionalidade que sua vigência permanece se deslocarmos o objeto à posição de sujeito, i.e., se, em vez de acentuarmos algo como o percebemos, passamos a tomá-lo como seu agente. O que este "agente" então apresentaria também lhe seria proporcional. O que vale dizer, o produzido *representaria* o seu produtor.

No caso específico da obra ficcional, essa concepção de representação é reforçada, se não que determinada, pela concepção de procedência romântica da expressividade: a obra é tanto mais valiosa quanto mais expressiva de seu criador. Na criação ficcional, a autenticidade, o insurgir-se à imitação de modelos, corresponderia a representações de um modo de ver, conceber e articular a realidade; seria pois uma auto-representação.

Recuperamos esse saber comum para que analisemos (a) seu destino na obra kafkiana, condição para, a seguir, (b) nos indagarmos qual o sentido que essa obra assume contemporaneamente. A matéria para a indagação permanecem ainda seus escritos privados.

Nas cartas e nos diários do autor, não há queixa ou alusão negativa mais freqüente que ao próprio corpo. Em uma das primeiras entradas do primeiro Diário já se lia: "Escrevo isso certamente determinado pelo desespero por meu corpo e pelo futuro com esse corpo" (T., 1910, 10). A observação se repete, sob um tom provisoriamente otimista, em 11 de agosto de 1911: "(...) Nas piscinas de Praga, Königssaal e Czernoschitz deixei de me envergonhar de meu corpo" (T., 45). Mas a vergonha não era o decisivo. Em 21 de novembro do mesmo ano, comporia uma extensa descrição de como se via a si próprio. Dela, transcreve-se o início: "Por certo, o meu estado físico constitui um dos principais obstáculos a meu progresso. Com semelhante corpo, nada se pode alcançar. Preciso me habituar a suas constantes falhas" (T. 126).

Logo a seguir, em 24 de novembro, anotaria de maneira mais negra:

> À altura de Bergstein, voltou-me o pensamento sobre o futuro distante. Como farei para suportá-lo com esse corpo tirado de um depósito de trastes? Também no Talmud se diz: Um homem sem esposa não é uma criatura humana (T., 127-8)

Um levantamento maior é ocioso. Será preferível perguntar-se que tanto desagradaria a Kafka em seu próprio corpo. A resposta suficiente será encontrada se nos concentrarmos em suas não menos freqüentes alusões à idéia de força. A presença desta sublinha um horizonte afirmativo. Assim, numa das raras manifestações de agrado por si mesmo, na retrospectiva da conferência que proferira no começo de 1912: "Mostram-se forças às que muito confiaria se elas quisessem permanecer "(T., 184).

Lida em separado, a transcrição pode causar o equívoco de pensar-se que a força derivara de si mesmo, por contágio da alegria de perceber-se investido de "orgulhosa, divina consciência", pela frieza ante o público, pela voz potente e a memória fácil. O contexto retifica o engano. O entusiasmo concerne inteiro ao trabalho que desenvolve em favor da Câmara (*Rathaus*) judaica, ou melhor, em prol do ator Jizchak Löwy, em ajuda de quem Kafka organizara a reunião em que ele mesmo falaria. As forças que sente em si atualizadas provinham da comunidade que se empenhara em reunir. Sua presença, junto com a do amigo festejado, irradiam sobre o conferencista, o entusiasmam e tornam expansiva a sua reação. O trecho é tanto mais destacado porque, no momento, não vamos tratar das relações de Kafka com a comunidade judaica. Assinale-se apenas: a constatação das forças que nele percutem é contrariada pela condicional relativa à sua permanência ("wenn sie", "se elas") – "(...) Zeigen sich Kräfte, denen ich mich gern anvertrauen möchte, *wenn sie* bleiben wollte". Contra um corpo débil, desgracioso, instrumento inseguro sobre o qual vislumbrar o futuro, Kafka perscruta as forças que poderiam arrancá-lo da incerteza, da confusão e da apatia. Por algum tempo as encontraria na parenta de Max Brod. Havendo conhecido Felice em agosto de 1912, registra, apenas três dias após remeter-lhe sua primeira carta, o impacto que provocara escrever, sem interrupção, "O julgamento":"Como tudo pode ser dito, como para cada idéia, por mais estranha que seja, um grande fogo está preparado, em que ela se consome e renasce" (T., 23 de setembro, 1912, 214).

O nome de Felice sequer é pronunciado. Mas é dela, da moça simples com quem apenas trocara algumas palavras formais, que se originam as forças que o impelem. É tamanha a conjugação entre força e fogo que, na entrada em que nomeará a presença de Felice no relato, se referirá à composição deste como *eine regelrechte Geburt mit Schmutz und Schleim*, "um verdadeiro parto com impurezas e muco" (T., 11 de fevereiro, 1913, 217).

No balanço que logo se fará das razões que pesavam a favor e contra o casamento, o efeito 'força a si emprestada' é literalmente substituído por sua causa, 'força advinda de Felice': "A união com F. dará mais força de resistência à minha vida" (T., 227). O contato com a berlinense renova em Kafka a sensação que, pelo estímulo de Löwy, tivera com a comunidade judaica. Ambos contudo são pouco duradouros. A relação com o grupo de origem é bloqueada por reservas que se manifestam simultaneamente a seu entusiasmo. Quanto a Felice, embora as restrições de imediato também o assaltem, o desfecho será mais lento. A força que ela lhe transmite é protegida pela distância que os separa. O próprio Kafka confessa seu terror pela possibilidade de tê-la próxima. Está pois criado o dilema: ele precisa da energia de que sente a carência mas teme que a fonte daquela torne impossível a sua independência. Neste quadro, então se configura a própria relação que a obra de Kafka desenhará quanto ao poder: extremamente sensível ao poder, dele não procura menos se esquivar. Como a força, o poder é o que de antemão se exclui de seu corpo; como a força, o poder é algo de que sua obra carece – a força para que a obra se mova e seu cenário se motive. Como o tratamento do poder só pode ser bem equacionado diante de sua obra ficcional, nele aqui apenas se roça.

Para Kafka, família, casamento e literatura são trajetos inconciliáveis. Os termos da oposição ganham maior complexidade quando lhes associamos a debilidade do próprio corpo e sua dependência de uma energia externa. Mediante essa articulação, a debilidade aludida mais explicitamente se relaciona com o destino de sua sexualidade – atuante apenas na relação de empenho não-amoroso ou que não se lhe apresente ostensivamente como tal. Quando o caráter amoroso é inquestionável, como no caso de Felice, o contato evitaria o corpóreo. Nada pois mais esperável que a ruptura.

Elias Canetti assinalara ser excepcional a incapacidade de Kafka de não recair nos mesmos erros. O próprio Canetti talvez admitisse que o mais excepcional era a sua capacidade de exibir a usina de suas falhas. Pois Kafka não se limita às queixas contra sua alardeada fragilidade. Aparentemente, chegaria até ao contraditório quando aponta sua sobrevivência como resultante de uma força derradeira: "Não é de fato necessário nenhum empurrão; apenas a retirada da última força aplicada sobre mim e chegarei a um desespero que me despedaçará" (T., 11 de dezembro, 1913, 249).

A frase parece negar o que contém: se bastaria a retirada da última força que sobre ele se exerce para que chegasse ao completo desespero, há de se subentender que essa força, necessariamente externa, suscitava uma interna para lhe resistir. Sem a tensão, a frase perde o sentido. Mas a passagem visualiza o quadro por um ângulo pelo qual se perde a fonte da resistência – nenhum empurrão será necessário, porque, se já não houver pressão externa, tampouco se manifestará a resistência.

A pequena exegese nos mostra pois a parcialidade em que se mantinha nosso exame. Reconhecer a existência de uma energia interna não é incongruente, desde que se note que ela mesma depende de outra, vinda de fora. Há de se acrescentar agora: essa força interna, contudo, não age apenas como defesa contra o desespero. Seu exercício não tem um forçoso caráter positivo. Sua atuação mais intensa se faz mesmo em sentido oposto: o corpo que se recusa ao contágio da força externa se contamina a si próprio. A correspondência do autor ajuda a demonstrá-lo. No fim de carta a Max Brod, de abril de 1921, escreve sobre a própria doença:

> A tuberculose tem tanto menos seu lugar nos pulmões quanto, por exemplo, a Guerra mundial sua causa no ultimato. Há apenas uma doença, não mais, e esta é cegamente perseguida pelos médicos como um animal pelas florestas sem fim (B., 320)

Sem ser particularmente entusiasta da interpretação psicanalítica, Kafka era, entretanto, um arguto leitor de Freud e, na passagem, o emprega para seu próprio caso. Já antes, em carta a Minze Eisner, de fevereiro de 1920, a propósito de sua hesitação de passar as férias no sul ou no norte, comenta de maneira aparentemente apenas jocosa:

> Creio que minha cabeça prefere o norte e meus pulmões, o sul. Como de hábito os pulmões se sacrificam quando as coisas se tornam muito graves para a cabeça, assim a cabeça, por uma espécie de gratidão, pouco a pouco veio a também desejar o sul (B., 262)

As duas passagens já são derivações da decisiva. Ela aparece em carta bastante anterior a Max Brod:

> Em todo caso, me relaciono hoje com a tuberculose do mesmo modo que uma criança que se agarra às saias da mãe. Se a doença

vem de minha mãe, a imagem é ainda mais justa, e, em seu infinito desvelo, muito abaixo de sua compreensão da coisa, ainda me teria prestado este serviço. Busco constantemente uma explicação da doença, pois eu mesmo estive em sua procura. *Parece-me às vezes que, independente de mim, o cérebro e os pulmões realizaram um pacto.* "Assim não pode continuar", disse o cérebro e, ao fim de cinco anos, os pulmões se dispuseram a ajudar (B., meados de setembro, 1917, 161, grifo meu)

Se as reclamações contra o próprio corpo expressavam a opinião de Kafka, era na medida que o corpo não se ajustava a seus valores físicos e estéticos. Mas a passagem acima tem outra e inconfundível deriva. Com um autodistanciamento irônico, que desfaz qualquer patético, o missivista monta para o amigo a minicena de uma peça em que cérebro e pulmões são protagonistas. Não o são enquanto órgãos *seus*, pois neste caso agiriam como instrumentos que o expressariam; importam enquanto formuladores de uma equação inesperada. Na melhor lição dos *Frühromantiker*, o *witzig*, a agudeza se exerce sobre si próprio. Reduzir a causa de seu mal a uma doença física seria, como no caso da guerra há pouco acabada, trocar o efeito pela causa. Este, acrescenta a carta de abril de 1921 a Brod, é o raciocínio dos que caçam um animal por florestas sem fim. A tuberculose é apenas o efeito da decisão tomada por outros protagonistas. A doença é o precipitado físico de uma causação simbólica. Onde esta se localizaria senão na mente? Não era pois à sua mente que Kafka acusava ao se criticar pela insensibilidade que sentia em si mesmo diante das derrotas austríacas na 1ª Grande Guerra (cf. T., 13 de setembro, 1924, 318)? Desconectando-se a si mesma, deixando o que seria seu sujeito em estado de torpor e confusão, a mente o tornava dependente do estímulo despertado por forças externas. Sua sabotagem iria mesmo além: dando a entender a seu sujeito que dentro de si só havia passividade. Mas ainda será correto falar-se aqui em sujeito quando o entendemos, desde o *cogito* cartesiano, como algo uno e dirigente? Afastando-se do expressivismo do romantismo "normal", Kafka mantinha viva a ponta da ironia dos primeiros românticos. Com ela, contudo, destroçava uma centralidade de que estes não desfizeram: a centralidade do sujeito individual.

A inversão do sujeito em objeto, de elemento unificante em cenário de disputas que não comanda, é reiterada, no contexto da carta a Minze Eisner, pela referência à colaboração da mente ao desejo dos pulmões. Tanto no contexto sério, dramático, o da correspondência com Brod, como no contexto leve e cômico da carta à jovem Eisner, o corpo é o meio receptivo. Sua força, dizíamos, só se deflagra ante um estímulo externo. Só que o próprio cérebro pode-se tornar essa exterioridade.

É com base na compreensão kafkiana da força do simbólico na deflagração da doença que temos ocasião de começar a entender a posição do autor quanto ao problema com que iniciamos este item: o problema da representação. Víamos que o emprego – agora podemos qualificá-lo: moderno – da representação esteve estreitamente associado ao privilégio concedido à idéia de uma individualidade subjetivamente orientada. Em termos teóricos ou filosóficos, a questão não interessou a Kafka. Nem por isso se torna menos válido verificar-se que, no término de sua introspecção, ela recebe o encaminhamento antagônico ao modernamente privilegiado. Menos que oriunda de uma agressão física e externa, a doença é motivada por uma razão simbólica e interna. Esta, por sua vez, supõe que, ao contrário do que postula uma visão fisicalista do organismo, as partes do corpo humano interpretam ordens que o cérebro lhes envia, independente do comando do eu. Do ponto de vista da produção literária, a conseqüência é imediata: em vez de exprimir a centralidade egóica, a infinita *Ichheit*, a obra é um sistema de produção, em que o sem voz assume a palavra e faz do corpo o seu palco. Com isso, então, ou o conceito de representação se limita a um preciso solo histórico, que encontra seu auge nos séculos de domínio da individualidade, ou já não pode se satisfazer com sua caracterização usual. Trata-se então, antes mesmo de virmos à obra, de refletir um pouco mais sobre os efeitos da mudança: contra a base em que assenta o prestígio da representação, a escrita kafkiana, mesmo nos textos de destinação privada, acentuam a impossibilidade de postular-se a presença de uma unidade a ser expressa. A crítica à pretensão é claramente exposta em parte da entrada de 10 de dezembro de 1913:

> Nunca é possível notar e julgar todas as circunstâncias que agem na disposição de um momento e que mesmo nela operam e que, por fim, interferem no julgamento. É portanto falso dizer: ontem, sentia-me fortalecido, hoje, estou desesperado. Tais distinções apenas comprovam que se quer influir em si mesmo e, o quanto possível separado de si, oculto por preconceitos e fantasias, levar-se provisoriamente uma vida artificial, como alguém que se esconde atrás de um copo de bebida, no canto de uma taverna e se distrai com idéias e sonhos falsos e impossíveis (T., 248)

Por que seriam falsos os juízos "unitários" – ontem, estava assim, hoje, me julgo assado? Por que declara o memorialista que tais afirmações de unidade conduzem, em suma, a uma vida artificial, comparável às fantasias estimuladas por alguma droga, senão por postularem a unidade do eu? A redução ao uno é, como bem se sabe, a condição prévia para a operação dos conceitos. "Sem uma homogeneidade mínima não há entendimento possível" (Lebrun, G.: 1970, 270). A contrariedade à regra que Kafka oferece não se baseia em algum postulado teórico adverso; é seu contato com uma sensibilidade habituada ao exame de si mesmo que lhe faz entender que, sob o império do eu, a "homogeneidade mínima" alcança uma extensão descabida. E aqui tanto cabe reiterar-se o que se disse a propósito da encenação da peça que cérebro e pulmões protagonizam, como chamar a atenção para passagem de 12 de dezembro de 1913:

> Há pouco, olhei-me atentamente no espelho e, mesmo me examinando de perto – na verdade, sob a luz da tarde, cuja fonte irradiava detrás de mim, de modo que propriamente iluminada era apenas a penugem do pavilhão das orelhas –, encontrei meu rosto melhor do que o sabia. Um rosto limpo, bem formado, quase de belos contornos. O negro dos cabelos, das sobrancelhas e da órbita dos olhos exalava vida da massa de resto expectante. O olhar não é desolado, disso não há sinal, mas não é tampouco infantil, antes incrivelmente enérgico, *mas talvez estivesse ele apenas observando enquanto eu precisamente me observava e quisesse me causar medo* (T., 250, grifo meu)

A minuciosa descrição seria tomada como uma prova de ingênuo narcisismo se não fosse a parte final. O positivo que encontra em seu olhar, parecendo-lhe *unglaublicherweise energisch*, recebe de imediato a ressalva anti-expressiva: mas talvez apenas porque ele, i. e., o olhar, o observava e quisesse, ao sentir-se observado, amedrontar seu observador! A tematização de si próprio, concentrada em sua descrição material, não consegue ser exata e pura porque o observado, em vez de manter-se passivo, reage e então interfere sobre o "observador". E isso não só no sentido de confundir seu entendimento senão que, no muito mais ativo, de oferecer-lhe uma cena que transtornava a sua possibilidade de conclusão. Quem lhe pretendia causar medo? Como a alteridade interfere na captação de si mesmo? Sintaticamente, a frase não tem qualqiuer mistério: ela bem estabelece o "diálogo" entre *er*, que remete a *der Blick*, e *ich*, o sujeito (insistimos em chamá-lo sujeito!?) da ação.

O trecho mereceu um destaque especial porque, não se destinando à publicação, é supostamente livre de artifícios literários. De todo modo, pela importância que tem o ponto, não se deve deixar de testá- lo outra vez, mesmo ao preço de longa transcrição:

> (...) O que escrevi de melhor se deve à capacidade de poder morrer contente. Em todas estas boas e bem convincentes passagens, trata-se sempre de alguém que morre, o que lhe é muito duro, que vê nisso uma injustiça e, ao menos, um rigor para consigo; ao menos segundo penso, isso é tocante para o leitor. Para mim, entretanto, que creio poder estar contente no leito de morte, tais descrições são secretamente um jogo; alegro-me em morrer na figura que morre, aproveito de maneira calculada a atenção do leitor concentrada na morte, sou muito mais lúcido do que ele, que suponho gemerá em seu leito de morte, e minha queixa é daí o mais possível plena, não é interrompida de repente como por queixas reais mas sim transcorre bela e pura. É como se sempre me queixasse à minha mãe de dores que estavam longe de ser tamanhas como as lamúrias davam a entender. De todo modo, para minha mãe não era preciso tanta pompa de arte como para o leitor (T., 13 de dezembro, 1914, 326-7)

Todo o texto, em sua mescla de frieza e participação, de auto-ironia e sinceridade, de distância e empenho, obviamente supõe o exercício do poder da mímesis. Nada seria mais absurdo que se imaginar um

Kafka arrebatado, a que a intensidade dos sentimentos arrastasse. A mímesis é avocada em seu comércio com o leitor e com a mãe. No primeiro, está o escritor, no segundo, o ator. A eficácia da mímesis, conforme o juízo de Kafka, dependia da discrepância entre sua própria atitude perante a morte e a diversa expectativa do receptor. Discrepância que engendra o efeito da intensidade: como Kafka imagina se ver tranqüilo em seu leito de morte, pode escrever as queixas das personagens com o equilíbrio, concedido pela distância, mais impactante ao leitor. Como o leitor ignora a carpintaria do texto, seu efeito aumenta. O leitor não estará por isso de todo errado; apenas a expressividade não derivará do confessional senão que da argúcia do encenador. Seria falso chamá-lo de falso: o encenador é astuto; o que põe em jogo não é um artifício – uma maneira de estilo que bem sintonizasse com a demanda do leitor –, mas sim a astúcia do distanciamento, com que "finge a dor que deveras sente". Canalizava-se para a prática literária uma prática de jogo, que tinha suas raízes na infância, no contato com a mãe. Em ambos os casos, tanto na argúcia que visa ao leitor, como na estratégia recordada para atrair o desvelo materno, aparece o domínio, o primeiro especializado, o segundo, freqüente a mais pessoas do que a escritores, do distanciamento: o hábito de se ver a si mesmo ou a seu produto como uma coisa que se perscruta e persegue, insatisfeito mas curioso; o avesso do confessionalismo.

A separação que diferencia o distanciamento do confessionalismo não supõe a preferência por uma conduta artificial, potencialmente fraudulenta, em troca de um comportamento natural e ético. A distinção é apenas de grau: confessar-se também supõe uma teatralização específica ou, se não, a ingenuidade de se presumir que, ao assim se fazer, se doa ao outro a transparência de um eu sem artifícios. Confissão e distanciamento são apenas estratégias diversificadas de uma mesma mímesis, fadados que estamos a exercer papéis.

De onde a preferência que Kafka manifesta por uma certa estratégia da mímesis? Trecho de 19 de outubro de 1917 o explicitará:

> Não há uma observação do mundo interior como há uma do mundo externo. Ao menos a psicologia descritiva é, provavelmente, no

> todo, um antropomorfismo, uma corrosão *(ein Annagen)* dos limites. O mundo interior apenas pode ser vivido, não descrito. A psicologia é a descrição do reflexo do mundo terrestre na superfície celeste (...) (H., 53)

Não se pode dizer o que se vive *descritivamente* porque não há expressão direta de como se vive. Seu contato será pois sempre interposto. Ou seja, por uma *maneira* pela qual aquele que vive pode mostrar para si e para os outros como vive. Esta maneira é a marca da mímesis inevitável. E, porque inevitável, não saber de sua existência, não negociar com ela, crer-se ao invés atualização de uma suposta substância chamada eu, provoca o não menos inevitável surgimento do mau ator: aquele que por convocar a todo instante o seu próprio testemunho está convencido de que deva ser acreditado.

"Todas as faltas humanas são a impaciência, uma ruptura prematura do metódico, um cerco aparente de uma coisa aparente" (H., 53). Da impaciência, inconscientemente, Kafka se defende com a indecisão. Mas não há nenhuma inconsciência na maneira como evita o mau ator. Derivam daí duas conseqüências decisivas: (a) entendendo-se representação no sentido usual de expressão do eu autoral, o caráter não representacional de sua ficção, (b) sua esperança de ter na literatura o encontro da salvação. Quanto à primeira, além dos trechos acima, ainda o seguinte deve ser considerado:

> Conhece-te a ti mesmo, não significa: observa-te. Observa-te é a palavra da serpente. O que significa: faz de ti o senhor de teus atos. Ora, mas já és senhor de teus atos. A palavra também significa: desconhece-te! Aniquila-te! Ou seja, algo de mau – e é apenas se nos dobramos até o mais baixo que se escuta também algo de bom, que assim se exprime: "para que te convertas no que és" (*um dich zu dem zu machen, der du bist*) (H., 23 de outubro, 1917, 59)

Escrito numa fase de busca intensa de definição espiritual-religiosa, o desenvolvimento extraordinário deriva da recusa de aceitar o clichê. Interdita-se confundir o conselho bíblico com a banalidade moderna da observação de si mesmo. A interdição não provém de algum princípio estético. Se o fosse, teria bastado acrescentar: pois assim a nada chegarás. Em troca, a interferência da serpente perderia o sentido. A interdição tem uma carga ética. A partir dela, a frase bíblica ganha um significado paradoxal: conhecer-se é desconhecer-se, destruir-se, etapa prévia à conclusão, em que se fundem as vias ética e estética. A via estética está no método – evitar a banalidade – sobre o qual se erige a via ética. Para que o método se torne operacional, i. e., para que não se retorne no clichê, é preciso que se adote uma *maneira*. Qual poderia ser ela, de acordo com os termos da passagem, senão a que se impede a proximidade excessiva consigo mesmo; ou seja, a maneira do distanciamento? É ela pois que tanto evita o mau ator quanto a palavra da serpente.

A introdução de um argumento de ordem ética acentua a solidariedade que, em Kafka, o ético guarda com o estético. O que equivale a tornar mais nítido o sentido não representacional – outra vez, no sentido habitual do termo, de sua ficção: ela não tem esse caráter por fuga ou pudor; é intencionalmente antirepresentacional por um fundamento ético – por não querer colaborar com os planos do demônio. Em palavras mais prosaicas: por não endossar o narcisismo individualista.

Este desenvolvimento tem a vantagem de acentuar a insuficiência daqueles exames sobre a religiosidade de Kafka que se montam sobre fatos como sua maior ou menor intimidade com o *Talmud*, sua relação efetiva – sem dúvida parca – com o centro religioso do judaísmo. Sob esse prisma, só podemos concordar em que o interesse do autor na vida judaica é antes cultural que religioso. Mas o ponto decisivo antes está na solidariedade que por ele se estabelece entre o ético e o estético; mais precisamente, em que o princípio de operação daquele supõe a ativação do método próprio a este. Antes entretanto de irmos adiante, encerremos a questão da representação. O que dissemos seria suficiente se só fosse possível falar-se de representação no sentido de expressão de um eu autoral que por ela se daria a ver e que, portanto, por ela alcançaria o meio de se socializar. Mas isso é incorreto. Para não alongarmos o caminho, limitemo-nos a passagem do próprio autor.

Esboço de carta a Franz Werfel, de dezembro de 1922, é dedicado à apreciação crítica da peça teatral do amigo, intitulada *Schweiger*

(O taciturno). Seu tom não poderia ser mais negativo. Mesmo sem conhecermos a obra criticada, é evidente a razão por que o missivista é tão duro em sua recusa.[7] A Kafka enfurece que a peça seja tratada como se não tivesse uma localização espaço-temporal precisa e que o que sucede à personagem parecesse apenas anedótico. Em um tom de rudeza incomum em sua correspondência, Kafka acusa o dramaturgo de "traição à geração, dissimulação, anedotização e, assim, de envilecimento de suas dores" (B., 425). Ora, por que a aleatoriedade emprestada à personagem seria de tal modo ofensiva à geração de ambos senão porque seu nível anedótico não permitiria à peça conter uma representação apropriada de seu tempo? Mas, se isso for admissível, como conciliá-lo com o que dissemos sobre a não-representação da obra kafkiana? Estaríamos afirmando ser ele tão palmarmente contraditório que, na posição de leitor, reclamaria contra o que fazia como autor? Não, a contradição inexiste e por motivo bastante simples. Kafka protesta contra Werfel porque o lugar e a hora comuns a ambos, enquanto escritores ligados à mesma comunidade judaica, da mesma nação tcheca, não podiam ser identificados. Por certo, Kafka não exigiria "cor local", detalhes pitorescos, traços de superfície, mas sim o "correlato objetivo" de uma situação que Werfel conheceria tão bem como ele próprio. Não se trata de gratuita conjectura. Se confiarmos na fidedignidade da transcrição de Gustav Janouch, ante o seu reparo de que *A metamorfose* "é um sonho terrível, uma representação *(Vorstellung)* terrível", Kafka teria respondido: "O sonho desvela a realidade sob a qual a representação permanece" (*Der Traum enthüllt die Wirklichkeit, hinter der die Vorstellung zurückbleibt*) (Janouch, G.: 1981, 47).

Afastado do culto do eu, não por influência de alguma doutrina filosófica, senão porque reconhece a falsa unidade assim pressuposta, atento a seus sonhos, objeto freqüente de suas cartas, a afirmação da antirepresentacionalidade da obra kafkiana só deixará de ser equívoca caso se compreenda que ela indica elaborar-se em Kafka outra cena

---

[7] Para uma informação sobre o conteúdo da peça, cf. David, C.: 1984, III, nota à pág. 1615.

representacional: aquela que pretende não falar *de fora* de seu tempo, como se fosse seu observador, mas sim dobrando-se sobre ele e o incorporando à sua própria forma. Este abrir-se para fora não se cumpriria sem a ascese que o libertasse de uma falsa idéia do eu – o eu como unidade regente.

De todo modo, empobreceríamos a análise se concluíssemos que Kafka utiliza todos os recursos apenas para evitar o expressivismo do eu e alcançar a representação de seu lugar e hora! Pensar assim seria torná-lo um epígono do romance realista ou da novela de terror. Não se representa o tempo por recuperar pela linguagem o que ele, antes da própria escrita, já fosse. O tempo não dá a obra. É a obra, por sua maneira de produção, que dá o tempo. Detalhes de aparência irrelevante ganham agora sentido. Assim, por exemplo, em carta a seu editor, Kurt Wolff, de 25 de outubro de 1915, Kafka se empenha em que o inseto de *A metamorfose* não receba uma ilustração figurativa. "O próprio inseto não pode ser desenhado. Não pode sequer ser mostrado de longe" (B., 136). Gregor Samsa não assume a forma do que já é. Sua transformação não se inicia no momento em que não consegue levantar-se da cama, nem termina mesmo depois de aterrorizar a família. O horror que encarna é um horror em devir. Se a ele não cabe um desenho é porque não é exemplificativo de uma homogeneidade, passível pois de caber em uma lei. Sua não-representatividade assenta em seu caráter de "correlato objetivo" – a expressão é de T. S. Eliot – de seu tempo. É enquanto tal que representa o horror de uma forma historicizada de vida. Mas *o representa por produzi-lo*. Não expressiva, a representação kafkiana não confessa, não ilustra, não descreve, não exemplifica. Como a obra de que faz parte, Samsa-inseto é um evento, i. e., o que não se explica de acordo com o previamente sabido; não explicável, entretanto explica o que já estava. Não há aqui um mero jogo de palavras. O que descrevemos é próprio de toda verdadeira produção. "Um evento seria como um *Witz* da história?" (Proust, F.: 1991, 123). Antirepresentacional, a representação kafkiana é a produção de um *Witz*, relâmpago que desvela o que não se via.

A ficção portanto cumpre o potencial de salvação que Kafka procurara?

3.1. Produção representacional e contemporaneidade

O que chamamos, a partir das conclusões acima, de produção representacional seria decorrência da visão que Kafka tem da literatura? Três passagens serão decisivas para seu entendimento. A mais antiga data de 27 de dezembro de 1911. Para descrever seu desagrado ante a literatura que até então havia composto, o escritor elabora um pequeno relato, de que se transcreve o começo e o final:

> (...) Diante de duas aberturas no chão, alguém espera que algo, que só pode surgir na abertura da direita, apareça. Mas, enquanto esta permanece coberta por um tampo pouco visível, na abertura da esquerda aparições surgem sem cessar, buscam atrair o olhar e, por fim, com facilidade o conseguem, por seu tamanho crescente, o qual, por mais que o homem procure impedi-lo, termina por encobri-la. Por mais que não queira deixar o lugar – e o recusa a qualquer preço – só conta com as aparições, que, por conta de sua fugacidade – a força delas se dissipa com o mero aparecer – não lhe bastam (...). Como a imagem acima é fraca. Entre o sentimento real (*tatsächlich*) e a descrição comparativa (*vergleichende Beschreibung*) se põe, como uma tábua, uma presuposição incoerente (T., 159)

Os segundo e terceiro textos de apoio se encontram, respectivamente, nas anotações de 8 de dezembro de 1917 e de 6 de dezembro de 1921:

> Para tudo que está fora do mundo sensível, a linguagem só pode ser usada de modo alusivo (*andeutungsweise*), mas nunca, sequer aproximativamente, de modo analógico (*vergleichsweise*), pois ela, no que concerne ao mundo sensível, só trata da posse e suas relações (*vom Besitz und seinen Beziehungen*) (H., 34)

> As metáforas são uma das muitas coisas que me fazem desesperar de escrever. A falta de independência da literatura (*des Schreibens*), a dependência do serviço da criada, que acende o fogo, do gato, que se aquece junto ao forno, mesmo dos pobres velhos que se esquentam. Tudo isso são funções autônomas, que obedecem a leis próprias, só a literatura é desvalida (*hilflos*), não reside em si mesma, é diversão (*Spaß*) e desespero (T., 403)

O sujeito comum a reflexões que se estendem por dez anos é a impropriedade da metáfora. A primeira passagem é bastante direta em seu ataque: a metáfora opera um transporte descabido. A segunda é de decifração mais complicada, se bem que seu ponto de partida seja coerente com as duas outras: a oposição entre os modos de uso alusivo e analógico da linguagem. Mas aí termina a facilidade. Se identificarmos o alusivo com a linguagem não-simbólica, como Corngold (cf. Corngold, S.: 1988, 54) e, em troca, tomarmos a metáfora como o instrumento por excelência do analógico, perplexos nos perguntaremos como o modo alusivo será possível na literatura. Conforme a segunda passagem, contudo, essa descoberta é indispensável, pois a linguagem, no que concerne ao mundo sensível (*entsprechend der sinnlichen Welt*), "só trata da posse e de suas relações". Seria estreito pensar-se que Kafka pretendesse construir sua literatura sem a tematização do não-sensível. Mas que entenderá pelo que se estende além do sensível? Para o autor dos comentários da tradução francesa, a solução pareceria muito simples: "Le monde sensible comme défaut dans la pureté du monde spirituel" (David, C.: 1984, III, 1417). O esclarecimento passa por cima da dúvida: sobre qual mundo espiritual pretenderia Kafka escrever, quanto a que o analógico seria empecilho?

Uma possibilidade de encaminhamento estaria em entendermos com Corngold que a "interioridade humana" seria algo fora dos parâmetros do "mundo fenomênico" (*idem*, 37). É portanto quanto a este que o analógico, com o uso do metafórico, seria arbitrário e falseador. Infelizmente, contudo, a solução proposta ainda não resolve. Podemos bem entender o desassossego de Kafka perante o uso de uma linguagem mundana para a expressão da interioridade. Já tínhamos visto seu repúdio da psicologia descritiva por depender do antropomorfismo e criar um ilusório jogo de espelhos. Mas como seria afinal possível forjar-se uma linguagem não-metafórica? Os dilemas que então conhecera o Círculo de Viena curiosamente ressurgem, de modo autônomo, no escritor de Praga. Não parece fortuito que, no terceiro trecho, Kafka declare que as metáforas o façam desesperar da literatura. A questão pois termina em um impasse – tanto para ele como para seu intérprete: a literatura é diversão (prazer, brincadeira:

Spaß) e desespero; ela é o que não se autojustifica [(*sie*) *wohnt nicht in sich selbst*], mesmo porque, ao contrário de fenômenos simples como o gato ou o velho que procura se aquecer junto ao fogo, não obedece a leis próprias (*eigengesetzlich*). Mas afirmar o impasse implica não considerar a solução *prática* que a obra mesma conterá. Dizer que, no concernente ao mundo sensível, a linguagem "só trata da posse e suas relações" supõe ressaltar a força dêitica do que Kafka chama de modo alusivo. Se bem o entendemos: ao declarar "isso é meu", o dêitico "isso" aponta para alguma coisa; ao dizê-la, contudo, minha, faço um salto (estabeleço uma metáfora) porque o "é" implica uma legitimidade que, no caso de ela ser verdadeira, é anterior à enunciação. As relações de posse, portanto, contêm um dêitico e, no melhor dos casos, uma legitimidade que o enunciado apenas recebe. Ressaltar então o caráter dêitico do modo alusivo supõe destacar as relações de contigüidade – "isso é meu, mas não aquilo ali" – sobre o salto metafórico. O mesmo raciocínio é então empregado quanto ao que está fora do sensível. Este não poderia ser tratado de modo analógico (*vergleichsweise*) porque aí não haveria nada que legitimasse a metáfora. Dizer-se pois "Deus é pai de todos" suporia um arbitrário "como" – "Deus é como o pai de todos os homens". O não-sensível, por conseguinte, só poderia ser tratado por contigüidade, i. e., por uma sucessão de pequenos deslocamentos. Deste modo, ele se tornaria passível de ser abordado pela ficção do autor sem que violentasse a interdição que impusera ao tratamento metafórico.

É claro que a exegese proposta só resolve o problema em termos práticos, i. e., quanto ao modo de a ficção kafkiana tratar a cena não-sensível. Por ora basta acentuar que, para Kafka, afinal, a literatura se mostra como inadequada ao resgate e salvação em que confiara. Esperá-lo era efeito de uma transferência indébita da esfera religiosa. Em termos kantianos, cuja trajetória reflexiva aqui encontra um pasmoso paralelismo, seria pedir que o assunto por definição *transcendente*, i. e., derivado de uma pretensão excessiva da razão, fosse tratado dentro do *transcendental*. Diante do interdito que Kafka formulava – resultante de a linguagem tratar apenas da *posse e de suas relações* –, Kant procurara legitimar as esferas distintas da razão prática e do juízo de reflexão. De maneira não-especulativa, o escritor prolonga o paralelismo:

sua obra é a resposta prática ao impasse que teoricamente não desfez. É então pelo próprio fracasso de sua mais remota aspiração – uma criação literária que afinal o satisfizesse – que se tornará um mestre contemporâneo. Neste sentido, não é occasional que a reflexão seguinte de Maurice Blanchot parta da obra kafkiana:

> Se a linguagem e, em particular, a linguagem literária não se lançasse constantemente, de antemão, para sua morte, ela não seria possível, pois é este movimento rumo à sua impossibilidade que é a sua condição e que a funda. (...) A linguagem é real porque pode se projetar em uma não-linguagem que ela é e não realiza (Blanchot, M.: *op. cit.*, 28)

É por coerência com este rumo que a obra de Kafka se constitui em uma das decisivas pilastras da literatura contemporânea. Ela afeta nada menos que a própria maneira como a obra literária é concebida. Vimos como ela agredira um dos fundamentos da concepção vigente desde o fim do XVIII, desmontando a espera usual de ser a obra a representação de uma rica e unitária subjetividade. Vejamos a seguir como ainda afeta outro fundamento, correlato àquele.

4. KAFKA E A QUESTÃO DA INTERPRETAÇÃO

Os tempos modernos laicizaram o sujeito criador. As posições então adotadas sobre o sujeito secularizado sem dúvida não eram acordes. O ceticismo epistemológico de um Montaigne não poderia ser confundido com as certezas de que o *cogito* cartesiano viria a se revestir, o qual não era menos renegado pela história eterna ideal de Vico ou pelo sujeito da apercepção transcendental de Kant. Destituído da posição ímpar que assumiria no sistema cartesiano, em Montaigne a figura do eu estabelecia sua centralidade por outros meios, sem dúvida muito mais contingentes. Mesmo porque, para ele, não há a possibilidade humana de conhecer certo e inequivocamente, as ruminações do eu sobre sua errância, capricho e idiossincrasia alcançavam um realce que, sem ter paralelo na Antigüidade, tornavam única sua obra. Se, em Vico, a história eterna ideal supunha o inexorável desenrolar de fases, de que mesmo a decadência e o *ricorso* seriam previsíveis, essa marcha, conquanto imperiosa e impessoal, não ressaltava menos o sujeito humano. O princípio de Vico – só se pode conhecer o que se faz – separava o plano do divino do plano da criatura, convertendo as *necessidades* do sujeito humano no núcleo da indagação. Do mesmo modo, em Kant, se o sujeito empírico, cada eu, não é a fonte das certezas que Descartes assegurara, se o conhecimento depende, não de sua intervenção ativa, mas sim do aparato transcendental de que a espécie humana está investida, tal sujeito individual não recupera menos a sua centralidade no juízo de reflexão.

As divergências então patentes entre sistemas de pensamento dos séculos XVI a XVIII não impugnavam a centralidade do indivíduo subjetivamente orientado. Daí resultaria a importância do princípio de representação, analisada no item anterior. Sua centralidade, acrescentemos agora, corria *pari passu* com a compreensão reservada pela modernidade para a interpretação do texto ficcional. Outra vez, os caminhos podiam ser divergentes. O esquema historiográfico tradicional, com a redução das obras à homogeneidade dos períodos, aos quais corresponderiam constantes extra-individuais, não se confundia com a abordagem, não menos tradicional, em que se tomava a vida como determinante do caráter da obra. E tampouco esta se confundia com as propostas imanentes, textualistas, de caráter anti-histórico e antibiográfico, que fariam a fortuna da crítica literária altamente majoritária na segunda metade do século XX. Todas elas supunham ou que as obras particulares se integrassem em uma unidade ou que fossem elas próprias essa unidade e o conjunto das canônicas obras-primas, uma constelação estelar. Não estranha pois que os românticos falassem na *unidade orgânica* da obra de arte e que, já em nosso século, a integração harmônica dos diversos estratos da obra viesse a ser apresentado, por um Roman Ingarden, como critério de valor.

Mesmo quando essas interpretações afastassem a banalidade do esquema vida – obra não eram menos comandadas pela centralidade do sujeito. Assim como o sujeito seria *íntegro e vivo*, a sua obra seria harmônica e integrada. Daí o princípio que se projetava para o trabalho do intérprete. Este consistiria em desvendar *o sentido verdadeiro do texto* analisado. Assim como cada *indivíduo*, sobretudo se criador, é único, cada texto também o será e a unicidade buscada se comunica às interpretações, traduzindo-se na máxima: o texto contém *uma* interpretação; por ser a verdadeira, ela destrona as divergentes. Nada tem de acidental que, a pretexto de recusa da babel crítica contemporânea, Hirsch Jr. proponha a revalorização da intencionalidade autoral. (Teoricamente, sua posição é secundária, mas a herança que carrega nos leva a assinalá-la):

> A questão que sempre quero propor aos críticos que desprezam a intenção autoral como sua norma é (...): Quando você escreve uma crítica, quer que eu desconsidere *sua intenção* e seu significado original? (Hirsch Jr, E. D.:1976, 91)

Pergunta cuja resposta parece tão elementarmente previsível que um seu discípulo acrescentará no mesmo diapasão:

> Não é logicamente possível para um autor tanto exprimir a crença de que "não se supera a natureza por negar sua reivindicação primária da sexualidade" como *não* exprimir essa crença. Se uma obra literária é um ato da fala (*a speech act*), ela não pode ter significados logicamente incompatíveis. (...) Se o significado de uma obra está logicamente ligado à intenção do autor, (...) ou se o que a obra expressa está ligado às crenças do autor, (...), então há bom motivo para crer que, em princípio, se pode mostrar ser correta ou incorreta qualquer interpretação de um certo texto (Juhl, P. D.: 1980, 221 e 236, respect.)

Se, portanto, as interpretações variam com o tempo, assim sucede porque "a relação de seu significado (*meaning*) com as cambiantes circunstâncias históricas é potencialmente ilimitada" (*idem*, 230).

Mesmo os que considerarão o intencionalismo absoluto demasiado estreito, não deixarão de acatar – talvez seriam menos enfáticos – o corolário da interpretação "correta". Ela o será tanto mais quanto melhor capte a integração dos diversos traços da obra em uma camada, oculta ao comum dos mortais, que a paciência do analista desvendaria. A unidade da fonte – o sujeito na condição de criador – encontraria seu *pendant* na estabilidade semântica constitutiva da obra, desde a de "clássico" valor até à simplesmente não caótica. A idéia moderna do sujeito se projeta sobre a obra, explicando-a – desde o expressivismo do romantismo "normal" até à sua tentativa de restauração pelo intencionalismo de Hirsch –, justificando-a contra o caos teorizante[8] que não mais faria senão apressar a morte da literatura. Quanto à linguagem: suas diversas camadas são os meros suportes de um eixo semântico. O que vale dizer, a linguagem não se destina senão à comunicação; tudo mais, as camadas sonora e morfossintática, é preparo para essa meta ou ornamento. Quanto à obra literária: se ela se distingue por uma estranheza e poder de organização não aspirados pela comunicação usual e, à diferença da obra científica, por não se lhe poder acrescer depois de compreendê-la (Juhl, P. D.: *op. cit.*, 222 e 224, respect.), tais efeitos contudo não afetam a estrutura de ponta a ponta semantizada, própria a toda linguagem, independente deste ou daquele seu uso.

A qualificação 'estranheza' tem a vantagem extra de permitir que se escape do estrito círculo dos intencionalistas e assim mostrar que sua concepção da obra literária é solidária com linhas que, à primeira vista, não pareceriam presentes no debate. Com efeito, a afirmação 'a obra literária cativa o leitor por sua estranheza' seria aceitável, com diferenças que aqui não importam, tanto pelos defensores de uma abordagem estilística, como pelos formalistas eslavos. Tal estranheza marcaria a peculiaridade do literário, sem que com isso se afetasse a estabilidade semântica mantida pelas obras.

Não será preciso uma demonstração longa para que se entenda que uma e outra, estranheza e estabilidade semântica, estão implícitas na explicação tradicional da experiência estética. Baste-nos observar: se a

---

[8] A condução do argumento aqui não nos permite acentuar o caráter mais do que apenas conservador que a posição expressivo-intencionalista hoje recebe. Apenas se acrescente: ela não se restringe a ser mais uma posição entre dezenas doutras senão que se erige na defensora dos valores do Ocidente. Neste sentido, é altamente recomendável a leitura de uma das máximas sumas do *establishment*, *The Death of literature* (1990), de Alvin Kernan.

estranheza atrai para o que a provoca – o desvio da norma automatizada –, a estabilidade semântica funciona como contrapeso, i. e., assegura ao receptor que o efeito da movência – o desvio da norma – não provocará um "buraco negro" na linguagem. Será, em suma, do acordo entre a desautomatização propiciada e a estabilidade semântica mantida que se instaurará o prazer estético.[9] O que vale dizer: os intencionalistas participam de um paradigma em que ainda entram correntes teóricas tão diversas como a estilística e o formalismo. Elas têm por solo comum a explicação tradicional da experiência estética, em que se enraíza a noção de estabilidade semântica a que, por sua vez, se liga o princípio da interpretação verdadeira.

A recorrência a uma passagem do estudo de Adorno sobre Kafka nos poupa de desenvolver a massa de pressupostos em que se sustenta essa prática da interpretação:

> Através do poder com que Kafka dirige a interpretação, ele provoca o desmoronamento da distância estética. Exige um esforço desesperado do observador supostamente desinteressado dos tempos detrás, o esmaga, sugerindo que muito mais do que seu equilíbrio intelectual depende do que verdadeiramente compreenda; a vida e a morte estão em jogo (Adorno, T. W.: 1969, 246)

Dentro dos parâmetros tradicionais, a ficção era um leve arabesco que não comprometia a solidez da leitura usual. Tão tênue era seu traçado que o contemplador podia usufruí-la sem a perda de sua serena compostura. Podia fruí-la em interesse tão desinteressado que devia pensar que ali não se mostrava mais que o sujeito na plena posse do infinito gozo de si. Kafka sem dúvida não foi o primeiro a abalar a casa-forte do eu, como tampouco teria sido o primeiro a fazer tremer o princípio da representação de um eu que se cria uno. Ao percebê-lo em Kafka, o leitor tende a reconstituir toda uma família. No passado imediato, o associará a Kleist, no apenas um pouco mais distante,

---

[9] É bem evidente a concordância entre esta explicação do prazer estético e a descrição kantiana da experiência do belo. Não é menos evidente ou menos sintomático contudo que ela já não se adequasse à sua descrição do sublime.

Flaubert, Baudelaire, Mallarmé. Por todos eles, a suposta estabilidade semântica da obra de ficção recebe um golpe mortal. A ficção não mais pode ser confundida com o ornamento que presta vassalagem aos valores de sua sociedade. O arabesco já não se confunde com o ornamento.[10]

Antes porém de enfrentar-se diretamente a obra kafkiana, vejamos ainda como, em Kafka, caminham juntos o princípio da interpretação e o estatuto da ficção. Tal exame se torna privilegiado pela abundância dos escritos privados do autor. Ou seja, pela abundância mesma de material que se ofereceria aos tipos de interpretação que recusamos, seja em sua variante biográfica – tal vida explica tal obra – seja na variante mais "nobre" – de tal obra não se pode postular senão tal sentido. Aglutinemos pois passagens que mostrem a insuficiência destes caminhos.

Seja, por exemplo, a questão da culpa – lembre-se a palavra alemã, *Schuld*, significa tanto culpa como dívida. O autor a vive com freqüência por sua escolha de se dedicar tão só à literatura. São passagens então que pareceriam facilmente assimiláveis por um contexto expressivo: exprimiriam a marca deixada por um antagonista que o sujeito se mostraria incapaz de superar. Mas que dizer de trecho como o de anotação do ano de 1920?

> O pecado original, a velha injustiça que o homem cometeu, consiste na recriminação que faz o homem e a que não renuncia de que se lhe fez uma injustiça, de que contra ele se cometeu o pecado original (BK, 219)

A injustiça, que biblicamente se alega cometida pelo homem, tem seu regime subvertido: em vez de agente, o homem se torna objeto do pecado original. O Deus gnóstico parece fazer uma entrada inesperada: torna suas criaturas vítimas de um mal e de uma expulsão de que virão a ser consideradas responsáveis. Mas a passagem não diz que o homem tem ou não razão em assim recriminar o criador. Se a passagem adotasse o ponto de vista gnóstico, a inversão então sucedida não

---

[10] É extremamente útil a consulta do ensaio de Kerstin Behnke, *in* H. U. Gumbrecht e K. L. Pfeiffer: 1993, 101-123.

interferiria na estabilidade semântica: pecado original é o que cometeram contra o homem. Na interpretação propriamente cristã, a vida pessoal gera os motivos sobre os quais germina a culpa. Assim, no caso de Kafka, a sua culpa "neurótica" se associaria a só se interessar pelo não-rendoso trabalho literário. Esse caminho já não se repetiria a partir da inversão gnóstica: despersonalizada, a culpa é o subproduto da recriminação que faz o homem de ter sido vítima de uma injustiça. Correspondentemente, a recriminação de Kafka se dirigiria à família e, sobretudo, ao pai. Mas o trecho não endossa a inversão; deixa em suspenso se a criatura está ou não correta em sua queixa. Ou seja, em vez de um espaço semântico saturado, com as posições do sujeito, da ação, seu tempo e seu modo, e do objeto nitidamente ocupadas, passamos a ter um espaço instável e ilimitado. Como então utilizar tal "documento" no contexto tradicional da interpretação?

Consideremos uma segunda amostra. Em carta a Kurt Wolff, de 11 de outubro de 1916, Kafka explica o tom de "Na colônia penal" como o resultado de uma marca presente não só em si mas em seu tempo:

> (...) Não só ele (o relato) é doloroso mas, ao invés, o nosso tempo em geral e o meu em particular o foi e é, o meu há mais tempo que o de todos. (...) Tal como agora estou, não me resta senão esperar a paz, no que me apresente, ao menos externamente, como um incontestável contemporâneo (B., 150)

À diferença de quem se confessa ou aproveita toda a ocasião para falar de si, Kafka se toma a si mesmo como campo de prova da extensão cabível do que refere. Se conhece como poucos a tortura da culpa, esta não é propriedade sua senão que tão ampla quanto o número dos contemporâneos. Se seu relato é *peinlich*, de um dilaceramento que preocupa ao editor, a razão está tanto em si como no tempo comum.

Em conjunto, as duas passagens apontam para três extensões: o mundo, o tempo, o sujeito individual. Aparentemente, a estabilidade da interpretação não se altera. Assim sucederá se as três variáveis atuarem dentro do quadro: que o mundo provoque a culpa, que o tempo a manifeste e o indivíduo a introjete, cada uma das variáveis, ademais, mantendo uma conduta unívoca. Ora, como vimos no item 3, a consciência da mímesis em Kafka o fazia romper com a pretensa univocidade do eu, i. e., com o princípio de sua unidade. Consideremos, por um par de exemplos, que conseqüência isso terá.

Em 22 de outubro de 1911, Kafka medita sobre o grupo de atores judeus que se apresentam com Jizchak Löwy:

> A comiseração que temos por estes atores, que são tão bons, nada ganham e não recebem sequer a gratidão e a fama bastantes é, propriamente, apenas a comiseração pelo triste destino de tantos esforços nobres e, antes de tudo, do nosso. Por isso também é tão desproporcionalmente forte pois, na aparência, concerne a estranhos e, na realidade, nos é devida (T., 83)

No dia seguinte, anota sobre sua própria reflexão:

> Para meu horror, os atores, por sua presença, sempre me convencem de que a maior parte do que escrevi sobre eles é falso. É falso porque escrevi com amor constante (...) mas com energia variável e essa energia variável não toca clara e intensamente nos atores reais mas sim se embota neste amor que nunca se satisfará com a energia e, por isso, pensa proteger os atores quando, na verdade, a impede de se exercer (T., 84)

Combinadas, as passagens declaram que a comiseração (*Mitleid*) e o amor falseavam sua apreciação porque o sentimento não só não dissolvia a energia *(Kraft)* necessária como ainda a inibia. O sentimento emocionalmente favorável aos atores não bastava para dar a Kafka a força de cuja falta sempre se queixava. Por contraste com a força constante de que Felice lhe alimentará, durante a composição d'*O processo*, o amor acompanhado de força variável (*wechselnder Kraft*) provocava um tom enternecido, que, satisfeito com sua própria emoção, não absorvia a concretude de seu objeto. Ora, por que seria isso insatisfatório senão porque Kafka não se contentava com a expressão dos bons sentimentos? A alma expressiva sofre do embargo de não *tocar* no que entretanto a toca. É porque reconhece tal embargo e não o quer para si que Kafka se exercitava na visão distante de si mesmo, na apresentação de si como uma coisa externa. Considere-se a respeito passagem por nenhum outro título significativa. O autor narra seu encontro com alguém e anota:

> Há muito tempo que não conversávamos de modo tão íntimo ou talvez ainda não o tivéssemos feito quando senti meu rosto, que nunca fora tão escrupulosamente observado por ele, revelar-se-lhe em partes falsas, dificilmente compreensíveis, mas que não deixaram de surpreendê-lo. Para mim mesmo, eu era irreconhecível. A ele, conhecia perfeitamente (T., 86)

É pelo que julga ser a reação do outro que Kafka "percebe" o quanto se ignora. A impossibilidade do autoconhecimento indicia a falência do centro a expressar. A posição da alteridade é a única adequada para que alguém então possa saber de si.

Em sua preferência pelo distanciamento à convivência afetiva consigo mesmo, pela observação em vez da introspecção, Kafka não é guiado por um propósito artístico, mas sim pela preocupação com a verdade. É em nome da exigência de verdade que recusa compartilhar da presumida identidade do eu e, daí, da demanda de expressá-la. Neste trajeto, se destaca anotação de 8 de dezembro de 1911:

> Tenho agora e desde esta tarde a urgência de, por escrever, tirar de mim toda a ansiedade e, do mesmo modo que ela vem do fundo, passá-la para o fundo do papel ou escrevê-la de tal maneira que eu pudesse incluir o escrito dentro de mim (T., 136)

Nenhuma alteridade é invocada para o desiderato: não há um objeto, como um espelho, a partir do qual se examinasse, por cujas reações entrasse em contato com o que, em seu próprio rosto, ignorava. É à escrita que confiava a tarefa de meio interposto, externo, apto para extirpar a ansiedade.

Podemos pois dizer: em Kafka, o movimento da palavra toma o rumo oposto ao da introjeção. Esta é repudiada porque o enredaria em presunções subjetivas – naquilo que o sujeito em causa pensaria previamente de si e das coisas. Daí seu empenho pelo distanciamento objetivante. Utilizando os termos de reflexão já transcrita, a maneira alusiva (*andeutungsweise*) seria comprometida se concedesse vida fácil à metáfora. O alusivo em que se empenha depende pois do *investimento no literal* e, portanto, implica uma linguagem seca, densa, fria, despojada. A exclusividade que a literatura tem para Kafka não pode ser entendida sem que se considere sua coerência com a busca de objetivação da verdade. Sem interesse por especulações abstratas, Kafka terá sempre de se mover no meio de situações sensíveis. O fictício com que estas serão trabalhadas há de operar de uma maneira que não seja entorpecida pelas presunções subjetivas. Não se trata de se isentar a si mesmo, de evitar colocações pessoais mas sim de convertê-las, de próprias ao espaço interno, em capazes de se dizer do externo; i. e., de transformá-las de fantasmas em objetos, cujos traços seriam seus e de seu tempo.

À medida que todo este exame se cumpriu sob o pressuposto da perturbação que a obra kafkiana causa aos pressupostos que presidem a fortuna moderna da interpretação, já é hora de nos perguntarmos pelas conclusões. Dois pontos devem então ser ressaltados:

(a) insatisfeito e mesmo irritado com a tradição psicologizante, Kafka se empenha na descoberta de meios de objetivação. Não busca se resguardar da curiosidade pública, trancafiar seus vergonhosos segredos, mas sim encontrar um meio interposto entre a subjetividade e o mundo externo, que permita a objetivação daquela. Por isso seria igualmente absurdo definir-se sua obra ou como impessoal ou como confessional; em troca, se afastarmos o traço patético, a atitude de Kafka se mostra congruente com a dos pintores expressionistas;

(b) contudo a demanda de verdade exigida de seus relatos, enfatizada pelos diários e pela correspondência, remete a direção divergente. Ou seja, se por (a) se infere que o traçado de Kafka perturbava o princípio da interpretação fundada na expressão profunda de um eu; que desestabilizava, pois, a exegese justificada como resgate da visão de um eu sobre si próprio e seu mundo, por (b), ao invés, se infere ser a vontade de objetivação contrária ao pressuposto da estabilidade semântica do texto.

Isso quer dizer que a questão da estabilidade interpretativa apresenta dois cursos diversos. O primeiro curso é o precipitado daquele conjunto de pressupostos que examinamos no começo deste item: há uma interpretação correta e esta tem, em seu limite, o caráter de resgate da intencionalidade autoral. O segundo curso é bem mais radical: a estabilidade interpretativa se tornaria uma quimera e sua prática, simplesmente um erro grosseiro, pois não há maneira de dizer-se se o texto afirma conclusivamente isso ou aquilo. Mas, embora o primeiro texto aqui examinado (BK, 219) nos leve a este rumo, os outros dois do Diário, não. Sua vontade de objetivação como modo de *mostrar* uma verdade, ao contrário parece não se coadunar com a instabilidade que, ao se cumprir, tornaria *indecidível* a interpretação do texto. A conclusão seria portanto que a obra de Kafka não opta entre uma semântica estabilizadora ou instabilizadora? Não, embora provisoriamente porque ainda não tratamos com textos propriamente ficcionais, nota-se ser a instabilidade semântica que atravessa o texto kafkiano. E isso a partir mesmo de seu enredo – em *O processo*, Joseph K. é detido mas continua solto; em *O castelo*, a voz consultada pelo telefone confirma que o agrimensor fora contratado, sem que por isso se lhe reconhecesse o direito de integrar-se à aldeia. Temos aí o "correlato objetivo" de uma situação temporal em que a verdade se confunde com seu questionamento. Para daí chegar-se ao exame conclusivo, assinale-se que se chamara a atenção para a premência kafkiana de dispor de meios intermediários que, evitando a distorção subjetiva e o embargo emotivo, servissem de ponte entre o clima quase onírico de sua matéria e a objetivação do texto a ser construído. Um destes meios consiste na freqüência do *tribunal*.

4.1. A obsessão com o tribunal

Kafka tem apenas 27 anos quando, em 20 de dezembro de 1910, escreve: "Ouço sem cessar um apelo: 'venha, tribunal invisível'" (T., 25). Três anos depois, em carta a Felice (16 de setembro, 1913), a anotação se amplia no relacionamento entre a permanência da condenação e a impossibilidade de desviá-la (cf. BF, 466). O mesmo conteúdo se reproduz na carta a Brod, do fim de dezembro de 1917, com a mudança, pequena mas significativa, de que seriam falhas as peças com que intentava se defender:

> Que sentido há em conservar trabalhos que, "mesmo" ("*sogar*") artisticamente, são malogrados? Ele consiste na esperança de que, destes pequenos fragmentos, meu todo seja recomposto em uma corte de apelo *(Berufungsinstanz)*, em cujo seio eu me possa lançar em caso de necessidade (B., 216-7)

Foi entretanto ainda a Felice que deu a explicação mais reveladora:

> Quando me examino do ponto de vista de minha meta, constato que de fato não me esforço em me tornar bom e em responder às exigências de um tribunal supremo, mas sim, muito ao contrário, em abarcar toda a comunidade humana e animal, em reconhecer suas preferências básicas, desejos e ideais morais, em reduzi-los a preceitos simples e o mais rápido possível me desenvolver neste rumo, para que a todos seja agradável, de fato (e aqui aparece a inconsistência) tão agradável que me seja por fim permitido, como o único pecador que não foi assado, exibir minhas baixezas latentes, sem que perca o amor de todos. Em suma, importa-me tão só o tribunal humano, a que, ademais, quero enganar, por certo sem fraude (BF, 30 de setembro ou 1º de outubro, 1917, 755-6)

Dado o alvo que se visa – a obsessão com a figura do tribunal como meio de considerar a questão da estabilidade interpretativa – a passagem merece grande atenção.

Começando por negar que seu empenho estivesse ligado à expectativa de um tribunal supremo (*ein höchstes Gericht*), logo afirma que o que lhe importa é o tribunal humano, ao qual, sem fraude, seduziria, ganhando o prêmio do amor de todos, sem o sacrifício de suas inclinações. A conversão do tribunal divino em terreno, com a admissão de que, pela admissão das preferências dos terrenos, procuraria enganá-los, parecerá enigmática. Mas é esse próprio mistério que importa quanto à estabilidade interpretativa. Note-se a propósito que a aludida laicização da corte não é sistemática nos textos posteriores. Assim, em carta de meados de janeiro de 1918, tratando das desavenças conjugais dos Brod e das respostas que o amigo poderia dar às queixas da esposa: "(...) Desta maneira, porém, leva-se a questão a um tribunal tão alto que não decidirá e fará que o processo recomece" (B., 219).

A ambigüidade (ou indecisão) sobre a natureza do tribunal que o obseda tem sua importância acrescida pela inexauribilidade do processo. O tribunal é ilimitadamente extenso, infinito, tanto se o plano eleito for o humano ou o divino. O que por certo não significa que a presença de um envolva a do outro. É porque, ao lidar com o que o obseda, o tribunal, não se pode saber se ele tem um fundo religioso ou apenas terreno, que se torna indecidível se o texto kafkiano dá acesso a uma interpretação religiosa. *Indecidível é a natureza do tribunal*. Mas, apenas parcial, a conclusão impõe outra pesquisa preliminar.

4.2. A questão da Lei

As referências freqüentes à incidência da Lei têm por denominador comum a indeterminação de seus limites. É mesmo neste sentido que, no contexto kafkiano, a questão da Lei está intimamente entrelaçada à presença do tribunal. E o irônico "liberalismo" que aponta na anotação de 5 de janeiro de 1914 – "Tudo que é possível acontece; possível é apenas o que acontece" (T., 255) – na verdade se enraíza na inescrutabilidade da Lei. Inúmeros textos partem do mesmo solo. O seguinte tem a peculiaridade de parecer uma variante da história do porteiro, em *O processo*:

> Com o olho terreno e poluído, estamos na situação dos viajantes de trem acidentado em um túnel comprido e precisamente em um lugar em que não mais se enxerga a luz do princípio e em que a luz do fim é tão exígua que o olhar sempre deve buscar e sempre perder onde começo e fim sequer são certos. Porém, na confusão ou na supra-excitabilidade dos sentidos, temos à nossa volta monstros ruidosos e, conforme o humor e a ferida (*Verwundung*) de cada qual, um jogo caleidoscópico encantador ou esgotante (H., 54)

O fragmento é composto no mesmo dia – 20 de outubro de 1917 – a que pertence outro, só na aparência mais enigmático:

> O momento decisivo do desenvolvimento humano é permanente. Por isso os movimentos espirituais revolucionários estão certos em declarar nulo tudo que lhes precede, pois nada ainda sucedeu (H., 54)

Para a humanidade, a revogação do passado é a todo instante possível porque ela sempre se encontra na situação do viajante cujo trem se deteve na metade do túnel, sem lhe ser possível enxergar a luz do princípio ou do fim. Deve-se, entretanto, notar que a frase não questiona que haja luz aqui e/ou ali; apenas acentua a impossibilidade de orientar-se por ela. O que vale dizer, a indeterminação da Lei, *não a afirmação de sua inexistência*, provoca que nem se possa negar a existência de uma inquietação religiosa na obra kafkiana, nem tampouco afirmá-la como seu centro de convergência. Ambos os caminhos serviriam para o confortador estabelecimento da estabilidade interpretativa; e para sua conseqüência: os defensores de uma leitura religioso-existencial impugnariam, como de fato sucede, a leitura histórico-social, considerando-a ligeira e contingente e vice-versa. Ora, é nesta exata situação que Kafka vem a ser fim ou começo. Tanto na modernidade, como antes dela, a reflexão filosófica se empenhara em estabelecer a rocha firme em que talhasse seus conceitos. Era destes que dependia a homogeneidade da experiência e, em conseqüência, a estabilidade de sua interpretação. Quando, nos tempos modernos, este esforço se cumpre a partir da noção de uma individualidade subjetivamente orientada tem-se menos um gesto radicalmente novo do que mais difícil, pois que há de se edificar a partir de um elemento, o eu, impalpável e invisível. Embora se acusando de não ter talento especulativo, Kafka corrói as certezas que a modernidade acumulara. Ele não discute que em algum lugar exista a Lei, o núcleo duro e homogenizador de cuja "contemplação" adviria a interpretação correta dos fenômenos; apenas confere, entre terror e conformismo, que ela não é acessível ao viajante. Sua prática objetivante então o impede de se pôr na posição de vítima. A terrível reflexão de seu caso com Felice o leva a compreender que "ela é uma inocente condenada à mais dura tortura" e que ele é "o instrumento da tortura" (T., 21 de setembro, 1917, 388). Pois, mesmo em suas páginas mais íntimas, Kafka não se oferece como objeto para a identificação do leitor, elemento, como Adorno notava, que tradicionalmente serviu para a eficácia da experiência estética. Outra vez, pois, temos de notar a inseparabilidade em Kafka do ético com o estético: a indeterminação de uma Lei cuja existência entretanto se presume é capaz de tornar o agente, por mais revestido que seja de bons propósitos, em carrasco. Transposto para o caso da ficção, este quadro impedirá a identificação do receptor com os sofrimentos do protagonista.

A solidariedade do ético com o estético ainda implica a quase indistinção de fronteiras. Assim, se a fraqueza física era a maneira usual como Kafka se via a si mesmo, a sua atuação tem um raio que traspassa as fronteiras do privado:

> Por ela (a fraqueza humana geral), – deste ponto de vista é uma força gigantesca – absorvi energicamente o negativo de meu tempo, um tempo que me é próximo, contra o qual não tenho o direito de lutar mas sim, de certa maneira, o direito de representar (*vertreten*) (H., 89)

A debilidade interna nem se contém em limites pessoais, nem muito menos se *reflete* em uma visão que então seria adocicada de seu tempo; ao invés, *produz* uma inesperada face sua. Mergulhados em uma obscuridade inevitável, como encaram os homens o seu túnel? Ao contrário de acusá-los de se distraírem, de procurarem não pensar na dor que ainda não lhes dói, Kafka opta pelo apólogo que "explica" a origem dos costumes: "Leopardos irrompem no templo e se saciam com os vasos sagrados; isso sempre se repete; por fim, pode-se prevê-lo e se torna uma parte da cerimônia" (H., 10 de novembro, 1917, 61).

Se nos contentarmos com a regularidade da vinda dos leopardos, em conseqüência, com sua previsão na cerimônia estabelecida, a questão da Lei pode ser deixada entre parênteses e mantida a estabilidade da interpretação. Mas, se considerarmos que isso é uma capitulação vil, teremos de declarar que muitas vezes a interpretação é indecidível.

Que significa dizê-lo? Literalmente, que já não podemos ter a confiança de dispor de um critério que declarasse a interpretação verdadeira. A certeza positiva que esta continha se transforma em certeza apenas negativa: analiticamente, podem-se identificar apenas as interpretações lacunosas ou mesmo falsas. Mas ainda não é o resultado mais relevante. Dizer-se que a interpretação é indecidível significa que já não se postula que a linguagem ficcional repouse e se resolva em um solo semântico estável. Daí se entende por que, embora o nome de Kafka não esteja pronunciado, sua experiência é pressuposta na afirmação de um grande teórico contemporâneo:

> Se a semantização e os atos de doação de sentido resultantes derivam da tensão que se apossa do receptor do texto ficcional, em virtude do caráter de acontecimento do imaginário, então o sentido do texto é apenas a pragmatização do imaginário e não algo inscrito no próprio texto ou que lhe pertencesse como sua razão final (Iser, W.: 1983, 147)

A instabilidade semântica passa a ser postulada como traço característico do ficcional. Se historicizamos a afirmação – o que não é intentado por Iser – que isso significa dizer senão que deixamos de contar com a experiência estabilizadora do indivíduo, centro e umbigo do mundo? As interpretações mudam não simplesmente porque muda o mundo senão porque o próprio texto ficcional não repousa na estabilidade semântica.

Todo este percurso se baseou nos textos privados do autor. Trata-se agora de abordar uma pequena parte de sua ficção. Comecemos por dois curtos relatos, "O julgamento" (1912) e "Na colônia penal" (1914).

5. "O julgamento"

Da janela de seu quarto, Georg Bendemann contempla o rio que corta a cidade, a ponte que liga suas metades e as colinas da outra margem. Traz na mão carta que acabara de escrever. Destinava-se ao amigo que, anos antes, insatisfeito com as perspectivas que se lhe apresentavam, emigrara para a Rússia. A princípio próspero, o negócio que abrira passara a ir mal. Em suas cada vez mais espaçadas visitas à cidade natal, o amigo se queixava da situação e o rosto amarelado, a que a barba mal disfarçava, parecia revelar o avanço de alguma doença. Sem contato, ademais, quer com seus compatriotas, quer com a sociedade local, parecia que se manteria celibatário.

Os dois parágrafos de abertura, acima referidos, apresentam o destinatário da carta de Bendemann. O discurso indireto continua, descrevendo as perguntas que o missivista se fazia: "Que se poderia escrever a tal homem que evidentemente se extraviara, a quem se podia lamentar, sem que se lhe pudesse ajudar?" (E., 43). Haveria para ele outro caminho senão regressar e confiar sua sorte aos amigos que permaneceram? Mas nem isso seria indubitável pois o agora forasteiro declarara não mais compreender os trâmites do comércio em seu país de origem. Essas razões haviam pesado na correspondência que Georg, apesar de tudo, com ele mantinha, se é que se poderia chamar de correspondência cartas que se contentavam com trivialidades.

Há três anos o amigo não retornava à pátria. Neste entretempo, a vida de Georg mudara. A mãe morrera, passara a viver com o pai, sobretudo progressivamente tomara a direção do negócio de ambos. Fosse porque antes a casa comercial não seguia o pulso de Georg, fosse porque a viuvez enfraquecera o pai, a verdade é que agora prosperava – o pessoal dobrara e as vendas quintuplicaram. Tudo isso entretanto fora calado nas cartas de Georg. Próspero e ativo, era o oposto do forasteiro fracassado. Ao menos segundo seu próprio julgamento, o silêncio sobre seu próprio êxito era uma forma de delicadeza. Pela mesma razão, tampouco comunicara seu noivado, tratando, em cartas diversas, do compromisso de alguém sem importância. Justificando-se com a alegação de que não deveria turvar a imagem que o amigo se faria do lugar a que renunciara, muito menos Georg cogitara de informá-lo sobre suas núpcias. Naquele momento, porém, as coisas se modificavam: a noiva o obrigara a mudar de propósito.

O discurso indireto que até agora fluíra sem tropeços traz abrupto ao leitor a advertência da noiva: "Se tens tais amigos, Georg, não deverias ter noivado"; afirmação cuja estranheza não parece chocá-lo pois sua resposta prolonga seu caráter enigmático: "Sim, a culpa é de nós dois; mas agora não gostaria de mudar nada" (E., 46). Se há algo estranho no diálogo não o era para quem o recorda. De qualquer modo, se nele provocaram alguma turvação, ela parece haver-se dissolvido com a promessa de que escreveria ao amigo. A estranheza do diálogo permanecerá como um corpo à deriva, que não fosse notado por quem entretanto o via. Na mesma situação, se enquadra o comentário com que teria encerrado a conversa com a noiva: "Sou assim e assim ele tem de me tomar. Não posso talhar em mim um homem que fosse, talvez mais do que sou, adequado para a amizade" (*idem*). Fecha-se então o longo parêntese explicativo, que se iniciara após a frase de abertura, e a ação assume um rumo linear. Georg escreve a carta que prometera e se dispõe a conversar sobre ela com o pai.

Embora vivesse na mesma casa, há meses que não entrava no quarto paterno. Para si mesmo, entretanto, sua ausência se justificava: estava sempre com ele no trabalho, almoçavam juntos e à noite, quando não se reunia com os amigos ou não visitava a noiva, partilhavam da mesma sala, cada um com seu jornal. Georg continua a dar prova de que vive em um clima de distração sonhadora. Só despertará, ao chegar ao quarto do pai, cuja escuridão contrasta com a manhã ensolarada.

A saudação com que é recebido – "Ah, Georg!" – bem como a resposta que dá para si – "Meu pai ainda é um gigante" – abrem a segunda cena. Se o leitor for tão distraído quanto o protagonista não perceberá a mudança. As reações imediatas do pai não parecem senão indicar a sua senilidade. Informado por Georg da comunicação que se aprestava a enviar, estranha o endereço: "Para São Petersburgo?". Ainda sujeito à distração, Georg comenta para si que a fragilidade que o pai ali parecia ter contrastava com a imagem no trabalho. Na verdade, porém, o filho ainda desconhecia a força de que o velho era capaz. Ela só se manifestará quando o pai, ainda mantendo a pretensa incredulidade quanto à existência do amigo, começar a modificar o tom do diálogo. Desde a morte da mãe, declara ele, coisas desagradáveis sucederam. Para tanto, teria contribuído desde o curso da natureza – sua memória que falha, as forças que já não respondem – até a morte da companheira, que o teria golpeado mais que ao filho. Georg sente-se desconcertado com o pedido que o pai acrescenta de que não o engane. Por enquanto, porém, o velho apenas continua a encenar a comédia da senilidade. Ela tem o efeito de o interlocutor compreender que não se dedicara como deveria ao velho Bendemann e se prometer uma mudança completa. Cogita em passá-lo para o mais arejado quarto da frente, estar atento a que se alimente bem, levá-lo ao médico e cumprir as ordens que dele receba. O pai mantém a comédia da desmemória e Georg tenta recordar-lhe a presença do amigo em casa; como o pai deixara de antipatizar com ele e como chegara a repetir história sobre a Revolução russa que dele ouvira. Georg ainda tem a oportunidade de censurar-se pelo mau estado das roupas íntimas do pai e, impressionado com sua debilidade, se dispõe a carregá-lo nos braços até à cama. Tudo afinal parecia bem, em vias de manter a mediocridade das relações domésticas. Deitado, o pai se cobre a si mesmo e, por suas perguntas, estimula Georg a dispor melhor as cobertas. A observação com que este pontua o fim da tarefa – "Fiques tranqüilo, estás bem coberto" – provoca a reação intempestiva do velho. Motivava-a a ambigüidade do verbo empregado, *zudecken*, que tanto significa 'cobrir' como 'enterrar'. "Querias cobrir-me, sei bem disso, meu pimpolho, mas não me cobriste ainda. E, mesmo que sejam as últimas forças, serão suficientes para ti, mais do que suficientes" (*ibidem*, 50).

A senilidade, poder-se-ia supor, converteu-se em demência. O velho agora não só revela que bem sabia da existência efetiva do amigo, não só acusa Georg de havê-lo ludibriado por muitos anos, como ainda declara que considerava o forasteiro seu filho predileto – "Er wäre ein Sohn nach meinem Herzen" (*ib.*, *ibidem*); que, por isso mesmo, sem o conhecimento de Georg, a ele escrevia com freqüência. Incrimina ainda a Georg de, por causa da noiva, "a asquerosa criatura" (*die widerliche Gans*), haver maculado a memória da mãe, haver traído o amigo e metido o pai na cama, para que não mais se movesse. Toda a reação de Georg limita-se à exclamação: "Komödiant!".

Mesmo que não tenha percebido que a entrada no quarto paterno apresentava um novo cenário, o leitor já não poderá deixar de notar a mudança que se operara. Em contraste com a reação do filho surpreso, o velho Bendemann mostra-se senhor da situação; aceita e mesmo louva o epíteto que recebera. Fingindo-se de débil e de posse da força que a morta lhe transmitira, se rebelara contra as maquinações do filho, mantivera o relacionamento com o forasteiro e tinha no bolso os nomes dos clientes de Georg. Esta é sua peça de acusação. À deslealdade do filho respondera com a força de que agora dá prova. Georg não mais reage. O pai o acusa de haver sido "propriamente uma criança inocente, porém ainda mais propriamente um homem endemoninhado" (*ib.*, 53), a quem agora condena a que morra afogado. Como um sonâmbulo, Georg se precipita para fora do quarto-tribunal, atravessa a rua, salta a balaustrada e se precipita na água. O julgamento tinha sido feito. Cumpria-se a sentença.

Kafka não errava em mostrar-se tão agradecido a Felice pela motivação para escrever "Das Urteil". Com efeito, este é o primeiro relato em que, apesar de bastante simples, a singularidade do autor se manifesta.

Concebido como mero auxiliar da análise, o resumo acima não poderá dar ao leitor a noção precisa do relato, cuja peculiaridade deriva de seu caráter onírico, na segunda parte progressivamente convertido em pesadelo. Sonho e pesadelo são tratados como por transposição direta. Kafka afasta o procedimento que "embelezaria" a matéria para que a mostre em sua rudeza. Mas não é rudeza do cotidiano desperto, diurno, senão o colhido nas brumas do onírico. A conjunção entre realismo e matéria onírica indica a frente em que sua obra procurará penetrar. Daí resulta o caráter pouco ou nada explicativo da trama. A metamorfose que, de um ponto de vista literário habitual, seria pouco trabalhada. Daí sobretudo a maneira como a metáfora se apresenta. Pois, à diferença dos enredos realistas, não é em fatos que assenta a matéria seminal do relato: o julgamento, a condenação do filho pelo pai. Como já assinalou Martin Greenberg, o título, "Das Urteil", mantém tanto o sentido concreto e literal de 'sentença, julgamento', como o abstrato de 'avaliação crítica, opinião' sobre alguém ou alguma situação.

Assim como no sonho a metáfora se literaliza, assim também no relato kafkiano o sentido abstrato combina-se com o sentido literal e primitivo (Greenberg, M.: 1968, 48).

O deslocamento de regime discursivo, o reconhecidamente literário dando lugar ao onírico que, entretanto, não pretende valer como documento ou sintoma do que sonha senão como objeto válido por si mesmo, passa a exigir uma mudança no próprio ato da leitura: "Lida de dentro, a metáfora é sentida como literalmente verdadeira" (Greenberg, M.: *op. cit.*, 51). (A metáfora é trabalhada pela contigüidade, i. e., mantida próxima do deslocamento metonímico). A desconfiança que Kafka depois manifestaria quanto à metáfora e que o levava a desesperar da literatura o força em seu primeiro relato característico a uma solução experimental. Do sonho não lhe interessa, como sucederá com os surrealistas, seu ato de transposição, mas sim a literalização da metáfora. Deste modo é sacrificada a dramatização da trama, o lento desabrochar das personagens, a urdidura tradicionalmente identificada como literária. Reservado, freqüentando um pequeno círculo de amigos, recluso em sua Praga, não tendo à disposição senão uma língua de empréstimo, reduzida a seu padrão sintático-lexical básico, Kafka, desde *seu* primeiro relato, é um escritor experimental. Seu experimentalismo, com as reservas sobre o uso da metáfora, exige do leitor uma não menos severa aprendizagem: captar, no conflito do filho com o pai, muito mais que a expressão do próprio drama vivido pelo escritor, o enfrentamento entre a geração jovem e a que resiste em se aposentar. É ainda mérito de Martin Greenberg haver observado que "O julgamento" foi escrito no mesmo ano de 1912 em que Freud compunha *Tótem e tabu* (cf. Greenberg, M.: *op. cit.*, 56). Ora, quem é o velho Bendemann senão o *Urvater*, o pai dos primórdios, o chefe da tribo ameaçado pelo filho, a quem o curso da natureza, *der Ablauf der Natur*, preparava para substituí-lo nas funções vitais? Através da primitivização do conflito, Kafka podia-se incluir sem se confessar. Não há dúvida que seu caso pessoal o motivava. Não é menos indubitável que isso não bastava. O que seria confessionalismo é substituído pelo clima de alegoria. A mudança no tratamento da metáfora corresponde então à necessidade de reorientação do leitor. Mas ela terminará comprometida se não se desdobrar em sua própria prática interpretativa.

Na primeira parte do relato, Georg Bendemann se particulariza por seu teor desligado, sonhador, egoísta. As explicações que oferece para o tipo de correspondência que mantém com o forasteiro são no mínimo indicativas de que o considerava um estorvo, que não se poderia auxiliar. Tal como descrito pelo narrador, Georg parece não ser responsável pelo que dele próprio se diz. Acostumado à prática do discurso indireto, o leitor aceita que é Georg o autor da reflexão: "Que se poderia escrever a tal homem (...)?". Mas quem é o responsável pela frase? Depois de percebermos a experimentação a que Kafka se entrega, podemos melhor entender que, sob a isenção do discurso indireto, interfere o discurso indireto livre. No discurso indireto livre se combinam e misturam as vozes do narrador e da personagem. I. é, desaparece o espaço distintivo de um e outro e o receptor já não dispõe do diferencial com que os interpretava. É a própria estabilidade da interpretação que se põe em causa. O experimentalismo com que começamos a lidar já mostra que ele não se resume a uma questão de técnica expressiva.

O curso da observação é reforçado pelo trato que Georg havia dado ao pai. Ele não se recrimina de há meses não o procurar, de não haver notado a escuridão que o envolvia, de desleixar dos cuidados que deveria prestar, de haver combinado com a noiva de, ao se casarem, aí o deixarem, sozinho, na antiga morada. E todas as promessas de mudança que então se faz não afetam a sua própria caracterização. Seu domínio parecera incontestável apenas porque o velho Bendemann se fingira de frágil, desamparado e incapaz de defesa. E, ao comentar para si que seu pai ainda era um gigante, Georg involuntariamente constata que o comando que supusera exercer era ilusório. Só a partir daí o leitor será forçado a rever seu hábito de interpretação. Se ele houver lido Flaubert, a quem Kafka especialmente admirava, já terá tido ocasião de saber as armadilhas que o discurso indireto livre é capaz. Mas isso não significa que, alertado para a conduta desta forma de discurso, a peculiaridade kafkiana esteja resolvida. Ao contrário, é a partir da segunda parte que a atitude de Georg obriga a que a posição do receptor se modifique. Sua passividade ante a sentença de morte e a presteza com que se dispõe a cumpri-la não podem ser explicadas em termos de coerência. E muito menos a conduta do pai. Como outro intérprete já observara:

> O nome Georg não quer dizer no princípio o que significa no fim; o nome do pai não designa, em todos os momentos da entrevista com o filho, a mesma lei. Para que a inteligibilidade seja alcançada, a postura inicial quanto aos valores de ambos deve ser em ambos os casos modificada. Mas isso acaba com a consistência (Corngold, S.: 1988, 33)

O que significa que a estabilidade hermenêutica, apoiada na coerência das personagens, se evapora. A passividade do filho já não é compreensível fora da alegórica encenação do conflito primitivo com o *Urvater*. Esse dado, no entanto, não é capaz de unificar o relato, pois nada acrescenta, retrospectivamente, à primeira caracterização de Georg. As duas cenas que constituem o relato, a entrada no quarto do pai representando a segunda, pertencem a registros diferentes. A melhor explicação foi oferecida por Martin Greenberg. A luta de Georg Bendemann consistira em se libertar do símbolo encarnado pela figura do pai. Sua imagem de força e poder, instalada desde a infância do filho, já não correspondia à verdade. O velho chefe já podia ser não só afastado da direção do negócio senão que, no duplo sentido do termo, *zugedeckt* (coberto e enterrado). A preservação da imagem infantil começa a ser corroída pelas sombras em que o quarto paterno mergulha: sua falta de luminosidade parece indicar que a seu proprietário já não corresponde uma posição de mando. A distração de Georg ainda parece a atitude apropriada a quem agora é o condutor da vida e da cena. Na verdade, essa impressão antes depende do fingimento com que o velho se cobre. A submissão afinal de Georg, a sua incapacidade de defesa revelam a contrariedade do curso da vida: a nova força não basta para substituir a antiga. O processo biológico é transtornado e a imagem do *Urvater* prepondera (cf. Greenberg, M.: *op. cit.,* espec. 47-68).

Válida quanto a Georg, a interpretação de Greenberg deixa de ser impecável quanto ao pai. Até onde vai o exercício de sua comédia? Os protagonistas, pai e filho, concordam que a conduta senil do primeiro fizera parte da comédia que montara. Mas sua conduta de demente, que conclui na sentença final, explicar-se-ia como integrante de alguma encenação? Qualquer que seja a resposta, a atuação atoral do velho Bendemann não se explicaria pelo cotejo com a tese freudiana. A "implícita multivalência" das personagens simplesmente impugna uma interpretação una, totalmente coerente. Como se, aproximando-se da matéria onírica, Kafka houvesse incorporado a seu relato o "umbigo" indecifrável que o mesmo Freud localizaria em cada matéria onírica. É este o elemento-chave. Como temos acentuado, em "O julgamento" notam-se três pontos como candidatos decisivos à peculiaridade do relato: (a) a ruptura da separação entre duas modalidades de exposição – os discursos indireto e indireto livre; (b) a encenação do conflito mítico entre a geração enfraquecida pela velhice e a nova que se apresta a substituí-la; (c) o desaparecimento da coerência das personagens, índice da estabilidade interpretativa que deveria orientar a leitura. Agora se vê que os dois primeiros pontos só serão bem compreendidos se os subordinarmos ao terceiro. É dele pois que depende o rendimento da matéria onírica. A ambição mais radical que o preside não está em pôr em cena um material que se contrapusesse aos fatos do cotidiano, senão, muito ao contrário, em tornar contíguo o onírico com a cena do real. É neste sentido pois que há um realismo kafkiano, muito embora não se consiga apreendê-lo pelos indicadores do realismo já então clássico – o de Balzac ou Fielding, o de Stendhal, de certa maneira ainda o de Flaubert.

6. "Na colônia penal"

O leitor de Kafka prescinde de análises mais acuradas para que reconheça a ligação que "Das Urteil", "In der Strafkolonie" e *Der Prozess* apresentam entre si. Nos três casos, alguém é condenado à morte. Mas a mera leitura já não bastará para que se verifique a diversidade de posição que, em cada relato, a sentença ocupa. No primeiro, a sentença pressupõe um conflito de que é o desfecho, ao passo que nos dois outros, respectivamente, ou a sentença foi de antemão proferida ou apenas se retarda, sem que se saiba que papel desempenharam ou poderiam desempenhar as instâncias jurídicas. Em suma, a especificidade de cada relato tem a ver com a *posição* que a sentença ocupa, com quem envolve em seu círculo e o espaço que tem por pólos a Lei e o acusado. Se "O julgamento" se distingue por a sentença coroar o entrecho, por então sobrevoá-lo como uma espada sempre em vias de despencar, mesmo antes de se tornar visível, em "Na colônia penal" e em *O processo* a posição da sentença se distingue literalmente: no romance, o círculo da ação envolverá o acusado e seu invisível tribunal ante uma audiência que finge não o ver ou que então considera tudo aquilo uma infelicidade costumeira; em "Na Colônia", ao invés, o condenado e seu juiz são observados sem disfarces pelo olhar estrangeiro do explorador, o *Forschungsreisender*. Posta na posição de desfecho, em "O julgamento" a sentença atraía para si todos os acidentes da ação a que *a posteriori* motivava e explicava. Tomada como seu *a priori*, em estado explícito ("Na colônia penal") ou implícito (*O processo*), a sentença possibilitará a tematização da máquina da justiça. E por aí já se nota a maior complexidade dos dois relatos posteriores. Se o experimentalismo de "O julgamento" terminava por ligar o onírico à realidade brutal, ele se punha, por assim dizer, demasiado próximo dos termos envolvidos para que admitisse sua abordagem crítica. "Na colônia penal" e em *O processo*, o relato ainda ganhará com o distanciamento do foco narrativo.

Antes de lidarmos com as duas composições, note-se que "Na colônia" está unida ao romance por sua data de feitura e pelos acontecimentos que a ambos precipitam. Em 1º de junho de 1914, em reunião na casa dos pais de Felice, oficializara-se seu noivado com o autor. Em 12 de julho seguinte, em reunião não menos pública, no hotel *Askanischer Hof,* o noivado era desfeito. Onze dias depois, Kafka abria seu Diário com a conhecida anotação: "O tribunal no hotel. A viagem no fiacre. O rosto de F. Passa as mãos no cabelo, boceja. De repente, cobra ânimo e diz coisas bastante pensadas, há muito guardadas, hostis" (T., 297). No fim do mês, a mobilização geral para a guerra sobrecarrega a figura do tribunal. Em vez de mostrar-se aliviado ou pesaroso por não ser convocado de imediato, Kafka anota: "Recebo agora a recompensa da solidão; mal é uma recompensa; a solidão traz apenas castigos" (T., 31 de julho, 304).[11]

Entre a convocação perante o tribunal familiar e o castigo por haver sido poupado pela administração militar austríaca, Kafka confia a seu Diário a paralisia que o domina. Só o trabalho poderá salvá-lo: "Minha incapacidade aumenta mesmo no escritório. Se não me libertar por um trabalho, estarei perdido" (T., 28 de julho, 299).

Nos meses próximos seguintes, a libertação é buscada pela escrita de *O processo*. Como é freqüente no autor, sua composição estanca em um impasse. Interrompida, Kafka intenta manter a busca de salvação iniciando "Na colônia penal", que será encerrado entre a primeira e a segunda semanas de 1914.

Focalizando as relações entre os dois textos, Corngold teve a qualidade de apontar para a importância que assume a presença do explorador em "Na colônia penal". Enquanto elemento externo, não envolvido nos valores que presidem a natureza do processo que testemunha, o estrangeiro tem a facilidade de pôr em dúvida e, por fim, de recusar a legitimidade da sentença em vias de se cumprir. Mas Corngold não se limita a afirmá-lo pois ainda associa a função desempenhada pelo olhar estrangeiro na narrativa a um papel terapêutico sobre o próprio autor:

> "Na colônia penal" põe em dúvida a culpa de qualquer pessoa e, daí, a eficácia da punição para efeito de redenção. Isso se dá tão radicalmente para Kafka, o autor, que rompe com a crença paralisante na maquinária da expiação e, nesta medida, o relato é redentor (Corngold, S.: *op. cit.*, 235)

Essa função terapêutica teria afinal permitido ao autor que voltasse ao projeto de *O processo*: "Na colônia penal" libera Kafka para a meritória

---

[11] Para a minuciosa datação da feitura de *O processo*, cf. M. Pasley e K. Wagenbach: 1965, 55-83. Sobre sua composição não linear, até seu abandono em janeiro de 1915, cf. as observações de Pasley à edição que acompanha rigorosamente o manuscrito original (Pasley, M,: 1990 a, 359-65). Sobre a composição e influências prováveis em "Na colônia penal", Wagenbach, K.: 1973, espec. 15-22.

tarefa de condenar Joseph K" (*idem*, 237). Mas, se a questão se resumir aos termos em que Corngold a põe, o valor de "Na colônia penal" se exauriria na força que teria concedido ao autor para que terminasse o romance: Kafka teria usado o relato curto como antes o fizera com Felice: de um e outro teria absorvido as energias de que carecia. "Na colônia", em suma, seria um texto inferior, cuja importância se restringiria ao serviço psicológico que teria prestado. Neste sentido, apresentaria ainda outra e inesperada associação com "O julgamento". Em nossa consideração de há pouco, prescindíamos de apreciar a figura do amigo frustrado e perdido na vastidão da Rússia. Ela agora se torna valiosa.

Ao que saibamos, foi Kate Flores quem estabeleceu a relação de Georg com um Kafka "externo", dotado de uma profissão e de uma possível carreira, assim como do amigo com um Kafka "interno", escritor e confiante em uma problemática literatura (Flores, K.: 1958, espec. 12). M. Greenberg acata a associação e acrescenta:

> (...) Kafka pretendeu representar o conflito entre casamento e literatura como uma parte integral da oposição pai – filho. (...) Aqui fracassou. O amigo na Rússia é incapaz de tornar-se vivo no relato com o significado que Kafka desejou que tivesse. Resta uma presença fantasmal e não efetiva, um mistério cuja explicação deve ser procurada na vida de Kafka (Greenberg, M.: *op. cit.*, 61)

Argumento semelhante pois caberia ser desenvolvido a propósito de "Na colônia penal". Não o ter feito Corngold parece apenas indicar que não se atreveu ao passo maior. Mas seria correta sua interpretação? Ou seja, "Na colônia penal" ainda se assemelharia a "O julgamento" por uma deficiência interna ou, ao contrário, sua comparação explicita melhor sua diferença de rendimento? A segunda é a hipótese correta; para vê-lo, será preciso retornar ao ponto de partida.

Que papel o explorador passa a desempenhar enquanto não comprometido com a administração da justiça senão conceder ao relato um prisma interpretativo da própria Lei? Deleuze e Guattari assinalam que, por Kant, a Lei se desprende de sua tradição metafísica e passa a independer "de um Bem preexistente que lhe daria uma matéria" e que agora passa a ser a "pura forma da qual o bem depende como tal" (Deleuze, G. – Guattari, F.: 1975, 65). Kafka, acrescentam os autores, se move e inflete esta direção. Para ele, trata-se de *desmontar o mecanismo* de uma máquina (...) que tem necessidade dessa imagem da lei apenas para ajustar suas engrenagens e fazê-las funcionar juntas 'com um sincretismo perfeito'" (*idem, ibidem*). "Na colônia", esta era a máquina que tinha o oficial por oficiante. Como seu dedicado servidor, o oficial não apenas explica detalhadamente seu funcionamento ao visitante como se queixa do desfavor que a invenção do prévio comandante tem com o atual e as mulheres dos outros oficiais. As três partes de que a máquina se compõe trabalham em sincronia. Assim a "cama" se move lateral e verticalmente, de maneira a favorecer a tarefa do "desenhador", que, mediante os dentes do "ancinho", escreve sobre o corpo do sentenciado, aprofundando progressivamente suas letras, o mandamento (*Gebot*) que infringiu. O atual condenado, por exemplo, receberá em seu corpo a frase "Honra teus superiores". Indagado pelo visitante, o oficial lhe informa que o condenado desconhece a sentença que fora contra si proferida – "Seria inútil informá-lo. Já saberá em seu corpo" (E., 155) – e que não teve oportunidade de defesa. Teria sido perda de tempo e, como único juiz, o oficial seguia a risca seu princípio (*Grundsatz*): "A culpa é sempre inquestionável" (E., 156). É certo, e aí está um dos motivos da queixa do oficial-juiz, de que muito da função da execução se perdera com os novos costumes. O espetáculo antes oferecido já não mais se repete:

> Como era diferente a execução no passado! Um dia antes da cerimônia, todo o vale estava cheio de gente; todos vinham apenas para vê-la; (...) Este montão de cadeiras de vime é um pobre resto daquele tempo. (...) (No passado) O comandante, com sua sagacidade, ordenava que as crianças tivessem a preferência. (...) Como todos, absorvíamos a expressão de transfiguração do rosto martirizado, banhávamos nosso rosto no brilho desta justiça por fim alcançada e logo consumida (E., 164)

Embora previsse que o explorador estivesse "habituado aos pontos de vista europeus" e assim se opusesse à pena capital, o oficial-juiz não deixa de tentar cativá-lo para seu partido. Porque falha e não consegue que o visitante de algum modo defenda a justiça-espetáculo o oficial compreende que sua hora chegara; liberta o prisioneiro e resolve fazer com que a máquina, já meio destroçada, lhe preste um último serviço: ele mesmo será agora a vítima expiatória. Contudo sua face mortuária negará a função redentora que associara ao exercício da justiça. O narrador fala pelo visitante:

> Neste instante, quase contra a vontade, viu a face do cadáver. Era como fora em vida; nenhum sinal se descobria da redenção prometida; o que todos os outros haviam encontrado na máquina, o oficial não encontrou; os lábios estavam cerrados, os olhos, abertos, com a expressão que tinham em vida, o olhar, tranqüilo e convicto, a frente atravessada pela ponta do grande espigão de ferro (E., 176)

A junção dos motivos – a escrita como forma de sentença e o cumprimento da justiça como modo de alcance da redenção, esta última freqüente nas reflexões privadas sobre sua vocação literária – incorpora sua obsessão pessoal à letra do relato. Mas o que poderia ser uma ajuda aos intérpretes converte-se, no caso, em empecilho. Não se nega que "Na colônia penal" tenha tido um papel terapêutico para Kafka, dando-lhe ânimo para que concluísse *O processo*. Restringi-lo a essa função auxiliar seria entretanto redutor. Se partes de "O julgamento" dependiam de um foco que não se autonomizava dos dramas biográficos do autor, o mesmo já não se repete com "Na colônia". Pouco importa que Kafka cogitasse ou não de denunciar a máquina a serviço da Lei; decisiva é a comprovação da insubstancialidade da Lei, mais facilmente percebida por sua *diferença e discordância* com o ponto de vista metropolitano – a colônia é situada em uma ilha nos trópicos, tornando-se verossímil o "atraso" de sua administração da justiça. Posta sob a ótica de um explorador, a colônia dá a Kafka condições de desmitologizar a questão da Lei e, não sem certa ironia, de obrigar o leitor do primeiro mundo a pensar sobre ela.

Na colônia, perdura uma forma de administração da justiça em que, como o explorador diz para si, são inquestionáveis a injustiça do procedimento e a desumanidade da execução; formas já superadas na metrópole. Para a compreensão desta passagem de seu monólogo – indispensável para que se apreenda a ligação efetiva do relato com *O processo* – é preciso que se pergunte: qual será a outra forma, supostamente mais avançada de justiça? Sua mera formulação franqueia um passo decisivo: mais do que se liberar psicologicamente para terminar o romance, "Na colônia penal" *cria um homólogo ficcional da história da administração da Lei*. Afastada a mitologia justificadora da expiação – a transfiguração da vítima –, questionado o princípio orientador do julgamento – a culpa é indiscutível –, passa a ser negado o seu desiderato: *o exemplo* recebido pelos que presenciam a execução e a felicidade de saberem a Lei cumprida. Que resta agora de tudo isso? Nada além de dois termos: o sofrimento da dor e a manifestação do poder que o provoca. A Lei é o que os medeia e justifica. Objeto de exercício do poder, a Lei é a forma que legitima o sofrimento que se inflige. O sofrimento-espetáculo é historicamente, e não só como experimento ficcional, anterior à administração técnica, racional, orientada por um *panopticum* higiênico e impessoalizado.[12]

Se tivermos razão contra Corngold, que ainda diremos da afirmação que dali extraía? Segundo ela, à importância terapêutica que teria tido "Na colônia penal" se conectaria seu caráter de interpretativamente indecidível. De modo mais explícito: seu único valor unívoco seria extraliterário; fora dele, no que concerne à produção textual, o intérprete deveria reconhecer que nenhuma de suas conclusões seria bastante e inquestionável.

Duas posições são passíveis de serem aí assumidas: (a) não há no relato indecidibilidade alguma pois, independente de indagações intencionais, se pode verificar que a intuição kafkiana se orienta por um solo histórico-político. É então legítimo estender-se à novela o que Christine Lubkoll diz a respeito de *O processo*: "Está claro que o

---

[12] A referência ao *panopticum* remete à indagação histórico-filosófico do exercício do poder na modernidade por M. Foucault, em *Surveiller et punir* (1975). Por outro lado, a arqueologia que traçamos entre os dois textos torna melhor visualizável a análise que Robert Kurz apresenta do capitalismo moderno: nele, "o fetichismo se tornou auto-reflexivo e, desta maneira, o trabalho abstrato se constituiu como máquina auto-finalística" (Kurz, R.: 1991, 18).

romance trata o problema da incorporação nos 'processos sociais' (...), em primeira linha, como experiência histórica" (Lubkoll, C.: 1990, 289); (b) não se nega que os pólos 'sofrimento' e 'poder' sejam os termos reais que resultam da desmontagem da máquina e da desmitologização da Lei; tão-só haveria de acrescentar que a univocidade destes termos não impede que, entre eles, grasse uma multiplicidade de redes semânticas, que se amontoam e superpõem, sem que se possa desenredá-las por completo. É com base nesta multiplicidade inarmônica que se impõem as leituras religiosa, existencial, psicanalítica etc., do autor. É porque cada uma se opõe às demais, sem que nenhuma seja capaz de mostrar o infundado das adversárias, que se ergue a afirmação da indecidibilidade. Teríamos pois, de acordo com o membro (b) da alternativa, uma base unívoca e uma cúpula indecidível?

No momento, não se trata de escolher entre as alternativas. Mesmo por conta da solidariedade que há entre "Na colônia penal" e *O processo*, a análise mais circunstanciada aproveitará do exame preparatório da primeira e terá melhores condições de tematizar a indecidibilidade.

7. O PROCESSO

A primeira referência a *Der Prozeß* (ou como o próprio Kafka escrevia, *Der Proceß*) aparece na entrada de 29 de julho de 1914:

> Joseph K., o filho de um rico comerciante, dirigiu-se uma noite, depois de uma violenta discussão com o pai, que o censurara por sua vida dissipada e lhe pedira que lhe desse um fim imediato, sem uma intenção definida, apenas por cansaço e insegurança, a casa da corporação dos comerciantes, nas proximidades do porto. O porteiro fez uma longa curvatura. Joseph K. olhou-o casualmente, sem o cumprimentar. "Estes lacaios fazem calados tudo que deles se pressupõe", pensou. "Se penso que me observa com olhar insolente, então de fato o fará." E outra vez passou pelo porteiro sem o cumprimentar; este se virou para a rua e levantou a vista para o céu coberto de nuvens (T., 30 1-2)

A transcrição mostra que do primitivo esboço quase nada restaria. Com interrupções, continuou a nele trabalhar na segunda metade do ano, interrompendo-o em fins de janeiro de 1915. Incompletos, os originais foram entregues a Max Brod, sob a ordem de queimá-los. O amigo não só a descumpriu senão que neles interferiu – para a permanente dor de cabeça dos intérpretes.[13]

Publicado um ano depois da morte do autor, em 1925, o romance recebeu de início uma interpretação de cunho religioso, de que Brod foi o iniciador. Essa leitura se modificaria nos anos imediatos ao fim da 2ª Grande Guerra, assumindo um tom existencial, que, embora alterado, marcará a recepção contemporânea de Kafka.[14]

Limitemo-nos a notar como se conduzem duas análises paradigmáticas. A referência ao primeiro autor, Erich Heller, será mais curta mesmo porque seu interesse é mais genérico: relacionar Kafka com a direção assumida pela significação emprestada ao mundo pelo pensamento ocidental.

Para Heller, Kafka é menos um escritor religioso do que alguém obsedado com a retirada de uma interpretação espiritual do cosmo. Essa interpretação, "o modelo sacramental da realidade", fora transtornado durante a Reforma. O modelo sacramental integrava fé e conhecimento, representava o princípio unificador de todas as experiências humanas e dava assim sentido à vida e à morte, ao destino da alma e à lei moral (Heller, E.: 1952, 211). A partir da Reforma e com o estímulo de "a súbita florescência da ciência física no século XVII", aquele princípio de integração se extraviou e só o mundo material passou a ser tomado como o único real, "o único provedor de verdade relevante, de ordem e legalidade" (*idem*, 212-3). A contraposição entre os modelos sacramental e físico-realista encontraria sua expressão no antagonismo realçado por Goethe entre símbolo e alegoria, cabendo

---

[13] As interferências de Max Brod – ao contrário do que se costumou dizer, pouco graves – são hoje corrigíveis graças sobretudo ao trabalho de Malcolm Pasley (cf. Pasley, M.: 1990 b, 350 pp.).

[14] Para o exame das recepções inglesa, norte-americana e francesa de Kafka, cf. Beicken, P. U.: *op. cit.*, 33-51.

ao primeiro, em detrimento do segundo, manifestar "a verdade final e irredutível da realidade" (*ibidem*, 214). Estava selada a derrota do modelo integrador. Kafka é contemporâneo do auge da falência. "Kafka escreve no ponto em que o mundo, tornando-se demasiado pesado com o vazio espiritual, começa a afundar nas insensatas profundezas da descrença, dominadas pelo diabólico. Neste cataclismo, (...) os heróis de Kafka lutam em vão pela sobrevivência espiritual" (*ibidem*, 214-5). Kafka então se torna o porta-voz da "transcendência negativa".

No entanto, embora Heller recuse à obra de Kafka um conteúdo religioso, a sua não mais é que uma variante da exegese religiosa. Heller não torna a ficção kafkiana próxima de alguma doutrina religiosa estabelecida, senão que a considera expressão de um estágio da existência humana marcado pela ausência de uma *ecclesia*, no sentido literal de 'assembléia das gentes'. Não cogitamos de declará-la falsa, mas sim de mostrar que opta pelo rumo oposto ao que propusemos acerca de "O julgamento". De onde parte a discordância?

Ela se origina da reflexão de Kant sobre os limites do entendimento quanto à pretensão totalizante da razão. Implicitamente, Heller assume a deriva antikantiana: a identificação pela primeira Crítica do conhecimento com o que é passível de experiência, de que resulta a afirmação da impossibilidade do conhecimento exato de Deus, da alma e da liberdade, o deslocamento da moral ao campo do prático, a impossibilidade de justificar ontologicamente os preceitos morais seriam desdobramentos do legado da Reforma. Em decorrência, a luta dos protagonistas kafkianos pela "sobrevivência espiritual" poderia ser visualizada como resultante histórico do "uso da razão como mero instrumento", com o que Theo Elm via atualizar-se, em *O processo*, a crítica do Iluminismo (Elm, T.: 1979, 436). O resumo permite-nos entender melhor a linhagem a que a interpretação de Heller se integra. Chamamo-la existencial considerando (a) seu repúdio à herança constituída pela visão científica do mundo, (b) por seu empenho em defesa de um cotidiano que, por efeito de seu "desencantamento", se torna cada vez mais anômico e desesperado. Seria extravagante negar que estes parâmetros estão em sintonia com a obra de Kafka. Onde encontraria ele seu material mais elementar senão no desespero, no isolamento e na confusão? Se, contudo, considerarmos a hipótese que se começou a desenvolver a propósito de "Na colônia penal" e então aceitarmos pensar suas situações como conectadas à dessubstancialização da Lei, i. e., à ausência de uma cosmovisão una e regente do que é passível de suceder, o rumo da indagação assumirá outro ritmo; se a leitura existencial tende a ser nostálgica, a segunda é combativa. Essa sensação de empenho e combate será alheia à obra de Kafka? Não o sendo, não será conveniente que o analista assuma condições de também lidar com ela?

Como a luta com o texto apenas começa, não se há de desprezar esse primeiro confronto com os que já se aventuraram. De acordo com a direção interpretativa de Heller, Kafka é um conformista – como prova de que esta sua leitura não lhe era exclusiva, recorde-se que o Lukács do *Significação presente do Realismo crítico* (*Die Gegenwartsbedeutung des kritischen Realismus* (1958). Ao contrário, a posição que privilegiamos afirma que, em uma parcela significativa dos textos de Kafka, entre os quais *O processo* e *O castelo*, há uma nítida inflexão política, a partir da presença do questionamento epistemológico da Lei legitimadora da modernidade. Contudo, mesmo admitindo-se que a inflexão política fosse demonstrada, ainda se haveria de provar que o conformismo kafkiano seria falso. Ou, se por algum motivo não se quisesse fazê-lo, que isso significaria senão que duas interpretações opostas estariam obrigadas a conviver? Fosse por incompetência ou por estratégia, na prática terminaríamos por aceitar que a interpretação é, de fato, indecidível.

Este é pois o estado em que a presente análise ainda se encontra: não se satisfaz com a linhagem que denominou de existencial mas não consegue bem enunciar senão um par de imagens opostas. Sobre as interpretações antagônicas, ademais, retoma a questão da indecidibilidade. Como o material disposto depois de sua primeira discussão ainda não é suficiente, seria estéril de imediato reconsiderá-la. Melhor resultado poderá advir se recorrermos a outro e melhor analista, pertencente à mesma linhagem.

Beda Alleman imprime à sua análise o tom de um comentário textual cerrado. Ele começa por uma observação tão simples como brilhante: *O processo* principia por uma frase incomum – a denúncia que alguém deverá ter feito contra Joseph K. leva-o a ser detido. Incomum, estranha, a frase contém mesmo uma ponta de paradoxo: a 'detenção' não significa a "limitação policial à liberdade de movimentos" da personagem. "É então também inverossímil que uma denúncia tenha sido a causa da detenção" (Alleman, B.: 1963,234). E logo acrescenta: "A necessidade aparente da denúncia não se desmancha em nada (...) tão logo se torna evidente que a detenção tem outro caráter que o suposto" (*idem*, 237). O paradoxo, portanto, motiva o procedimento narrativo básico a *O processo*. Funda-se na "insistência particular" na "condição puramente hipotética" da justiça, a tal ponto mantida que, "no final deste romance", é a natureza do próprio processo mais incerta do que nunca. Isso vale não só subjetivamente para o protagonista Joseph K. como também para o leitor, "à medida que ele não alcançou o seu próprio significado, fosse de modo psicológico, metafísico, teológico ou sócio-crítico" (*ibidem*, 237).

A condição hipotética e entretanto permanente da justiça, a sombra que sempre paira sem que se identifique a natureza do objeto que se projeta, é projetada por Alleman em "o princípio narrativo" por excelência do romance, de que resulta o lugar decisivo ocupado pelo engano ou ilusão: "A necessidade do engano é uma lei fundamental (*Grundgesetz*) do mundo de *O processo*" (*ib.*, 244), que, em instante nenhum, se converte em seu oposto, i. e., na afirmação de alguma verdade (*ib., ibidem*).

A lei fundamental do romance impõe ao analista que não possa confiar senão na própria *letra*. É pois esta estrutura romanesca que apresenta duas justificativas escalonadas sobre a natureza do processo a que o protagonista é submetido. A primeira é de ordem jurídica: Joseph K. procura justificar-se praticando a máxima de que a melhor defesa está no ataque. E o faz pela arguição da incompetência do tribunal. Alleman comenta: "Mostra-se contudo que o tribunal não é refutável, ao menos através de uma argumentação jurídica. Por isso, com sua demanda jurídica, Joseph K. depara-se com o vazio" (*ib.*, 255). Se, então, a primeira maneira de responder à ameaça fora inútil, tratar-se-ia (tanto para a personagem como para o intérprete) de resgatar uma segunda.

A segunda justificação intentada por Joseph K. pressupõe o fracasso da primeira investida, i. e., o reconhecimento do engano sobre a natureza do tribunal. Em vez de implicar o reconhecimento de uma instância capaz de criar sombras e transtornos, tal justificação concerne à própria existência. Alleman cita em apoio à tese a reflexão presente no dia 25 de fevereiro de 1918: "Tem a impressão de construir sua existência com justificativas suplementares, mas é apenas um espelhismo (*Spiegelschrift*) psicológico; de fato, estabelece sua vida sobre suas justificações" (H., 89). O que parece significar: estas não são menos ilusórias que as primeiras. O que equivale a dizer: em se tratando de justificações apresentadas ante o processo da vida, todos os argumentos são inúteis e viciados. De sua parte, Alleman comenta:

> Isso chega tão longe em *O processo* que Joseph K. não parece perceber ou não quer reconhecer que toda sua existência está em jogo. Acredita que por um par de medidas simples e 'suplementares' colocaria tudo em ordem outra vez (*ib.*, 256)

Torna-se ele então responsável pela reduplicação do engano. O ano que durara o processo fora o tempo necessário para que compreendesse "a 'desnuda' existência" (*ib.*, 257). O preço a pagar é receber a morte como um cão.

Poucos intérpretes são tão respeitosos de seu objeto e tão sagazes quanto Beda Alleman. Talvez, entretanto, sua exegese não tenha evitado a falha de ainda simplificar a penetração procurada. Baste-nos comparar a transcrição acima com a de passagem ligeiramente anterior. Em 24 de fevereiro de 1918, Kafka anotava: "Podes então conhecer outra coisa senão o embuste (*Betrug*)? Uma vez destruído o embuste, não poderás olhar ou te converterás em estátua de sal" (H., 88). Se o tribunal, seja no sentido jurídico seja no existencial, é a instituição que exige justificativas do acusado, estas são necessariamente ilusórias porque não há possibilidade de acesso à substância da Lei ou, o que é praticamente equivalente, porque a Lei não tem substância. Começamos pois a compreender que – e o mérito cabe a Beda Alleman – o engano necessário é o princípio básico em *O processo*, mesmo porque Kafka projeta os efeitos da dessubstancialização kantiana da Lei. Nos termos de Theo Elm – aquele que mais se aproxima da hipótese que desenvolvemos – Kant não se faz presente em Kafka apenas pelo lado ético, como o pensador que mais forneceu condições para a pragmatização iluminista da razão, senão também pelo lado epistemológico, ao se mostrar a conseqüência radical da dessubstancialização da Lei. Esta – a expressão não está em Elm – se inscreve na letra do texto, que se move entre "a orientação propagada pelo esquematismo da razão pura e, ao mesmo tempo, pela inapreensibilidade de uma verdade de validez definitiva" (Elm, T.: *op. cit.*, 429). Passagem anterior do Diário alarga o caminho:

> O observador da alma não pode penetrar na alma, muito embora exista uma margem (*Randstrich*) em que se tocam. O conhecimento deste contato consiste em que também a alma tampouco sabe sobre si mesma. Ela assim deve permanecer desconhecida. Isso seria triste se houvesse algo outro fora da alma, mas não há nada (H., 9 de dezembro, 1917,69)

Já notáramos a direção distanciadora, objetivante que o exame introspectivo assume em Kafka. Relacionando-o com o dilema de Joseph K., verifica-se agora seu caráter impessoal. O seu é o dilema de cada um. Hannah Arendt já referira que os "heróis kafkianos não são realmente pessoas", pois "são apenas modelos e permanecem no anonimato" (Arendt, H.: 1948, 107). A objetividade modelar dos protagonistas resulta de que cada um exige de si justificativas suplementares que terminam sempre ilusórias. Por que seria esse o resultado inevitável se não por comparecerem ao tribunal sem que conheçam a Lei que os acusa? I. e., por ignorarem também sua própria Lei? Em Kafka, a dessubstancialização da Lei é tanto mais drástica porque abrange seja a ordem do cosmo, seja a da própria psique.

Teríamos pois o direito de ignorar a proximidade da passagem com a questão proposta por Kant? Como Erich Heller, tampouco Beda Alleman a leva em conta e, por isso, enfatiza parcialmente o patético de Joseph K. (tão verdadeiro como irônico). O Joseph K. de Alleman e dos intérpretes existenciais é patético e incapaz de rir. A abordagem existencial evita o riso: o riso mancha a sublime melancolia de nosso desamparo. Mas as criaturas de Kafka são menos desamparadas do que leves; voláteis, sem substância.

No entanto, a objeção mais séria continua a nos fitar: com que direito aproximaríamos a prática ficcional de Kafka da teoria epistemológica de Kant se aquele sempre expressou sua indiferença pelas abstrações filosóficas e jamais citou uma das três Críticas? Contudo não é menos verdade que, entre Kafka e Kant, se intercala Heinrich von Kleist. O desespero que lhe acomete por efeito do sistema kantiano já nos é conhecido desde o capítulo precedente (cf. II, 6). Embora nada indique que Kafka tenha refeito a experiência, não é menos evidente o efeito sobre ele causado pela mesma ausência de um centro de gravidade orientador das ações individuais; efeito que então se agrava pela sensação de desenraizamento sócio-lingüístico-cultural judeu de uma família de assimilados, falando e escrevendo em uma língua que não é da nação em que nascera e em que sempre viveria. A revelação da inexistência ou da impossibilidade de conhecer a substância da Lei que governa a espécie humana tem um impacto intensificado em sua psique frágil e sensível. Saber, contudo, que a alma, no sentido religioso ou no psicológico, não pode ser conhecida, não lhe provoca apenas *pathos*, mas sim o inclina para o lado oposto ao do expressivismo intimista.

É precisamente este o ponto que a interpretação existencial não entende e falseia. Não se nega que há em Kafka um profundo desespero – desespero e não nostalgia – por o mundo não ter lastro. Não se afirma que sua obra apenas assenta em uma aguda percepção crítica de seu tempo. Uma e outra, entretanto, são verdadeiras enquanto parcelas de um *insight* mais complexo. Porque a dessubstancialização da Lei não afeta apenas a face contemporânea, porque ela cria um buraco negro que atrai o mundo enquanto tal, uma ficção que a dramatiza pode exercer, como é o caso de Kafka, uma espécie de ascetismo do material histórico, sem que por isso se atemporalize. Como noutro contexto afirmara Adorno, nivelar sua obra ao "universalmente humano" é falsificá-la conformisticamente (Adorno, T. W.: *op. cit.*, 261). Ao se conectar à questão kantiana da Lei, a obra de Kafka não corre o risco de, por se abstrair da História, ser vista como indiferente ao tempo contemporâneo. Aquele ascetismo torna mais intenso seu caráter de resposta ao que se processa aqui e agora. Assim pois não basta, como Theo Elm, assinalar uma frente ética e outra epistemológica, nas quais Kant se apresenta como o interlocutor velado do romancista, senão que se há de mostrar que tais frentes se conectam a uma terceira, propriamente política.

Se não nos enganamos, encontramo-nos agora em uma situação analiticamente mais promissora. Pudemos com efeito ultrapassar o balé das imagens opostas; demos alguns passos e mostramos como a questão epistemológica kantiana está no horizonte da obra de Kafka. Mas, e o inexcedível? Não é ele afetado pela última conclusão relativa à maneira como o tempo contemporâneo se introduz na ficção de Kafka? Por certo que sim: *inicia-se a própria historicização da afirmação de indecidibilidade.*

Pelo comentário à abordagem de Erich Heller, notávamos que tematiza seu objeto de modo antagônico ao que derivaria de sua conjugação com a problemática kantiana da Lei. Prolongando o comentário até ao ensaio de Beda Alleman, vimos que o exame de sua proposta analítica – o caráter hipotético da justiça em *O processo* – permitia que se situasse a obra de Kafka face à questão kantiana. Em conseqüência dessa transformação analítica, em vez de enfatizar-se o tom patético do objeto em exame, mostrava-se-lhe como apenas um de seus lados, de que os outros são o traço objetivante e o humor crítico. Ora, uma condução interpretativa poder-se transformar noutra não significa que não se oponham entre si. Supondo-se então que aquela que estamos aqui em vias de processamento alcance um grau de coerência apreciável, serão elas entre si indecidíveis. *A indecidibilidade pois resulta de a obra ser considerada sob dois paradigmas opostos, ambos, entretanto, engendrados pela mesma experiência fundadora da modernidade.* Estes paradigmas se opõem porque visualizam antagonicamente a experiência fundadora: para a linha existencial, a falência do que Heller chamara o modelo sacramental; para a nossa, a dessubstancialização da Lei. *É a incerteza quanto a que paradigma situá-la que, de imediato, torna indecidível a interpretação da obra kafkiana. A indecidibilidade não é pois uma consequência do tipo de organização textual do objeto, mas sim de uma precisa ambiência histórico-cultural dentro da qual sua consideração se efetua.* Temos portanto precisado o horizonte temporal em que se põe a questão. Não é o ficcional que é potencialmente indecidível, mas sim o tempo histórico em que é ele considerado.

O exame pode e deve ainda avançar. Seu desenvolvimento agora dependerá da verificação de se a indecidibilidade se mostra apenas no confronto de paradigmas opostos ou se se instala no interior de cada um. Não sucederá que, dentro de cada um, haja um limite para o indecidível? Não precisamos de uma demorada ruminação para compreendermos que o irredutível caráter hipotético de sua Lei (Beda Alleman) torna o engano o princípio condutor do romance. É enquanto respaldado por um solo assim ilusório que o romance atrai para si interpretações de caráter religioso ou psicológico. O que vale dizer, muito embora nenhum dos dois intérpretes explicitamente endosse uma ou outra, seu procedimento a elas conduz. À medida que nenhuma de suas interpretações postula a indecidibilidade, muito ao contrário afirma o caráter x ou y do objeto kafkiano, elas apresentam o limite do indecidível existencial. Ou seja, a partir do horizonte de indecidibilidade, cada uma destaca e afirma *uma* organização de sentido.

Algo de semelhante ocorre com a interpretação que favorecemos. Quando falamos na dor e no poder como termos reais, que fazemos senão reconhecer sua univocidade? Assim pois o dilema interpretativo proposto pela relação Kant – Kafka, a partir do problema da Lei, de um lado historiciza a questão da indecidibilidade e, de outro, ajuda a observar que, no interior de cada posição, algo se toma como… decidível. Só se haverá de acrescentar que, no segundo contexto interpretativo, a produção de sentido, que considera a dor e o poder como termos unívocos, passa a exigir sua tematização no plano da sociedade, não da existência em abstrato.

Trata-se de ver o que faremos com a distinção.

7.1. A natureza do processo

Quem não se contentar com alguns poucos relatos de Kafka, terá sensação de que quanto mais os ler tanto menos seguro estará de compreendê-los. É o estranho efeito de uma sintaxe clássica. E a insegurança não passará se o leitor vier a freqüentar os seus intérpretes. Um deles, encarnando a versão radical da indecidibilidade, chegará mesmo a afirmar: "A compulsão estética de Kafka (...), em *O processo*, como noutras partes, é escrever de modo a criar uma necessidade de interpretação e, no entanto, de torná-la também impossível, e não só difícil" (Bloom, H.: 1989, 192). Esta é a maneira "lucrativa" de resolver uma tensão presente na própria cena da escritura. Theo Elm já ressaltara:

> Pelo caráter hipotético do relato (B. Alleman) e pelos paradoxos instabilizadores da narração (G. Neumann) (...) é desacreditada a auto-inteligibilidade das adjudicações unívocas de sentida e agredida a potência racional do leitor, sem que se concedesse duvidar da validez operacional de sentido do romance, da lógica de sua forma como expressão de um pensamento racional (Elm, T.: *op. cit.*, 424)

Tal transe não deriva de um pretenso pedantismo de Kafka ou de uma vontade "vanguardista" de chocar a expectativa de sentido do leitor, mas sim da "contradição imperturbável entre a lógica iluminista e o paradoxo instabilizador da liberdade de sentido" (*idem, ibidem*), com que *O processo* se compõe.

O que Bloom enunciava não depende de uma pura singularidade de Kafka. Flaubert, de *Madame Bovary*, Kleist do "Marionettentheater", Beckett teatrólogo e romancista pertencem ao mesmo espectro. Caracteriza-os a instabilidade semântica extrema. Neste sentido, constituem o encaminhamento oposto do que fora o romance clássico:

> O desenvolvimento do romance clássico correspondeu ao lento retrocesso do *citoyen*, que, na Revolução Francesa e na filosofia kantiana, buscara, pela primeira vez, reger o mundo por leis criadas pelos homens. (...) Todos estes romancistas, quer descrevessem realisticamente o mundo, quer imaginassem fantasticamente outros, permaneciam em concorrência constante com a realidade (Arendt, H.: 1948, 104-5).

A burguesia pudera legitimar a literatura como o veículo básico da cultura não especializada à medida que o poeta e o romancista mantivessem ao menos o mínimo padrão valorativo que, no mundo real, a burguesia defendia. É por isso da maior atualidade a releitura da peça de acusação que o promotor Pinard apresentara no processo movido contra Flaubert:

> Quel est le titre du roman: *Madame Bovary*. C'est un titre qui ne dit rien par lui-même. Il en a un second entre parenthèses: *Moeurs de province*. C'est encore là un titre qui n'explique pas la pensée de l'auteur, mais qui la fait pressentir. L'auteur n'a pas voulu suivre tel ou tel système philosophique vrai ou faux, il a voulu faire des tableaux de genre, et vous allez voir quels tableaux!!! (Pinard, E.: 1857, 2, 725)

A indiferença quanto aos mínimos valores canonizados, que pregavam a defesa do casamento e a abominação do adultério, era a tal ponto manifestada pelo romancista que nenhuma voz nele se levantaria contra a protagonista: "Qui peut condamner cette femme dans le livre? Personne" (*idem*, 731).

Coisa seríssima, insinuam as entrelinhas do promotor, pois algum leitor ou sobretudo leitora poderia adotar a mesma liberdade! Tal configuração do texto não sucederia porque algum sonho revolucionário persistisse no autor – muito ao contrário, seu conservadorismo era inquestionável. Com *Madame Bovary*, como no contemporâneo *Fleurs du mal*, a literatura deixava de concorrer com a realidade, fosse até para iluministicamente criticá-la, e passava a assumir uma deriva cada vez mais inquietante para os hábitos padronizados da leitura "literária". Kafka está no auge deste processo. A mímesis ingênua – a obra como expressão da intencionalidade autoral, o enredo e o destino das personagens cumpridos em obediência a valores minimamente homogêneos – está posta em xeque.

No interior das discussões interpretativas, põe-se a simples pergunta: com que base então se pode ler Kafka? De aprazível divertimento, a literatura se converte em pesadelo. (Não admira que seus antigos aficionados hoje prefiram os *media*.) E aqui o caráter não-especializado de sua linguagem atua contra ela. Seus intérpretes, não sendo imediatamente incitados a questionar os valores que orientam a leitura, antes tomando-a como uma oportunidade "natural" para a "atribuição de sentido", com freqüência, recebem tais obras como se não implicassem a descontinuidade que as separa da tradição literária. Esse modo de reflexão – ou de sua falta – aumenta os equívocos. Para evitá-los, duas maneiras poderão ser empregadas: ou enfrentar a questão em termos estritamente teóricos ou concentrar-se em uma obra particular, deixando a tematização teórica fluir apenas quando indispensável. Pelo andamento que tem sido o deste capítulo, a primeira solução seria imprópria. Não disporemos senão da segunda: concentrarmo-nos analiticamente nas páginas de *O processo* e depois repetir a operação com *O castelo*. É o que faremos pela escolha de filões que tenhamos julgado capazes de, após sua reunião, oferecer mais do que a reiteração de sua indecidibilidade. O primeiro deles concerne à "natureza" do processo. (Usam-se as aspas para que se esteja certo que não se está à procura de sua substância, senão que de seu contorno escrito).

Na manhã do dia em que Joseph K. completava 30 anos, dois guardas se apresentaram diante do quarto que alugava. Estava detido.

A narrativa de *O processo* assim começa in *media res*. Não se sabe o que fizera, por que ou por quem teria sido denunciado. Os guardas são formais e grosseiros. Riem de sua exigência de que se identifiquem e nomeiem a autoridade a que servem. E se enfadam com o pedido de que declarem o teor da acusação. Não foram incumbidos de dizê-lo. São pagos apenas para que procurem e/ou vigiem aqueles que o tribunal aponte. Mas não perdem tempo. Enquanto Joseph K. troca a roupa de dormir, insinuam subornos e, sem cerimônia, tomam seu café. O acusado não sabe como reagir. Afinal, não vivia em um Estado de direito (*Rechtsstaat*), cujas leis estavam em vigor? Como seria possível que o processo houvesse sido aberto e fosse aquele seu primeiro ato se sequer o notificavam de que era acusado? Não, verossimilmente só poderia ser uma brincadeira dos colegas do Banco.

Funcionário graduado, que ascendera em pouco tempo e por exclusivo mérito próprio, Joseph K. mantém um tom de superioridade no trato com os subalternos, entre os quais, por certo, inclui os guardas grosseiros. Quando estes pois o convocam para ser interrogado pelo inspetor, no quarto ao lado, K. acredita que tudo logo se esclarecerá. O inspetor não poderia deixar de ser alguém mais próximo de sua posição na sociedade. Engana-se. O inspetor não é menos formal ou menos estúpido que os inferiores. Tampouco sabe mais do que eles a causa da detenção. A sua é uma lógica igualmente policial; insinua ameaças, finge conselhos, preserva a rígida. Duas lógicas se contrapoem. K., cidadão consciente de seus direitos e deveres, insiste inutilmente em esclarecimentos que a força menospreza. Resta ao menos um ponto de encontro: o funcionário do Banco e a invisível autoridade a que o inspetor obedece não pretendem perturbar o bom funcionamento da sociedade. Como não identificar a ironia kafkiana? Beda Alleman fora bastante fino em perceber nesta passagem de início o paradoxo de uma detenção que não supõe a paralisação de movimentos do detento. O que, do ponto de vista lógico, é paradoxal, não o é do ponto de vista da funcionalidade social: ao detento não se impedirá de prosseguir no cumprimento de suas obrigações. Começa-se pois a notar que a estrita lógica iluminista aqui parece estranha porque algo sucedera na sociedade que a afastara de sua órbita. E a argúcia analítica se extraviará se tiver olhos apenas para a imanência textual. Paradoxo e ambigüidade portanto hão de ser compreendidos em função deste cruzamento. Assim, é de modo ambíguo que o inspetor explica a razão de os três colegas do Banco haverem sido trazidos como testemunhas: ali estavam, diz ele, para que tornassem despercebida a chegada de Joseph K. ao Banco, quando, na verdade, para o leitor antes insinuariam a ramificação do aparelho repressor. Mas não é o acusado, perplexo ante uma situação que não se enquadra na lógica que aprendera, quem chega a esta conclusão. Em sua mente, as testemunhas são figuras tão insignificantes, na instituição a que em comum pertencem, que não se digna sequer a chamá-los colegas.

Encerra-se o primeiro capítulo e Joseph K. supõe que o acidente não interferirá na normalidade do dia-a-dia. Tratar-se-ia de uma destas situações intrigantes e inexplicáveis, cuja repercussão aos poucos se dissipa e se converte em tema para descuidada conversa. Mas, no Banco, pelo telefone lhe informam que a primeira audiência de seu processo está marcada para o próximo domingo. A ironia kafkiana volta à letra: as autoridades permanecem ciosas em seu propósito de não transtornar o serviço que ele presta à sociedade. Afinal, não é à sociedade que servem tanto as autoridades quanto as instituições bancárias? De sua parte, ciente dos direitos e prerrogativas assegurados a alguém de sua posição social, Joseph K. supõe que poderá interromper o processo já no primeiro inquérito; que não precisará de ajuda externa; que reclamaria contra a negligência com que lhe transmitiram o endereço do tribunal. Como às suas convicções de cidadão poderia perturbar a possibilidade da interferência de outro tipo de lógica? Através da segurança de K., é a lógica do cidadão que se mostra confiante na existência do Estado de direito. Como ele – ou seu leitor, mesmo o de agora – poderia logicamente admitir a vigência de outro estado de coisas? Sua suposição parece tão absurda que o humor negro do autor não é reconhecido; antes se incorpora a um onívoro tom patético.

No recinto do tribunal, Joseph K. permanece convicto de sua distinção social. Nada parece desmenti-lo. O bairro popular que é obrigado a atravessar, o estado do imóvel em que a corte se reúne, a própria solicitude dos que respondem a seus pedidos de informação, os trajos e o aspecto dos que encontra reunidos na sala do tribunal parecem confirmar-lhe sua superioridade. É com firmeza que responde ao juiz e com satisfação íntima que acolhe os aplausos da assembléia. Convencido de que uma parte dos presentes o apóia, toma-se mais ousado e acusa o tribunal de fazer parte de uma organização poderosa, corrupta e arbitrária. Mas a ocasião se lhe apresenta de perceber o engano quanto ao significado dos aplausos: toda a assembléia porta o mesmo distintivo que o juiz. São todos funcionários. Convicto de sua boa posição na sociedade, ciente de estar respaldado pelos direitos da cidadania, Joseph K. fora arrastado a representar uma excitante peça teatral. Os aplausos que o envaideceram não indicavam concordância mas surpresa e divertimento. A lógica do cidadão cria um estranhamento ante a assembléia de funcionários. Sem a sua intenção, o acusado é uma peça exótica. O conflito das lógicas – inesperado para K., tende a ser não percebido pelo receptor – converte a defesa do acusado em... experiência estética – um ator que diverte sua platéia! Mas K. permanece sem atinar para o risco que corre. Sua resposta ao juiz de instrução demonstra que nele se mantinha intacto o sentido de sua superioridade: "Seus vagabundos – exclamou –, podem ficar com todos os seus inquéritos" (45; 55).

Tampouco sua convicção será ameaçada ao verificar, no outro domingo, a natureza dos livros que compulsa o juiz: em vez de códigos, livros obscenos, desenhos pornográficos. Ou em constatar o temor e a subserviência dos demais acusados. Na verdade, os registros do narrador parecem correr autônomos e não chegar à consciência do protagonista, como se entre ele e a ação em que está envolvido houvesse uma porta indevassável. Contudo, independente do que se passa em sua consciência, o poder que o acusa e que a princípio pareceria pobre, grosseiro e inerme se mostra um polvo de mil pernas. O passeio que Joseph K. empreende pelo interior do tribunal faz-lhe ver que suas dependências se confundem e se misturam com as residências mais modestas de seus serviçais e que sua força de castigo se estende até mesmo ao quarto de entulhos do Banco. Invisível, de aparência desleixada e vil, a "justiça" é onipresente. Comentário do guarda que está sendo punido revela de raspão, sem ter sequer o propósito de aterrorizar Joseph K., que a proposta que lhe fizera, quando de sua detenção, de ficar com suas roupas de baixo significaria uma perda insignificante "para quem teve a infelicidade de ser detido". Pelo suplício dos guardas no Banco, o aparelho repressor e a mola financeira da sociedade mostram sua íntima conexão; do mesmo modo os livros pornográficos que o juiz consulta introduzem o terceiro elemento presente na imagem do poder: "Manifestamente, a sexualidade, em seu enlace com a ordem jurídica e econômica, atua, como terceiro campo central, sobre os princípios do poder" (Lubkoll, C.: 1990, 282).

As ramificações do aparato da justiça, o reconhecimento de que era grave o processo e de que a trama se estende além da percepção do acusado são indicadas por todos em volta. Todos afinal parecem saber o que só ele não sabe. O tio tenta alarmá-lo; o advogado de certa maneira já o esperava; Leni conhecia os comentários que circulavam a respeito de sua conduta. O divertimento que provocara nos circunstantes no tribunal ecoara mal. A peça que improvisara não tivera lugar em um teatro. Ao menos nisso as lógicas do cidadão e da corte concordavam: um tribunal não é o lugar adequado para estranhamentos estéticos. Joseph K. no entanto, permanece um peixe fora d'água. A visita à catedral, que supusera determinada por interesse profissional, agora parecia haver sido atinada pelo sacerdote que o teria convocado. Apesar disso, Joseph K. não se alarma pois continua a pensar que a lógica policial não abrangia mais que os funcionários da justiça e que na sociedade, ao invés, continuava a vigorar a lógica do cidadão. A resistência do acusado deriva de sua incapacidade de admitir a interpenetração absoluta das duas esferas, a jurídico-policial e a civil. A lógica liberal do cidadão ignorava a ameaça da lei rizomática, estendida, e não só supervisora, sobre todos os recantos da sociedade. K. e seu leitor, respectivamente, aprenderam e crêem que, no Estado de direito, a lei não poderia se contrapor aos direitos da sociedade. No entanto, ao contrário do que prega o *Rechtstaat*, os procedimentos a que o processo parece obedecer não são públicos mas sigilosos e o tribunal é invisível. A partir de Gerhard Kaiser, toda uma série de intérpretes, dos quais Beda Alleman é o mais destacado, tem daí concluído a irrelevância jurídica do processo em Kafka!

> O seu processo nada tem a ver com o sentido habitual do processo jurídico, senão que, com seus juízes invisíveis, com o auto da acusação oculto e com a execução sem a sentença final adequada, é antes a contrafação do curso processual regular (Kaiser, G.: 1958, 25)

Assim não se percebe que a invisibilidade do tribunal está correlacionada ao fato de a sociedade civil, em vez de se lhe opor, mostra-se impregnada de seus agentes, informantes e delatores, infiltrada por sua lógica diretora. O andamento do processo, como declara o advogado de K., é imprevisível e remoto. Conforme o aviso do pintor-informante, a alegação de inocência dos acusados é nula porque nunca o tribunal dela se mostra convencido. Ao ignorar esta pista, o intérprete opta por não abandonar a segurança do sentimento de superioridade com que, em grande parte do relato, Joseph K. reagira. Como se protagonista e intérpretes se dissessem: sabemos que, em nossa sociedade, tais coisas não sucedem com as pessoas "de bem".

Os intérpretes perdem a condição de boa companhia ao não se darem conta de que a reação da personagem aos poucos se modificara. O desmaio que a acomete, ao conhecer as dependências abafadas da justiça, aponta para a sua fragilização. A antiga arrogância de quem tinha viva a imagem de seu posto no Banco se metamorfoseia em resignação, em desamparo, por fim em desistência. A "natureza" do processo resulta pois da articulação entre a invisibilidade do tribunal e o ocultamento de uma Lei entretanto avassaladora. Não é que esta Lei seja aleatória, incidindo caoticamente e sem precisão de regularidade. Se confiarmos na palavra do experiente advogado, a conclusão deverá ser a oposta:

> A defesa, na verdade, não é realmente admitida pela lei, apenas tolerada, e há controvérsia até mesmo em torno da pertinência de deduzir essa tolerância a partir das respectivas passagens da lei [P. 100 (127)]

A própria Lei governa a aleatoriedade dos procedimentos. Oculta, comanda a invisibilidade das câmaras que a aplicam. Sua lógica será inacessível ao olhar da sociedade. Daí, entretanto, decretar sua inexistência será um salto mortal. A lógica da Lei não é menos lógica porque os que a comandam não são publicamente nomeáveis. Nesta perspectiva, *O castelo*, apresentando a vida dos senhores da aldeia, oferecerá a seqüência de que *O processo* não dispõe. Mas, não sendo ainda o momento de recorrermos a ele, teremos de por enquanto continuar sem sua ajuda. A abstração daí decorrente não será tamanha que não se possa enxergar o poder ramificado como o verdadeiro detentor da Lei.

O poder não se confunde com alguém mas é algo que se dissemina e concretiza por seus agentes – o que não impede de se saber que o romance só mostra agentes subalternos. A invisibilidade do tribunal torna ainda mais necessária a invisibilidade dos juízes de cima. Identificá-la com o caráter religioso ou existencial de *O processo* é tão redutor quanto nela postular a crítica de um capitalismo com a coloração burocrática do austríaco (Lukács, G.: 1958, 82). Esse tom local, ainda tornado mais vivo pela pesquisa de W. M. Johnston (cf. Johnston, W. M.:1972, espec. cap. 3, 45-50), poderia haver ajudado a compreensão de Kafka caso houvesse sabido descobrir a questão do poder que se punha. Não o tendo feito, a interpretação sociológico-marxista terminou tão redutora quanto a existencial. Redutoras, tais interpretações abolem a possibilidade de sua articulação interna. Tomam-se os planos jurídico e espiritual como necessariamente hierarquizados e a primordialidade concedida a um, de acordo com as preferências do intérprete, relega o outro ao nível de quase futilidade.

Contra o prisma redutor, será de interesse que se comparem as elucidações que o advogado, o sacerdote e o pintor oferecem da Lei (a mesma função teria, em *O castelo*, a consideração do ponto de vista do superintendente). Representante da sociedade civil, aparentemente dirigida por um Estado constitucional, o advogado não podia ser complacente com a prática efetiva daqueles tribunais. O sigilo – "(...) O processo não é secreto somente em relação ao público, mas também em relação ao acusado" (P., 100; 128) –, as dificuldades criadas para a defesa e para a própria legitimação da figura do advogado são descritas por este como rotina há muito aceita. A importância que assim assumem as relações pessoais dos advogados com os juízes e funcionários, seja para que se informem sobre seus casos, seja para que corrompam, se converte em trunfo do dr. Huld, que alardeia seus conhecimentos privados. Suas palavras revelam até um secreto contentamento com as práticas em uso. Nada lhe importa que elas, teoricamente, se choquem com o que seria o procedimento judicial. Sem que fosse um funcionário da justiça, o advogado está em perfeita integração com ela. Ora, o sacerdote da catedral, que pergunta a Joseph K. por seu nome próprio, declara-se, sem preâmbulos, capelão do presídio. É enquanto tal que conhece o seu caso e é sob esta condição que o aconselha. Ante o protesto de Joseph K. de ser inocente, contesta ser deste modo que "os culpados costumam falar" (P., 180; 228). O diálogo aludido é ainda mais singular porque, se K. introduz em seu protesto um motivo de ordem religioso (ou existencial-religioso) – "Mas eu não sou culpado – disse K. – É um equívoco. Como é que um ser humano pode ser culpado?" (P., *idem; ibidem*) – o sacerdote o descarta por um comentário estritamente policial – "É verdade – disse o sacerdote. – Mas é assim que os culpados costumam falar". Suas palavras reiteram as que já tinham estado presentes no "conselho" do inspetor: "(...) Não faça tanto alarde do seu sentimento de inocência (P., 16; 18). O sutil sacerdote – o protagonista admirará sua extrema habilidade no trato das diversas interpretações do apólogo do porteiro – tem, portanto, a mesma opinião acerca dos movimentos de defesa dos acusados que o estúpido policial. O religioso e o policial, tendo o advogado como o termo mediano, são funcionários da mesma Lei. Todos, por conseguinte, são agentes de uma praxis oposta ao do proclamado Estado de direito.

Mas desta Lei não podemos saber mais nada além da extensão de sua força? É a obstrução de seu conhecimento o último esclarecimento que dela podemos ter? Outro associado dos tribunais acrescentará algo de relevância. Titoreili, o pintor dos retratos dos juízes, relata a K. sua experiência dos tribunais. Uma vez acusado, dever-se-ia optar por uma das formas possíveis de delongamento do processo. Ante a surpresa do interlocutor, explica que isso se impõe porque a absolvição parece inviável. "O tribunal nunca é dissuadido" (P., 129; 161). Talvez daí por que tanto insiste em perguntar se o acusado se considerava inocente. Reiterá-lo sem hesitações, como o faz K., torna seu caso mais atraente para o pintor. Noutras palavras, Titorelli reafirma a opinião do oficial-juiz de "Na colônia penal": a culpa é inexorável. Por conseguinte, quanto mais veementes os protestos de inocência do acusado, tanto mais previsível o lucro que o intermediário teria.

Mas a comparação com "Na colônia" pode ser equivocada. Estritamente falando, não se trata da mesma justiça. Como vimos, a máquina, de que o oficial era o oficiante, pertencia a um tempo que, do ponto de vista vigente na Europa, seria um tempo de práticas jurídicas agora desusadas e condenadas. Em sua pesquisa sobre a novela, Wagenbach lembra que Kafka estava informado dos presídios-colônia penal das potências européias (Nova Caledônia, Ilha do Diabo, Port Blair) (cf. Wagenbach, K.: 1975, 67-8). Se a máquina continuava em operação era apenas por haver sido beneficiada pela distância que separava a colônia penitenciária das luzes metropolitanas. A justiça aí administrada era o oposto da sigilosa que Joseph K. agora enfrenta. Naquela, a morte era um espetáculo público, destinado à edificação dos participantes. Concreta, talhando as letras de sua sentença no corpo do condenado, era, além do mais, incisiva e particularizante. Se então tomarmos o *panopticum* como o símbolo da sociedade disciplinar que, entre finais do século XVIII e começos do XIX, elimina a tortura física e em que "a punição tenderá (...) a se tornar a parte mais escondida do processo penal" (Foucault, M.: 1975, 15), poderemos identificar a colônia penitenciária kafkiana como o remanescente da forma de justiça anterior, com seu caráter exibitório e a retórica da tortura. Por certo, *O processo* não é o homólogo ficcional do mesmo tempo. Haveria um tempo histórico de que fosse ele o homólogo? A pergunta poderá parecer absurda. Analisemos com mais cautela.

Ao discutirmos "Na colônia penal", assinalamos que a sua composição poderá ter ajudado o autor à retomada do trabalho interrompido em *O processo* pela constituição de um horizonte "diacrônico" dos mecanismos de punição. Já sabemos da repugnância de Kafka pelos textos confessionais. Também já conhecemos seu desespero em a literatura não se desprender do metafórico. A "diacronia" indicada – fictícia e não referencial – era a contraface material sobre a qual viria a construir seu "correlato objetivo".[15] O que a princípio parecia um método bárbaro, começa a se mostrar sensato. Se a hipótese é aceitável, a que materialidade corresponderia a justiça em *O processo*? Há um intervalo, temporalmente assinalado, entre a praticada na colônia, particularizada, emotiva e carnal, e esta, impessoal mesmo porque afastada das vistas do público, voltada para os grandes números – os acusados vistos por Joseph K., no capítulo 3, ocupam "duas filas de longos bancos" – e preocupada com o funcionamento da sociedade – a detenção de K. não o impede de continuar suas atividades profissionais. Que fenômeno histórico define este intervalo senão o chamado Es-

---

[15] "Objective correlative" é a expressão de fortuna talvez mais equivocada na tradição crítica contemporânea. Usada por T. S. Eliot em ensaio de 1919, o autor não voltou a empregá-la e, quando a ela se referiu, foi com evidente desagrado. Apesar do autor, a consideramos preciosa, menos no sentido de uma despersonalização buscada pelo texto literário do que como modo de ele se objetivar. Originalmente, sua formulação era esta: "The only way of expressing emotion in the form of art is by finding an 'objective correlative'; in other words, a set of objects, a situation, a chain of events which shall be the formula of that *particular* emotion" (Eliot, T. S.: 1919, 48).

tado de direito (ou constitucional)? Era por ele que o acusado se sentia defendido. (Ironicamente, é também a expectativa de sua vigência que transtorna os intérpretes que partem da distinção, para eles indiscutível, entre o processo kafkiano e o judicial "civilizado".)

É então justificado chamar-se a justiça vigente na colônia penal de pré-panóptica. Em conseqüência, a justiça de *O processo* será pós-iluminista. O pensamento iluminista fornecera as bases para o Estado de direito, propugnado por constituições que assegurassem à totalidade dos cidadãos direitos e deveres iguais. O narrador, no início do capítulo 1º, apresenta Joseph K. como alguém que não tinha o hábito de aprender com a experiência. É portanto justificado que enfrentasse a lógica policial com sua lógica de cidadão. Mas, independente da astúcia ou da experiência de mundo que manifestam seus interlocutores, as conversas que entretém sobre o processo o distinguem como membro de uma espécie em vias de extinção. Na impessoalidade e frieza que caracterizam a voz do narrador, não se diz da rareza do personagem. Contudo a leitura atenta deve fazer com que se note que a velha proprietária, que lhe aluga um quarto, não se surpreende com a visita dos guardas. A locatária, sua vizinha, a moça que se prepara para trabalhar em escritório de advocacia, muito menos considera fantástico o relato do que sucedera. O tio e o cliente que tentam ajudá-lo não põem em dúvida a existência da instituição coatora. Tampouco o advogado a quem o tio lhe conduz ou Leni, tão informada sobre os bastidores das cortes de justiça. Ninguém, em suma, estranha o que se passa. Joseph K. parece haver dormido mais do que o previsível para que não se houvesse dado conta de que, neste entretempo, suas expectativas constitucionais se converteram em fumo e sonho. Não deixa de ser curioso que uma obra como a kafkiana, alheia à marcação espaço-temporal, que então funciona em aparente abstração da História, implicitamente acuse de "ficção" a crença arraigada de seu protagonista. Mas a curiosidade talvez decorra de mantermos uma percepção estreita. Não fora o próprio Kafka que escrevera sobre a vinda do Messias?

> O Messias virá tão logo o mais desregrado individualismo seja possível na fé – em que ninguém destruirá essa possibilidade, em que

ninguém tolerará essa destruição, ou seja, quando os túmulos se abrirem (H., 30 de novembro, 1917,65-6)

Um pouco antes havia anotado: "Só nosso conceito de tempo nos faz assim chamar o Julgamento final; na realidade é uma corte marcial (H., 25 de novembro, 1917, 65).

A quebra da oposição entre a lógica (iluminista) do cidadão e a lógica do Estado policial, a infiltração da sociedade pela segunda não corresponderia ao tempo do "mais desregrado individualismo", sendo pois o instante de advento da "corte marcial"? Pelo raciocínio, Joseph K. se torna culpável por crer em uma "ficção": a de que os procedimentos judiciais se fundam na substância do texto legal, quando a norma jurídica não repousa senão na forma que têm seus regulamentos; forma que não expressa a justiça senão que é a manifestação do poder. A "natureza" do processo remete pois à dessubstancialização da Lei, a qual, reduzida a mera forma, por fim, encaminha ao poder que dela se utiliza e por ela se legitima. Na formulação de Heinz Politzer "Kafka era um realista da irrealidade" (Politzer, H.: 1978, 275). *O processo* é formado por um material quase onírico. O pesadelo que o configura tem por matéria seja a dissipação, no plano da realidade, das práticas do Estado constitucional, seja as obsessões mais idiossincráticas do autor, fossem elas de origem religiosa ou meramente privadas. Ao contrário da prática interpretativa mais freqüente, é válido, portanto, não hierarquizar os planos em que se daria o processo, afirmando-se a secundariedade do plano jurídico, para que se ressaltasse o existencial, mas sim ressaltar sua íntima imbricação. É bem onírica a fluência que reina entre os planos; ela, entretanto, é governada por um princípio que pertence à base da ficção kafkiana: o princípio da objetivação. Em suma, não se trata de considerar a obra literária *como se* fosse um sonho mas de ver a lógica do sonho operante em uma construção literária, em desenvolvimento que nos permitirá retomar a questão da indecidibilidade.

Culpado por crer em algo que se fizera ficção ao se desconectar do mundo real, não resta a Joseph K. senão a dor da resignação. Ela o corrói até ao abandono da última resistência. Entregando o pescoço aos algozes, K. reconhece o princípio de realidade a que resistira. Teríamos assim reiterada a existência dos dois pólos que, como já em "Na colônia", lastreiam a narrativa: a dor pessoal, de que a morte é o fecho, e o poder subjugador do que vive. Pólos que, unívocos, se contrapõem à afirmação da indecidibilidade e que permitem postular, em vez de uma interpretação quietista, outra de ordem ativa e política: a obra de Kafka denunciaria que o Estado de direito se converteu em fábula e ficção.

O que se escreveu no parágrafo anterior não estaria subordinado à forma de futuro do pretérito se não fosse o capítulo 9 de *O processo*. A ordem dada ao manuscrito de Kafka por Max Brod, mantida na edição crítica de Malcolm Pasley, concede-lhe um peso estratégico. Se o sacerdote se apresenta como funcionário da justiça, o apólogo que narra do porteiro da lei, sobretudo, as várias interpretações divergentes que expõe e comenta, não parecem se enquadrar na interpretação que desenvolvemos. Poderíamos pensar que a frase citada pelo sacerdote – "A compreensão correta de uma coisa e a má compreensão dessa mesma coisa não se excluem completamente" (P., 185; 234) – aplicar-se-ia ao próprio romance, concedendo-lhe uma indecidibilidade extrema. Em vez de assim concluir, consideremos o apólogo do porteiro.

H. Politzer observa o duplo sentido que a expressão "homem do campo", designativa do que se apresenta ao guardião, tem em hebraico. "Am-ha'arez" – referido na anotação de 26 de novembro de 1911 como 'Am-horez' –, na acepção corrente, significa "um ignorante na doutrina e na vida, um homem obtuso" que, "diante da lei é um primitivo que apenas entende o que pode pegar com as mãos e compreender com os sentidos" (Politzer, H.: *op. cít.*, 279). Nos tempos bíblicos, no entanto, a expressão designava o povo humilde, pescadores, pastores, artesãos, habitantes das planícies, por oposição aos moradores de Jerusalém, "que viviam sob as sombras do sagrado" (*idem*, 280), ou seja, o pobre e inculto, incapaz de compreender as prescrições da lei (*ibidem*, 281). Joseph K., acrescenta Politzer, "é um Am-ha'arez, em sua concentração nas atividades concretas do cotidiano e em seu horror em se ocupar das incompreensíveis abstrações da lei" (*ib.*, 281). Diante da contraposição entre o sacerdote e a personagem, contudo, o próprio Kafka não se decide. Se, na "Carta ao pai", por um lado, o incrimina por sua descrença e por sua ignorância da tradição judaica, pondo-se a si mesmo do lado do sacerdote, por outro lado, constatava em si as raízes que o ligavam, contraditoriamente, aos ramos materno e paterno – "Eu sou (...) um Löwy com certo fundo dos Kafka, que, no entanto, não é impulsionado por essa vontade kafkiana de viver, negociar e conquistar, mas sim por um aguilhão dos Löwy, que atua no sentido oposto, mais oculto, mais tímido e que, muitas vezes, por fim se interrompe" (H., 121). E Politzer então conclui: "Dentro da forma da parábola que Kafka deu ao romance, esta culpa adquire plena impenetrabilidade" (ib., 283). O que vale dizer, o autor teria convertido o seu próprio impasse entre o ramo materno dos Löwy, intelectualizados e sombrios, e o ramo paterno dos Kafka, ativos e ignorantes, no umbigo inseparável de sua narrativa.

Cotejando-se o resultado que se extraiu da passagem decisiva do capítulo nono com o que dizíamos acima, verifica-se que a direção de um se choca com a do outro, sem a possibilidade de uma interpretação que as subsumisse. As exegeses diferenciadas da parábola do porteiro não admitem dizer se o porteiro apenas cumpriu seu dever ou, ao invés, se o exorbitou; se enganou o homem que procurava o recinto da Lei ou, ao invés, se é o enganado. A leitura de *O castelo*, dando acesso a uma seqüência que não há em *O processo* (cf. adiante § 8.2) permitirá, entretanto, ir além deste limite. Só quando o abordarmos, poderemos dar por concluída a questão da indecidibilidade. No estrito âmbito de *O processo*, contudo, impõe-se a conclusão de que a visão desmistificadora da Lei – a Lei é uma mera forma pela qual o poder se manifesta e legitima – se põe ao lado da visão de sua indecidibilidade. Nenhuma das duas é capaz de superar a outra. A conclusão portanto significa que, embora a indecidibilidade radical postulada por Bloom não seja arbitrária, é mais adequado admitir-se uma indecidibilidade moderada: o texto se configura de tal maneira que se mostra constituído por uma instabilidade semântica básica.

Pelas reflexões anteriores, já sabemos que o que chamamos indecidibilidade moderada explicitamente se define como a resultante decorrente da dessubstancialização da Lei, em Kafka. É esta que dá a seu texto sua peculiar volatilidade. Ora, essa se choca com a formação, daí, com a expectativa de seu leitor. Como o próprio narrador kafkiano, seu leitor guarda uma orientação iluminista de sentido. A volatilidade a desestabiliza. E desestabilizá-la significa mostrar sua incongruência com a experiência social que se desenrola no romance.

Como a conclusão não é suficiente, deveremos atentar para a questão do poder em *O processo*:

> O poder mostra-se no romance não como instância localizável de um domínio, tampouco como uma formação hierarquicamente abarcável, senão como um sistema extenso, descentrado, de funções componentes (*Teilfunktionen*). Pode-se descrever essa estrutura com a imagem de um sistema de ramificações múltiplas (Lubkoll, C.: *op. cit.*, 280)

No mesmo sentido, já encaminhava reflexão que o próprio Kafka teria transmitido a Janouch:

> O capitalismo é um sistema de dependências que vão do interno ao externo, do externo ao interno, do superior ao inferior e do inferior ao superior. Tudo é dependente, tudo é encadeado. O capitalismo é uma condição do mundo e da alma (Janouch, G.: *op. cit.*, 90)

Chegados a este ponto, podemos levar a cabo o exame de aspectos particulares que reforçam e enriquecem o resultado a que se chegou. Em poucas palavras, este resultado ressalta que, mesmo por sua preocupação com a objetividade do que ficcionaliza, Kafka não propõe uma visão unívoca do que apresenta, senão uma dotada de indecibilidade relativa. Esta, em última análise, incide sobre o caráter "ficcional" do estado de direito, afirmação ousada que se chocaria não só com a expectativa do leitor comum quanto do crítico de qualidade. Sua terrível intuição faria com que, ao ter sua obra divulgada, fosse considerado um visionário que previra o nazifascismo e o stalinismo. Mas esta propriedade lhe era apenas emprestada pelo horizonte de expectativas do leitor contemporâneo ou próximo a ele.

7.2. Quem é Joseph K.?

Pela cena da detenção deparamo-nos com a antítese entre a expectativa do cidadão e a lógica policial. Mas o diálogo entre o detido e os guardas revela diferença ainda mais concreta. Se as alusões irônicas, as ameaças veladas, as insinuações de pequenos subornos e a informação de passagem sobre a vida na prisão indicam o *esprit du corps* dos tiras, um pequeno gesto do segundo agente denuncia sua situação de classe: enquanto tenta convencer o acusado a lhe entregar e a seu companheiro a sua roupa de baixo, a barriga do mais gordo "batia literalmente nele, de um modo amistoso" (P., 9; 10). A intimidade do contato que o guarda se permitia reiterava a lógica invasora e revelava sua pertinência a um meio social que desconhece o respeito à territorialidade estritamente pessoal. O toque corporal ressaltava a violência expressa ou insinuada pelas palavras e provava o meio social dos guardas. Em contraste, o sentimento de superioridade de Joseph K. se evidenciava pelo mal-estar com o contato físico. A territorialidade do cidadão se formula por palavras e se isenta do uso estrito do corpo. Sua educação superior, o contar entre seus conhecidos com um inspetor da polícia, seu alto posto profissional, o ser solicitado para reuniões privadas pelo diretor e pelo vice-diretor do Banco, lhe fazem presumir que em breve poderá desmanchar o equívoco. Mas o único gesto que a territorialidade burguesa admitiria – o estender a mão para o cumprimento – é ignorado pelo policial. O que noutra situação seria apenas uma demonstração de grosseria, aqui é um indicador mais grave: o que recusa o cumprimento, torna acintoso o descaso pela hierarquia em que o acusado continuava a crer. A segurança deste não se abala e protesta ao inspetor pela curiosidade dos vizinhos. A indiscrição popular agride seu código de cavalheiro. Logo a seguir, reafirma-se a consciência de seu *status* na irritação por não lhe terem comunicado, com detalhes precisos, o local e a hora em que deveria se apresentar ao tribunal, bem como no cuidado em não comparecer com estrita pontualidade – isso equivaleria a humilhar-se. Sua "consciência de classe" o levará ao engano de supor que a gente curva, acotovelada e submissa que encontra diante do juiz de instrução seja "fácil de conquistar".

Do mesmo modo, na abertura do capítulo 8º, o encontro com o mais velho cliente do advogado lhe transmite segurança: "Já pela simples posse de um pesado sobretudo, ele se sentia muito superior ao homem pequeno e magro" (P., 144; 180).

A extrema consciência de sua boa posição na sociedade leva Joseph K. não só a considerar o caso com desdém como, animado pelo suposto êxito de suas primeiras palavras sobre a assembléia, a arrogar-se o tom de representante dos humilhados e ofendidos:

> O que aconteceu comigo – continuou K. em voz um pouco mais baixa do que antes, sempre buscando os rostos da primeira fila, o que dava ao seu discurso uma expressão algo dispersa –, o que aconteceu comigo é somente um caso isolado, e como tal não muito importante, já que eu não o levo muito a sério, mas é um indício de como se move um processo contra tantas pessoas. É só por elas que eu falo, não por mim (P. 41 (50)]

Max Brod contava que, ao ler seus textos, Kafka revelava tamanho talento histriônico que os ouvintes se dobravam de rir. Não seria o trecho acima dessa espécie? A empáfia que Joseph K. se concede não se torna menos cômica mesmo depois da vigésima leitura. A alta conta em que se tem o protagonista desdobra-se em atitudes quixotescas. E não se abala ao penetrar nos meandros do tribunal. É significativa sua conversa com o oficial de justiça. Este, declarando-se impotente em defender sua mulher dos assédios do ridículo estudante, acrescenta, na aparente humildade dos subalternos, confiar na iniciativa de Joseph K. Como seria isso imaginável se um pouco antes declarara que ali não há imprevistos, pois "não se movem processos sem perspectiva" (*aussichtslosen Prozesse*) (P., 56; 70)? Os protestos do marido parecem pois fazer parte de um jogo de cartas marcadas. Sua experiência de funcionário o tornara conhecedor da psicologia dos acusados: sempre chegam dispostos a incriminar de corrupta a máquina da justiça. Esta propriedade dos neófitos era tão evidente em Joseph K. que a mulher do oficial de justiça já concluíra que ele buscava "melhorar alguma coisa aqui". Sem o declarar, o marido que se diz ofendido espera tirar vantagem da situação: "Em seguida fitou K. com um olhar confiante, como não o tinha feito até agora, a despeito de toda a amabilidade, e acrescentou: – As pessoas sempre se rebelam" (P., 57; 70).

O quixotismo de K., respaldado na crença nos privilégios que o estado de direito lhe asseguraria, é resistente mesmo porque impermeável às evidências. Como poderia manter sua altivez de moço de boa posição caso escutasse o testemunho do comerciante Block acerca da conduta dos outros acusados?

> (...) Não se pode obter nada numa ação conjunta, só um indivíduo isolado às vezes alcança alguma coisa em segredo – e só quando o alcança é que os outros ficam sabendo; ninguém sabe como aconteceu. Não há, pois, nenhuma comunidade de interesse (...) (P., 150; 189)

O tribunal motiva os réus para que assumam o mais absoluto individualismo. Como K. conservaria o quixotismo se relacionasse o que acabava de ouvir com o que já lhe dissera a funcionária das secretarias do tribunal?

> Talvez nenhum de nós seja duro de coração, gostaríamos talvez de ajudar a todos, mas como funcionários do tribunal damos facilmente a impressão de que somos empedernidos e não queremos ajudar ninguém (P., 64; 80)

Conforme seu juízo, pessoalmente não há culpa. É a função que de todos exige a indiferença. Ao mesmo tempo, aos acusados se obriga a mais individualizada das condutas. A máquina impõe um comportamento inimaginável por Joseph K., que tampouco sabe que ela já o escolhera.

Ainda em casa do advogado, as lições que recebera de Block continuam pela permissão de escutar sua conversa com o defensor de ambos. O diálogo do velho cliente com o dr. Huld exibe o ritual da estrita manipulação pelas quais o poder se exerce. Huld se aperfeiçoa na *performance*. O cliente é seu servo humilhado. O ato de obediência que lhe impõe lembra parte de uma ladainha.

– Quem é então o seu advogado?
– O senhor – disse Block.
– E além de mim? perguntou o advogado.
– Ninguém além do senhor – disse Block.
– Então não obedeça a mais ninguém – disse o advogado (P., 164; 207)

O jovem sacerdote, sagaz e brilhante, e o advogado, que de tão enfermo não mais sai de casa, são igualmente autoritários e eficientes. Para Joseph K., a primeira cena apenas demonstraria a incapacidade do velho Block em reconhecer a vanglória do poder exercido às suas custas: "Não era mais um cliente, era o cão do advogado" (P., 166; 210). Mas, ao assim pensar, subestima a astúcia do comerciante. De acordo com suas raízes iluministas, para Joseph K. o medo, a humilhação e a vergonha não podem ser formas humanas de conseguir a sobrevivência. Acreditava pois no contrário do que todos lhe transmitem. Os princípios que Joseph K. estadeia o incapacitam para compreender. Mesmo fora do que se passa com os homens, não atina com a invisibilidade do tribunal. Ora, a força deste ressoa nas sombras majestosas da catedral e transmite energia até a um velho enfermo, entre cobertas e almofadas. Internamente, o quixotismo de K. é pouco a pouco corroído. Para os que o vêem, sua atitude permanece desastrada e altiva. Testemunha o seu contraste quanto a Block. Contudo, como independente de sua consciência, a continuação da última passagem referida manifesta o sinal contrário:

> Como se estivesse encarregado de registrar, com exatidão, tudo aquilo que era dito ali, de transmiti-lo a uma instância mais alta e de apresentar um relatório a respeito, K. escutava atento e superior (P., 166; 210)

A alusão à "instância mais alta" é ambígua; em seu limite, indecifrável. Podemos compreendê-la no sentido quixotesco: instância que se sobrepusesse e corrigisse a ignomínia do que ali testemunhava; ou no sentido "realista": via mais poderosa, por sua vez capaz de humilhar o advogado. Mas K., ao pensar o que pensa, sabe que não há nem tal instância, nem tal via. Resta-lhe ou manter a impermeabilidade do Quixote ou "curar-se". A cura para Alonso Quijano significara morrer em sua própria cama, cercado pelos seus, entre provas de arrependimento e contrição. Para K., a cura estará mais simplesmente em resignar-se a morrer como um cão. Mas se pensarmos do ponto de vista da linearidade da narrativa, tal renúncia ainda não se cumpre. O quixotismo ainda não abandonara o acusado quando é de novo buscado por outros guardas. Embora compreenda que está condenado, tenta dificultar a tarefa de seus executantes. Mas, ao deparar-se na rua com o policial, já percebe que seria inútil um pedido de defesa ou, mais prosaicamente, já está cansado de resistir. Não mais correrá dos guardas, como ainda há pouco fizera, não mais tentará se confundir com a multidão. Dócil, ajeita a cabeça sobre a pedra e deixa que a camisa seja aberta. Mas uma última chama de quixotismo volta a brilhar no instante precedente à morte definitiva:

> Seu olhar incidiu sobre o último andar da casa situada no limite da pedreira. Como uma luz que tremula, as folhas de uma janela abriram-se de par em par, uma pessoa que a distância e a altura tornavam fraca e fina inclinou-se de um golpe para a frente e esticou os braços mais para a frente ainda. Quem era? Um amigo? Uma pessoa de bem? Alguém que participava? Alguém que queria ajudar? Era apenas um? Eram todos? Havia ainda possibilidade de ajuda? Existiam objeções que tinham sido esquecidas. (...) Onde estava o alto tribunal ao qual ele nunca havia chegado? (P., 194; 246)

Em uma observação preciosa, Adorno associa esta passagem ao legado da pintura expressionista: "Muitas partes decisivas em Kafka se lêem como se tivessem sido escritas em imitação de pinturas expressionistas (...) "(Adorno, T. W.: *op. cit.*, 264). A indecifrabilidade do aceno torna concreto o que as palavras não poderiam materializar. É porque a resignação dele nunca se apossara por completo que Joseph K., mesmo em vias de ser morto, só a aceita como vergonha. Se, como dizia Alleman, a justificação do *Dasein* é tão necessária quanto inalcançável, no caso de *O processo* assim sucede não por alguma explicação existencial senão porque a disposição de desmontagem da máquina de funcionamento da Lei choca-se com sua onipresença e impessoalidade – nenhum funcionário é por ela responsável e não se sabe quem é ou deixa de ser funcionário. A vontade de desmontagem fracassa porque restrita a um Quixote particular.

Mas onde está a peculiaridade do quixotismo de Joseph K.? Para as demais personagens do Quijote cervantino, *El Caballero de la Mancha* era louco por demasiado prezar normas há muito peremptas. Joseph K. é um Quixote peculiar porque os valores que professa teoricamente são valores em vigência. Ao menos aparentemente, esses valores continuam a ser os de seu leitor, que deverá estar tão convencido quanto o acusado da manutenção do Estado de direito. Se o efeito imediato das ações do Quixote é de ordem cômica, é porque o receptor logo reconhece sua insanidade. Se se lhe acrescenta uma resposta trágico-sublime é ainda porque sua demência se circunscreve ao âmbito da passada cavalaria, quanto a que ele empenha sua justeza de caráter e a lhanura de seus costumes. Em contraposição, o efeito imediato das ações de K. é trágico e o leitor se deixa invadir pelo *pathos* do labirinto. Na procura de identificar-se com o protagonista, o leitor se defende considerando que o processo que o persegue nada tem a ver com a administração efetiva da justiça. O leitor, bem como a maioria dos intérpretes, assim se dispõe a manter a identificação com o acusado, ao preço de obscurecer a disposição do próprio texto, Isso é passível de suceder de duas maneiras: (a) por uma via técnica – o leitor não se dá conta de que a diferença entre o Quixote e a variante kafkiana passa pela relação diferencial entre o narrador e o protagonista; (b) por uma via temática – a desqualificação jurídica do processo e o destaque do plano existencial, conectados à necessidade e simultânea impossibilidade do *Dasein* humano.

Quanto ao primeiro aspecto: o narrador cervantino está de antemão muito mais separado do protagonista do que sucede no romance de Kafka. Apresentando-se como tradutor de um manuscrito árabe, em Cervantes, o narrador mostra a cena em estado puro. Por sua adesão aos valores em vigência na realidade, a ficção do Quixote denuncia o fictício das "novelas de caballería". Gratificado por sua idêntica posição, o leitor adquire o direito de não só rir quanto de se emocionar com os enganos da inocente demência. Em suma, a "isenção" do narrador e o passadismo dos valores do herói dão segurança a travessia do texto. Todas estas posições são transtornadas em O processo. Identificando-se com as perseguições arbitrárias que sofre K., tomando-as por semelhantes ao que é passível de suceder no cotidiano de cada um, o leitor tende a perder de vista a peculiaridade do narrador de O processo. Com isso, deixará de perceber que o sentimento de superioridade de Joseph K. – tanto mais que o leitor tende a dele participar – e seu quixotismo dependem de sua incapacidade de reconhecer o desnível entre suas expectativas, fundadas em um Estado de direito, e a verdadeira trama da realidade. Ao se espelhar em K., o leitor não problematiza a posição do narrador. Tende pois a não compreender a sua inconfia-bilidade e a não ver que não se lhe apresenta um herói, nem sequer uma figura com que se identifique. Noutras palavras, a resposta a assumir diante do texto de Cervantes era mais simples: eis um simpático louco, cujo único erro foi se extraviar no tempo; e mais complexa diante do texto de Kafka: eis um homem comum que crê no que todos cremos e perseguido por uma fatalidade que não podemos entender senão como motivada pelo enredado da existência. A peculiaridade do Quixote kafkiano não está senão na incerteza de a qual faixa temporal pertencem os valores do protagonista; em conseqüência, em como se explica seu drama quanto aos valores vigentes. A solução existencial sequer atina com essa peculiaridade porque parte da intemporalidade do drama de Joseph K. Com isso, além do mais, se impede de notar a solidariedade que, afinal, se estabelece entre os dois Quixotes: um e outro são concebidos no interior de obras ficcionais que tematizam o fictício em que valores se desdobram.

Passa-se ao segundo empecilho. Mesmo que, por sua prática profissional, o analista compreenda a distância crítica e a ironia com que o narrador trata K., tende a obscurecer esses traços seja por ontologizar o problema em causa, seja por considerá-lo *absolutamente indecidível*. Chamar-se a atenção para os enganos e as pistas falsas que intencionalmente Kafka teria montado em seu texto, como o fazem Corngold e Bloom, está longe de ser suficiente. A afirmação da indecidibilidade radical apenas serve de defesa para uma análise insuficientemente crítica. Com ela, perde-se a oportunidade de compreender a inversão que Kafka opera quanto ao texto cervantino: *O processo* é uma ficção que, pela apresentação da onipresença da máquina da justiça, denuncia o fictício em que o Estado de direito se converteu. K. é uma figura do passado, como o fora o cavaleiro da triste figura. Mas o leitor só poderá acusá-lo de louco se aceitar correr o risco de enlouquecer com ele ou de tornar-se tão cínico que já não o afete reconhecer fictícias as normas do mundo civilizado. Talvez só a passagem das décadas tenha tornado possível a compreensão da terceira via: *O processo* é uma ficção que, independente da intenção autoral, demonstra o fictício do Estado de direito. Sem a vantagem oferecida pelo transcurso dos anos, um dos primeiros a reconhecer a importância de Kafka pôde escrever:

> Ela (a instância que Kafka submete à sua jurisdição) remete a uma época anterior à lei das doze tábuas, a um mundo primitivo, contra o qual a instituição do direito escrito representou uma das primeiras vitórias (Benjamin, W.: 1934, 11-2, 412; 140)

Na esteira de Willi Haas, Benjamin ainda identificava o tempo tematizado por Kafka com a noite dos primeiros tempos. Porém, de maneira ainda mais enfática que Haas, acrescentava retificação complementadora: "Há muitos indícios de que o mundo dos funcionários e o mundo dos pais são idênticos para Kafka. Essa semelhança não os honra" (Benjamin, W.: *op. cit.*, 411; 139).

Não se há porém de pensar que a mera passagem dos anos tenha o efeito mágico de desvelar o que se mantivera obscuro ou incompleto mesmo aos intérpretes mais sagazes. Em vez de logo desenvolvermos as consequências derivadas do caráter fictício do Estado de direito, encerremos o que se considerou neste item.

Sob a indagação de quem é Joseph K., procurou-se relacionar a situação pós-iluminista do Estado de direito com o caráter quixotesco do protagonista de *O processo*. Este se nos mostrou como membro de uma espécie em extinção: o indivíduo cujas expectativas legais atualizam a lógica do cidadão. Como esta, ademais, presumivelmente se mantém em seu leitor, este vem a estabelecer um pacto com Joseph K., cujo resultado é o desentendimento do romance. Para que não se substitua uma imperfeição por outra, convém esmiuçarmos na obra aqueles procedimentos que, sem se esgotarem nesta função, contribuem para o equívoco interpretativo.

7.3. O narrador enquanto inconfiável

Não foi um crítico literário mas sim o promotor público Ernest Pinard quem primeiro assinalou a posição discrepante assumida pelo narrador em *Madame Bovary*. Como víamos (cf. 7.1.), ele apontava para a ausência de juízos que exprobassem a conduta da protagonista.

A crítica flaubertiana da primeira metade do século XX aprendeu a incorporar a observação, afastando seu teor acusatório. Assim, por exemplo, lemos em Auerbach:

> Sua opinião sobre eventos e personagens não é manifestada; e, quando as personagens se expressam, não é nunca de tal modo que o escritor se identificasse com suas opiniões ou com o propósito de que o leitor se identifique com elas. Ouvimos o escritor falar; mas não expressa nenhuma opinião e não faz nenhum comentário (Auerbach, E.: 1946, 453)

A explicação oferecida hoje nos parece ficar aquém da complexidade que então se armava. Ela postula que o afastamento do narrador do destino das personagens resultava da eleição por Flaubert de um modo narrativo, o discurso indireto livre, que se contrapunha aos mais usuais, o direto e o indireto. Nas palavras de Auerbach, o narrador restringe seu papel a selecionar os acontecimentos e a traduzi-los em linguagem, sob a convicção de que a linguagem é capaz de falar por si mesma. "(...) Cada acontecimento, se se é capaz de expressá-lo pura e completamente, interpreta-se a si próprio e às pessoas nele envolvidas muito melhor e mais plenamente do que poderia fazê-lo qualquer opinião ou julgamento que se lhe agregasse" (*idem, ibidem*).

Quase vinte anos depois, a direção descomplexificadora ainda permanece em Beda Alleman, que, a propósito da narrativa kafkiana, declara que "a arte do discurso indireto livre (*erlebte Rede*) consiste em se manter no meio, entre o relato objetivo e a perspectiva pessoal da figura sobre que se relata" (Alleman, 13.: *op. cit.,* 239).

Em ambos os casos, não se percebe que o procedimento em pauta afeta a expectativa do leitor quanto ao que a obra lhe forneceria – uma informação sobre o mundo, feita de tal maneira que não afetaria o que se julgava racional, i. e., afeito ao funcionamento da razão de cunho iluminista. Ao desconectar o narrador do universo das personagens, ao tornar os comentários do primeiro independentes das ações destas, Flaubert criava no leitor a incerteza de qual deveria ser a recepção correta de todo o enredo. À medida que o narrador não mais regulava o prisma que deveria orientar o entendimento desejado, retirava-se do texto o representante da sociedade, o encarregado de formular a interpretação adequada do ponto de vista dos valores legitimados. As antigas marcações dos discursos direto – a fala das personagens – e indireto – o comentário do narrador – ajudavam a dividir as responsabilidades e, desde a sagração da subjetividade, confirmavam o primado do eu. Como agora se poderia determinar com precisão quais as opiniões do eu autoral? Flaubert, raciocinava Pinard, não condena o adultério, portanto ele é culpado em não abonar um valor legitimado. Auerbach, acatando que o romancista confiava na capacidade de auto-esclarecimento da linguagem, se põe na posição simetricamente oposta à do promotor. Ambos, contudo, são guiados pelo mesmo pressuposto: a linguagem é comandada pela intenção do falante. Tampouco Alleman parece perceber ameaçada a prerrogativa da intencionalidade: há um veículo intermédio entre os discursos direto e indireto, portanto capaz de congraçar as exposições objetiva e subjetiva.

A alusão a *Madame Bovary* é bastante para mostrar que os intérpretes se enganavam em considerar suficientes seus instrumentos de análise. Que é o marido de Emma? Um imbecil, um quase idiota de ambições provincianas ou um anjo desgarrado entre demônios? Que diferença há entre o discurso "agrícola" do prefeito e Rudolph, com suas palavras cativantes ao ouvido de Emma, se, em comum, ambos buscam a sedução? Que diferença separaria o farmacêutico Homais do padre Bournisien que, afinal, têm os mesmos interesses? Que coisa clara a linguagem do discurso indireto livre diria senão que o narrador se retrai da função de diretor da cena porque seu "retrato" da sociedade é o do caos, o da absoluta desconformidade entre as motivações pessoais e os princípios declarados?

Supondo-se que a interpretação seja válida para o próprio Flaubert, por certo então também ela aí reconhece uma intencionalidade autoral. Contudo a intencionalidade não mais se traduz em um programa para a sociedade. Kant supusera que a falta de substância a ser convertida em um preceito moral não retirava deste o caráter de lei, pois que resultaria da transformação, individualmente efetuada, da liberdade em dever. A importância que assume o discurso indireto livre revela a falência da conversão. Dessubstancializada, a Lei, enquanto moral e social, mostra-se como mera prescrição. A Lei é apenas uma lei metida a paradigma; máquina que se impõe aos indivíduos e com a qual eles constituem circuitos múltiplos, heterogêneos, impossíveis de serem reduzidos à vontade deste ou daquele agente; daí mesmo impossibilitadora de que se confunda o poder com a determinação de certo lugar. Em vez de sujeitos individuais, investidos do que costuma chamar a lógica do cidadão, um poder anônimo, espraiado pela sociedade, não diferenciando entre os braços leigo e sacerdotal – Homais e o dr. Huld, Bournisien e o capelão do presídio.

Admirador de Flaubert, Kafka converte seu narrador em igualmente impassível. Beda Alleman com acerto observara que *O processo* trata dos argumentos e reações de Joseph K., "mas que nunca fala sobre Joseph K." (*op. cit.*, 238). O narrador recolhe opiniões, registra as reações do protagonista mas nem o apresenta de dentro, nem tampouco o ilumina com seu comentário. Chamar o narrador de inconfiável é de certa maneira ainda julgá-lo por um prisma que não é o seu. Confiável era o narrador que supunha a existência de um pacto com o leitor, através do qual se assegurava aos valores sociais circulação no interior da obra. A confiança no narrador era, por conseguinte, o efeito de uma confiança mais ampla: no limite, confiança na Lei que dirigia a sociedade. Expressa na forma do romance que dominara na segunda metade do século XVIII e nos primeiros decênios do XIX, tal confiança correspondera ao período em que, destronado Deus, nem tudo entretanto era possível. Ou seja, ao período em que a perda da crença na substancialidade absoluta da Lei regente do mundo ainda não dava lugar à experiência de vertigem em que excederiam Kleist e Kafka.

Ser inconfiável o narrador kafkiano significa que a função do leitor e do intérprete se torna mais complicada. O "guia" do leitor, o intérprete já não se define como resgatador de intencionalidades. Leitor e intérprete já não se integram na mesma comunidade de valores. Perturbado o solo que lhes dava estabilidade – a idéia de expressão da nacionalidade e a de intenção autoral –, a pergunta "que é a literatura?" reassume a premência que tivera no final do XVIII (cf. cap. II). E, com o realce da pergunta, emerge a necessidade de conhecer-se melhor o estatuto da ficção. Até os romancistas "confiáveis", um Fielding ou um Thackeray, um Balzac ou um Stendhal, era possível que, de modo mais aproximado ou menos, se entendessem os produtos ficcionais como explicáveis a partir da vontade do autor e/ou de certa teoria do condicionamento social. A partir da extensão que, no tempo de Kafka, o narrador não confiável já alcançara, se impunha a necessidade de conhecer a própria forma discursiva que favorece a indeterminação semântica. A instabilidade semântica passa a ser vista como propriedade mesma do ficcional. (Eminente a partir de Flaubert ou, no âmbito de língua inglesa, desde Henry James, ela não era menos evidente em Balzac).[16] A indecidibilidade absoluta só cabe a algumas obras – como é o caso de Kleist. A indecidibilidade é o caso limite do discurso ficcional – discurso que se constitui sem um solo semântico que o estabilize e que o tornaria apto a receber a interpretação definitiva.

7.4. A falsidade das representações

Duas passagens de O processo se especializam nas fraudes e enganos que permeiam a sociedade. Levado pelo tio à casa do advogado, K. prefere não seguir a conversa dos dois e sair em busca de Leni. Chama-

---

[16] Veja-se a releitura de Michel Butor sobre o "mobile romanesque" da Comédie (Butor, M.: 1960, 79-93)

lhe a atenção um enorme quadro que representa um juiz. O protagonista observa que poderia ser o encarregado de seu processo. Leni contesta conhecer o retratado, que, na verdade, é muito diferente do que ali se mostra:

> É tudo invenção – disse Leni, o rosto inclinado sobre a mão de K. – Na realidade, está sentado em cima de uma cadeira de cozinha, sobre a qual foi estendida uma velha manta de cavalo (P. 94; 119)

Mas Leni emprega as armas da sedução. Seria verdadeiro o conhecimento que alega e a ajuda que, por seus contatos, poderia prestar a K.? O narrador não se "desinteressa" apenas do protagonista; desconecta-se do mundo das personagens em geral e deixa o leitor à deriva. Situação semelhante se reproduz durante a conversa do acusado com Titorelli. O pintor trabalha no retrato de outro juiz. A K. primeiro chama a atenção o pormenor de figura que ocupava o centro do cadeira-trono de que o juiz se levantava. Indagado de que se tratava, o pintor esclarece que a figura é a Justiça e K. assente: "– Agora já a reconheço – disse K. – Aqui está a venda nos olhos e aqui a balança. Mas há asas nos calcanhares e ela está prestes acorrer?" (P. 125; 157).

Titorelli não só contesta que tinha de satisfazer a vontade do cliente mas acrescenta que não chegara a ver o juiz e o trono; como um mestre paciente, explica que "tudo é invenção", pois os retratos não são fidedignos e se executam de acordo com prescrições preestabelecidas. A reiteração do que o protagonista já ouvira de Leni parece dar maior verossimilhança aos relatos da mulher e do pintor. Porém Titorelli seria mais confiável do que ela? Não procurava igualmente enredar K. em seu domínio, sequioso de usufruir da bolsa da vítima? Tanto à mulher como ao pintor, K. parece uma presa conquistável. Isso não significa que nosso Quixote seja de captura fácil pelos experimentados no mundo do tribunal. Sua atração pela mulher será explicada quando lidarmos com suas relações com Frieda, em *O castelo*. Quanto ao pintor, Joseph K. é menos vítima da própria inocência do que um parceiro que se informa sobre as regras do jogo. Titorelli lhe fora recomendado por um cliente importante, presumivelmente a par da justiça subterrânea que o perseguia; miserável e direto, o jogo do pintor era evidente: se for bem pago, manipulará os cordões em prol do cliente. De que força então Leni e Titorelli estão investidos, fora a presunção de proximidade do poder? O quixotismo de K. não se encontra em uma suposta alienação da realidade, que o tornaria indefeso às manobras dos integrados, mas sim na crença em que sua posição social era capaz de resguardá-lo. Assim, ao examinar as dependências internas do prédio em que o juiz de instrução ouvia os acusados, a reflexão de K. incide sobre dois pontos: (a) "Não era uma instalação capaz de infundir muito respeito e para um réu era tranqüilizador imaginar como esse tribunal dispunha de poucos recursos financeiros (...)"; (b) "seja como for, não estava excluído que tinham dinheiro suficiente, mas que os funcionários deitavam mão nele antes que fosse usado para as finalidades do tribunal" (P., 54-5; 67- 8). Seu sentido de classe fareja a vantagem que poderia haver na pobreza do tribunal. Suas instalações precárias o tranqüilizam porque o fazem prever as oportunidades de intimidar ou corromper os funcionários. A ressalva de que aquela aparência fosse apenas fruto da dilapidação do dinheiro público, sendo "degradante para um réu", era, contudo, ainda mais alvissareira para a possibilidade de suborno. O ideal de cavalaria do clássico Quixote era agora substituído por algo que tem por base a boa situação social. É como funcionário graduado, passível de ascender a mais altos postos, com dinheiro suficiente para almejar a posse de dependências próprias, para, já agora, freqüentar os cafés e escolher sua amante, que Joseph K. considera incontestável seu direito à privacidade e à defesa de suas prerrogativas. É mesmo como homem de seu tempo que o acusado é um homem de sua classe. Seu quixotismo assenta na lógica do cidadão. Em vez de opor o Estado de direito como condição da liberdade à arbitrariedade totalitária, *O processo* é bastante literal em mostrar que o Estado de direito a tal ponto supõe a desigualdade social que o quixotismo já não poderia ser exercido por um fidalgo arruinado.

O Estado pós-iluminista, em que Joseph K. se encontra, não se distingue da aspiração iluminista pelo Estado de direito por algum transtorno repentino e inexplicável. Entre um e outro, não se supõe uma trágica catástrofe. Como um geômetra que projetasse no limite uma certa figura, a genialidade de Kafka esteve em avançar a situação de desigualdade sobre que se sustinha a lógica do cidadão ao ponto de, uma certa manhã, em tudo igual às outras manhãs, ao despertar, um membro qualquer da cidadania se encontrou fora da rotina. Fora durante o sono que Gregor Samsa se convertera em inclassificável inseto (*Ungeziefer*). Fora ao despertar que Joseph K. se tornara um Quixote peculiar. Assim como o tempo pretérito da cavalaria apenas na mente do cavaleiro da triste figura se identificava com uma idade de ouro, o tempo anterior ao despertar de Joseph K. era um tempo justo apenas para os que se identificavam com a lógica do cidadão.

Não se pretende que essa fosse a interpretação que o próprio Kafka estaria propondo. Pode-se até supor que a interrupção do romance tenha advindo de um impasse no desenvolvimento do relato que não conseguia superar. Não se justificando pois como explicitação de uma intencionalidade, a exegese proposta no entanto se alimenta de um dado reconhecível em Kafka: sua extrema sensibilidade à presença do poder. Canetti, a quem se deve essa clara percepção, a notava, mesmo fora de sua obra, no aspecto físico que assumia:

> Em todas as partes, confrontado com o poder, sua obstinação oferecia-lhe uma dilação ocasional. Quando, porém, não era bastante ou fracassava, exercitava-se em desaparecer; aqui se mostra o aspecto pragmático de sua magrém (...). Por meio de sua diminuição corporal retirava poder de si e, assim, tinha menos participação nele; também esta ascese se dirigia contra o poder (Canetti, E.: *op. cit.*, 72-3)

Tal extrema sensibilidade aos sinais do poder, materializa-se em sua obra tanto nos traços que dá a seu protagonista como na apreensão filigranada das várias formas de hierarquia social. Recordemos tão-só a que se exprime por um dos guardas espancado por efeito da denúncia de K. O castigado se queixa da lógica do cidadão porque, não fosse a ação de K., ele e seu colega teriam perspectivas de subir e logo se tornariam espancadores como aquele que ora os açoita (P. 75; 95).

Em síntese, este item procurou demonstrar que a inconfiabilidade do narrador é reduplicada pela falsidade ou, quando nada, pelas dúvidas quanto à veracidade das representações. Assim sucede seja em decorrência da vaidade dos que exercem alguma faixa de poder, os juízes, no caso de seus retratos, seja por efeito da vontade de poder dos que convivem com seus detentores – Leni e Titorelli. Daí resulta ser afetado o privilégio tradicionalmente concedido ao intérprete como aquele que julga o sentido verdadeiro de um objeto textual. Em vez de corroborar esta certeza, a análise de alguns procedimentos em uso em *O Processo* mostra a instabilidade semântica – a impossibilidade de aprisionar-se a letra em um único sentido – que lhe é constitutiva. O que não equivale a dizê-lo indecidível. Pois, a partir da figura de um certo Joseph K. a quem certa manhã começou a mostrar o quanto se enganava sobre as práticas jurídicas, *O Processo* é a análise da máquina operante em uma sociedade, conforme o princípio de uma Lei a que não corresponde nenhuma substância (essência). As normas pelas quais K. se pretende guiar não são desconhecidas pelos demais; estes apenas sabem que, em algum momento, perderam a vigência. Em "Na colônia penal", a distância quanto à metrópole explicava a revolta do oficial com a mudança da norma. *O processo* utiliza artifício de cálculo semelhante, com a diferença de que na novela se reconhecia a modificação como o correlato do que efetivamente já se deu na História recente das nações ocidentais, enquanto aqui o cálculo se dá por projeção. Durante o sono de K., o liberalismo se dissipara. Como sobrevivente de uma espécie extinta, seu comportamento permite ao narrador – então correspondente ao explorador de "Na colônia" – "descrever" as atitudes de um tipo extinto.

Em plano macroscópico, *O processo* não se confunde com um texto de interpretação indecidível, pois seu tema é o poder que aciona uma máquina avassaladora. Impessoalizado, o poder não se confunde com os invisíveis juízes superiores mas sim depende da colaboração das inúmeras parcelas da sociedade. O que vale dizer: a lógica do cidadão sai de cena junto com o sujeito individual. Este, à semelhança de Joseph K., se encontra com freqüência no corredor, no *Gang*, que, em alemão, também quer dizer peça de uma engrenagem.

Afastado do plano macroscópico da obra, o indecidível no entanto permanece em seus interstícios. Desde logo, a afirmação da existência dos juízes das instâncias superiores é apenas uma hipótese. (Seria ela o produto irônico, nos termos de Kant, de um "excesso" da razão)?

Não se nega, portanto, que haja em O processo uma margem de indecidibilidade. Afirmamos sim que ela é subordinada ao quadro maior que se projeta entre os pólos da dor e do poder. Por não ter substância a Lei é um fantasma que justifica o poder. Em Kafka, é a própria representação do poder que drasticamente se modifica.

O castelo permitirá refinar a conclusão.

8. O CASTELO: UM ROMANCE RELIGIOSO?

Escrito provavelmente em 1922 (cf. Politzer, H.: 1965, 341-2; Pasley. M. e K. Wagenbach: 1965, 71-2), *Das Schloß* pertence à última fase da vida de Kafka. As cartas lhe reservam uma referência parca. A escrita em Planá e endereçada a Max Brod, em 11 de novembro de 1922, limita-se a assinalar que a semana ali passada não fora alegre "pois tive de deixar a história de O castelo para sempre" (B, 413).

Publicado em 1926, a interpretação que, nos anos próximos, lhe foi assegurada seguia o caminho proposto pelo legatário de seu espólio literário e biógrafo, Max Brod. Dava-se por evidente seu caráter religioso. Assim, no prefácio à tradução norte-americana, datado de 1940 (que só seria publicado em alemão em 1949), Thomas Mann declarava: "Talvez melhor se caracterize Kafka como escritor chamando-o um humorista religioso"(Mann, T.:1941, VII). Adiante, definia o tema central do romance:

> A desconexão grotesca entre o ser humano e o transcendental; a incomensurabilidade do divino, a estranha, sinistra, demoníaca ilogicidade, o inexprimível, a tirania, sim a imoralidade, segundo quaisquer padrões humanos, de O castelo (*idem*, XIV)

Do mesmo modo, em sua nota introdutória, seu tradutor para o inglês acentuava que o romance deveria ser encarado como a modalidade de um *Pilgrim's progress* moderno: "*O castelo* é, como *The Pilgrim's progress*, uma alegoria religiosa" (Muir, E.: 1941, III).

É verdade que, nos anos seguintes ao fim da 2ª Grande Guerra, essa ótica interpretativa foi paulatinamente ofuscada por outra de cunho existencial (cf. § 7). Já a tendo examinado, parece oportuno que nos perguntemos que fatores teriam favorecido a leitura religiosa.

Podem-se aventar dois motivos: (a) a *intelligentsia* ocidental, que se formara no começo do século, era muito mais sensível à invocação dos valores religiosos do que a geração que começou a ser conhecida a partir de meados dos anos de 1940. Além do mais, a explicação religiosa promovida por Brod – em nada semelhante à que Willi Haas formulara – dava um sentido *a priori* aos escritos kafkianos, evitando o desconcerto do leitor. No momento em que se escreve o presente capítulo, os que permanecem nessa linha interpretativa têm um alvo ainda mais concreto: assegurar uma visão positiva da sociedade liberal, reinvocando o papel estabilizador do religioso (cf. Schirrmacher, F.: 1987 e, sobretudo, Eschweiler, C.: 1990); (b) para aqueles intelectuais, os horrores da 1ª Grande Guerra não haviam chegado a arruinar os ideais da sociedade liberal com que haviam sido educados. Em conseqüência, mantinham da sociedade uma concepção potencialmente orgânica, sobre a qual se sedimentará uma visão funcional, avessa à idéia da sociedade administrada que a "dialética negativa" (Adorno) acentuará como própria ao mundo desenvolvido contemporâneo.

Em vez de distintos, os dois fatores apontados interagiam. Tomando-se a sociedade como estruturalmente constituída por instituições funcionais, o horror de que ela se revestia na visão kafkiana só seria explicável pela ênfase em uma certa disfuncionalidade. E a que esta poderia afetar senão ao religioso, cuja legitimidade fora contestada desde o Iluminismo e cuja importância para o cotidiano dos grupos sociais claramente diminuía? Aos que assim interpretavam Kafka, não era obrigatório que fossem eles mesmos pessoas de crença religiosa. Muito menos que convertessem o autor em alguém obsedado pelo vazio da descrença. Era sim necessário que, no horizonte de expectativas destes intérpretes, a visão kafkiana da sociedade só fosse concebível como um sonho de vertigem ou pesadelo, ativado pela sensibilidade ao mórbido da organização psíquica do autor (daí a deixa para as interpretações edipianas). Pode-se mesmo diminuir a influência das páginas de Brod, que apresentavam o amigo como espiritualmente torturado, pois seu testemunho era muito menos forte do que a crença nos valores da sociedade liberal. Era esta que levava seus leitores a identificar aquela tortura com o vazio religioso. Fora portanto de um estreito quadro psicanalítico, a única maneira de explicar o sonho terrível de *O processo*, de *O castelo* e dos relatos menores já então conhecidos estava em fazê-los lidar com a inescrutabilidade da justiça divina. Prova da força de convicção do Estado de direito, não se atinava com a possibilidade de que a ficção kafkiana pudesse encontrar sua raiz no questionamento de sua perduração. Isso não significa negar a presença de uma inquietação religiosa em Kafka. Afirma-se sim que os que propagarão a via aberta por Brod não conseguem pensar sua obra senão a reduzindo à dimensão espiritual-religiosa.

Em vez de uma redução, algo bastante diverso mostra a reflexão de um de seus primeiros grandes entusiastas. Em sua homenagem a Kafka, quando da passagem de dez anos de sua morte, escrevia Walter Benjamin:

> (As parábolas de Kafka) são construídas de tal modo que se pode citá-las e narrá-las com fins didáticos. Mas conhecemos a doutrina contida nas parábolas de Kafka e que é ensinada nos gestos de K. e nos ademanes de seus bichos? Não é assim; podemos no máximo dizer que aqui e ali a ela se alude. Kafka teria talvez dito: esses trechos a transmitem como seus resíduos; mas do mesmo modo podemos dizer: eles a preparam como seus precursores. De qualquer modo, trata-se da questão da organização da vida e do trabalho na comunidade humana (Benjamin, W.: 1934, II. 2, 420)

Em sua forma elíptica, Benjamin acentuava a peculiaridade das parábolas de Kafka: a doutrina que supõem (a) não existe, mas (b) trechos dessas parábolas são seus restos e/ou a preparam. Não existente a doutrina a que serviriam, as parábolas kafkianas não remetem pois a um credo religioso. Mas por (b) se afirma clara ambigüidade – os trechos são resíduos de doutrina que se desconhece ou precursores que a preparam. Ausente como centro que atraísse as parábolas, o religioso se faz presente como resto ou sinal precursor. Mas como prelúdio de uma doutrina religiosa? A continuação da passagem transcrita aumenta a suspeita de arbitrariedade da leitura pois conclui por apontar que, em Kafka, a preocupação com a vida e com o trabalho na comunidade humana substituía a preocupação religiosa com o destino. É o próprio Benjamin, contudo, que, no desenvolvimento da linha de Haas, nos leva ao caminho mais dificultoso. É o que se depreende de sua correspondência com Gershom Scholem. Em carta de 20 de julho de 1934, em resposta à missiva a que Scholem acrescentava um poema ao exemplar de *O processo*, Benjamin não só reconhecia o caráter teológico da interpretação contida no poema como acrescentava: "Mantenho que também o meu trabalho tem um lado teológico amplo, se bem que velado" (Benjamin, W.: 1978, 2, 613). A mesma carta dirá ainda de maneira mais explícita:

> Procurei mostrar como Kafka intentou projetar (*erstatten*) no avesso deste 'nada', em seu forro. Isso supõe que todo modo de superação deste nada, como o compreendem os comentadores teológicos em torno de Brod, lhe teriam sido pavorosos (*idem*, 614)

O ensaio de Benjamin se distingue, portanto, não por desqualificar a presença da questão teológica em Kafka, mas por articular a redenção com o reverso do nada; se associamos a passagem acima com trecho já citado do ensaio, podemos acrescentar que o caracteriza identificar o avesso do nada com a organização da comunidade humana.

Pode-se contestar que a interpretação de Benjamin é problemática justamente por ser difícil localizar-se, no romance kafkiano, onde se dá o realce da possibilidade de redenção. Difícil, dependente de uma chance quase improvável, como será visto pela análise do encontro do protagonista com o secretário Bürgel, sua afirmação contudo não é arbitrária. Pois, apesar da semelhança com a problemática de *O processo*, *O castelo* se distingue seja pela impossibilidade de penetrar-se na razão que motiva os atos das personagens, seja pela improbabilidade de a questão teológica ser redutível ao plano social. A lembrança da passagem do ensaio de Benjamin é preciosa porque nos força a verificar que o realce da dimensão religiosa de *O castelo* não pode ser tomado como a simples projeção de valores liberais. Como há pouco afirmávamos, o horizonte de expectativas liberais predispunha seu praticante a reconhecê-lo. Seu defeito, acrescentávamos, estava em que a saliência do religioso mantinha inquestionada a organização da sociedade liberal. Foi o marxismo peculiar de Benjamin que lhe permitiu descortinar o ponto cego da análise contraposta.

Até que ponto nosso elogio, sob o pretexto de sensibilidade ao texto kafkiano, não termina por endossar uma contradição do próprio Benjamin? Só a própria obra de Kafka poderá fornecer a prova decisiva. Atenção particular deve então ser prestada às anotações de 16 de janeiro de 1922. Kafka assinala a angústia que lhe causa o desacerto entre os "relógios" interno e externo – "Die Uhren stimmen nicht überein". Ao passo que o externo segue marcha mecânica, o interno adota "uma cadência diabólica ou demoníaca ou de todo modo inumana, pela desenfreada perseguição de idéias:

> Essa perseguição leva para fora do humano (*nimmt die Richtung aus der Menschheit*). (...) 'Perseguição' é por certo apenas uma imagem; posso também dizer 'assalto contra a última fronteira terrena', na verdade assalto empreendido desde baixo (*Ansturm von unten*), a partir dos homens e posso, pois também isso é apenas uma imagem, substituí-la pela de assalto empreendido de cima, contra mim (T., 405)

Escute-se ainda o parágrafo conclusivo: "Toda esta literatura é assalto contra as fronteiras e, se o sionismo não houvesse se interposto, teria podido facilmente conduzir a uma nova doutrina secreta, a uma cabala" (*idem*, 406).

A passagem seria ainda mais extraordinária se pudéssemos associá-la com a composição de *O castelo*. Mas isso não pode ser feito de maneira inquestionável. Se, por um lado, desconhece-se sua precisa data de elaboração, por outro, Brod recorda que, em 15 de março de 1922, Kafka lera para ele o primeiro capítulo do romance (Brod, M.: 1954, 163). É portanto apenas provável que a redação do romance e a anotação transcrita sejam contemporâneas.

Como, então, a longa passagem de Kafka confirma a interpretação de Benjamin? Perseguição que leva para fora do humano, assalto contra a última fronteira terrestre são imagens que evidenciam a busca de um além. Mais importantes que essas imagens é a última afirmação: este assalto conduziria com facilidade a um novo esoterismo, se não interviesse o sionismo. O esforço de integração por Kafka em restabelecer o elo com as raízes de seu povo não se faz em consonância com uma propensão religiosa; ao contrário, a contrabalança, se não a neutraliza. Se levarmos em conta que, em seu sentido técnico, a palavra 'cabala' significa 'tradição', compreender-se-á melhor a ambigüidade que Benjamin intuíra: sem estar a serviço de uma doutrina codificada, a nova cabala, i. e., aquela a que a obra kafkiana propendia, traz resíduos da antiga e é precursora de outra a constituir. Verifica-se pois, no horizonte de *O castelo*, a presença de uma preocupação teologicamente tematizada.

Contudo, mesmo que a prova definitiva ainda dependesse do estudo específico do romance, não teríamos o direito de já nos alegrarmos com o resultado. Como deixaremos de refletir no movimento contraposto que a mesma passagem formula – se o assalto promete uma nova cabala, o sionismo o neutraliza? Ora, à semelhança de Benjamin, cujo interesse pelo povo judeu e pela possibilidade de emigrar para Jerusalém nunca se tornaram definitivos, tampouco se poderia dizer que Kafka tenha aderido à causa judaica. Se sua preocupação e simpatia pela causa sionista crescem sensivelmente a partir de fins de 1918, se favorece o engajamento de Felice em trabalhos comunitários promovidos por associação judaica, se estimula Max Brod a assumi-la plenamente, ele próprio entretanto pouco se move. Sua submissão ao impasse termina ainda aí por vencer. Essa incapacidade de superar uma contradição dilaceradora projeta-se sobre a própria obra. Em carta a Scholem de 15 de setembro de 1934, Benjamin acentuava a importância, para a interpretação de Kafka, de se considerar "o aspecto histórico de seu fracasso" (Benjamin, W.: 1978, 2, 619-20). Sobre ele, volta a se referir no fim da carta, ao mesmo Scholem, de 12 de junho de 1938: "Para fazer-se justiça à figura de Kafka, em sua pureza e em sua específica beleza, nunca se deve perder de vista que é a beleza de um fracassado" (*idem, ibidem*, 764). Mas Benjamin não explicita em que haveria estado o fracasso do autor. Para não ficarmos com nossas próprias idéias, suplemente-se o que Benjamin dizia com o que escreverá Adorno, cuja admiração por Kafka não era menor. Sem que diminuísse seu apreço, Adorno não deixava de admitir que a obra kafkiana apresenta falhas:

> Entre os defeitos, que se tornam óbvios nos grandes romances, a monotonia é o mais singular. A apresentação do ambíguo, do incerto, do inacessível é repetida sem cessar, muitas vezes às expensas da vividez que é sempre buscada (Adorno, T. W.: *op. cit.*, 254)

Se as últimas observações lhe parecerem minúcias desnecessárias, sugere-se ao leitor que apenas considere a base do argumento: a interpretação de Benjamin não só confirma que há um filão teológico em *O castelo* como ainda mostra que este contém uma tensão não resolvida com o território da comunidade humana.

Admiti-lo, seria contraditório com o movimento que este capítulo tem realizado? Nossa divergência com outros intérpretes e a análise efetuada de "O julgamento", "Na colônia penal" e *O processo* tiveram em comum a recusa de uma exegese que considera fundamental em Kafka a busca, improrrogável e frustrada, de uma justificação para a existência. Em contraposição, indica-se a importância de uma visada política e ativa, que centralmente tematiza a questão do exercício do poder, a partir do quadro de uma Lei dessubstancializada. Em suma, procurara-se mostrar que a raiz da problemática kafkiana se encontrava na distinção de Kant entre entendimento (*Verstehen*) e razão (*Vernunft*). O *noumenon*, a essência, não é para nós, humanos, pois "a doutrina da sensibilidade é, ao mesmo tempo, a doutrina dos *noumena* em sentido negativo" (KRV, 13; 308). Se, portanto, admitimos que, entre os grandes textos de Kafka, *O castelo* apresenta um evidente filão teológico, não estaríamos ingressando em contradição flagrante?

O que pareceria contraditório apenas reforça nosso ponto de vista. A afirmação kantiana da falta de substância da Lei humanamente concebível – i. e., ela não concernir aos *noumena* mas sim e apenas aos fenômenos – não se confunde por certo com uma problemática positivista, com sua restrição ao científico como o único objeto digno de ser considerado. Kant não retirava dignidade às Idéias porque não fossem compatíveis com o trabalho dos conceitos. A preocupação teológica era criticável pelo filósofo por se arrogar o conhecimento exato, positivo, do divino, não por se indagar a seu respeito. A problemática kantiana é ainda mais visível em Kafka por não lhe ter sido possível superar seu dilema: a atração por pensar o além do humano e, ao mesmo tempo, manter-se obsedado pela organização da comunidade humana. Pois, fora a hipótese da submissão ao incompreensível e/ou ao desarrazoado, o dilema só seria definitivamente superável se o autor viesse a postular uma *natureza* para a Lei passível de abrigar o humano. Este fora o empenho dos "primeiros românticos". Como vimos no capítulo precedente, concentrando-se no eu ou nas obras do eu, mesmo quando, como no caso do melhor Schlegel, se encaminhassem para a autonomização dos procedimentos poéticos, os "primeiros românticos" não renunciavam à busca de restauração da unidade. De uma unidade pois que de algum modo restabelecesse o que o caminhar das Críticas destroçara. Temporalmente mais próximos de Kant, os românticos estavam, contudo, mais distantes de sua problemática do que Kafka. A pergunta e a simultânea censura dos românticos seria: em um mundo sem acesso aos *noumena*, como se pode viver a não ser de forma *distraída*?

As considerações acima não só acentuam a articulação deste capítulo com o anterior, explicitam não só seu eixo de condução como ainda sob que condição nos parece aceitável a determinação dos planos teológico e existencial na obra kafkiana. *Nada há de problemático desde que esses planos sejam vistos como partes a serem integradas e não como prisma unificante.*

8.1. K., o agrimensor

Como *O processo*, também *O Castelo* principia in *media res*. Do protagonista, sabe-se apenas que viera de outra aldeia e que atendera a uma oferta de emprego. A paisagem com que desde o início depara é tão unanimemente pobre que não parece passível de história:

> Já era bem tarde quando K. chegara. A aldeia estava coberta de neve. Da colina do castelo nada se via, envolta em névoa e trevas, nem sequer o mais fraco vislumbre insinuava o grande castelo (Sc., 7)

K. é agrimensor. Mesmo sua qualificação profissional e o chamado a que atenderia são de imediato postos em dúvida. A estalagem em que se hospeda traz um nome, *Herrenhof* ("Palácio dos senhores") que pareceria de bom augúrio a quem não pretendia senão ser contratado e, pelo trabalho, integrar-se à vida comunal. Mas sua qualificação é questionada por autoridade arrogante, se bem que minúscula. O acidente parece de pequena monta. Chamada pelo telefone, a administração castelã confirma o alegado por K. Ingênuo, traço que mantém do protagonista de *O processo*, K. já se considera nomeado agrimensor da aldeia. Chegara às terras de um certo conde Westwest – redundância reduplicadora em que Greenberg lê os confins do Ocidente (Greenberg, M.: *op. cit.*, nota, 162-3) – a quem se dispunha a servir. O caminho lhe parece fácil e, em conversa com o estalajadeiro, ressalva que ainda não sabe se aceitará viver no castelo, o que seria a oferta de rotina para os funcionários, porque receia que o local talvez não fosse de seu agrado. Sua justificativa logo soará irônica: "Quero ser sempre livre" (Sc., 11). E, se ao chegar, não conseguira vislumbrar o castelo, sai da estalagem para contemplá-lo.

A inspeção o frustra e, mentalmente, compara a torre do castelo com a torre da igreja de sua aldeia. Ao passo que esta apontava para o alto, na construção daquela parecia-lhe mostrar-se a insegurança e o descuido de uma mão infantil:

> Era como se um melancólico morador, que, merecidamente, tivesse de se manter encerrado no quarto mais remoto da casa, houvesse perfurado o teto e se erguido para mostrar-se ao mundo (Sc., 13)

Etwas irrsinniges, algo de insensato encontrava na torre. Se o narrador kafkiano fosse confiável, estaria afastada a discussão sobre se o romance conteria uma alegoria religiosa, pois o comentário do narrador de algum modo "corrigiria" a reflexão da personagem. Mas a passagem aludida é uma manifestação do discurso indireto livre. Como tal, ela contém mais do que a desilusão de K. – seria para incorporarse a tal monstro disforme que empreendera sua jornada? À medida que se prossegue o relato, compreende-se a série de pequenos equívocos que a personagem já cometera. Como são todos erros de interpretação – confiar em que a resposta do castelo confirmara a oferta de emprego, crer que, automaticamente, se lhe ofereceria a oportunidade de residir no "alto"– por que a apreciação comparativa sobre a arquitetura da torre não seria do mesmo tipo? O narrador incorpora sua voz à da personagem justamente por não intervir, tornando impossível ao receptor diferençar quem ali opina.

Ainda sob o efeito do otimismo com a vitória na primeira "prova", o agrimensor não tem dúvidas sobre sua aceitação e se decepciona com o aspecto do que já considera como sua certa morada. Há pouco, na conversa com o estalajadeiro, afirmara que ainda não conhecia o conde. Por malícia ou torpeza, o interlocutor não se surpreende com a resposta. Logo porém o agrimensor terá ocasião de compreender que este não era assunto de somenos. K. encontra o mestre-escola da aldeia, que, de passagem, lhe faz duas revelações. Primeiro, de que não há grande diferença entre o castelo e os camponeses. Segundo, ante a expressa pergunta do forasteiro sobre se conheceria o conde, o mestre-escola automático contesta: "Como deveria conhecê-lo?" E, para maior segurança de sigilo, acrescenta em língua estrangeira: "Tenha em conta a presença de crianças inocentes (Sch., 14). A pergunta de K. equivaleria a uma grosseira obscenidade. Embora possamos não entender a primeira observação, pode-se entretanto aventar que ela faz parte da integração do mestre-escola com a mentalidade dos aldeãos. Os camponeses se acham irmanados aos que habitam no castelo pela extrema reverência e pelo absoluto terror que estes lhes inspiram; terror que se transforma em inospitabilidade quanto aos estrangeiros, já referida pelo mestre-escola, e logo ratificada pelo velho aldeão a quem o agrimensor encontrará, em seu primeiro passeio.

Começa-se a ter condições de verificar que o otimismo de K. é injustificado. Mas a hostilidade dos camponeses a todo estranho será a regra comum? Mais particularmente, não será que, mesmo por efeito da comunidade que mantêm com os do castelo, os aldeãos crêem menos do que K. em sua aceitação? O agrimensor vive o transe de, havendo empreendido a viagem para se incorporar, ser recebido pela desconfiança e a hostilidade dos cá de baixo. Este será o eixo sobre o qual o romance se desenvolverá: a relação buscada por alguém que teria sido chamado com "aquilo" que o chamou.

A relação parecerá ao agrimensor mais nitidamente afirmada e assegurada ao receber a primeira carta do castelo. Ainda sob o suposto de que lhe cabia ou aceitar ou recusar a oferta, K. reflete sobre seu conteúdo:

> Havia por certo um perigo, que era bastante acentuado na carta e apresentado com uma certa satisfação, como se fosse ineludível. Era a condição de trabalhador. (...). Se K. queria tornar-se um trabalhador, podia chegar a sê-lo, mas então com toda a terrível seriedade, sem qualquer outra perspectiva. K. sabia que não era ameaçado por uma verdadeira coação, a que não temia e menos ainda aqui, mas a violência do ambiente desencorajador, a resignação às frustrações, a violência das imperceptíveis influências de cada momento, isso sim ele temia; mas contra este perigo havia de lutar (Sc., 28)

Ingênuo, otimista, confiante em suas próprias forças, K. fundamentalmente se engana. Sua posição na sociedade já não lhe permitiria o quixotismo de Joseph K. Embora sua luta seja em nome de um direito de que ali não parecia haver sinal – o cumprimento do convite –, de qualquer maneira não pretende ele senão assegurar sua vontade de integração. O traço comum que tem de imediato com o protagonista de *O processo* – a disposição de luta – não basta para igualá-los. A posição socialmente modesta de K. não lhe assegura mais que a condição de trabalhador (*Arbeitsein*); nada pois da arrogância permitida ao exercício da lógica do cidadão. Seria algo para ele inimaginável pensar no suborno dos funcionários, como também o teria sido para personagem menor, o pai de Amalia, no esforço de reabilitação da filha.

Os traços de semelhança e diferença com Joseph K. se evidenciam na conversa que o agrimensor mantém com Barnabas, o mensageiro. A semelhança de Joseph K., o agrimensor é um ingênuo, traço que se manifesta na convicção que guarda de sua superioridade sobre os aldeãos.

Se estes o hostilizam ou o evitam, K. não é afetado porque já se considera aceito pelos senhores. Da ingenuidade, Joseph K. retirava sua ousadia quixotesca; a do agrimensor, em contraparte, é projetada sob a forma de afã em assegurar a presteza da comunicação com o castelo.

É certo que a diversidade de seus trajetos revela outra semelhança: apesar das diferenças sociais das personagens, a Lei, de modo tortuoso e enigmático, vigora sempre contra o intruso; nesta categoria, o Quixote peculiar (Joseph K.) e o Intruso (K.) se confundem. É por conta deste efeito da Lei que podemos considerar *O Castelo* uma variante de *O Processo*. Com o que validamos a possibilidade da utilização de um para a melhor inteligência do outro.

A segunda semelhança a que nos referimos – a constituição da categoria do Intruso pelos funcionários da Lei – engendra por sua vez uma terceira: o Intruso, seja em sua própria cidade, seja nos confins do Ocidente, é aquele que se exila na segregação sofrida. A evidente solidariedade entre senhores e escravos – juízes e informantes, castelãos e camponeses –, se bem que, em *O castelo*, cimentada no terror dos aldeãos, apenas torna mais flagrante a exclusão do Intruso, que, em *O processo*, ainda era mascarada pela aparente solidariedade que Joseph K. encontrava.

Do conjunto de traços apontados, por conseguinte, *apenas especificam K. a posição social inferior e a vontade de integração*. Isso significa que o romance reflete sobre o poder e o binômio que forma com a Lei, a partir de perspectiva distinta: *Arbeiter* não é o cidadão, a lógica de um difere da do outro, a partir, entretanto, de uma mesma conduta desmedida. Essa mudança de perspectiva no trato da questão 'poder-Lei' é reforçada pelo exame do encontro de K. com Frieda.

Embora Frieda exerça uma função modesta no *Herrenhof* e suas feições sejam insignificantes, sobre ela se concentra o interesse apaixonado de K. ao sabê-la amante do chefe, o senhor Klamm. O processo de sedução a que se entrega é manifestamente a busca de um meio de acesso ao castelo. Antiquixotesco, K. é possuidor do mesmo atrevimento de Joseph K., e o emprega na tentativa de acercar-se do poder, ainda mais aguçado pelo sentimento de marginalidade que lhe desperta o evidente antagonismo dos aldeãos. Dilacerado pelo afã de legitimação, que encontra apoio provisório apenas em Frieda, às voltas com a hostilidade dos presentes, em sua cena de amor com a moça misturam-se volúpia e sujeira, acrescidas por saberem ambos que, em compartimento contíguo ao chão em que se estreitam, está o chefe e rival. Em um curto espaço de linhas, Kafka condensa a ambição e o mísero *Dasein* do agrimensor:

> Ali, passaram horas, horas em que respiravam juntos e o coração batia de igual, horas em que K. tinha a constante sensação de se extraviar ou de que estivesse muito longe no estrangeiro como, antes dele, ninguém tivesse estado, em uma terra tão estranha que o próprio ar nada tivesse em comum com o ar natal, em que se poderia asfixiar pela estranheza e em cujo insensato encanto não se pudesse fazer outra coisa senão seguir e perder-se cada vez mais (Sc., 43-4)

A sensação de abismo que se apossa de K., de avassaladora estranheza quanto ao ar de sua terra (*Heimatluft*), não poderia ser confundida com a insensatez da paixão. Mais que o cheiro de cerveja que se desprende do chão em que rolam, entontece-o a duplicidade que ali eros entretém com o poder. Sem que se reduza a um mero aspecto pragmático, Frieda não é menos a porta que parece capaz de conduzi-lo ao corredor que ambiciona. Por seu encontro no salão da própria estalagem dos senhores, K. se crê próximo de sua meta. Falar com Klamm, ser por ele recebido, agir sem intermediários tornam-se mais evidentemente o seu alvo. Antes o visava apenas para regulamentar as relações de trabalho. Depois da conquista de Frieda, algo mais pessoal se acrescenta: para discutir homem a homem, compensando sua aparente inferioridade pela preferência de que se julga assegurado: o direito quanto à posse da mulher. Alcançada a porta que lhe daria acesso ao rival, ela não se deslocaria mesmo quando Frieda o abandonasse. Assim, informado depois por sua substituta no *Herrenhof* de que Klamm estava do outro lado e se aprestava a partir, K., dando início à mais ousada de suas travessias, toma a direção proibida, cujo acesso era exclusivo às autoridades, chega ao pátio onde o cocheiro esperava o senhor, penetra no trenó, bebe e usufrui o calor reservado aos dignitários, provoca o transtorno da viagem de Klamm, é admoestado e, por fim, abandonado, no que fora seu campo de batalha. Seria justo dizer-se seu campo de vitória? A desmedida é tamanha que o próprio agrimensor dela tomará consciência. Quando era plena sua ingenuidade e absoluta sua certeza de aceitação, dissera querer ser sempre livre. A palavra liberdade que agora lhe volta à mente – "e lutara pela liberdade como dificilmente um outro teria lutado" (Sch., 103) – por um lado reafirma seu antigo modo de ser, por outro encerra sua ingênua esperança:

> Pareceu a K. como se tivessem rompido toda a ligação com ele e como se fosse agora mais livre do que nunca e pudesse, neste lugar que até então lhe fora vedado, aguardar o quanto quisesse e houvesse conquistado uma liberdade que dificilmente um outro teria podido e que ninguém tinha o direito de tocá-lo ou de expulsá-lo, sequer de lhe falar; mas – esta convicção era no mínimo igualmente forte – como se, ao mesmo tempo, não houvesse nada mais absurdo, nada mais desesperado do que essa liberdade, essa espera, essa invulnerabilidade (Sch., 103)

A decepção, contudo, não é bastante para que se afaste de sua meta. A reflexão que lhe ocorrera, depois de perdida a oportunidade de surpreender Klamm, fora um rápido instante de delírio. Que outra coisa poderia com ele aprender senão a desistência? K. a bloqueia e sua antiga ingenuidade resiste sob a forma de teimosia. Obstinado, sem que nada houvesse aprendido da experiência passada, K. declara para si seu alvo inexorável:

> (...) Ele, que se empenhara com todas as forças por um olhar de Klamm, não estimava por exemplo o lugar de Momus, que podia viver sob a vista de Klamm; longe de si a admiração ou a inveja, pois não era a proximidade de Klamm o que ambicionava mas sim que ele, apenas ele, com ninguém mais nem outro desejo, chegasse a Klamm e a ele chegasse não para se lhe conformar senão para que fosse adiante, mais adiante, até o castelo (Sch., 107)

A vontade de integração de K. será compreendida apenas parcialmente se não se considerar que envolve o propósito obsessivo de ascensão. E isso tem a importância de que, retrospectivamente, nos ajuda a dessublimizar a luta em que Joseph K. estivera empenhado. Quixotesco, então o chamávamos. Mas não víamos a ironia que ainda se ocultava. O quixotismo de Joseph K. era de quem defendia o direito reservado àqueles próximos ao lugar que o agrimensor agora ambicionava. Assim passamos a perceber melhor a combinatória que também inclui "Na colônia penal". Nesta, o estrangeiro, sob a forma de viajante de lugar social assegurado, é o outro que observa e analisa. Em *O castelo*, o estrangeiro se torna a figuração do Intruso porque se empenha em penetrar na ordem que o rejeita. Joseph K. e o militar-juiz pertencem à ordem cuja hora já soou. Do mesmo modo, o sacerdote, o pintor, o advogado, sua amante, a chusma de funcionários, bem como o novo comandante e as mulheres dos outros oficiais da colônia pertencem à nova e invisível ordem do pós-*panopticum*. Mudando a focalização dos objetos em face da constância da Lei, Kafka cria em cada oportunidade, para seu texto, um outro espaço, para que perspectivize sua questão permanente. Já por essa mobilidade e a fria dissecação que ela enseja nota-se a ausência de alguma particular empatia por qualquer das personagens. Nenhuma o representa pois por cada uma recomeça o reexame com que busca, senão sair, pelo menos entender seu impasse. Curiosamente, a atitude agressiva por excelência se cumpre por uma personagem cujo máximo empenho é o de se integrar. Embora frustrado, K. é uma espécie de *self-made man* reduzido à sua expressão mínima; ou, utilizando imagem mais próxima do próprio Kafka, um homem do campo que procura forçar as portas da Lei.

A proximidade do *Am 'ha 'arez* e o agrimensor já foi feita por H. Politzer (cf. Politzer, H.: *op. cit*, 345-51), porém noutro sentido. Em *O processo*, o homem do povo era parado pelo primeiro porteiro e sua história submetida às elocubrações sutis e eruditas do capelão do presídio. Em *O castelo*, também o agrimensor é parado por funcionários inferiores. A desmedida com que caracterizamos sua conduta decorre da ordem, muito alta para sua posição social. Encarnaria o castelo a ordem religiosa, cujo "chamado"(*Beruf*) escolhe só a uns poucos? Estaria em cena um trajeto religioso? Sem negar que esse registro esteja presente e K. fosse um figurante da "nova cabala" pela qual Kafka se sentia atraído, não é menos patente que essa via religiosa se configura por um caminho estritamente secular: o do questionamento do poder, ainda mais explícito que no romance precedente. É ao poder estabelecido no castelo, não importa que pelo temor ou pelo terror, que os aldeãos aderem e a que assim confirmam. É este pacto entre senhores e escravos que transforma o agrimensor em Intruso. Os aldeãos o hostilizam porque intuem que seus atos se afastam da rotina que seguem e prezam. É o que manifesta a menos agressiva das personagens.

Admirado de que K. já saísse do *Herrenhof* quando era esperado que fosse interrogado pelo secretário de Klamm, responde-lhe o agrimensor que não permitira que o interrogassem, pois isso seria ceder ao capricho oficial. Estranhando porém o assentimento do interlocutor, cuja concordância lhe parecia apenas formal, K. indaga se o interrogatório era importante. "Bem, sim", disse o estalajadeiro. "Então eu não deveria tê-lo recusado", disse K. "Não", disse o estalajadeiro, "o senhor não deveria tê-lo feito" (Sch., 112). Seu tom cordato antes revela indiferença pela estranheza que encontra no agrimensor. Em troca, sua mulher não disfarça a indignação. Para ela, o forasteiro é menos um inocente do que um ambicioso, que tomara Frieda por trampolim. Nas palavras com que Frieda lhe relata sua conversa:

> A estalajadeira não afirma saber o que queres de Klamm, afirma apenas que antes de me conheceres já te empenhavas tão avidamente como depois em chegar a Klamm. A única diferença consistiu apenas em que antes não tinhas esperança, enquanto que agora acreditavas ter em mim um meio seguro de avançar certo e rapidamente e até mesmo com superioridade (Sch., 149)

A opinião da mulher não é diversa da que o próprio leitor poderá ter-se formado, desde o primeiro encontro dos amantes. A inconfiabilidade do narrador kafkiano não interfere na compreensão do alvo do protagonista. Antes o expõe à luz crua, seja por seus próprios monólogos, seja pelos comentários dos que o observam. Mas a contraparte dessa luz incisiva é que ela não abrange todas as motivações do agrimensor. A persistência de sua ingenuidade se manifesta pela incapacidade de aprender com seus infortúnios. Por rumo distinto, a mesma obstinação no erro já caracterizara Joseph K. Os protagonistas de Kafka são ruas de mão única. A falta mesma de substância da Lei humanamente concebível os impede de acertar com sua ordem. Daí, admitida a existência de uma dimensão teológica na obra kafkiana, não ser arbitrária sua proximidade com a versão religioso-negativa. Mas, evidentemente, não é esse, sequer em *O castelo*, o plano de saliência textual, senão que a apresentação minuciosa, detalhada e pontual da máquina da Lei, da impossibilidade de ter-se acesso a ela, quer pela tática da defesa de Joseph K. em *O processo*, quer pela tática de ataque do agrimensor, i. e., por meios racionalmente concebidos. Isso não quer dizer que, em Kafka, o poder se confunda com o destino. Afirmá-lo seria outra vez intemporalizar sua problemática e não compreender sua esmerada concretude. Muito menos significa que, nele, o poder não se mostra investido de uma lógica própria, mas sim que a sua é uma lógica da administração. Como tal, o poder só reconhece os que comandam e os que obedecem; os obedientes sendo recompensados por certos graus de comando. Os que se excluem de seu circuito não se tornam menos necessários. São os Intrusos. Nenhuma romantização os recompensa. São excluídos não porque sejam melhores, mas sim porque, sem eles, a máquina não encontraria atrito. São os excluídos que permitem que se cogite em transcender a máquina da Lei. Mas, como essa transcendência não é senão negativa, i. e., porque não pode ser jamais substancializada, tratar dos excluídos é mostrar as correias e os corredores temporais da Lei. A tarefa dos excluídos não é nem condenada nem heroificada, identificando-se com uma *hybris* incapaz de entender a ordem dos deuses. A ausência de substância impede que haja deuses. Em seu lugar, não se põe o absurdo, como tanto se repetiu durante a voga do existencialismo francês. Falar em absurdo ainda era presumir uma substância.

8.2. Os corredores da Lei

É a obra de Kafka, não só os poucos relatos que aqui se analisam, que mostra sua obsessão com a questão e o funcionamento do poder.

Exercê-la a partir de um quadro de que a História parece excluída, ao contrário do que logo faria um Malraux, em *L'Espoir* e *La Condition humaine*, junto à instabilidade semântica da narrativa, à inquietação religiosa e à adoção freqüente da forma, usualmente associada com a dos livros bíblicos, do apólogo e da parábola, tornaram difícil sua ampla compreensão. Mais difícil ainda pela estreiteza manifestada pela crítica marxista que melhor poderia tê-la posto em relevo: a tcheca. Afirmações como "Falamos do caráter arcaico da obra de Kafka, que resulta do fato de que veja os estratos sociais individuais como mundos fechados (....). Em sua atitude face à classe trabalhadora, Kafka está intelectualmente no nível dos socialistas utópicos" (Goldstücker, E.: 1965, 73) e "A culpa de Joseph K. não pode ser definida por qualquer lei da sociedade pequeno-burguesa. E 'culpado' apenas pela completa superfluidade e falta de sentido de sua vida, que se baseia tão-só em valores aparentes" (Hájek, J.: 1967, 114) – são de uma mediocridade desestimulante.

Se, entretanto, conseguirmos ultrapassar os empecilhos, veremos que a obsessão com a questão do poder explica o caráter monotemático de seus protagonistas. Postos diante de um certo problema, Joseph K. e o agrimensor dele não mais se afastam. Para o primeiro, a conduta quixotesca só tem uma alternativa: a desistência de qualquer defesa. O caráter mais inacabado de *O castelo* nos impede de saber como K. ainda reagiria depois de as condições de combate haverem atingido seu ponto mais baixo. Se a morte não lhe tolhe os passos, não é menos verdade que, refugiado no mísero quarto de Pepi e suas companheiras, a vontade de integração que o movera atinge o ápice negativo.

Reconhecida a declinação do poder sob esse monotematismo, torna-se por sua vez mais difícil acatar a existência de uma efetiva dimensão teológico-religiosa em seus romances. À medida que se identifica a gravidade do binômio 'Lei-poder', a tendência se torna descartar o filão religioso e não, como aqui temos mostrado, seu caráter de existente enquanto subordinado àquele eixo. Mas a dificuldade em aceitar-se uma dimensão religiosa não resultaria de não se haver prestado a devida atenção ao problema da metáfora? Como já vimos, para Kafka, a linguagem analógica terminava fraudulenta pela antropomorfização que provoca. Tinha pois de tratar do plano não-humano pela linguagem alusiva. Se esta não descarta o uso do metafórico, não pode entretanto tomá-lo como sua base. Ora, como seria possível religar o humano e o divino de modo não antropomorfizado senão pelo desdobramento do que é passível de ser experimentado, i. e., do que se materializa sob a forma de acontecimento, fato ou acidente passado e/ou testemunhado por alguém? E como se basear na experiência, visando a um relacionamento não experimentável, senão aludindo, por via de uma projeção radical, ao que é passível de ser inferido do plano das relações inter-humanas? No interior destas, o binômio formado por Lei e poder se torna o eixo privilegiado porque a Lei tem apenas forma, i. e., não remete a um *noumenon* ou essência; o poder entra no mesmo mesmo esquema de argumentação porque, por si, supõe a articulação do desigual, o princípio de subordinação. Em síntese, a alusão a um plano não-sensível, impedindo-se Kafka de tratar o divino analogicamente, o obrigaria a formulá-lo através de contingências próprias ao mundo humano. Ou seja, sua obra não rejeitaria uma dimensão alegórica, embora tornando mínimo o hiato que a alegoria supõe.

Se nosso raciocínio estiver correto, não tem sentido a alternativa entre interpretação sociológica ou religiosa. Formalmente, a tematização do religioso se faz de modo alusivo, por pequenos deslocamentos, que diminuem ao máximo o uso do analógico. Daí que ela se torne parte de uma interpretação de fundo sociológico.

A aldeia que o castelo administra forma uma sociedade muito menos complexa que a cidade em que Joseph K. vivia. Por isso não estranha que os sinais de hierarquia sejam bem menos diferenciados. Eles se fundam na distinção entre os que vivem no castelo e os que se integram à aldeia. Entre os castelãos, ainda se diferenciam os funcionários superiores, seus secretários, os contínuos e os provisórios, como Barnabas. Entre os aldeãos, os que servem ao castelo – o superintendente, o mestre-escola, os que giram em torno da estalagem senhorial – e os que o temem, tendo no limite Amalia, indiretamente responsável pelo ostracismo em que caíra sua família. As relações inter-humanas são reguladas pelo grau de proximidade ou distância quanto ao poder.

Há assim relações efetivas – como as dos funcionários superiores com o representante do castelo na aldeia, o superintendente, ou deste com o mestre-escola –, relações teoricamente possíveis mas na verdade irrealizáveis – a do agrimensor com seu possível chefe – e relações inconcebíveis a exemplo da que se apresenta pela pergunta de K. ao mestre-escola se conheceria o conde pessoalmente.

Sem se definir literalmente como relação inconcebível, a obstinação do agrimensor em conseguir uma entrevista com Klamm é algo por si impossível:

> Escute, senhor agrimensor! O senhor Klamm é um senhor do castelo, isso já significa em si e por si, mesmo sem se considerar a posição prévia de Klamm, um nível muito elevado. E quem é o senhor, em favor de quem tão humildemente solicitamos o consentimento para que se case? O senhor não é do castelo, o senhor não é da aldeia, o senhor não é nada (Sch., 50)

É verdade que ninguém confirma o ponto de vista da mulher do estalajadeiro, e a alegação prévia de Frieda de ser impossível satisfazer o desejo do agrimensor poderia ser tomada como efeito da influência daquela. É possível supor-se que, no trato com os senhores, os aldeãos criassem costumes que ainda mais dificultassem seu acesso. Nada disso afeta a clara separação entre os que pertencem ao alto e, no extremo oposto, os que se incorporam ao nada. A atitude do forasteiro ali só poderia ser interpretada como arrogância e presunção. A aldeia corresponde à paisagem elementar que reconhecera ao chegar. Sua elementariedade se traduz no manifesto e aceito abismo entre os que partilham o exercício do poder e os que o recebem. A frustração da vontade de ascensão que anima K. identifica estas terras dos "confins do Ocidente" como integradas à arqueologia de tempo anterior àquele em que se desenrolava *O processo*. O conhecimento que *O processo* nos possibilita do tempo de depois permite-nos saber que tampouco na outra ordem seria muito diferente o destino dos Intrusos. Ou seja, ao passo que, no tempo a que corresponde o quadro rural de *O castelo*, a mobilidade social era inconcebível, na grande cidade de Joseph K. ela seria possível, sem que, por isso, a Lei adquirisse maior visibilidade.

A arqueologia praticada, ao nos expor a uma sociedade menos complexa, permite uma apreciação mais simples do funcionamento do poder. Desde logo, apesar da presença, na aldeia, de seus representantes e intermediários, sua localização é precisa: sua sede está lá, nos corredores do castelo, ao passo que, no tempo "posterior" de *O processo*, a justiça se ramificava por toda a sociedade. Do mesmo modo, ali, em *O castelo*, os detentores do poder ainda têm nomes. O conde Westwest era demasiado remoto para que se lhe confira uma existência efetiva, mas Klamm é bastante concreto para que se visse como uma entidade impessoal. Ao invés, é a encarnação da inescrutabilidade do poder.

O castelo porém não simplesmente reitera o que já se dissera a propósito de *O processo*. A inescrutabilidade do poder não significa que os queixosos não consigam absolutamente atinar com o caminho da Lei. O episódio da conversa do agrimensor com Bürgel constitui a seqüência "que falta" no outro romance. Compreendê-lo dentro da combinatória que esta análise vem constituindo ilumina retrospectivamente o que se escrevera sobre aquele.

Ante os olhos sonolentos do agrimensor, que não espera nada de útil da conversa com um secretário a que seu caso não estava afeito, Bürgel expõe o ponto de vista dos funcionários da Lei sobre a sorte possível dos demandantes e seus processos. São várias as esquivas que eles empregam para que o queixoso não acerte com o que deveria ouvi-lo. Em tese, porém, não é impossível que o acaso favoreça a parte solicitante; que o próprio Bürgel desconheça que tal coisa haja sucedido não significa que ela esteja *a priori* eliminada. "Que tudo esteja perdido é ainda mais inverossímil do que o mais inverossímil" (Sch., 253). Mas K. não aproveita a lição: "K. dormia, fechado a tudo que sucedesse" (Sch., 255).

Não teria sido este o instante em que o agrimensor perdera a oportunidade de resolver seu caso? A isenção do narrador não permite o acréscimo da mínima palavra. A ironia se confunde com a esperança. Diante da Lei, pura forma que instrumentaliza o poder, nem tudo está previamente perdido. Mas a interveniência do acaso salvador, apenas reitera a arbitrariedade.

Recorrer à hipotética arqueologia ainda é útil para a decodificação da conduta do agrimensor. Já vimos que seu entendimento pela estalajadeira não se opõe ao que o discurso indireto livre descreve como as razões de seu interesse por Frieda; a estalajadeira e o discurso indireto livre reiteram que o agrimensor a usara como instrumento para a aproximação de Klamm. Essa maior clareza sobre a motivação da personagem permite a Kafka que complexifique a visão do agrimensor. É o que nos mostram suas respostas acerca de seu sentimento por Frieda.

O mais importante, no contra-ataque do agrimensor, não está em que acuse a moça de, sob o pretexto de relatar a opinião da estalajadeira, ajustá-la à sua própria, senão em que, admitindo a justeza das opiniões contrárias, alegue que as críticas não dão conta de todo o problema. Pois, argumenta K., se a razão de sua aproximação se esgotasse na explicação que dão as mulheres, ele teria convertido Frieda em sua refém (*Pfand*). A acusação seria impecável apenas se não tivesse havido o mútuo "interesse" amoroso, porque, na inexistência deste, o cálculo de K. de usar Frieda como arma de aproximação e, se necessário, mesmo de barganha com Klamm correspoderia à ação de um animal astuto que arrastasse sua indefesa presa. Se, ao contrário, a atração amorosa é admitida, a iniciativa de K. de utilizá-la atenderia aos interesses de ambos (cf. Sch., cap. 13, 149 ss). Pode-se então dizer que o agrimensor distingue entre o exercício das razões "pura" e "honesta". A primeira é pura porque absolutamente presidida por uma matéria mental – o cálculo. (Ao contrário do que Kant supusera a "razão pura" é bastante impura). Como se K. se houvesse dito: "meu propósito é chegar a Klamm, não para que nele me detenha mas sim como etapa de minha ascensão até o castelo. Klamm estará interessado em me receber pois lhe roubei a amante e me apresento para que arranque sua autorização para nos casarmos". Implícita estava a possibilidade de barganha: "Estarei pronto a sacrificar isso e aquilo, a própria relação por suposto, desde que Klamm me abra o caminho". Ora, o agrimensor nega a ocorrência dessa pureza, porque seu interesse em Frieda, além de movido por sua irrecusável vontade de ascensão, o era também pela atração que sentia. É o fator 'atração' que converte sua ação em honesta. A razão se faz "honesta" quando algo turvo, emotivo, passional, interfere em seu desenho. K.

não protesta que lhe emprestem motivos arbitrários, senão que o entendam pela metade.

Aceito o rumo da reflexão, pode-se dizer que o poder é tão mais perfeitamente executado quanto mais "pura" é a razão que o preside e, ao contrário, que os acusados e demandantes são tanto mais prejudicados quanto se deixam guiar por uma razão "honesta". *O castelo* então teria a peculiaridade de não só introduzir uma seqüência que inexistia em *O processo* – a possibilidade, ainda que remota, de interferência do acaso – como ainda de introduzir, na problemática kantiana, um desvio nietzschiano! Mas não nos entusiasmemos. Para não nos afastarmos do objeto, perguntemos simplesmente: que confiabilidade apresenta o contra-argumento de K.? Seria ele mais do que uma peça de sua autodefesa? A discussão que o agrimensor entretém com Olga ratifica a sua postura. Se bem que as críticas de Olga a Frieda sejam consideráveis, K. não só a defende, como ainda a considera responsável pelo que presume que já alcançara na aldeia:

> Haviam-me aqui contratado como agrimensor, mas isso era apenas aparência, não me levavam a sério, me expulsavam de todas as casas, ainda hoje se divertem comigo, mas tudo isso se tornou bem mais complicado, de certa maneira ganhei em tamanho e isso já é alguma coisa; por insignificante que tudo isso seja, tenho um lar, um lugar e um trabalho real, tenho uma noiva, que, quando tenho outros negócios, se encarrega de minhas tarefas; vou-me casar com ela e serei membro da comunidade; além do vínculo profissional com Klamm tenho uma ligação pessoal com ele, se bem que até agora inútil (Sch., 190)

O propósito de nosso exame não é justificar o agrimensor ou, em plano mais geral, saber que personagens são confiáveis. Nosso interesse consiste em acentuar o traço que define *O castelo*, a partir da posição arqueológica que ocupa quanto ao tempo de *O processo*. Acrescente-se: por corresponder ao tempo anterior ao do Estado de direito[17] e por

---

[17] Poder-se-ia tanto supor essa anterioridade no sentido diacrônico como no sincrônico. A primeira possibilidade é mais remota: o fato de que os funcionários do

tratar de uma comunidade em que as relações sociais são mais elementares, nele o funcionamento do binômio 'Lei-poder' se apresenta de modo mais palpável. Dentro deste quadro, a explicação da conduta de K. poderia ser também mais explícita, introduzindo a diferença entre as razões "pura" e "honesta" – que, na complexidade urbana, seria de captação mais complicada.

Um e outro romance pois ofereceriam a tematização de dois momentos da aplicação positiva da Lei. A respeito será interessante considerar-se a diferença entre a demora do processo de Joseph K. e o ostracismo sumário que isola a família de Amalia. No momento correspondente à aldeia de O castelo, as relações permanecem fundamentalmente pessoais e a ofensa contra um funcionário implica a penalização imediata da família do culpado, sem a necessidade de instâncias e cortes de justiça.

Tais diferenças contudo mais importam pela caracterização do binômio que lhes é comum. O poder é assimetria, a Lei que o justifica é tão dessubstancializada que os que confrontam com seu império acertam apenas se favorecidos por um acaso quase improvável. Os corredores da Lei, concretizados pelas dezenas de cubículos que circundam o pátio, pela sofreguidão dos subalternos que entregam, reclamam ou negociam a troca de processos, no mau humor, pressa ou arrogância dos funcionários, são as engrenagens de uma máquina sempre ativa, sempre atenta e temida. Não se mascarando em *Staatsrecht*, em *O castelo* a máquina da Lei se mostra a olho nu: ela cria o queixoso para que melhor se esquive de sua demanda. O servo é criado para que, em pacto com o senhor, ponha o poder em ação. Dessubstancializada, a Lei é uma ficção tanto mais eficaz quanto mais reconhecida como verdade inquestionável; ficção cuja máxima eficácia depende de se negar como ficção. O mecanismo da Lei é tanto mais potente porque súditos e senhores estão de igual convencidos de

---

castelo disponham de telefonia não poderia recuá-lo muito no tempo. Seria mais razoável pensar-se a aldeia do conde de Westwest como contemporânea da cidade de Joseph K. e a diferença nas formas da Lei como explicável apenas por sua distância espacial – afinal estamos nos confins do Ocidente! Hipoteticamente, a aldeia pertenceria ao mesmo tempo histórico da colônia penitenciária.

que as formas da Lei são normas das coisas. Em conseqüência ainda podemos compreender que a inconfiabilidade do narrador kafkiano é menos um procedimento técnico, cujas possibilidades técnicas já eram desde antes praticadas, do que uma resultante da inconfiabilidade de suas criaturas. São elas inconfiáveis não por serem necessariamente inescrupu-losas, senão porque lhes está interdito serem transparentes a si mesmas. A razão honesta é uma razão impura porque, confundindo-se a pureza da razão com o puro cálculo em que ela pode se concentrar, a honestidade da razão consiste em ser capaz de reconhecer-se movida por interesses não-racionais. Entende-se melhor assim por que, nos romances analisados, a indecidibilidade caminha lado a lado com o exame minucioso e implacável do funcionamento do poder. E, enfim, por que ambos supõem a falta de substância, que é preciso ser calada para que a Lei esconda seu vazio constitutivo. A indecidibilidade é menos do texto do que da Lei.

A maneira como se encaminhou o exame de *O castelo*, enquanto face rural do momento de *O processo*, permite que o argumento agora assuma uma inflexão final: em vez da imersão progressiva em aspectos particulares, trata-se agora de efetuar movimento contrário: que singularizava a ficção kafkiana e em relação a que circunstância histórica?

9. A DESSUBSTANCIALIDADE DA LEI E O ESTATUTO DO FICCIONAL

Que faz Kafka, sobretudo no romance mais próximo da experiência real de seu leitor mais imediato, europeu e urbano, *O processo*, se não desestabilizar e por em xeque seu "horizonte de expectativas"? A leitura que desenvolvemos, ao longo deste livro, mostra as etapas de conversão da Lei em norma positiva, até o advento do Estado em que o leitor ocidental acredita viver. Em *O processo*, o pleno reconhecimento do estado de direito é acompanhado pela corrosão de sua efetividade. O distanciamento do narrador quanto ao protagonista cria para o leitor um hiato impossível de ser preenchido por sua identificação com qualquer outra personagem. Daí resulta a atração pelas explicações religiosa e existencial: endossar uma ou outra equivale a afirmar que, no romance, algo de fundamental permaneceria inquestionado (a busca religiosa ou a necessidade de justificar a existência). Mas, se essas são dimensões subordinadas ou comprometidas pelas ramificações onímodas da máquina da Lei, que respaldo ainda pode o leitor encontrar para sua recepção habitual da ficção? Onde o leitor encontraria apoio, de que coisa diria "nesta, posso me segurar"?

A Lei assim invasora ou seria o prenúncio da era pós-liberal ou sua ramificação se daria por algo inerente à própria insubstancialidade da Lei enquanto humana. A identificação do mundo kafkiano com o terror nazista ou com o totalitarismo estalinista concedeu primazia à primeira hipótese. Ela, entretanto, se funda em uma capacidade profética de Kafka que Benjamin, antes mesmo que ela começasse a se difundir, já considerara descabida:

> Kafka vive em *um mundo complementar*. (Nisso está bastante próximo de Klee, cuja obra se mostra na pintura tão essencialmente isolada quanto a de Kafka na literatura.) Kafka discernia o complemento sem discernir o que o rodeava (...); nenhuma visão ampla, também nenhum 'dom profético'. Kafka escutava atentamente a tradição e quem se aguça em escutar não vê (carta a G. Scholem de 12 de junho de 1938, *in* Benjamin, W.: 1978, 2, 762, grifo meu)

O mundo complementar que Kafka perceberia nada tem a ver com o profético porque é um aspecto do presente. O complemento concerne ao que já era contemporâneo ao Estado de direito em que Joseph K. ainda cria viver.

Abolida portanto a via do prenúncio, vejamos o que a segunda hipótese oferece como explicação. Que significa dizer que a ilimitação da arbitrariedade da Lei resultaria de um crescimento que lhe seria inerente? Significa que, como Kleist, Kafka é dominado pelo terror resultante de que a ambição da razão não corresponde aos resultados do entendimento. Se o homem só pode conhecer o objeto da experiência, então só pode efetivamente conhecer a aparência (*Schein*), o fenômeno. Este é o único objeto possível da ciência, que atinge sua meta quando formula as leis dos fenômenos. Elas não valem para o campo da moral. Como então poderá o filósofo falar em leis morais?

Ainda que a palavra usada seja a mesma, *Gesetz*, seu lastro é bem diverso. A universalidade pretendida pela lei moral pressupõe uma operação radicalmente distinta da mesma pretensão assegurada à lei científica. Esta torna homogêneo um resultado porque os dados da sensibilidade, a síntese da imaginação e as categorias com que opera o conhecimento encontram na experiência a prova de sua objetividade. Em troca, pela razão prática, o homem se representa apenas o que deve existir (cf. KRV, B 661). Pode-se então dizer que a lei moral corresponde a uma ficção necessária. Ser a lei moral o produto da internalização transformadora da liberdade em dever parecera a Kant suficiente para lhe garantir contra a instabilidade provocada pelas ficções. Ao contrário, para Kafka, o que o obseda é a instabilidade, a falta de apoio em algo demonstrável que se traduziria em preceito da lei moral. Não era preciso pois emprestar-lhe um dom profético para entender-se seu pesadelo: a instabilidade era complementar a seu mundo. Por que dizemos a seu mundo e não ao mundo humano? Para compreender-se a restrição será preciso que se entenda melhor o contexto social a partir de que Kafka desenvolveu sua específica sensibilidade. A "seu mundo" não significará apenas o que fosse próprio àquele que conheceu, senão ao que a ele é complementar, i. e., a todo mundo capaz de ser percebido como complemento do que fora o seu.

Nenhum intérprete ousaria declarar que Kafka é obsedado pela questão da Lei, a partir de uma meditação sobre Kant. Foi sim a sua circunstância particular, e dentro dela a influência da tradição judaica assinalada por Haas e Benjamin, a responsável por sua percepção do "complemento". Foi essa sensibilidade ao aspecto complementar do mundo em que viveu que retirou a obra ficcional kafkiana dos trilhos dentro dos quais se legitimara a experiência ficcional na modernidade. Para que o ficcional não seja mera distração, supõe o questionamento de valores socializados; para que ganhe leitores, é preciso que preserve pelo menos alguns. Se, ao invés, tudo se põe em questão, a fonte questionadora mesma tende a se tornar intolerável, porque tudo se desestabiliza. Mas é isso exatamente o que faz Kafka. Com ele, o objeto ficcional não permite o alívio de dizer-se: "que bom, afinal o mundo não é assim; ao menos, não é só isso". Ou, em termos concretos: "afinal, fora de *O processo*, as leis continuam a ser respeitadas e a polícia não pode bater à minha porta na hora que bem entenda". O leitor contemporâneo de Kafka adiava seu choque ao não perceber que, em *O processo*, a ficção seminal é o Estado de direito. Eis pois uma obra ficcional que, sem se tomar por verdade, pois não afirma nenhuma, questiona as "verdades" como ficções.

10. O CONTEXTO DE KAFKA

A família de Kafka provinha de comunidade judaica do sul da Boêmia, cuja emancipação legal se dera, entre as medidas tomadas pelo festejo da coroação do imperador Franz Joseph, em 1849.

O pai do escritor, Hermann Kafka, nascera em 1852, na pequena comunidade de Osek, filho de um açougueiro judeu. Depois de uma infância marcada pelas privações materiais de que os filhos estariam isentos, Hermann emigra para Praga, onde, à custa de economias e da ajuda monetária de seu casamento com Julie Löwy, viria a se estabelecer e a prosperar como um comerciante médio. Por suas raízes, o casal Hermann e Julie estampa trajetórias sociais diversificadas. Pertencente a uma família de rabinos, Julie Löwy representa uma tradição de espiritualidade, de contato com as fontes vivas que possibilitaram, apesar das diásporas, a permanência da comunidade judaica, ao passo que o pai Hermann, sem outra alternativa senão vencer a miséria, concentra a rudeza, a força de iniciativa e a exclusiva valorização do trabalho. Educada conforme os princípios da tradição, Julie nunca se rebelou contra a severidade que Hermann imprimia à educação dos filhos; funcionava ao invés como o respaldo mudo do marido empreendedor. Assim, haver pertencido a uma linhagem de rabinos, não influiu na educação apenas formalmente judaizante dos filhos. Franz, o primogênito, já nasce em Praga, na parte velha da cidade, nas fronteiras do gueto, já então destruído. Mas, se o gueto propriamente desaparecera, se a medida de integração da minoria judaica visava trazê-la para o mercado de trabalho, de seus escombros nasceu o gueto simbólico com que Kakfa tomaria contato na juventude; "o 'gueto' dos alemães, como os contemporâneos o denominavam" (Hermsdorf, K.: 1983, 8). Instalados na metrópole do renascimento tcheco, os alemães eram "comerciantes, professores universitários, funcionários de alto nível, empregados da administração estatal" mas "quase inexistia um proletariado alemão" (*idem*, 9). Integrados, pois, fosse à máquina do Império, fosse às profissões liberais, desligados da massa obreira, os alemães constituíam um grupo à parte – Hermsdorf acentua a sua ausência de relações com a população tcheca, fora do estrito âmbito comercial. Eram por isso vistos com desconfiança pela maioria tcheca e considerados, não sem razão, defensores da manutenção do *status quo* austro-húngaro.

Um primeiro conflito então se desenha: a emancipação dos judeus significava na prática a sua absorção por outro grupo não-tcheco, de cuja língua se apropriavam, cujas escolas serão freqüentadas por seus filhos, ao mesmo tempo que se reduzia ao mínimo convencional o vínculo com a tradição judaica, centrada na sinagoga. Contudo essa absorção não assegurava aos judeus a libertação do gueto. Confundidos com os alemães, permaneciam um corpo estranho à nação. Mas nem por isso eram aceitos pela outra minoria com que buscavam se confundir. Embora do ponto de vista da nacionalidade tcheca, os judeus, enquanto minoria que respaldava um regime de que os tchecos queriam se emancipar, não se diferenciassem dos alemães, para a população alemã os judeus não eram menos incômodos. Punham-se pois entre duas massas, pretendiam fazer parte de uma delas, mas na verdade permaneciam estranhos e hostilizados por ambas.

Já o quadro acima fornece uma amostra da situação de Praga antes da 1ª Grande Guerra. Dela escreveria Hermsdorf: "*Em nenhuma outra parte na Europa era tão palpável a sensação de irrealidade da realidade (...) como na Praga alemã de antes da 1ª Grande Guerra*" (*idem*, 10-1, grifo meu).

Anos antes, outro biógrafo havia acentuado que Praga oferecera a Kafka o conhecimento de "os vários caminhos da alienação moderna" (Wagenbach, K.: 1964, 135). Enquanto Hermsdorf destacava a visão da cidade do ponto de vista da obra realizada, Wagenbach o fazia do ponto de vista de sua própria heterogeneidade. Um e outro porém prendem a Praga o cordão umbilical da obra de Kafka. Ademais, as inúmeras anotações e referências em suas cartas e diários à cidade não são agradáveis. E bem verdade que sua vontade reiterada de dela se afastar só se cumprirá no fim da vida, durante período abreviado pela catastrófica situação da Alemanha de pós-guerra e por seu precário estado de saúde. Como pólos que se repelissem, Praga e Kafka não menos se atraíam. Se só aqueles que conhecerão a cidade serão capazes de reencontrá-la na obra do escritor, para qualquer leitor, em seu traço abstrato, não estará menos presente como a *unreal city*, o centro concentracionário da alienação (*Entfremdung*) moderna.

Fosse pela indecisão de se afastar da família, fosse por temer os dissabores da migração, a verdade é que Kafka permaneceu para testemunhar a Babel particular de sua cidade – sua morte antecipada evitaria o campo de concentração em que suas irmãs terminariam. É ele então quem nos obriga a retraçar os conflitos que cercam os três povos.

A emancipação jurídica dos judeus da Boêmia provocara a sua busca de se integrar à comunidade alemã. Deve ter sido aí decisivo um fator político-econômico: sendo o alemão a língua oficial do império dos Habsburgos, integrar-se à cultura alemã supunha um caminho mais fácil para a superação da carência econômica e dos entraves sociais que acompanhavam a marginalização dos judeus. A identificação, ao invés, com a população tcheca não prometia mais que a participação na guerra das nacionalidades e a assunção de uma língua sem pátria e sem prestígio. A geração dos pais de Kafka se empenhara na aculturação. Embora o tcheco deva ter sido a língua cotidiana do velho Hermann, que aprendera o alemão apenas para o uso corriqueiro – Wagenbach assinala que carta enviada à sua então noiva era composta segundo um manual para missivas do gênero –, para ele a única maneira de ascensão sócio-econômica parecera a de se confundir com a pequena comunidade dos que falavam o alemão – "Em 1900, dos 450.000 habitantes de Praga apenas 34.000 falavam o alemão" (Wagenbach, K.: *op. cit.*, 16). Mais do que a ele exclusivo, este terá sido o pensamento dos há pouco emancipados. Só assim parece explicável que a escola primária judaica tivesse uma orientação germânica, fator que os que se empenhavam na luta pela autonomização dos tchecos tomavam como responsável pela manutenção da influência alemã na Boêmia (cf. Riff, M. A.: 1976, 10).

A orientação pró-germânica dos judeus estimulava e reforçava o anti-semitismo, sobretudo entre as classes mais baixas. Vinha pois a servir de instrumento político para os conflitos que se aguçaram a partir da última década do século XIX. Baseamo-nos nas pesquisas de Michael A. Riff para a sinalização de eventos que nem Kafka, nem outro contemporâneo desconheceria.

Ainda em 1892, um membro do *Reichsrat (Conselho do Império)*, E. Schneider, em visita a Praga, aconselhava que a aliança entre os tchecos tivesse por base a "questão anti-semita". Na falta de um motivo à mão, é ele fabricado: os judeus são considerados responsáveis pelo "assassínio ritual" de cristãos; a passionalidade despertada culminará em 1899 com o processo movido contra Leopold Hilsner, a quem se acusa de haver morto Agnes Hruza, em Polná, no nordeste da região da Boêmia. A onda de anti-semitismo então deflagrada, que se estenderia em motins que atingirão a própria Praga, não afetará apenas os tchecos:

> O anti-semita sacerdote austríaco, padre Josef Deckert, publicou um dos primeiros panfletos em que se alegava que Agnes Hruza fora vítima de um assassínio ritual. Em Viena, o jornal anti-semita, *Deutsches Volksblatt*, deu-lhe repercussão. Contudo ambas as publicações foram apreendidas e rejeitados os apelos às cortes superiores contra o confisco (Riff, M. A.: 1976, 12)

A intervenção dos tribunais do Império não ajudaria a arrefecer os ânimos. Hostilizados pela comunidade germânica, os judeus, por outro lado, são identificados pelos agrupamentos emancipacionistas tchecos como minorias antinacionalistas. Motins, que explodem em Praga em fins de 1897, atingem os cafés assinalados como de propriedade ou de freqüência judaica, assim como sinagogas e o novo teatro alemão da cidade. A lei marcial decretada apenas para Praga impediu a agressividade mais patente. O anti-semitismo contudo continuou a grassar e Hilsner foi por duas vezes condenado (1899 e 1900). A certeza de sua inocência só asseguraria sua liberdade em 1918.

Mais do que se chamar a atenção para o significado do processo contra Hilsner, que encontraria respaldo popular pela profunda animosidade contra os judeus – se lembrarmos sua contemporaneidade com o processo contra Dreyfus perceberemos que ela não se restringia às classes não-educadas de uma nação não-emancipada –, importa destacar o fracasso da assimilação dos judeus tchecos. A geração dos assimilados apostara em aculturar-se a um grupo que afinal a rejeitava. Neste entretempo, reduzira o intercâmbio com sua cultura de origem à rotina inexpressiva das práticas religiosas gerais, orientando seus filhos no mesmo rumo – o alemão como primeira língua, a cultura germânica como o prisma orientador, o esquecimento e a burocratização do judaísmo. A opção aí feita também se dera noutros países; desde logo, na Alemanha, com a geração dos pais de Auerbach, Benjamin, Scholem, Löwenthal, Adorno, um pouco antes com a de Ernst Cassirer. Mas na Tchecoslováquia, a catástrofe, se bem que menos sangrenta, se cumpre mais depressa. Os pais assimilados não legam a seus filhos senão o desenraizamento. Mais do que no "Brief an den Vater" (*Carta ao pai*), é em correspondência a Milena – que também será exterminada em um campo de concentração –, datada de 30 de maio de 1920, que Kafka ressalta os efeitos da aculturação falhada:

> A posição insegura dos judeus, inseguros em si, inseguros entre os homens, torna acima de tudo compreensível que acreditem que possam ter apenas aquilo que segurem com as mãos ou entre os dentes, que, ademais, apenas a posse do que têm nas mãos lhes dão direito a viver e que o que foi uma vez perdido não mais será recuperado e deles se afastará para todo o sempre. Das direções mais inverossímeis, perigos ameaçam os judeus ou deixemos de lado os perigos e digamos: 'as ameaças os ameaçam' (Kafka, F.: BM, 26)

A reflexão tanto se aplica à geração dos pais como à sua própria. Àquela faz justiça, explicando seu apego à materialidade. Sentem-se seguros apenas com o que são capazes de agarrar porque se desfizeram de qualquer laço simbólico. De modo menos objetivo, na carta que nunca enviaria, acusava o velho Hermann de agredir indiscriminadamente judeus, alemães e tchecos, tomando-se a si próprio como a única rocha de firmeza, decisão e valor. Nos termos da carta a Milena, a conduta do pai é melhor explicada: o que tem autonomia de vida e movimento estimula sua insegurança. Quanto à geração dos filhos, Kafka não é menos negro. Os pais ainda confiavam nos dentes e nas mãos. Para os filhos, a tal ponto os perigos os ameaçam que estão em risco ante as meras ameaças.

Passados vinte anos, o mundo saberia que o juízo não vinha de um paranóico. Neste país marginalizado, que só alcançará sua autonomia pelo esfacelamento do Império austro-húngaro e que hoje opta por se bipartir, a assimilação dos judeus não só redundara em fracasso como conduzira à experiência do completo desenraizamento. Daí, como assinala Riff, a solução sionista, o engajamento socialista e o misticismo serão respostas ao de outra maneira insustentável'.[18] Kafka se aproxima sobretudo da primeira e da terceira, sem que tenha sido indiferente à segunda. Mas sua opção decisiva é pela literatura. É nesta que recolhe e aprofunda até ao ponto do intolerável as conseqüências da situação de pária. Isso a tal ponto é correto que Kafka se inclui na resposta que, para Stölzel, viria a caracterizar os judeus:

> Para que se opusessem à inevitável censura de dupla lealdade, os judeus não tinham nada a opor senão se atormentarem a si próprios com as mesmas acusações que a maioria lhes lançava (Stölzel, C.: 1975, 109)

Daí haver Kafka adotado "do sionismo (...) o masoquismo político" (*idem,* 134). Em seu caso, porém, a reação psicológica não esgota a resposta. Se a entrada em sua obra é menos problemática pelo conhecimento da ambiência em que medrou, se o pesadelo do contexto tornava problemático o próprio ato de escrever, ambiência e pesadelo contudo não bastam para entendê-lo. Pretender uma transitividade dos condicionantes para a obra é privilégio das interpretações causalistas. O propósito deste item é diverso: mostrar as coordenadas dentro das quais será armado o dispositivo textual kafkiano. Entre aquelas e este se localizam as mediações que só se atualizam dentro do próprio texto.

---

[18] Para uma excelente análise da situação judaica na Europa das primeiras décadas do século XX e, em particular, de sua intelectualidade, cf. Löwy, M.: 1988, partic. cap. 3.

A mais elementar das mediações é o principio da implacável objetivação, por sua vez alimentado pela hostilidade de Kafka à preferência pela introspecção. Relembre-se a passagem de Benjamin: "Há muitos indícios de que o mundo dos funcionários e o mundo dos pais são idênticos em Kafka. Essa semelhança não os honra" (Benjamin,W.: 1934, II-2, 411). Em vez de introjetar no texto as queixas contra o pai, objetiva-o trasladando-o para o mundo externo, confundindo-o com o mundo das autoridades, tornando-o um condensado das ameaças que o ameaçam. O exemplo é suficiente para explicar porque recusamos uma cadeia causal entre contexto e texto. A objetivação é produto de uma metamorfose verbal em que a matéria vivida é transformada em letra. Não há como reconstituir-se seu processo.

O fracasso da assimilação em que a geração anterior apostara deixa a *intelligentsia* germanizada de Praga na posição de apátrida. Vejamos como Kafka reage a cada um dos termos: os tchecos, a cultura alemã, a comunidade judaica. Quanto ao primeiro, as observações podem ser elementares. Muito mais que seus amigos Max Brod e Franz Werfel, Kafka mantém-se atento à literatura tcheca contemporânea, cuja língua fala fluentemente, embora com incorreções (cf. T., anotação de 25 de novembro de 1911, 128); incorreções que seriam maiores em seu uso escrito (em carta enviada de Berlim, agradecendo à irmã a tradução para o tcheco de correspondência enviada em seu nome para a companhia de seguros em que trabalhava, Kafka acrescentava: "Agora, depois que espalhei pelo mundo a mentira de meu tcheco precioso, mentira em que provavelmente ninguém acreditará (...)" (Kafka, F.: BO, 153. Além do mais, como seu vínculo com o alemão era tão-só enquanto instrumento de cultura, não pesaria sobre Kafka a suspeita de pangermanismo. Junte-se a isso que a desaprovação da conduta do pai quanto a seus empregados o leva à simpatia com os deserdados, fossem tchecos ou judeus orientais. Se a sua postura é de inequívoco respeito por aqueles que, nos domínios de seu estabelecimento, o pai maltratava, pouco mais dela se poderia extrair salvo se (e quando) a combinarmos com o que refletirá sobre sua relação com a comunidade judaica.

Para o judeu, a assimilação implicara o esquecimento do grupo de origem, trampolim para a desintegração do marginalizado. O fracasso da assimilação provocara o choque, se não a hostilidade, entre os pais assimilados e os filhos desenraizados. As alusões em certo grau freqüentes, nos diários e cartas de Kafka, à questão judaica dizem de seu anseio em refazer seu lugar. Que feitio poderia este tomar se já não existia quando nascera? Não se encontra em tais passagens a busca de recompor o perdido, senão de cicatrizar a chaga do desenraizamento.

Porque não se trata de recompor a comunidade abandonada, não se mostra em Kafka nenhuma disposição de recuperar a vida em torno da sinagoga. Não é pela vertente religiosa que o solitário intenta o conforto da comunhão. E isso não deixa de parecer estranho, vista a atração mística manifestada em dezenas de fragmentos e aforismos. Em vez da mais ampla porta religiosa, Kafka procura uma via pela convivência com um modesto grupo de atores, que, em cafés de Praga, encenava um modesto repertório de peças em iídiche.

A longa descrição de 5 de outubro de 1911 assinala seu primeiro encontro. Sob a frase fria, Kafka registra sua emoção. Ela se nutre do reconhecimento do familiar e de um simultâneo gesto de exclusão:

> Certas canções, a expressão "jüdische Kinderlach" (crianças judias), certo aspecto desta mulher, que, no palco, por ser judia, nos atrai, a nós espectadores, porque somos judeus, sem desejo ou curiosidade pelos cristãos, provocam o tremor de meu rosto (T., 61)

A expressão iídiche se acumplicia ao espectador que exclui o cristão de sua comunidade. Que aí se inclui? Ela não abrangeria o judeu ocidental, culto, polido e bem situado, se não temeroso de revelar suas raízes, mas sim o judeu do leste, pobre e desprezado entre os próprios judeus. É sobre a vida, os costumes e a literatura destes que Kafka se informará com o ator Jizchak Löwy. No entanto, embora tenha mantido uma relação epistolar constante com Löwy (cf. Wagenbach, K.: *op. cit.* 71 ss), e se proponha ajudar seu grupo, Kafka logo compreende que apostara demasiado alto. Mostra-o anotação de 6 de janeiro de 1912:

> Pelas primeiras peças, podia-se pensar ter-se encontrado um judaísmo em que os rudimentos do meu pudessem repousar, desenvolver-se e, desta maneira, esclarecer-me e fazer-me avançar em

meu torpe judaísmo; em vez disso, quanto mais ouço, tanto mais os rudimentos se afastam de mim, se distanciam. As pessoas por certo permanecem e a elas me atenho (T., 171)

Se a experiência não o impedirá de escrever e pronunciar a conferência sobre o iídiche, de refletir sobre a situação das literaturas menores e de interessar-se pela história e a literatura judaicas (cf. T., entradas de 24 e 26 de janeiro, 1912, 177-8), de qualquer modo o conhecimento do modesto grupo não o fez ultrapassar a hesitação quanto ao judaísmo. Kafka é o que não ousa o passo seguinte; o que, estando próximo, permanece distante. Essa posição ambígua, existencialmente dilaceradora, era no entanto a condição para que mantivesse sua medida crítica. Assim, ainda na fase do maior enleio, anota a propósito de uma história do judaísmo que então lia:

> Hoje comecei a ler com alegria e avidez a *Geschichte des Judentums*, de Graetz. Porque minha vontade de lê-lo ia muito além de minha leitura, pareceu-me a princípio mais estranho do que pensava e tive de parar aqui e ali para que meu judaísmo se concentrasse sob a influência da calma. Perto do fim, impressionou-me a imperfeição das primeiras colônias na Canaã de novo conquistada e a tradição fiel da imperfeição dos guias do povo (*Volksmänner*) (Josué, os Juízes, Elias) (T., 98)

Nove anos depois, a mesma distância quanto ao que se mantém próximo se manifesta em carta a Max Brod, de 7 de agosto de 1920. Kafka compara a disposição religiosa contida nas culturas grega e judaica e conclui pela não-adesão a qualquer um dos dois legados: "(...) Menos profundo (o modo grego) do que a lei judaica, era talvez contudo mais democrático (quase inexistiam chefes e fundadores de religião)" (B., 279). Oposto ao homem de ação, Kafka, tendente à paralisia por sua indecisão, recolhe, nos intervalos da lucidez, as razões de sua não-integração: contra a herança grega, conta sua menor profundidade; contra a judaica, sua dependência de guias e heróis. Mas as restrições intelectuais não apagam seu anseio de integração. Assim, refletindo sobre a vida da comunidade judaica, registra como seu traço distintivo que seus membros "se reúnam tão freqüentemente e em cada ocasião possível, seja para orar, para estudar, seja para discutir sobre as coisas divinas, seja sobretudo nas refeições festivas, fundadas em um motivo religioso, durante as quais muito pouco álcool era ingerido. Refugiam-se expressamente uns nos outros" (T., 155). Traço que, por sinal, não lhe impressiona apenas entre aqueles com que poderia se integrar: "a incrível vantagem dos cristãos, que, nas relações gerais, têm os mesmos sentimentos de proximidade e o usufruem; por exemplo, os tchecos cristãos entre os cristãos tchecos" (T., 224).

Se cotejarmos esse empenho na aliança que encontra fora de seu estrito mundo com a situação que seus biógrafos revelam que era a de Praga e, sobretudo, com o insulamento que separa os judeus tchecos, tornar-se-ão ainda mais agudas a observação e a pergunta que Benjamin se fazia: "(Kafka) não era vidente, nem fundador de uma religião. Como suportou essa atmosfera?" (Benjamin, W.: 1934, 11-2, 424-5; 152).

A pergunta não comportava o repouso de uma resposta. Kafka viveu o transe até o fim de seus dias. Durante sua única temporada no estrangeiro, escreve, em carta de 19 de dezembro de 1923, a Robert Klopstock: "A escola superior para o conhecimento do judaísmo é para mim um lugar de paz na Berlim selvagem e nas paragens selvagens de meu interior" (B., 470).

A Terra prometida se desfizera com o tempo dos pais; a Nova Canaã revela imperfeições que reiteram as transmitidas pela imperfeição dos antigos chefes; em Praga, quando as hostilidades não estalam, permanecem em estado de latência; Berlim, que há muito o atraíra, o acolhe quando a vida já se tornava impossível. Enquanto pôde suportar essa atmosfera, Kafka a formulou em literatura. Este é seu solo cotidiano e motivador. Mas seríamos estúpidos se o convertêssemos em causa explicadora. Pois a aversão ao gosto introspectivo, seu esforço de distanciamento e objetivação significavam não a busca de registrar uma ambiência, mas sim de vir aquém dela, de produzir a cena do que não se nota.

Por forte que seja o grau de esclarecimento que oferece a reflexão de Kafka sobre suas relações com o judaísmo, não será ele menos potencialmente equívoco se não for acompanhado por indagação semelhante sobre sua postura quanto à cultura alemã. A estranheza da situação de Kafka quanto à língua em que sempre escreve já se verifica em uma das primeiras cartas a Milena: "Nunca vivi entre alemães; o alemão é minha língua materna e, por isso, me é natural; mas o tcheco está muito mais perto de mim (...) (*ist mir viel herzlicher*)" (BM, maio de 1920, 17).

Seu afeto se encontra com uma língua em que não se atrevia a escrever sem a ajuda de outra mão, ao passo que a língua que emprega nunca fora por ele usada na comunidade viva de seus falantes. O que reconhecemos como kafkiano começa pois em sua relação com a língua que usa. A propriedade dessa relação, seu acento tanto trágico como combativo, transparece em registro de 24 de outubro de 1911:

> A mãe judia não é uma *Mutter*; assim chamá-la (*die Mutterbezeichnung*) a torna um pouco ridícula (não para ela mesma pois estamos na Alemanha); damos a uma mulher judia o nome da mãe alemã mas esquecemos a contradição que tanto mais se aprofunda no sentimento. Para os judeus, 'Mutter' é particularmente alemão, contêm inconscientemente tanto o esplendor quanto a frieza cristã; por isso a mulher judia, ao ser chamada com a palavra 'Mutter', se torna não só ridícula como estranha (T., 86)

Como o alemão poderia ser sua *Muttersprache* se *die jüdische Mutter ist keine Mutter*? Nem por isso o alemão deixa de ser a sua língua. Sua língua original era uma língua de empréstimo. A julgar por seu testemunho, entre os judeus tchecos, o alemão nunca teve a naturalidade de que usufruíam judeus alemães. (Nem muito menos com a de que privaria um Elias Canetti, que, dentre a Babel de línguas de sua infância, teve no alemão literalmente, e por opção afetiva, a sua língua materna.) O antagonismo que separa os tchecos das minorias alemã e judaica e que torna a judaica não aceita pela alemã e mais a minoria alemã ser identificada com o poder austríaco concedem ao alemão de Praga a sua marca peculiar. "(...) Sob a pressão do isolamento, o alemão em Praga tomou-se cada vez mais um idioma dos feriados (*Feiertagsidiom*), um idioma subvencionado pelo Estado" (Wagenbach, K.: *op. cit*, 56). Para que Kafka escapasse da situação artificial, teria de se converter ou ao sionismo ou ao nacionalismo tcheco. Ora, ele sequer se libertou de Praga. Não havia pois outra alternativa senão contar com uma língua que, cotidiana, permanecia estrangeira. Aquele alemão "seco, de papel, era incapaz de familiaridade imediata, a própria língua sempre possuía um resto de estranheza (...)" (*idem, ibidem*).

Seria criar uma imagem fácil do escritor imaginar-se que ele, a partir daí, se aureolasse de vítima de alguma maligna potência. Muito menos trata-se de fabricar a imagem do estóico. Simplesmente, Kafka vive ao extremo a situação do escritor não-pertencente a uma cultura metropolitana; obrigado a trabalhar de uma maneira ou de outra, sempre e eventualmente, com uma língua de empréstimo.

Um dos melhores documentos sobre a impressão que causa seu alemão se encontra em descrição irônica, até mesmo bem-humorada, que oferece em carta a Max Brod e Felix Weltsch, de 10 de abril de 1920. Em Merano, em cujo sanatório repousava, Kafka comunica aos amigos suas impressões dos outros hóspedes. Transcreve-se apenas a parte decisiva:

> (...) Hoje, quando vim à sala de jantar, o coronel me convidou (o general ainda não estava) tão cordialmente à mesa comum que tive de transigir. As coisas então tomaram seu curso. Já as primeiras palavras mostravam que sou de Praga; ambos, o general (sentado à minha frente) e o coronel conheciam Praga. Tcheco? Não. Explique-se então a estes bons olhos de militares alemães o que és propriamente. Alguém diz: "alemão da Boêmia", um outro: "Kleinseite". Depois tudo se tranqüiliza e se continua a comer, mas o general, cujo apurado ouvido se formara na escola filológica do exército austríaco, não está satisfeito e depois do jantar recomeça a duvidar da sonoridade de meu alemão; talvez fossem mais os seus olhos que seus ouvidos que duvidassem. Procuro explicá-lo pelo fato de ser judeu. Cientificamente, está agora satisfeito, mas humanamente, não (B. 270-1)

Aos ouvidos do oficial austríaco, que haveria de singular no alemão falado por Kafka? A inflexão da língua falada em Praga não era desconhecida. Já o indica a referência ao *Kleinseite*, bairro de Praga onde de preferência viviam os alemães. Além do mais, em carta à irmã Ottla, de 6 de abril do mesmo ano, datada da mesma Merano, Kafka assinala que a dona da livraria em que entrara logo reconhecera, por seu sotaque, de onde provinha (cf. BO., 78). Mesmo assim, a explicação oferecida não satisfaz ao exigente oficial. A única que se aproxima do alvo é sua origem judia. É afinal impossível ir-se além da constatação simples: eis alguém que fala sua *Muttersprache* como se fosse uma *Fremdsprache*. O espanto do general teria sido provavelmente maior se então soubesse que o estranho espécime era um escritor.

A Kafka é exclusiva a incômoda singularidade de um escritor em uma língua de empréstimo – está próximo da situação de Joseph Conrad, embora suas inserções sociais sejam bem diferentes. Já por esse prisma não estranha que se visse solitário em sua diáspora, enquanto o mundo desfilava além da janela de seu quarto. Ou, se preferirmos um dos primeiros registros de seu Diário, que guardasse para si a imagem do desenraizado: "Todas as coisas que me sucedem não se me apresentam a partir das raízes, mas sim de um ponto qualquer de seu meio (T., 1910,11).

O exame, pois, do contato de Kafka com as comunidades tcheca, judia e alemã reitera a marca do que se interrompe e não se estabiliza em raiz. Para os tchecos, Kafka era um falante do alemão, para a comunidade alemã, um judeu. E para os judeus? Não sendo nem um assimilado, nem um sionista, que poderia ser? É este homem sem lugar, estigmatizado pelo não-lugar, que, em dois pequenos textos, formulará a reflexão capital sobre as literaturas marginais.

"Rede über die jiddische Sprache" ("Discurso sobre o idioma iídiche") se destinara a abrir o sarau com que Kafka pensara reunir fundos em favor do grupo de Jizchak Löwy. Pronunciado na *Casa comum judia* de Praga, em 18 de fevereiro de 1912, teria deixado "seu auditório razoavelmente medusado ou mesmo escandalizado" (Robert, M.: 1979, 49). A partir de seu tema – a anatomia de um idioma desprezado, que, pela voz do conferencista, desdenharia os que o escutavam –, o texto soava agressivo para uma platéia de judeus assimilados: "Com tudo isso, penso haver no momento convencido a maioria dos senhores, damas e cavalheiros, de que não compreenderão palavra alguma do jargão (Kafka, F.: 1912, H., 306).

Em vez de complacência professoral ou da postura humilde de quem pede ajuda, Kafka parece se divertir com a platéia de respeitáveis cidadãos. Assim, depois de aparentar confortá-los – "Por sorte, todo aquele que conheça a língua alemã compreenderá o jargão" –, de novo os agride ao acrescentar ser impossível traduzir o iídiche em alemão:

> Não se pode traduzir o jargão em alemão. As conexões entre eles são tão tênues e significativas que se destroçam tão logo se traz o iídiche de volta ao alemão, ou seja, não se lhe verte senão que em algo sem substância (*idem*, 308)

Do ponto de vista do móvel material da reunião, a atitude do conferencista era injustificável, pois não contribuía para que a comunidade judaica viesse a ajudar o pobre grupo de teatro. Importa-nos menos a falta de tato de Kafka do que a posição que assume quanto ao iídiche. Não o preocupa exaltá-lo e enobrecê-lo. Ao invés, nele destaca seu caráter de total empréstimo – "está constituído apenas de palavras estrangeiras", é tão fluido e dinâmico que não dispõe de gramática alguma. Mas o iídiche não é apenas movimento, apropriação de palavras para fenômenos do momento, senão que ainda abrange a direção contrária: a preservação dos arcaísmos. "O que uma vez chegou ao gueto, daí não sai com facilidade" (*idem*, 307). A única dignidade pois desta língua de múltiplos empréstimos consiste em que seus andrajos remetem para o agora e, ao mesmo tempo, para a profundidade da história.

Apresenta-se à platéia dos assimilados um repertório de peças cuja excelência o conferencista pretende destacar, falado em uma língua que, no melhor dos casos, ela poderia acompanhar. Kafka então teria se empenhado em reunir o público para, à semelhança de um espetáculo de vanguarda, hostilizá-lo? Embora a agressão transpareça, ela não serviria senão de meio auxiliar para onde o conferencista pretende dirigir a platéia:

> Chegarão bem próximos do jargão se compreenderem que, à parte os conhecimentos, há nos senhores forças ativas e encadeamento de forças que os capacitam a entender o iídiche com os sentimentos (*Jargon fühlend zu verstehen*) (*idem*, 308-9)

Kafka se propunha convocar os judeus de Praga para que, pela ativação do sentimento, reterritorializassem a língua desterritorializada. Se, como iniciativa pró-sionista, a "Rede" não teve nenhuma importância, ela não é menos extraordinária pelo conjunto de indicações da consciência lingüístico-social do autor. Para concretizar-se melhor sua abrangência será oportuno relacionar o "Discurso" com passagem de carta a Brod, em que Kafka reflete sobre a situação dos escritores judeus que têm o alemão por primeira língua:

> Viviam entre três impossibilidades(...): a impossibilidade de não escrever, a impossibilidade de escrever em alemão, a impossibilidade de escrever de outra maneira, a que se poderia quase acrescentar uma quarta impossibilidade, a de escrever (pois o desespero não era algo que a escrita pudesse pacificar, era um inimigo da vida e da escrita, a escrita era apenas um provisório, como para alguém que escreve seu testamento um pouco antes de se enforcar – um provisório que pode bem durar por toda uma vida), era então uma literatura impossível por todos os lados, uma literatura de ciganos, que roubaram do berço a criança alemã e que, de um modo ou de outro, o fizeram com muita pressa, pois é preciso que alguém dance sobre a corda (B., junho de 1921, 337-8)

É evidente a concordância com o que dissera sobre o iídiche. Ao ser apropriada pelo iídiche, a palavra alemã externamente se tomava um andrajo, internamente passava a fazer parte de outro circuito, tão diverso que sua reposição ao circuito original a tornava sem lastro. Usada por estrangeiros como os judeus, a palavra alemã era vítima de um furto.

A passagem poderia ser tomada como testemunha do "masoquismo político" de que falara Stölzel. Mas seu dilaceramento é muito maior. Instrumento de uma tríplice ou quádrupla impossibilidade, em que cada uma contradiz a seguinte e cujo múltiplo choque se materializa na escrita kafkiana, a palavra "roubada" é a prova viva de uma desterritorialização: a do uso de uma língua de prestígio por ciganos apressados. O trecho da carta a Brod então nos remete aos apontamentos de Kafka sobre as literaturas menores.

Em 25 de dezembro de 1911, no auge do impacto da descoberta do ator Löwy, Kafka anota quais lhe parecem ser as propriedades das literaturas das pequenas nações.¹⁹ Esta é a frase mais longa que Kafka jamais escreveu. Nela baseados, Deleuze e Guattari oferecem duas caracterizações da literatura menor: "Uma literatura menor não é a de uma língua menor, mas antes a que uma minoria faz em uma língua maior" e "As três características da literatura menor são a desterritorialização da língua, a ramificação do individual no imediato-político, o agenciamento coletivo de enunciação. Vale dizer que 'menor' não qualifica mais certas literaturas, porém as condições revolucionárias de toda literatura no seio daquela que chamamos de grande (ou estabelecida) (Deleuze, G. – Guattari, F.: 1975, 25 e 28, respect.). Sendo ambas fiéis à formulação kafkiana, a segunda entretanto abstrai o que havia de contingente em sua situação – um judeu-tcheco que es-

---

[19] "O que, através de Löwy, percebo da literatura judaica contemporânea em Varsóvia e, em parte por minha própria observação, da literatura tcheca atual, me indica que muitas vantagens do trabalho literário – a movimentação dos espíritos, a solidariedade da consciência nacional, muitas vezes inoperante na vida externa e sempre em vias de desintegração, o orgulho e o apoio que a literatura propicia à nação face a ela mesma e contra o ambiente hostil, o fato de a nação levar a cabo este diário, algo bem distinto da historiografia, e que, como conseqüência, haja um desenvolvimento mais rápido, embora em larga escala sempre controlado, a detalhada espiritualização em largos planos da vida pública, a contenção dos elementos insatisfeitos, que se tornam imediatamente úteis ali onde os danos só nascem pela indolência, a imprescindível integração do povo no todo cumprida pela imprensa, a concentração da atenção da nação em seu próprio círculo e a recepção do estrangeiro apenas como imagem refletida, o aparecimento do respeito às pessoas que têm uma atividade literária, o despertar passageiro mas de efeito duradouro de aspirações elevadas entre os jovens, o reconhecimento dos eventos literários nas preocupações políticas, a depuração do conflito que opõe pais e filhos e a possibilidade de que se lhe discuta, a apresentação dos defeitos nacionais do um modo particularmente doloroso, mas perdoável e liberador, o nascimento de um comércio livreiro próspero e, por isso, consciente de seu valor, assim como da sede pelo livro – todos esses efeitos podem já ser produzidos por uma literatura que, de fato, não se tenha desenvolvido em uma amplidão excepcional mas que assim parece pela falta de talentos excepcionais. A vivacidade de tal literatura é mesmo maior do que a de uma rica em talentos, pois, como não há um escritor cujo talento impusesse silêncio ao menos à maioria dos céticos, o debate literário adquire, na maior escala possível, uma justificação real" (T., 151-2).

creve em língua metropolitana – pondo em maior evidência sua potencialidade operacional. Esta pode ser sintetizada na frase: a desterritorialização não resulta de fazer-se uso de uma língua em que se é estrangeiro, senão em se tornar "estrangeira" a língua que se usa. Assim entendida, a categoria permite que se conceba uma atitude diversa da habitual quanto à cultura e literatura dos Estados-nações periféricos. Costumeiramente, elas são entendidas segundo uma ótica colonizadora – o que aí se faz é tributário do que se fizera e melhor lá fora – ou de maneira chauvinista – exaltemos nossas raízes, evitemos que sejam sufocadas por ondas alienígenas – ou dialógica – nossa chance não pode estar fora do intercâmbio com as culturas superiores. A categoria 'literatura menor' permite visualizar-se outra atitude: os membros de uma literatura menor, se souberem explorar sua menoridade, têm a possibilidade de enxergar movimentos da terra que passam despercebidos aos sentidos metropolitanos, porque a estabilidade das instituições metropolitanas os tornam remotos a seus membros.

Precise-se então melhor em que a parte decisiva da interpretação do capítulo III é passível de se articular com o que se disse sobre a literatura menor.

Acatara-se de Walter Benjamin que Kafka não era algum vidente que houvesse previsto a sociedade de décadas futuras, senão alguém que formulava, enquanto indivíduo, o que lhe era complementar. As observações feitas a seguir sobre a situação da comunidade judaica de Praga tornaram mais palpável essa complementaridade. A literatura de Kafka tem por parceira a ameaça que resulta das ameaças. Não é menos verdade porém que, ao objetivar sua resposta, Kafka se desloca de plano: o que era complementaridade ao apenas individual, se converte em correlato de uma ameaça enquanto social. Ameaça de que a Lei que dirige os tempos modernos exiba sua insubstancialidade, i. e., de que sua estabilidade já estivesse comprometida.

Víamos a seguir que o estatuto moderno da ficção dependera desta própria estabilidade. Em termos diretos: a suprema conquista política do Iluminismo, o estabelecimento de um Estado de direito, expresso na existência de uma constituição a valer para todos os membros de sua sociedade, fora a condição preparatória para a legitimação de uma forma discursiva, a ficcional, que tinha por fundamento a possibilidade de questionamento dos valores da sociedade, sem que isso implicasse sobre seus praticantes a incidência de sanções jurídicas. Sua capacidade crítica supunha uma divisão de territórios. Para que o território do ficcional pudesse, sem o risco de os autores serem imediatamente levados às barras dos tribunais ou de os leitores sentirem que seus pés deslizavam, perspectivizar a verdade socialmente aceita, assim como sua prática e valores correlatos, era preciso que, fora de tal território, tal verdade permanecesse pragmaticamente vigente. Respeitados esses parâmetros, era (e é) possível tanto uma prática ficcional como outras razoavelmente censuráveis – a mirada, pretensamente crítica, de valores passados, através da vendável, descomprometida e prazenteira ficção "histórica", ou a não menos fácil crítica de situações presentes para a apresentação da alternativa contida em "ficção" didática. Sem aspas ou qualificativos, a ficção supunha (e supõe) uma pragmática peculiar: seus enunciados punham em questão valores que ou são do receptor ou que são por ele identificáveis. Ora, sobretudo em *O processo*, é esta estabilidade do *Rechtstadt* (Estado de direito) que se mostra ilusória. Tribunais e juízes são invisíveis; os funcionários da justiça estão em qualquer parte; o processo é infinito ou não se pode prever quando terminará. O caráter do processo era distorcido quando se lhe tomava como profecia dos regimes totalitários, pois o que o especifica não é exclusivo a estes: a existência de uma sociedade em que desapareceram as diferenças de territorialidade discursiva. Em *O processo*, a falta de limites do aparato da justiça é, portanto, paralela à quebra de um território assegurado ao ficcional. Ao dizê-lo, superpomos o plano do relato, onde a justiça não tem fronteiras, e o plano da experiência de leitura do relato, onde o leitor sente a falta de chão de onde perspectivizasse os valores que sentisse problematizados.

O desaparecimento em Kafka de territorialidades estáveis torna o que parecia firme parte de um jogo caótico, cujas regras desapareceram ou já não são conhecidas. É como se os "jogos de linguagem", a que Wittgenstein se referiria nas *Investigações lógicas*, houvessem de repente se desregulado e, a partir de certa manhã, cumprissem trajetos que ainda na véspera não eram tolerados. Mas não esqueçamos que essa desregulagem vigora apenas para o Quixote peculiar que é Joseph K. As outras pessoas nada estranham. O mundo se tornara uma ficção apenas para si. Todos os demais já a tinham internalizado. Para eles, a insubstancialidade da Lei seria algo de que não se indagariam e cuja pergunta não compreenderiam.

Esta insubstancialidade da Lei, hoje não alcança dimensão planetária com o fato de cada vez mais vivermos em um mundo das imagens? Não se pretende aqui mais do que tornar compreensível a pergunta.[20] Alguém já disse que os *outdoors* hoje habitam nossos inconscientes. Contudo não atinamos com o impacto do mundo das imagens considerando apenas a quantidade de tempo que passamos expostos à sua influência. Tampouco o mundo das imagens tem a relevância que parece ter porque a socialização das crianças agora antes se faça por transmissões eletrônicas do que pela leitura. Trata-se sim de que a socialização e a legitimação das formas de poder passam necessariamente pela imagem. Desde Platão, o pensamento ocidental buscou o estabelecimento de critérios e hierarquias pelos quais as imagens – os *eidola* – fossem submetidas à verdade, fixa, imóvel, extralunar, expressão de uma substância intemporal. Aparentemente, a dominância cotidiana da imagem hoje teria mesmo o aspecto saudável de corrosão da metafísica da verdade. O esforço do pensamento moderno em alcançar uma razão emancipatória dera um passo decisivo quando, com Kant, rompeu a identificação do real com o racional. Por certo, é de Kant que parte a problemática da Lei que tomamos por básica para o entendimento da problemática kafkiana. Mas, em Kant, a lei moral não ser constitutiva não implicava que ela fosse sinônimo de capricho, manipulação ou arbitrariedade. Ela é uma "ficção necessária", algo que o homem se auto-impõe como se estivesse inscrita na ordem das coisas. A subtração do respaldo substancialista da metafísica clássica correspondera, em Kant, a entrada em cena do imperativo categórico. No caso específico das imagens, tinham elas seu território assegurado ali onde a imaginação, em vez de servir ao entendimento, com ele jogava em pé de igualdade. Todo esse arcabouço supunha que a ver-

---

[20] Para o exame do que apenas se insinua, cf. Godzich, W.: 1991, 745-59.

dade – do fenômeno ou da circulação das Idéias reguladoras – tinha um território e ocupava uma posição de centralidade. Hoje, quando uma guerra real pode ser acompanhada como se fosse um vídeo game, as "ficções" necessárias parecem perder seu qualificativo para que se tornem apenas fantasias manipuladas. A "vitória" da economia de mercado sobre o "socialismo real" parece apenas retardar a consciência do que significa o mundo do domínio imagético-eletrônico. Mas essa onipresença da ficção-sem-qualificativos não significa que o ficcional foi, afinal, liberado! Foi a hipótese do controle do imaginário, tal como incidindo sobre seu produto por excelência, a obra ficcional, que de início nos atraíra para o estudo de Kafka. No curso deste, percebemos sua ligação com a problemática kantiana. Ao analisá-la, verificamos não só a possibilidade de historicizar a questão de Kafka, relacionando-a com os *Frühromantiker,* como, ademais, no interior da terceira Crítica, de levantar a presença da ambigüidade entre estetização e criticidade. A estetização notada e seu desenvolvimento servirão de respaldo longínquo para o contemporâneo culto da imagem. Assim pois, de maneira ainda mais surpreendente, Kant e Kafka se encontram: se o filósofo inicia a trilha sobre a qual se constituirá a estetização, o escritor abre a possibilidade de retomar-se a criticidade, exaltada por Kant, que, no caso da literatura, foi cedo sufocada.

É por esta criticidade – se não for por ilusão de criticidade – que chegamos a compreender o transtorno que a obra kafkiana provoca no estatuto reconhecido do ficcional. A ação da obra de Kafka é contemporânea a um tempo em que o controle do imaginário dispensa a idéia de verdade, sua elucubração filosófica ou religiosa, e torna esse controle o princípio de atuação das múltiplas agências do poder.

A conexão agora direta entre verdade e poder, ao se expandir pela múltipla incidência de imagens, ao mesmo tempo anula o critério básico do discurso ficcional: sua força de questionamento. Não é que o ficcional tenha passado a ser diretamente controlado. O poder-imagem, o poder que se constitui pela insistência da imagem, cria uma adesão para si que torna ociosa a violência explícita. A verdade transmitida/constituída pela imagem, a verdade-poder, prescinde da incômoda repressão porque o receptor, ao se habituar à multiplicidade caótica das imagens, se toma um praticante da indiferença. "Que importa se isso é arte ou não-arte, desde que me dê um instante de *relax?*" Ou "por que manter essa acadêmica discussão sobre tal *ready-made*, se tal museu já o comprou?"

Somos porém demasiado contemporâneos para que já saibamos que o mundo das imagens supõe o domínio da indiferença satisfeita, o tédio ante a criticidade, a existência apenas residual da ficcionalidade. É até provável que não vejamos a metamorfose que se opera na idéia de ficcionalidade. Outras não estarão em processo? Poderá então ser que a obra maior de Kafka indique menos um fim do que um outro começo. Podemos saber de que é o fim. Um de seus melhores intérpretes atuais escreve que "a estrutura do paradoxo kafkiano" consiste em que, por um lado, nele está inscrita a "história do desaparecimento do herói, a partir do jogo da vida" e, por outro, em "a busca desesperada das regras mesmas deste jogo, cujo desaparecimento é relatado" (Neumann, G.: 1990, 19). A questão consiste em saber se este jogo ainda tem regras. Mas, enquanto houver sociedade humana, poderá ela deixar de tê-las?

De certa maneira, Kafka nos repõe em situação semelhante à que conhecera Montaigne. A prática montaigniana esperou dois séculos para que Kant gnoseologicamente a legitimasse. Não sabemos sequer se a comparação mostrar-se-á válida. Sabemos apenas que a sagração do indivíduo há muito perdeu o chão.

Referências bibliográficas

Capítulo I – *A sagração do indivíduo: Montaigne*

ADORNO, T. W.: *Noten zur Literatur I,* Suhrkamp, Frankfurt a. M., 1959.
AUERBACH, E.: *Mimesis. Dargestellte Wirklichkeit in der abendländischen Literatur* (1946), 8ª ed., Francke Verlag, Bern – Stuttgart, 1988.
BAKHTIN, M.: "Forms of time and of the chronotope in the novel", *in* The Dialogic imagination (1975), trad. para o inglês de C. Emerson e M. Holquist, do original *Voprosy literatury i estetiki,* University of Texas Press, Austin, 1981.
BEAUJOUR, M.: *Miroirs d'encre. Rhétorique de l'autoportrait,* Seuil, Paris, 1980.
BEAUJOUR, M.: " 'Consideration sur Ciceron' (I, XL), l'alongeail comme marque générique: la lettre et l'essai", *in Actes du colloque international Montaigne (1580-1980),* M. Tetel (ed.), Nizet, Paris, 1983.
BLANCHARD, M. E.: *Trois portraits de Montaigne: essai sur la représentation à la renaissance,* Nizet, Paris, 1990.
BLOCH, H.: *Medieval misogyny and the invention of western romantic love,* The University of Chicago Press, Chicago – Londres, 1991.
BOEHM, G.: *Bildnis und Individuum. Über den Ursprung der Porträtmalerei in der italianischen Renaissance,* Prestel-Verlag, München, 1985.
BRODY, J:. *Lectures de Montaigne,* French Forum Publishers, Lexington, Kentucky, 1982.
BROWN, P.: *Augustine of Hippo,* University of California Press, Berkeley e Los Angeles (1967), 1969.
BUTOR, M.: *Essais sur les Essais,* Gallimard, Paris, 1968.
CASSIRER, E.: *Individuum und Cosmos in der Philosophie der Renaissance* (1927), reimpr. da Wissenschftliche Buchgesellschaft, Darmstadt, 1963.

CATON, H.: *The Origin of subjectivity. An essay on Descartes*, Yale University Press, New Haven – Londres, 1973.

CAVE, T.: *The Cornucopian text. Problems of writing in the french renaissance*, Clarendon Press, Oxford, 1979.

COSTA LIMA, L.: *A aguarrás do tempo*, Rocco, Rio de Janeiro, 1989.

COSTA LIMA, L.: *Pensando nos trópicos*, Rocco, Rio de Janeiro, 1991.

DAVIS, N. Z.: "Boundaries and the sense of self in sixteenth-century France", in *Reconstructing individualism*, T. C. Heller, M. Sosna e D. E. Wellberry (eds), Stanford University Press, Stanford, 1986.

DIDEROT, D.: "Éloge à Richardson" (1762), *in Oeuvres esthétiques*, P. Vernière (ed.), Garnier, Paris, 1965.

FOUCAULT, M.: *Histoire de la sexualité. Le souci de soi*, Gallimard, Paris, 1984.

FRECCERO, J.:"Autobiography and narrative", *in Reconstructing individualism*, T. C. Heller, M. Sosna e D. E. Wellbery, Stanford University Press, Stanford, 1986.

FRIEDRICH, H.: *Montaigne*, A. Francke AG Verlag, Bern, 1946.

FUMAROLI, M.: "Genèse de l'épistolographie classique: rhétorique humaniste de la lettre, de Pétrarque a Juste Lipse", *in Revue d'histoire* littéraire de la France, vol. 78, 1978.

FUMAROLI, M.: *L'Age de l'éloquence, Rhétorique et "res literaria" de la renaissance au seuil de l'époque classique*, Librairie Droz, Génève, 1980.

GILSON, É.: *Études sure le rôle de la pensée médiévale dans la formation du système cartésien* (1951), Vrin, Paris, 1984.

GREENBLATT, S.: "Fiction and friction", *in Reconstructing individualism*, T. C. Heller, M. Sosna e D. E. Wellbery (eds), Stanford University Press, Stanford, 1986.

GREENE, T.: "The Flexibility of the self in renaissance literature", *in* Demetz, P., T. Greene, L. Nelson, Jr.: *The Disciplines of criticism. Essays in literary theory, interpretation and history*, Yale University Press, New Haven – Londres, 1968.

HORKHEIMER, M.: "Montaigne und die Funktion der Skepsis", *in Zeitschrift für Sozialforschung*, VII, n. 1/2. (1938), republ. *in Gesammelte Schriften: Schriften 1936-1941*, vol. 4, S. Fischer Verlag, Frankfurt a.M., 1988.

HUPPERT, G.: *The Idea of perfect history* (1970), trad. de F. e P. Braudel: *L'Idée de l'histoire parfaite*, Flammarion, Paris, 1973.

KÖHLER, E.: *Ideal und Wirklichkeit in der höfischen Epik* (1956), trad. de E. Kaufholz: *L'Aventure chevarelesque*, Gallimard, Paris, 1974.

KOSELLECK, R.: *Kritik und Krise* (1959), Suhrkamp, Frankfurt a. M., 1976.

KRISTELLER, O.: *Renaissance thought II. Papers on humanism and the arts*, Harper and Row, New York, 1965.

LENOIR, T.: "Morphotypes and the historical-genetic method in romantic biology", in *Romanticism and the sciences*, A. Cunningham & Jardine, N. (eds.), Cambridge University Press, Cambridge – Nova Iorque, 1990.

LÉVI-STRAUSS, C.: "En relisant Montaigne", *in Histoire de lynx*, Plon, Paris, 1991.

LUKÁCS, G.: *Die Seele und dir Formen. Essays,* Egon Fleischel & Co., Berlin, 1911.

MANN, T.: "Zum Tode Eduard Keyserlings", *in Frankfurter Zeitung,* 15 de outubro (1918), republ. *in Gesammelte Werke, Reden und Aufsätze,* vol. X, Fischer Verlag, Oldenberg, 1960.

MERLEAU-PONTY, M.: "Lecture de Montaigne", *in* Signes, Gallimard, Paris, 1960.

MONTAIGNE, M. de: Essais (1580, 1588, 1590), Pierre Villey (ed.), 3 vols., Quadrige/PUF, Paris, 1988. (As traduções se baseiam em Rosemary Costhek Abílio, Martins Fontes, 3 vols, São Paulo, 2000).

MONTAIGNE, M.: Essais, A. Thibaudet (ed.), Pléiade, Paris, 1933.

MONTAIGNE, M. de: Journal de voyage (1580-1), F. Garavini (ed.), Gallimard, còl. Folio, Paris, 1983.

NEUSCHÄFFER, H.-J.: Boccaccio und der Beginn der novelle. Strukturen der Kurzerzählung auf der Schwelle zwischen Mittelalter und Neuzeit, W. Fink Verlag, München, 1969.

NOVALIS: "Logologische Fragmente" (1798), *in* Schriften, vol. 2, Richard Samuel, H.-J. Mähl e G. Schulz (eds.), Verlag W. Kohlhammer, Stuttgart-Berlin-Köln, Mainz, 1981.

PASCAL, B.: "Entretien avec M. de Saci" (1655), *in Oeuvres complètes,* J. Chevalier (ed.), Pléiade, Paris, 1957.

PASCAL, B.: Pensées (1699), *in Oeuvres complètes, op. cit.*

REGOSIN, R. L.: "Critical discussions", *in* Philosophy and literature, vol. 16, n. 1, abril, 1992.

REISS, T. J.: "Cartesian discourse and classical ideology", *in* Diacritics, vol. 6, nº 4, 1976, pp. 19-27.

REISS, T. J.: The Meaning of literature, Cornell University Press, Ithaca – Londres, 1992.

ROUSSEAU, J.-J.: Les Confessions (1782-1789), *in Oeuvres complètes,* tomo I, B. Gagnebin, R. Osmont, M. Raymond (eds), Pléiade, Paris, 1964.

SCHOPENHAUER, A.: Parerga und Paralipomena (1851). Trad. de R. J. Hollingdale: Essays and aphorisms, seção "On aesthetics", Penguin Books, Londres, 1970.
SÊNECA: De brevitate vitae. Trad. de L. Riber: De la brevedad de la vida yotros escritos, Aguilar, Madrid, 1987.
STAROBINSKI, J.: Montaigne en mouvement, Gallimard, Paris, 1982.
STIERLE, K.: "Geschichte als Exemplum – Exemplum als Geschichte. Zur Pragmatik und Poetik narrativer Texte", *in Poetik und Hermeneutik*, V, R. Koselleck e W.-D. Stempel (eds.), W. Fink Verlag, München, 1973.
STIERLE, K.: "Montaigne und die Erfahrung der Vielheit", *in Die Pluralität der Welten*. Aspekte der Renaissance in der Romania, W.-D. Stempel e K. Stierle (eds.), W. Fink Verlag, München, 1987.
TAYLOR, C.: Sources of the self. The making of the modern identity, Harvard University Press, Cambridge, Mass., 1989.
THIBAUDET, A.: Montaigne, textos estabelecidos, apresentados e anotados por Gray, Gallimard, Paris, 1963.
ULLMANN, W.: The Individual and society in the middle ages, The Johns Hopkins Press, Baltimore, 1966.
VANCE, E.: "Le Moi comme langage: Saint Augustin et l'autobiographie", *in* Poétique, n° 14, 1973.
VANCE, E.: "Augustine's Confessions and the poetics of law" (1986), *in Mervelous signals*. Poetics and sign theory in the middle ages, University of Nebraska Press, Lincoln e Londres, 1989.

Capítulo II – *O sujeito e a lei: uma descendência kantiana*

ALQUIÉ, F.:"Introduction à la lecture de La Critique de la raison pratique" (1943), introd. à trad. francesa da Kritik der praktischen Vernunft, PUF, 6ª ed., Paris, 1971.
ARISTÓTELES: *Poética*. Trad. de J. Hardy, Belles Lettres, Paris, 1977.
AYRAULT, R.: *La Genèse du romantisme allemand*, 4 vols, Aubier, Paris,1961.
BENJAMIN, W.: "Der Begriff der Kunstkritik in der deutschen Romantik" (1919), *in Gesammelte Schriften*, R. Tiedemann e H. Schweppenhäuser (eds.), Suhrkamp, Frankfurt a.M., 1974.
BOHRER, K. H.: *Die Kritik der Romantik*. Der Verdacht der Philosophie gegen die literarische Moderne, Suhrkamp, Frankfurt a. M., 1989.

BROWN, M.: *The Shape of german romanticism,* Cornell University Press, Ithaca – Londres, 1979.
CHÉDIN, O.: *Sur l'esthétique de Kant et la théorie critique de la représentation,* J. Vrin, Paris, 1982.
CHYTRY, J.: The Aesthetic state. A quest in modern german thought, University of California Press, Berkeley – Los Angeles, 1989.
COSTA LIMA, L.: *Mimesis e modernidade. Formas das sombras* (1980), Graal, Rio de Janeiro, 2003.
COSTA LIMA, L.: *O fingidor e o censor,* Forense, Rio de Janeiro, 1988.
COSTA LIMA, L.: *A aguarrás do tempo.* Estudos sobre a narrativa, Rocco, Rio, 1989.
DELEUZE, G.: *La Philosophie critique de Kant* (1963), PUF, Paris, 1983.
EICHNER, H.: "The Supposed influence of Schiller's Über naïve und sentimentalische Dichtung on F. Schlegel's Über das Studium der griechischen Poesie", *in* The Germanic review, vol. XXX, n. 1, 1955.
FICHTE, J. G.: *Grundlage der gesammten Wissenschaftslehre (1794),* trad. de Rubens Torres Filho, *A doutrina-da-ciência de 1794 e outros escritos,* Nova Cultural, São Paulo, 1988.
FONTENELLE: "De l'origine des fables", *in Oeuvres de Monsieur de Fontenelle,* t. III, nova ed. aument., Paris, 1742.
FONTIUS, M.: "Produktivkraftentfaltung und Autonomie der Kunst. Zur Ablösungständischer Voraussetzungen in der Literaturtheorie" (1977), trad. de P. Naumann *et alii, in Teoria da literatura em suas fontes* (1983), I, L. Costa Lima (ed.), Civilização Brasileira, Rio de Janeiro, 2002.
FOUCAULT, M.: *Histoire de la sexualité. Le souci de soi,* Gallimard, Paris, 1984.
FREEDBERG, D.: *The Power of images. Studies in the history and theory of response,* The University of Chicago Press, Chicago – Londres, 1989.
GINSBURG, C.: *Il Formaggio e il verme* (1976), trad. de Maria Betânia Amoroso: *O Queijo e os vermes,* Companhia das Letras, São Paulo, 1987.
GRACIÁN, B.: *El Discreto* (1646), publicação conjunta com *El Criticón. El Héroe,* Porrúa, México, 1986.
HABERMAS, J.: *Der philosophische Diskurs der Moderne: zwölf Vorlesungen* (1985), trad. de F. Lawrence: *The Philosophical discourse of modernity.* Twelve lectures, The MIT Press, Cambr., Mass., 1987.
HEIDEGGER, M.: "Die Zeit des Weltbildes" (1938), *in* Holzwege, V. Klostermann, Frankfurt a. M., 1972.

JAUSS, H. R.: "Schlegels und Schillers Replik auf die 'Querelle des anciens et des modernes'(1967) republ. *in Literaturgeschichte als Provokation,* Suhrkamp, Frankfurt a. M., 1970.

KANT, I.: *Kritik der reinen Vernunft,* Werkausgabe, (1ª ed.: 1781)), IV - V, W. Weischedel (ed.), Suhrkamp, Frankfurt a. M., 1974 (Para cotejo com o original, utilizou-se a tradução de Valério Rohden e Udo B. Moorsburger: *Crítica da razão pura,* col. Pensadores, Abril, São Paulo, 1980, assim como a de Norman Kemp Smith: *Critique of pure reason,* St. Martin's Press, Nova Iorque, 1965).

KANT, I.: *Kritik der reinen Vernunft,* (2ª ed.: 1787), *op. cit.*

KANT, I. : "Erste Fassung der Einleitung in die Kritik der Urteilskraft" (1789) Werkausgabe, X., *op. cit.*

KANT, I.: *Kritik der Urteilskraft* (1790), Werkausgabe, X, W. Weischedel (ed.) Suhrkamp, Frankfurt a. M., 1974 (Para cotejo com o original, utilizamos a tradução de J.-R. Ladmiral *et alii, Critique de la faculté de juger, Oeuvres philosophiques,* II, F. Alquié ed.), Pléiade, Paris.

KANT, I.: "Erklärung in Beziehung auf Fichtes Wissenschaftslehre" (1799), *in* Kant's Briefwechsel, t. 3, vol. XII das Kant's Gesammelte Schriften, Königlich Preußischen Akademie der Wissenschaften, W. de Gruyter, Berlin-Leipzig, 1922.

KLEIST, H. V.: Carta de 22 de março de 1801 a Wilhelmine von Zenge, in Sämtliche Werke, P. Stapf (ed.), Die Tempel Klassiker, Emil Vollmer Verlag, München, s. d.

KURZ, R.: Der Kollaps der modernisierung. Vom Zusammenbruch des Kasernensozialismus zur Krise der Weltökonomie, Eichborn Verlag, Frankfurt a. M., 1991, (trad. Brasileira de Karen Elsabe Barbosa: *O Colapso da modernização.* Da derrocada do socialismo de caserna à crise da economia mundial, Paz e Terra, Rio de Janeiro, 1993.

LACOUE-LABARTHE, Ph. e Nancy, J.-L.: Cf. Lacoue-Labarthe, Ph. *L'Absolu littéraire. Théorie de la littérature du romantisme allemand,* Seuil, Paris, 1978.

LEBRUN, G.: *Kant et la mort de la métaphysique,* A. Colin, Paris, 1970.

LLOYD, D.: "Arnold, Ferguson, Schiller: aesthetic culture and the politics of aesthetics", *in* Cultural critique, n. 2, pp. 137 – 169, 1985-6.

LUKÁCS, G.: Die Seele und die Formen. Essays, Egon Fluschel & Co, Berlin, 1911.

MARQUARD, O.: "Kant und die Wende zur Ästhetik", in Zeitschrift für philosophische Forschung, nº 16, pp. 231-243 e 363 – 374, 1962.

MOSER, W.: *Romantisme et crises de la modernité*. Poésie et encyclopédie dans le Brouillon de Novalis, Éd. Du Préambule, Québec, 1989.

NOVALIs: "Philosophische Studien (Fichte-Studien)" (1795-6), *in* Schriften, vol. 2, Richard Samuel, J.-J. Mähl e Gerhard Schulz (eds), Verlag W. Kohlhammer, Stuttgart, Berlin, Köln, Mainz, 1981.

NOVALIS: "Philosophische Studien (Hemsterhuis – u. Kant Studien) (1797)", *in* Schriften, *op. cit.*

NOVALIS: "Logologische Fragmente" (1798), *in* Schriften, *op. cit.*

NOVALIS: "Das allgemeine Brouillon" (1798-9), *in* Schriften, vol. 3, *op. cit.*

NOVALIS: "Die Christenheit oder Europa" (1799), *in* Schriften, vol. 3, *op. cit.*

PERRAULT, M.: *Paralelle des anciens et des modernes* (1688-97), ed. fac-similar, Eidos Verlag, München, 1964, com um ensaio introdutório de H. R. Jauss e comentários sobre história da arte de M. Imdahl.

PETER, K.: Friedrich Schlegel, J. B. Metzlersche Verlagsbuchhandlung, Stuttgart, 1978.

PREISENDANZ, W.: "Zur Poetik der deutschen Romantik I: Die Abkehr vom Grundsatz der Naturnachahmung", *in* Die Deutsche Romantik. Poetik, Formen und Motive, H. Steffen (ed.), Vandenhoeck & Ruprecht, Göttingen, 1967.

PROUST, F.: *Kant: le ton de l'histoire*, Payot, Paris, 1991.

SCHILLER, F.: *Über die ästhetische Erziehung des Menschen (1795a)*, posfácio de K. Hamburger, Reclam, Stuttgart, 1989 (Trad. de R. Schwarz, *Cartas sobre a educação estética da humanidade,* Herder, São Paulo, 1963).

SCHILLER, F.: *Über naïve und sentimentalische Dichtung* (1795b), posfácio de J. Beer, Reclam, Stuttgart, 1978 (Trad. de M. Suzuki, *Iluminuras,* São Paulo, 1991.)

SCHLEGEL, F.: "Jacobis Woldemar" (1796a), *in* Kritische Schriften, W. Rasch (ed.), Carl Hanser Verlag, München, 1971.

SCHLEGEL, F.: Recensão das *Humanitätsbriefe* (1796 b), *in Kritische Friedrich Schlegel Ausgabe* (KA), vol. II, Eichner, H. (ed.), Verlag F. Schöningh, München – Paderborn – Wien, 1967.

SCHLEGEL, F. (1797 a): "Über das Studium der griechischen Poesie", *in Kritische Schriften,* W. Rasch (ed.), *op. cit.*

SCHLEGEL, F.: "Über Lessing" (1797 b), *in Werke in zwei Bände,* dois vols., Aufbau-Verlag, Berlin - Weimar, 1980.

SCHLEGEL, F.: "Kritische Fragmente" (KF) (1797 c), in Kritische Friedrich Schlegel Ausgabe, (KA), vol. II, *op. cit.*

SCHLEGEL, F.: "Von Wesen der Kritik" (1797 d), *in Kritische Schriften, op. cit.*
SCHLEGEL, F.: "Athenäum Fragmente" (AF) (1798), *in Kritische Friedrich Schlegel Ausgabe,* (KA), vol. II, H. Eichner (ed.), *op. cit.* (Para o cotejo com ooriginal, assim como no caso dos KF, foi-nos preciosa a trad. de Ph. Lacoue-Labarthe e J.-L. Nancy: 1978, pp. 81- 178).
SCHLEGEL, F.: "*Carta a Novalis de 2 de dezembro*," 1798 (1798 b), *in Novalis: Schriften,* vol. 4, op. cit.
SCHLEGEL, F.: "Nachlaß", *in Kritische Friedrich Schlegel-Ausgabe* (KA), vol. XI, E. Behler (ed.), Verlag F. Schöningh, München – Paderborn – Vieira, 1958.
SCHLEGEL, F.: "Gespräch über die Poesie" (1800), *in* Werke in zwei Bände, *op. cit.*
SCHLEGEL, F.: Geschichte del alten und neuen Literatur (1815), *in Kritische Friedrich Schlegel-Ausgabe* (KA), vol. VII E, Behler (ed.), *op. cit.,* 1961.
SCHMITT, C.: *Politische Romantik* (1919), 5ª ed., Duncker & Humblot, Berlin, 1991.
SCHULTE-SASSE, J.: "The Concept of literary criticism in german romanticism", in A history of german literary criticism (1730-1980), trad. amer. de *Geschichte der deutschen Literaturkritik* (1730-1980), 1985, P. U. Hohendahl (ed.), University of Nebraska Press, Lincoln, 1988.
STROHSCHNEIDER-KOHRS, I. *Die romantische Ironie in Theorie und Gestaltung,* Max Niemeyer Verlag, Tübingen, 1977.
STACH, R.: Kafka. *Die Jahre der Entscheidungen,* Fisher Verlag, Frankfurt. a. M. 2004.
SZONDI, P.: "La Théorie des genres poétiques chez Fréderic Schlegel", 1968. (Com modificações, o texto alemão foi publicado em 1970 e republ. *in Schriften II,* Suhrkamp, Frankfurt a. M., 1978).
SZONDI, P.: "Das Naïve ist das Sentimentalische. Zur Begrifsdialektik in Schillers Abhandlung" (1973)", republ. *in* Schriften II, *op. cit.*
TORRES FILHO, R.: O espírito e a letra. A crítica da imaginação pura em Fichte, Ática, São Paulo, 1975.
WEBER, H.-D.: *Friedrich Schlegels* "Transzendentalpoesie", Fink Verlag, München, 1973.
WHITE, H.: "The Politics of historical interpretation: discipline and de-sublimation", *in The Content of form.* Narrative discourse and historical representation, The Johns Hopkins University Press, Baltimore – Londres, 1982.
WILKINSON, E. M. e Willoughby, L. A.: "Introduction" à edição e tradução das *Cartas* (On the aesthetic education of man), Clarendon Press, Oxford, 1967.
WILLOUGHBY, L. A.: Cf Wilkinson, E. M.

WITTE, B.: "La Naissance de l'histoire littéraire dans l'esprit de la révolution", in Philologiques I, Contribution à l'histoire des disciplines ittéraires en France et en Allemagne au XIX e siècle, M. Espagne e M. Werner (eds.), Éd. de la Maison des sciences de l'homme, Paris, 1990.

Capítulo III – *Kafka: diante da lei*

ADORNO, T. W.: Prismen. Kulturkritk und Gesellschaft (1955), trad. de Samuel e Shierry Weber: Prisms, The MIT Press, Cambr., Mass.,1981.
ALLEMAN, B.: "Kafka. Der Prozess", in Der deutsche Roman II, B. von Wiese (ed.), Bagel, Düsseldorf, 1963.
ARENDT, H.: "Der Mensch mit dem guten Willen" (1948), incluído *in* Die verborgene Tradition. Acht Essays, Suhrkamp, Frankfurt a. M., 1976.
AUERBACH, E.: Mimesis. Dargestellte Wirkichkeit in der abendländischen Literatur (1946), 8ª ed., Francke Verlag, Bern-Stuttgart, 1988.
BEHNKE, K.: "Romantische Arabesken. Lineatur ohne Figur und Grund zwischen Ornament-Schrift und (Text-)Gewebe", *in* H. U. Gumbrecht e K. L. Pfeiffer (eds.), Schrift, Wilhelm Fink Verlag, München, 1993, pp. 101-123.
BEICKEN, P. U.: *Franz Kafka. Eine kritische Einführung in die Forschung*, Athenaion, Frankfurt a. M., 1974.
BENJAMIN, W.: "Franz Kafka. Zur zehnten Wiederkehr seines Todestages" (1934), *in* Gesammelte Schriften, R. Tiedemann e H. Schweppenhäuser (eds.), Suhrkamp Verlag, Frankfurt a. M., 1974, trad. de S. P. Rouanet: "Franz Kafka. A propósito do décimo aniversário de sua morte", *in* Obras escolhidas, vol. 1, Brasiliense, São Paulo, 1985.
BENJAMIN, W.: *Briefe*, 2 vols, G. Scholem e T. W. Adorno (eds.), Suhrkamp Verlag, Frankfurt a. M., 1978 (A edição atual: Gesammelte Briefe, compreendendo o período de 1910 a 1940, C. Gödde e H. Lonitz (eds.), consta de 6 vols, Suhrkamp Verlag, Frankfurt a. M., 1997).
BLANCHOT, M.: "Kafka et la littérature", *in La Part du feu*, Gallimard, Paris, 1949.
BLOOM, H.: "Freud and beyond", *in* Ruin the sacred truths. *Poetry and belief from the Bible to the present*, Harvard University Press, Cambr., Mass. – London, 1989.
BORN, J. (ed.): *Franz Kafka. Kritik und Rezeption zu seinen Lebzeiten (1912-1924)*, S. Fischer Verlag, Frankfurt a.M., 1979.

BORN, J. (ed): *Franz Kafka. Kritik und Rezeption 1924-1938*, S. Fischer Verlag, Frankfurt a. M., 1983.

BROD, M.: *Franz Kafka. Eine Biographie (1954)*, ed. cit.: *Über Franz Kafka*, Fischer Taschenbuch Verlag, Hamburg, 1977.

BUTOR, M.: "Balzac et la réalité" (1959), republ. *in Répertoire*, Minuit, Paris, 1960.

CANETTI, E.: *Der andere Prozeß* (1968), Reclam, Leipzig, 1985.

CORNGOLD, S.: *Franz Kafka. The necessity of form*, Cornell University Press, Ithaca-Londres, 1988.

COSTA LIMA, L.: Mímesis: desafio ao pensamento, Civilização Brasileira, Rio de Janeiro, 2000.

DAVID, C.: Notas à trad. de F. Kafka, *Oeuvres complètes*, vol. III, Pléiade, Paris, 1984.

DELEUZE, G. – Guattari, F. Kafka. *Pour une littérature mineure (1975)*, trad. de J. Castañon Guimarães: Kafka. Por uma literatura menor, Imago, Rio, 1977.

DIETZ, L.: "Drucke Franz Kafkas bis 1924", *in* Kafka-Symposium, Born, J. *et alii*, Verlag Klaus Wagenbach, Berlin, 1965.

ELIOT, T. S.: "Hamlet" (1919), republ. *in* Selected prose of T. S. Eliot, F. Kermode (ed.), Farrar, Straus & Giroux, Nova Iorque, 1975.

ELM, T.: "Der Prozeß", *in* Kafka-Handbuch, vol. 2: Das Werk und seine Wirkung (1979), Binder, H. (ed.), A. Kröner Verlag, Stuttgart

ESCHWEILER, C.: Der verborgene Hintergrund in Kafkas "Der Prozeß", Bouvier Verlag, Berlin, 1990.

FLORES, K.: "The Judgement", *in* Franz Kafka today, A. Flores e H. Swandler(eds.), The University of Wisconsin Press, Madison, 1958

FOUCAULT, M.: *Surveiller et punir. Naissance de la prison*, Gallimard, Paris, 1975.

GODZICH, W.: "Vom Paradox der Sprache zur Dissonanz des Bildes", in Paradoxien, Dissonanzen, Zusammenbrüche, H. U. Gumbrecht e Pfeiffer, K. L. (eds.), Suhrkamp Verlag, Frankfurt a. M., 1991.

GREENBERG, M.; *Kafka. The terror of art*, Horizon Press, Nova Iorque, 1968.

GOLDSTÜCKER, E.: "Über Franz Kafka aus der Prager Perspektive 1963"(1965), traduz. *in Franz Kafka. An anthology of marxist criticism*, K. Hughes (ed.), University Press of New England, Hanover – London, 1981.

HAAS, W.: "Über Franz Kafka", *in* Die literarische Welt, n⁰ 35, 30 de agosto, pp. 3-4; n⁰ 36, 6 de setembro, pp. 5 - 6; n⁰ 37, 13 de setembro, p. 7, Berlin, 1929.

HÁSEK, J.: "Kafka und die sozialistische Welt" (1967), traduz. *in Franz Kafka. An anthology, op. cit.*

HELLER, E.: "The World of Franz Kafka", in The Disinherited mind. Essays in modern german literature and thought, Harcourt Brace, Nova Iorque – London, 1975.

HERMSDORF, K..: "Einführung" a Franz Kafka. Das erzählerische Werk, I, pp. 5 - 64, Rütten & Loening, Berlin, 1983.

HIRSCH Jr., E. D.: *The Aims of interpretation*, The University of Chicago Press, Chicago – Londres, 1976.

ISER, W.: "Akte des Fingierens. Oder: Was ist das Fiktive im fiktionalen Text?" in Poetik und Hermeneutik X, Funktionen des Fiktiven, W. Fink Verlag, München, 1983 (Trad. de H. K. Olinto e LCL: "Os Atos de fingir ou o que é fictício no texto ficcional", *in Teoria da literatura em suas fontes*, vol. II, Francisco Alves, Rio de Janeiro, 1983, reed. da Civilização Brasileira, Rio de Janeiro, 2002).

JANOUCH, G.: *Gespräche mit Kafka. Aufzeichnungen und Erinnerungen,* Fischer Taschenbuch Verlag, Hamburg, 1951.

JOHNSTON, W. M.: *The Austrian mind. An intellectual and social history,* 1848-1935, University of California Press, Berkeley, 1972.

JUHL, P. D.: *Interpretation. An essay in the philosophy of literary criticism,* Princeton University Press, Princeton, 1980.

KAFKA, F.: "Das Urteil" (1913), republ. in Erzählungen (referido como E), M. Brod (ed.), F. Kafka: *Gesammelte Werke,* oito vols, Fischer Taschenbuch Verlag, Frankfurt a. M., 1989 (Só tendo tido acesso aos volumes da *Kritische Ausgabe* quando o livro já estava feito, não os utilizaremos quanto aos textos de Kafka).

KAFKA, F.: " In der Strafkolonie" (1919), republ. *in Erzälungen* (referido como E), *op. cit.*

KAFKA, F.: *Der Prozeß* (1925) (referido como P), M. Brod (ed.), op. cit. Trad. cit. de Modesto Carone, *O processo,* Brasiliense, São Paulo, 1988 (O número, depois da data do original, refere-se à pág. da edição alemã, o número, entre parêntese, à pág. da trad. citada).

KAFKA, F.: *Das Schloß* (1926) (referido como Sc.), M. Brod (ed.), op. cit. (Para efeito de tradução, cotejamos com a versão para o inglês de Edwin e Willa Muir: *The Castle,* A. Knopf, Nova Iorque,1948).

KAFKA, F.: "Er. Aufzeichnungen aus dem Jahre 1920", *in Beschreibung eines Kampfes. Skizzen. Aphorismen aus dem Nachlaß* (1936) (referido como BK), M. Brod (ed.), *op. cit.*

KAFKA, F.: *Tagebücher 1910-1923* (1951) (referido como T.), M. Brod (ed.), op. cit.

KAFKA, F.: *Briefe an Milena* (1952), (referido como BM), nova ed. ampl., J. Born e M. Müller (eds.), Fischer Taschenbuch Verlag, Frankfurt a. M., 1986.

KAFKA, F.: "Brief an den Vater", *in Hochzeitsvorbereitungen aus dem Lande und andere Prosa aus dem Nachlaß* (1953) (referido como H.), M. Brod (ed.), *op. cit.*

KAFKA, F.: "Fragmente aus heften und losen Blättern", *in Hochzeitsvorbereitungen...*, op. cit.

KAFKA, F.: *Briefe 1902 – 1924* (1958) (referido como B), M. Brod (ed.), *op. cit.*

KAFKA, F.: *Briefe an Felice* (1967) (referido como BF), E. Heller e J. Born (eds.), Fischer Taschenbuch Verlag (para cotejo, servimo-nos da trad. de J. Stern e E. Duckworth, *Letters to Felice*, Penguin Books, Harmondsworth, 1978).

KAFKA, F.: *Briefe an Ottla und die Familie* (1974), (referido como BO), H. Binder e K. Wagenbach (eds.), Fischer Taschenbuch Verlag, Frankfurt a. M., 1989.

KAFKA, F.: *Oeuvres complètes*, cf. David, C., 1984.

KAFKA, F.: *Der Proceß*, cf. Pasley, M. (1990 a).

KAFKA, F.: *Nachgelassene Schriften und Fragmente*, II , cf. Schillemeit, J., 1992.

KAISER, G.: "Franz Kafkas Prozeß. Versuch einer Interpretation", in Euphorion, Zeitschrift für Literaturgeschichte, vol. 52, 1958.

KANT, I.: *Kritik der reinen Vernunft* (1787) (KRV), W. Weischedel (ed.), *in* Werkausgabe, vols 3-4, Suhrkamp Verlag, Frankfurt a. M., 1974.

KERNAN, A.: *The Death of literature*, Yale University Press, New Haven –Londres, 1990.

KURZ, R.: *Der Kollaps der Modernisierung*. Vom Zusammenbruch des Kasernensozialismus zur Krise del Weltökonomie, Eichborn Verlag, Frankfurt a. M., 1991.

LEBRUN, G.: *Kant et la mort de la métaphysique*, A. Colin, Paris, 1970.

LÖWY, M.: *Rédemption et utopie: le judaïsme libertaire en Europe centrale* (1998), trad. de P. Neves, *Redenção e utopia. O judaísmo libertário na Europa central*, Companhia das Letras, São Paulo, 1989.

LUBKOLL, C.: "Man muß nicht alles für wahr halten, man muß es nur für notwendig halten", in Franz Kafka Schriftverkehr, W.Kittler e G. Neumann (eds.), Rombach Verlag, Freiburg, 1990.

LUKÁCS, G.: *Die Gegenwartsbedeutung des kritischen Realismus* (1958), trad. de M. Gandillac: *La Signification présente du réalisme critique*, Gallimard, Paris, 1960.

MANN, T.: "Introduction" à *The Castle* (1941), A. Knopf, Nova Iorque. Ed. cit. de 1948 (Publicada em alemão sob o título "Dem Dichter zu Ehren. Franz Kafka und Das Schloß", *in* Der Monat, n.º 819, 1949, pp. 66-70).

MUIR, E.: "Introductory note to the first american edition" (1941), *in The Castle*, op. cit.
MUSCHG, W.: "Über Franz Kafka" (1929), republ. in Pamphlet und Bekenntnis, Walter-Verlag, Olten, 1968.
NEUMANN, G.:"Der Name, die Sprache und die Ordnung der Dinge", *in Franz Kafka Schriftverkehr,* Kittler, W. e G. Neumann (eds.), Rombach Verlag, Freiburg, 1990.
PASLEY, M.: "Datierung sämtlicher Texte Franz Kafkas", *in* Kafka-Symposium, (1965) Born, J. *et alii* (eds.), Verlag Klaus Weinbach, Berlim.
PASLEY, M. (ed.): "Zu dieser Ausgabe", *in* Der Proceß *in der Fassung der Handschrift,* S. Fischer, Frankfurt a. M., 1990a.
PASLEY, M.: *Der Proceß, Apparatband,* S. Fischer, Frankfurt a. M., 1990 b
PINARD, E.: "Réquisitoire de M. l'avocat impérial M. Ernest Picard" (1857), *in* "Le Procès de Madame Bovary", Flaubert: *Oeuvres complètes,* vol. 2, apresent. e notas de B. Masson, Seuil, Paris, 1964.
POLITZER, H. (ed.): *Franz Kafka,* Wissenschaftlicher Buchgesellschaft, Darmstadt, 1973.
POLITZER, H.: *Franz Kafka. Der Künstler,* Suhrkamp, Frankfurt a. M., 1978.
PROUST, F.: *Kant et le ton de l'histoire,* Payot, Paris, 1991.
RIFF, M. A.: "Czech antisemitism and the jewish response before 1914", in The Wiener library bulletin, vol. XXIX, new series, pp. 8-20, 1976.
ROBERT, M.: *Seul, comme Franz Kafka* (1979), Calmann-Lévy, col. Agora, Paris, 1988.
SCHILLEMEIT, J. (ed.): *Nachgelassene Schriften und Fragmente, II,* S. Fischer, Frankfurt a. M., 1992.
SCHIRRMACHER, F. (ed.): Verteidigung der Schrift Kafkas "Prozeß", Suhrkamp Frankfurt a. M., 1987.
STÖLZEL, C.: Kafkas bösen Böhmen. Zur Sozialgeschichte eines PragerJuden (1975). Ed. cit.: Ullstein Bücher, Berlin, 1988.
TUCHOLSKY, K.: "Sobre 'Na colônia penal'" (1920), republ. in Born, J. (1979).
TUCHOLSKY, K.: "Sobre *O processo*" (1926), republ. *in* Born, J. (1983).
WAGENBACH, K.: *Kafka,* Rowohlt, Hamburg, 1964.
WAGENBACH, K.: cf. Pasley, M. (1965).
WAGENBACH, K.: *Franz Kafka. In der Strafkolonie. Eine Geschichte aus dem Jahr 1914* (1975), Verlag Klaus Wagenbach, reed. de 1985, Berlim.

Bibliografia geral

ADORNO, T. W.: *Noten zur Literatur I,* Suhrkamp, Frankfurt a. M., 1959.
ADORNO, T. W.: *Prismen.* Kulturkritk und Gesellschaft (1955), trad. de Samuel e Shierry Weber: *Prisms,* The MIT Press, Cambr., Mass.,1981.
ALLEMAN, B.: "Kafka. Der Prozess", *in Der deutsche Roman II,* B. von Wiese (ed.), Bagel, Düsseldorf, 1963.
ALQUIÉ, F.: "Introduction à la lecture de La Critique de la raison pratique" (1943), introd. à trad. francesa da *Kritik der praktischen Vernunft,* PUF, 6ª ed., Paris, 1971.
ARENDT, H.: "Der Mensch mit dem guten Willen" (1948), incluído *in Die verborgene Tradition.* Acht Essays, Suhrkamp, Frankfurt a. M., 1976.
AUERBACH, E.: *Mimesis.* Dargestellte Wirkichkeit in der abendländischen Literatur (1946), 8ª ed., Francke Verlag, Bern-Stuttgart, 1988.
ARISTÓTELES: *Poética.* Trad. de J. Hardy, Belles Lettres, Paris, 1977.
AYRAULT, R.: La Genèse du romantisme allemand, 4 vols, Aubier, Paris, 1961.
BAKHTIN, M.: "Forms of time and of the chronotope in the novel", *in The Dialogic imagination* (1975), trad. para o inglês de C. Emerson e M. Holquist, do original Voprosy literatury i estetiki, University of Texas Press, Austin, 1981.
BEAUJOUR, M.: *Miroirs d'encre.* Rhétorique de l'autoportrait, Seuil, Paris, 1980.
BEAUJOUR, M.: "'Consideration sur Ciceron' (I, XL), l'alongeail comme marque générique: la lettre et l'essai", *in Actes du colloque international Montaigne* (1580-1980), M. Tetel (ed.), Nizet, Paris, 1983.
BEHNKE, K.: "Romantische Arabesken. Lineatur ohne Figur und Grund zwischen Ornament-Schrift und (Text-)Gewebe", *in* H. U. Gumbrecht e K. L. Pfeiffer (eds.), *Schrift,* Wilhelm Fink Verlag, München, 1993, pp. 101-123.

BEICKEN, P. U.: *Franz Kafka. Eine kritische Einführung in die Forschung*, Athenaion, Frankfurt a. M., 1974.

BENJAMIN, W.: "Der Begriff der Kunstkritik in der deutschen Romantik" (1919), in *Gesammelte Schriften*, R. Tiedemann e H. Schweppenhäuser (eds.), Suhrkamp, Frankfurt a.M., 1974.

BENJAMIN, W.: "Franz Kafka. Zur zehnten Wiederkehr seines Todestages" (1934), in *Gesammelte Schriften*, R. Tiedemann e H. Schweppenhäuser (eds.), Suhrkamp Verlag, Frankfurt a. M., 1974, trad. de S. P. Rouanet: "Franz Kafka. A propósito do décimo aniversário de sua morte", in *Obras escolhidas*, vol. 1, Brasiliense, São Paulo, 1985.

BENJAMIN, W.: *Briefe*, 2 vols, G. Scholem e T. W. Adorno (eds), Suhrkamp Verlag, Frankfurt a. M., 1978 (Edição atual: *Gesammelte Briefe*, compreendendo o período de 1910 a 1940, C. Gödde e H. Lonitz (eds.), consta de 6 vols, Suhrkamp Verlag, Frankfurt a. M., 1997).

BLANCHARD, M. E.: *Trois portraits de Montaigne: essai sur la représentation à la renaissance*, Nizet, Paris, 1990.

BLANCHOT, M.: "Kafka et la littérature", in *La Part du feu*, Gallimard, Paris, 1949.

BLOCH, H.: *Medieval misoginy and the invention of western romantic love*, The University of Chicago Press, Chicago – Londres, 1991.

BLOOM, H.: "Freud and beyond", in *Ruin the sacred truths*. Poetry and belief from the Bible to the present, Harvard University Press, Cambr., Mass. – London, 1989.

BOEHM, G.: *Bildnis und Individuum*. Über den Ursprung der Porträtmalerei in der italianischen Renaissance, Prestel-Verlag, München, 1985.

BORN, J. (ed.): *Franz Kafka*. Kritik und Rezeption zu seinen Lebzeiten (1912-1924), S. Fischer Verlag, Frankfurt a. M., 1979.

BORN, J. (ed): *Franz Kafka*. Kritik und Rezeption 1924-1938, S. Fischer Verlag, Frankfurt a. M., 1983.

BROD, M.: *Franz Kafka. Eine Biographie* (1954), ed. cit.: *Über Franz Kafka*, Fischer Taschenbuch Verlag, Hamburg, 1977.

BOHRER, K. H.: *Die Kritik der Romantik*. Der Verdacht der Philosophie gegen die literarische Moderne, Suhrkamp, Frankfurt a. M., 1989.

BRODY, J.: *Lectures de Montaigne*, French Forum Publishers, Lexington, Kentucky, 1982.

BROWN, M.: *The Shape of german romanticism*, Cornell University Press, Ithaca – Londres, 1979.

BROWN, P.: *Augustine of Hippo*, University of California Press, Berkeley and Los Angeles (1967), 1969.
BUTOR, M.: "Balzac et la réalité" (1959), republ. *in Répertoire*, Minuit, Paris, 1960.
BUTOR, M.: *Essais sur les Essais*, Gallimard, Paris, 1968.
CANETTI, E.: *Der andere Prozeß* (1968), Reclam, Leipzig, 1985.
CASSIRER, E.: *Individuum und Cosmos in der Philosophie der Renaissance* (1927), reimpr. da Wissenschftliche Buchgesellschaft, Darmstadt, 1963.
CATON, H.: *The Origin of subjectivity. An essay on Descartes*, Yale University Press, New Haven – Londres, 1973.
CAVE, T.: *The Cornucopian text. Problems of writing in the french renaissance*, Clarendon Press, Oxford, 1979.
CHÉDIN, O.: *Sur l'esthétique de Kant et la théorie critique de la représentation*, J. Vrin, Paris, 1982.
CHYTRY, J.: *The Aesthetic state. A quest in modern german thought*, University of California Press, Berkeley – Los Angeles, 1989.
CORNGOLD, S.: *Franz Kafka. The necessity of form*, Cornell University Press, Ithaca-London, 1988.
COSTA LIMA, L.: *Mimesis e modernidade. Formas das sombras* (1980), Graal, Rio de Janeiro, 2003.
COSTA LIMA, L.: *O fingidor e o censor*, Forense, Rio de Janeiro, 1988.
COSTA LIMA, L.:*A aguarrás do tempo. Estudos sobre a narrativa*, Rocco, Rio, 1989.
COSTA LIMA, L.: *Pensando nos trópicos*, Rocco, Rio de Janeiro, 1991.
COSTA LIMA, L.: *Mímesis: desafio ao pensamento*, Civilização Brasileira, Rio de Janeiro, 2000.
COSTA LIMA, L: "L'Immaginazione i suoi confini", *in Il Romanzo*, vol. IV: Temi, luoghi, eroi, F. Moretti (ed.), Giulio Einaudi Editore, Torino, 2003, pp. 5-30.
DAVID, C.: Notas à trad. de F. Kafka, *Oeuvres complètes*, vol. III, Pléiade, Paris, 1984.
DAVIS, N. Z.: "Boundaries and the sense of self in sixteenth-century France", *in Reconstructing individualism*, T. C. Heller, M. Sosna e D. E. Wellbery (eds), Stanford University Press, Stanford, 1986.
DELEUZE, G.: *La Philosophie critique de Kant* (1963), PUF, Paris, 1983
DELEUZE, G. – GUATTARI, F. *Kafka. Pour une littérature mineure* (1975), trad. de J. Castañon Guimarães: *Kafka. Por uma literatura menor*, Imago, Rio, 1977.

DIDEROT, D.: "Éloge à Richardson" (1762), in *Oeuvres esthétiques,* P. Vernière (ed.), Garnier, Paris, 1965.

DIETZ, L.: "Drucke Franz Kafkas bis 1924", *in Kafka-Symposium,* Born, J. et alii, Verlag Klaus Wagenbach, Berlin, 1965.

EICHNER, H.: "The Supposed influence of Schiller's Über naive und sentimentalische Dichtung on F. Schlegel's Über das Studium der griechischen Poesie", *in* The Germanic review, vol. XXX, n. 1, 1955

ELIOT, T. S.: "Hamlet" (1919), republ. *in Selected prose of T. S. Eliot,* F. Kermode (ed.), Farrar, Straus & Giroux, New York, 1975.

ELM, T.: "Der Prozeß", *in Kafka-Handbuch,* vol. 2: Das Werk und seine Wirkung (1979), Binder, H. (ed.), A. Kröner Verlag, Stuttgart.

ESCHWEILER, C.: *Der verborgene Hintergrund in Kafkas "Der Prozeß",* Bouvier Verlag, Berlin, 1990.

FICHTE, J. G.: Grundlage der gesammten Wissenschaftslehre (1794), trad. de Rubens Torres Filho, *A doutrina-da-ciência de 1794 e outros escritos,* Nova Cultural, São Paulo, 1988.

FLORES, K.: "The Judgement", *in Franz Kafka today,* A. Flores e H. Swandler(eds.), The University of Wisconsin Press, Madison, 1958.

FONTENELLE: "De l'origine des fables", *in Oeuvres de Monsieur de Fontenelle,* t. III, nova ed. aument., Paris, 1742.

FONTIUS, M.: "Produktivkraftentfaltung und Autonomie der Kunst. Zur Ablösungständischer Voraussetzungen in der Literaturtheorie" (1977), trad. de P. Naumann *et alii, in Teoria da literatura em suas fontes* (1983), I, L. Costa Lima (ed.), Civilização Brasileira, Rio de Janeiro, 2002.

FOUCAULT, M.: *Surveiller et punir. Naissance de la prison,* Gallimard, Paris, 1975.

FOUCAULT, M.: *Histoire de la sexualité. Le souci de soi,* Gallimard, Paris, 1984.

FRECCERO, J.:"Autobiography and narrative", *in Reconstructing individualism,* T. C. Heller, M. Sosna e D. E. Wellbery, Stanford University Press, Stanford, 1986.

FREEDBERG, D.: *The Power of images. Studies in the history and theory of response,* The University of Chicago Press, Chicago – Londres, 1989.

FRIEDRICH, H.: *Montaigne,* A. Francke AG Verlag, Bern, 1946.

FUMAROLI, M.: "Genèse de l'épistolographie classique: rhétorique humaniste de la lettre, de Pétrarque à Juste Lipse", in Revue d'histoire littéraire de la France, vol. 78, 1978.

FUMAROLI, M.: *L'Age de l'éloquence, Rhétorique et "res literaria" de la renaissance au seuil de l'époque classique,* Librairie Droz, Génève, 1980.

GILSON, É.: *Études sure le rôle de la pensée médiévale dans la formation du système cartésien* (1951), Vrin, Paris, 1984.

GODZICH, W.: "Vom Paradox der Sprache zur Dissonanz des Bildes", in *Paradoxien, Dissonanzen, Zusammenbrüche,* H. U. Gumbrecht e Pfeiffer, K. L. (eds.), Suhrkamp Verlag, Frankfurt a.M., 1991.

GOLDSTÜCKER, E.: "Über Franz Kafka aus der Prager Perspektive 1963"(1965), traduz. *in Franz Kafka. An anthology of marxist criticism,* K. Hughes (ed.), University Press of New England, Hanover – Londres, 1981.

GREENBERG, M.; *Kafka. The terror of art,* Horizon Press, New York, 1968.

GINSBURG, C.: *Il Formaggio e il verme* (1976), trad. de Maria Betânia Amoroso: *O queijo e os vermes,* Companhia das Letras, São Paulo, 1987.

GRACIÁN, B.: *El Discreto* (1646), publicação conjunta com El Criticón. *El Héroe,* Porrúa, México, 1986.

GREENBLATT, S.: "Fiction and friction", *in Reconstructing individualism,* T. C. Heller, M. Sosna e D. E. Wellberry (eds), Stanford University Press, Stanford, 1986.

GREENE, T.: "The Flexibility of the self in renaissance literature", *in* Demetz, P., T. Greene, L. Nelson, Jr.: *The Disciplines of criticism.* Essays in literary theory, interpretation and history, Yale University Press, New Haven – Londres, 1968.

HAAS, W.: "Über Franz Kafka", *in* Die literarische Welt, nº 35, 30 de agosto, pp. 3 - 4; nº 36, 6 de setembro, pp. 5 - 6; nº 37, 13 de setembro, p. 7, Berlin, 1929.

HABERMAS, J.: *Der philosophische Diskurs der Moderne: zwölf Vorlesungen* (1985), trad. de F. Lawrence: *The Philosophical discourse of modernity. Twelve lectures,* The MIT Press, Cambr., Mass., 1987.

HÁSEK, J.: "Kafka und die sozialistische Welt" (1967), traduz. *in Franz Kafka. An anthology, op. cit.*

HEIDEGGER, M.: "Die Zeit des Weltbildes" (1938), in Holzwege, V. Klostermann, Frankfurt a. M., 1972.

HELLER, E.: "The World of Franz Kafka", *in* The Disinherited mind. Essays in modern german literature and thought, Harcourt Brace, Nova Iorque – Londres, 1975.

HERMSDORF, K..: "Einführung" a Franz Kafka. Das erzählerische Werk, I, pp. 5 - 64, Rütten & Loening, Berlin, 1983.

HIRSCH Jr, E. D.: *The Aims of interpretation,* The University of Chicago Press, Chicago – Londres, 1976.

HORKHEIMER, M.: "Montaigne und die Funktion der Skepsis", *in* Zeitschrift für Sozialforschung, VII, n. 1/2. (1938), republ. *in Gesammelte Schriften: Schriften 1936-1941,* vol. 4, S. Fischer Verlag, Frankfurt a.M., 1988.

HUPPERT, G.: The Idea of perfect history (1970), trad. de F. e P. Braudel: *L'Idée de l'histoire parfaite*, Flammarion, Paris, 1973.

ISER, W.: "Akte des Fingierens. Oder: Was ist das Fiktive im fiktionalen Text?" *in Poetik und Hermeneutik X*, Funktionen des Fiktiven, W. Fink Verlag, München, 1983 (Trad. de H. K. Olinto e LCL: "Os Atos de fingir ou o que é fictício no texto ficcional", *in Teoria da literatura* em suas fontes, vol. II, Francisco Alves, Rio de Janeiro, 1983, reed. da Civilização Brasileira, Rio de Janeiro, 2002).

JANOUCH, G.: Gespräche mit Kafka. Aufzeichnungen und Erinnerungen, Fischer Taschenbuch Verlag, Hamburg, 1951.

JAUSS, H. R.: "Schlegels und Schillers Replik auf die 'Querelle des anciens et des modernes'(1967), republ. *in Literaturgeschichte als Provokation*, Suhrkamp, Frankfurt a. M., 1970.

JOHNSTON, W. M.: *The Austrian mind.* An intellectual and social history, 1848-1935, University of California Press, Berkeley, 1972.

JUHL, P. D.: *Interpretation.* An essay in the philosophy of literary criticism, Princeton University Press, Princeton, 1980.

KAFKA, F.: "Das Urteil" (1913), republ. *in Erzählungen* (referido como E), M. Brod (ed.), F. Kafka: Gesammelte Werke, oito vols., Fischer Taschenbuch Verlag, Frankfurt a. M., 1989 (Só tendo tido acesso aos volumes da Kritische Ausgabe quando o livro já estava feito, não os utilizamos quanto aos textos de Kafka).

KAFKA, F.: " In der Strafkolonie" (1919), republ. *in Erzälungen* (referido como E), *op. cit.*

KAFKA, F.: *Der Prozeß* (1925) (referido como P), M. Brod (ed.), op. cit. Trad. cit. de Modesto Carone, *O processo*, Brasiliense, São Paulo, 1988 (O número, depois da data do original, refere-se à pág. da edição alemã, o número, entre parêntese, à pág. da trad. citada).

KAFKA, F.: *Das Schloß* (1926) (referido como Sc.), M. Brod (ed.), op. cit. (Para efeito de tradução, cotejamos com a versão para o inglês de Edwin e Willa Muir: *The Castle*, A. Knopf, Nova Iorque,1948).

KAFKA, F.: "Er. Aufzeichnungen aus dem Jahre 1920", *in* Beschreibung eines Kampfes. Skizzen. Aphorismen aus dem Nachlaß (1936) (referido como BK), M. Brod (ed.), *op. cit.*

KAFKA, F.: Tagebücher 1910 – 1923 (1951) (referido como T.), M. Brod (ed.), *op. cit.*

KAFKA, F.: *Briefe an Milena* (1952), (referido como BM), nova ed. ampl., J. Born e M. Müller (eds.), Fischer Taschenbuch Verlag, Frankfurt a. M., 1986.

KAFKA, F.: "Brief an den Vater", *in Hochzeitsvorbereitungen aus dem Lande und andere Prosa aus dem Nachlaß* (1953) (referido como H.), M. Brod (ed.), *op. cit.*

KAFKA, F.: "Fragmente aus heften und losen Blättern", *in Hochzeitsvorbereitungen...*, *op. cit.*

KAFKA, F.: *Briefe 1902-1924* (1958) (referido como B), M. Brod (ed.), *op. cit.*

KAFKA, F.: *Briefe an Felice* (1967) (referido como BF), E. Heller e J. Born (eds.), Fischer Taschenbuch Verlag (para cotejo, servimo-nos da trad. de J. Stern e E. Duckworth, *Letters to Felice*, Penguin Books, Harmondsworth, 1978).

KAFKA, F.: *Briefe an Ottla und die Familie* (1974), (referido como BO), H. Binder e K. Wagenbach (eds.), Fischer Taschenbuch Verlag, Frankfurt a. M., 1989.

KAFKA, F.: *Oeuvres complètes*, cf. David, C., 1984.

KAFKA, F.: *Der Proceß*, cf. Pasley, M. (1990a).

KAFKA, F.: *Nachgelassene Schriften und Fragmente,* II , cf. Schillemeit, J., 1992.

KAISER, G.: "Franz Kafkas Prozeß. Versuch einer Interpretation", *in* Euphorion, Zeitschrift für Literaturgeschichte, vol. 52, 1958.

KANT, I.: *Kritik der reinen Vernunft*, Werkausgabe, (1ª ed.: 1781)), IV – V, W. Weischedel (ed.), Suhrkamp, Frankfurt a. M., 1974 (Para cotejo com o original, utilizou-se a tradução de Valério Rohden e Udo B. Moorsburger: *Crítica da razão pura*, col. Pensadores, Abril, São Paulo, 1980, assim como a de Norman Kemp Smith: *Critique of pure reason*, St. Martin's Press, Nova Iorque, 1965).

KANT, I.: *Kritik der reinen Vernunft*, (2ª ed.: 1787), *op. cit.*

KANT, I.: "Erste Fassung der Einleitung in die Kritik der Urteilskraft" (1789), *in Werkausgabe,* X, *op. cit.*

KANT, I.: *Kritik der Urteilskraft* (1790), , Werkausgabe, X, W. Weischedel (ed.) Suhrkamp, Frankfurt a. M., 1974 (Para cotejo com o original, utilizamos a tradução J.-R. Ladmiral *et alii, Critique de la faculté de juger, Oeuvres philosophiques,* II, F. Alquié ed.), Pléiade, Paris.

KANT, I.: "Erklärung in Beziehung auf Fichtes Wissenschaftslehre" (1799), *in* Kant's Briefwechsel, t. 3, vol. XII das Kant's gesammelte Schriften, Königlich Preußischen Akademie der Wissenschaften, W. de Gruyter, Berlin-Leipzig, 1922.

KERNAN, A.: *The Death of literature*, Yale University Press, New Haven -Londres, 1990.

KLEIST, H. v.: "Carta de 22 de março de 1801 a Wilhelmine von Zenge", *in* Sämtliche Werke, P. Stapf (ed.), Die Tempel Klassiker, Emil Vollmer Verlag, München, s. d.

KÖHLER, E.: *Ideal und Wirklichkeit in der höfischen Epik* (1956), trad. de E. Kaufholz: *L'Aventure chevarelesque,* Gallimard, Paris, 1974.

KOSELLECK, R.: *Kritik und Krise* (1959), Suhrkamp, Frankfurt a. M., 1976.

KRISTELLER, O.: *Renaissance thought II.* Papers on humanism and the arts, Harper and Row, Nova Iorque, 1965.

KURZ, R.: Der Kollaps der modernisierung. Vom Zusammenbruch des Kasernensozialismus zur Krise der Weltökonomie, Eichborn Verlag, Frankfurt a. M., 1991, (trad. brasileira de Karen Elsabe Barbosa: *O colapso da modernização. Da derrocada do socialismo de caserna à crise da economia mundial,* Paz e Terra, Rio de Janeiro, 1993).

LACOUE-LABARTHE, Ph.: e Nancy, J.-L. *L'Absolu littéraire.* Théorie de la littérature du romantisme allemand, Seuil, Paris, 1978.

LEBRUN, G.: *Kant et la mort de la métaphysique,* A. Colin, Paris, 1970

LENOIR, T.: "Morphotypes and the historical-genetic method in romantic biology", *in Romanticism and the sciences,* A. Cunningham & Jardine, N. (eds.), Cambridge University Press, Cambridge – Nova Iorque, 1990.

LÉVI-STRAUSS, C.: "En relisant Montaigne", *in Histoire de lynx,* Plon, Paris, 1991.

LLOYD, D.: "Arnold, Ferguson, Schiller: aesthetic culture and the politics of aesthetics", *in* Cultural critique, nº 2, pp. 137-169, 1985-6.

LÖWY, M.: *Rédemption et utopie: le judaïsme libertaire en Europe centrale* (1998), trad. de P. Neves, *Redenção e utopia. O judaísmo libertário na Europa central,* Companhia das Letras, São Paulo, 1989.

LUBKOLL, C.: "Man muß nicht alles für wahr halten, man muß es nur für notwendig halten", *in Franz Kafka Schriftverkehr,* W. Kittler e G. Neumann (eds.), Rombach Verlag, Freiburg, 1990. Lukács, G.: Die Seele und die Formen. Essays, Egon Fluschel & Co, Berlin, 1911.

LUKÁCS, G.: *Die Gegenwartsbedeutung des kritischen Realismus* (1958), trad. de M. Gandillac: *La Signification présente du réalisme critique,* Gallimard, Paris, 1960.

MARQUARD, O.: "Kant und die Wende zur Ästhetik", in Zeitschrift für philosophische Forschung, nº 16, pp. 231-243 e 363-374, 1962.

MANN, T.: "Zum Tode Eduard Keyserlings", *in* Frankfurter Zeitung, 15 de outubro (1918), republ. *in Gesammelte Werke,* Reden und Aufsätze, vol. X, Fischer Verlag, Oldenberg, 1960.

MANN, T.: "Introduction" à *The Castle* (1941), A. Knopf, Nova Iorque. Ed. cit. de 1948 (Publicada em alemão sob o título "Dem Dichter zu Ehren. Franz Kafka und Das Schloß", in Der Monat, nº 819, 1949, pp. 66-70).

MERLEAU-PONTY, M.: "Lecture de Montaigne", *in Signes*, Gallimard, Paris, 1960.
MONTAIGNE, M. de: *Essais* (1580, 1588, 1590), Pierre Villey (ed.), 3 vols., Quadrige/PUF, Paris, 1988. (As traduções se baseiam em Rosemary Costhek Abílio, Martins Fontes, 3 vols, São Paulo, 2000).
MONTAIGNE, M.: *Essais*, A. Thibaudet (ed.), Pléiade, Paris, 1933.
MONTAIGNE, M. de: *Journal de voyage* (1580-1), F. Garavini (ed.), Gallimard, col. Folio, Paris, 1983.
MOSER, W.: *Romantisme et crises de la modernité. Poésie et encyclopédie dans le Brouillon de Novalis*, Éd. Du Préambule, Québec, 1989.
MUIR, E.: "Introductory note to the first american edition" (1941), *in The Castle, op. cit.*
MUSCHG, W.: "Über Franz Kafka" (1929), republ. *in Pamphlet und Bekenntnis*, Walter-Verlag, Olten, 1968.
NANCY, J.-L.: Cf. Lacoue-Labarthe, Ph.
NEUMANN, G.: "Der Name, die Sprache und die Ordnung der Dinge", *in Franz Kafka Schriftverkehr*, Kittler, W. e G. Neumann (eds.), Rombach Verlag, Freiburg, 1990.
NEUSCHÄFFER, H.-J.: *Boccaccio und der Beginn der novelle. Strukturen der Kurzerzählung auf der Schwelle zwischen Mittelalter und Neuzeit*, W. Fink Verlag, München, 1969.
NOVALIS: "Philosophische Studien (Fichte-Studien)" (1795-6), *in* Schriften, vol. 2, Richard Samuel, J.-J. Mähl e Gerhard Schulz (eds.), Verlag W. Kohlhammer, Stuttgart, Berlin, Köln, Mainz, 1981.
NOVALIS: "Philosophische Studien (Hemsterhuis – u. Kant Studien) (1797)", *in* Schriften, *op. cit.*
NOVALIS: "Logologische Fragmente" (1798), *in* Schriften, vol. 2, Richard Samuel, H.-J. Mähl e G. Schulz (eds), Verlag W. Kohlhammer, Stuttgart-Berlin-Köln, Mainz, 1981.
NOVALIS: "Das allgemeine Brouillon" (1798-9), *in* Schriften, vol. 3, *op. cit.*
NOVALIS: "Die Christenheit oder Europa" (1799), *in* Schriften, vol. 3, *op. cit.*
PASCAL, B.: "Entretien avec M. de Saci" (1655), *in Oeuvres complètes*, J. Chevalier (ed.), Pléiade, Paris, 1957.
PASCAL, B.: *Pensées* (1699) , *in Oeuvres complètes, op. cit.*
PASLEY, M.: "Datierung sämtlicher Texte Franz Kafkas", *in Kafka-Symposium*, (1965) Born, J. *et alii* (eds.), Verlag Klaus Weinbach, Berlin.
PASLEY, M. (ed.): "Zu dieser Ausgabe", *in Der Proceß in der Fassung der Handschrift*, S. Fischer, Frankfurt a. M., 1990a.

PASLEY, M.: *Der Proceß, Apparatband*, S. Fischer, Frankfurt a. M., 1990b.

PERRAULT, M.: *Paralelle des anciens et des modernes* (1688-97), ed. fac-similar, Eidos Verlag, München, 1964, com um ensaio introdutório de H. R. Jauss e comentários sobre história da arte de M. Imdahl.

PETER, K.: *Friedrich Schlegel*, J. B. Metzlersche Verlagsbuchhandlung, Stuttgart, 1978.

PINARD, E.: "Réquisitoire de M. l'avocat impérial M. Ernest Picard" (1857), *in* "Le Procès de Madame Bovary", Flaubert: *Oeuvres complètes*, vol. 2, apresent. e notas de B. Masson, Seuil, Paris, 1964.

POLITZER, H. (ed.): *Franz Kafka*, Wissenschaftlicher Buchgesellschaft, Darmstadt, 1973.

POLITZER, H.: *Franz Kafka. Der Künstler*, Suhrkamp, Frankfurt a. M., 1978.

PROUST, F.: *Kant et le ton de l'histoire*, Payot, Paris, 1991.

PINARD, E.: "Réquisitoire de M. l'avocat impérial M. Ernest Picard" (1857), *in* "Le Procès de Madame Bovary", Flaubert: *Oeuvres complètes*, vol. 2, apresent. e notas de B. Masson, Seuil, Paris, 1964.

REGOSIN, R. L.: "Critical discussions", *in* Philosophy and literature, vol. 16, nº 1, abril, 1992.

REISS, T. J.: "Cartesian discourse and classical ideology", *in* Diacritics, vol. 6, nº 4, 1976, pp. 19-27.

REISS, T. J.: The Meaning of literature, Cornell University Press, Ithaca – London, 1992.

RIFF, M. A.: "Czech antisemitism and the jewish response before 1914", *in* The Wiener library bulletin, vol. XXIX, new series, pp. 8-20, 1976.

ROBERT, M.: *Seul, comme Franz Kafka* (1979), Calmann-Lévy, col.
Agora, Paris, 1988.

ROUSSEAU, J.-J.: "Les Confessions" (1782-1789), *in Oeuvres complètes*, tomo I, B. Gagnebin, R. Osmont, M. Raymond (eds.), Pléiade, Paris, 1964.

SCHILLEMEIT, J. (ed.): *Nachgelassene Schriften und Fragmente*, II, S. Fischer, Frankfurt a. M., 1992.

SCHILLER, F.: *Über die ästhetische Erziehung des Menschen* (1795a), posfácio de K.Hamburger, Reclam, Stuttgart, 1989 (Trad. de R. Schwarz, *Cartas sobre a educação estética da humanidade*, Herder, São Paulo, 1963).

SCHILLER, F.: *Über naive und sentimentalische Dichtung* (1795b), posfácio de J. Beer, Reclam, Stuttgart, 1978 (Trad. de M. Suzuki, Iluminuras, São Paulo, 1991.)

SCHIRRMACHER, F. (ed.): *Verteidigung der Schrift Kafkas "Prozeß"*, Suhrkamp, Frankfurt a. M., 1987.

SCHLEGEL, F.: "Jacobis Woldemar" (1796a), *in Kritische Schriften*, W. Rasch (ed.), Carl Hanser Verlag, München, 1971.

SCHLEGEL, F.: Recensão das Humanitätsbriefe (1796 b), *in Kritische Friedrich Schlegel Ausgabe* (KA), vol. II, Eichner, H. (ed.), Verlag F. Schöningh, München – Paderborn – Wien, 1967.

SCHLEGEL, F. (1797 a): "Über das Studium der griechischen Poesie", in *Kritische Schriften*, W. Rasch (ed.), *op. cit.*

SCHLEGEL, F.: "Über Lessing" (1797 b), *in Werke in zwei Bände*, dois vols, Aufbau-Verlag, Berlin - Weimar, 1980.

SCHLEGEL, F.: "Kritische Fragmente" (KF) (1797 c), *in Kritische Friedrich Schlegel Ausgabe*, (KA), vol. II, *op. cit.*

SCHLEGEL, F.: "Von Wesen der Kritik" (1797 d), *in Kritische Schriften, op. cit.*

SCHLEGEL, F.: "Athenäum Fragmente" (AF) (1798), in Kritische Friedrich Schlegel-Ausgabe, (KA), vol. II, H. Eichner (ed.), *op. cit.* (Para o cotejo com ooriginal, assim como no caso dos KF, foi-nos preciosa a trad. de de Ph. Lacoue-Labarthe e J.-L. Nancy: 1978, pp. 81-178).

SCHLEGEL, F.: Carta a Novalis de 2 de dezembro, 1798 (1798 b), in Novalis: Schriften, vol. 4, *op. cit.*

SCHLEGEL, F.: "Nachlaß", in Kritische Friedrich Schlegel-Ausgabe (KA), vol. XI, E. Behler (ed.), Verlag F. Schöningh, München – Paderborn – Wien, 1958.

SCHLEGEL, F.: "Gespräch über die Poesie" (1800), *in Werke in zwei Bände, op. cit.*

SCHLEGEL, F.: "Von Wesen der Kritik", (1804), (KA), III, idem, 1975.

SCHLEGEL, F.: "Geschichte del alten und neuen Literatur" (1815), *in Kritische Friedrich Schlegel-Ausgabe* (KA), vol. VII E, Behler (ed.), *op. cit.*, 1961.

SCHMITT, C.: *Politische Romantik* (1919), 5ª ed., Duncker & Humblot, Berlin, 1991.

SCHOPENHAUER, A.: *Parerga und Paralipomena* (1851). Trad. de R. J. Hollingdale: *Essays and aphorisms*, seção "On aesthetics", Penguin Books, Londres, 1970.

SCHULTE-SASSE, J.: "The Concept of literary criticism in german romanticism", *in A history of german literary criticism* (1730 - 1980), trad. amer. de *Geschichte der deutschen Literaturkritik* (1730-1980), 1985, P. U. Hohendahl (ed.), University of Nebraska Press, Lincoln, 1988.

SÊNECA: *De brevitate vitae*. Trad. de L. Riber: *De la brevedad de la vida y otros escritos*, Aguilar, Madrid, 1987.

STAROBINSKI, J.: *Montaigne en mouvement*, Gallimard, Paris, 1982.

STIERLE, K.: "Geschichte als Exemplum – Exemplum als Geschichte. Zur Pragmatik und Poetik narrativer Texte", *in Poetik und Hermeneutik*, V. R. Koselleck e W.-D. Stempel (eds.), W. Fink Verlag, München, 1973.

STIERLE, K.: "Montaigne und die Erfahrung der Vielheit", *in Die Pluralität der Welten*. Aspekte der Renaissance in der Romania, W.-D. Stempel e K. Stierle (eds), W. Fink Verlag, München, 1987.
STÖLZEL, C.: *Kafkas bösen Böhmen*. Zur Sozialgeschichte eines PragerJuden (1975). Ed. cit.: Ullstein Bücher, Berlin, 1988.
STROHSCHNEIDER-KOHRS, I. *Die romantische Ironie in Theorie und Gestaltung*, Max Niemeyer Verlag, Tübingen, 1977.
SZONDI, P.: "La Théorie des genres poétiques chez Fréderic Schlegel", 1968. (Com modificações, o texto alemão foi publicado em 1970 e republ. *in Schriften II*, Suhrkamp, Frankfurt a. M., 1978).
SZONDI, P.: "Das Naive ist das Sentimentalische. Zur Begrifsdialektik in Schillers Abhandlung" (1973)", republ. *in Schriften II, op. cit.*
TAYLOR, C.: *Sources of the self*. The making of the modern identity, Harvard University Press, Cambridge, Mass., 1989.
THIBAUDET, A.: *Montaigne*, textos estabelecidos, apresentados e anotados por Floyd Gray, Gallimard, Paris, 1963.
TORRES FILHO, R.: *O espírito e a letra*. A crítica da imaginação pura em Fichte, Ática, São Paulo, 1975.
TUCHOLSKY, K.: "Sobre 'Na colônia penal'" (1920), republ. *in* Born, J. (1979).
TUCHOLSKY, K.: "Sobre *O processo*" (1926), republ. *in* Born, J. (1983).
ULLMANN, W.: *The Individual and society in the middle ages*, The Johns Hopkins Press, Baltimore, 1966.
VANCE, E.: "Le Moi comme langage: Saint Augustin et l'autobiographie", *in Poétique*, nº 14, 1973.
VANCE, E.: "Augustine's Confessions and the poetics of law" (1986), *in Mervelous signals*. Poetics and sign theory in the middle ages, University of Nebraska Press, Lincoln and Londres, 1989.
WAGENBACH, K.: *Kafka*, Rowohlt, Hamburg, 1964.
WAGENBACH, K.: Cf. Pasley, M. (1965).
WAGENBACH, K.: *Franz Kafka. In der Strafkolonie*. Eine Geschichte aus dem Jahr 1914 (1975), Verlag Klaus Wagenbach, Berlim 1985.
WEBER, H.-D.: Friedrich Schlegels "Transzendentalpoesie", Fink Verlag, München, 1973.
WHITE, H.: "The Politics of historical interpretation: discipline and de-sublimation", *in The Content of form*. Narrative discourse and historical representation, The Johns Hopkins University Press, Baltimore – Londres, 1982.

WILKINSON, E. M.: e WQilloughby, L.A.: "Introduction" à edição e tradução das Cartas (On the aesthetic education of man), Clarendon Press, Oxford, 1967.
WILLOUGHBY, L. A.: Cf. Wilkinson, E. M.
WITTE, B.: "La Naissance de l'histoire littéraire dans l'esprit de la révolution", *in Philologiques I,* Contribution à l'histoire des disciplines ittéraires en France et en Allemagne au XIX e siècle, M. Espagne e M. Werner (eds.), Éd. de la Maison des sciences de l'homme, Paris, 1990.

Índice temático e de autores

A

Adorno, T. W., 96-7, 201, 251, 254, 292, 302, 325, 348, 361, 366, 391
Aforismo, 394
Agostinho, 61-4, 73, 267
Agudeza, cf. *Witz*
Alegoria/órica, 175, 222, 245, 308, 319, 361, 369, 378
Alleman, B., 320-4, 326-8, 331, 334, 348, 352-4, 366
Alquié, F., 130
Andeutungsweise, cf. Kafka, a linguagem em, o alusivo
Andrade, C. D. de, 215
Antiga, individualidade (cf. Individualidade), 24, 26, 30
Antiga, Lei, 20, 53, 70
Antropologicamente fundada, Lei, cf. Lei
Apresentação, faculdade de, 122-3
Arabesco, 79-81, 223-5, 251, 292-3
Arendt, H, 324, 328
Aristóteles, 25, 120, 231
Arnim, L. v., 250
Arnold, M, 247
Arqueológica, hipótese, posição, 121, 123, 380-1, 383
Arte, crítica de: 206,
Arte, crítico de, 151, 203
Arte, juiz da, 203, 213
Arte, religião da, 233, 241
Assis, M. de, 19
Auctor e *auctoritas*, 37
Auerbach, E., 56-7, 85, 352-3, 391
Ausência (nte, 34, 39, 52, 55-7, 80, 130, 143, 145, 173, 180-1, 208, 320-1, 325, 352, 376, 385-6
Autobiografia, co,, 61-4, 81-2, 89, 91-3
Ayrault, R, 148, 210

B

Bakhtin, M, 27
Balzac, H. de, 311, 355
Baudelaire, C, 293
Bauer, C., 260
Bauer, F., 256-9, 261, 263, 269-70, 273-4, 298-9, 302, 312

Bayle, P., 72
Beaujour, M, 89, 99
Beckett, S., 328
Behnke, K, 293
Beicken, P. U., 253, 319
Belo, cf. Kant, Belo em
Benjamin, W., 147, 150-2, 203, 205, 209, 229, 253, 351, 362-5, 391, 393, 395, 403
Blanchard, M. E., 79, 101
Blanchot, M., 271, 288
Bloch, G., 264
Bloch, H., 81
Bloom, H., 261, 328, 342
Boccaccio, G., 23-5, 44, 221
Boehm, G., 35
Boétie, É. de la, 80, 89, 100
Bohrer, K. H., 158-9
Boileau, N., 203
Born, J., 249
Brod, M., 252, 259, 264, 273, 275-7, 299-300, 319, 341, 345, 360-2, 393-4, 398, 401
Brody, J., 30
Brown, M., 224
Brown, P., 62-4
Burguesa, democracia, 157
Burguesia e romance, 328
Butor, M., 86, 100-1, 355

C

Cabala, nova cabala, 365, 374
Calderón, P., 245
Canetti, E., 146, 270, 274, 358, 397
Cassirer, E., 29, 391
Castiglione, B., 218-9
Caton, H., 22

Cave, T., 101-2
Cellini, B., 151
Cervantes, M. de., 23, 203, 243
Ceticismo, 52-3, 56, 66, 69-70, 72, 78, 108, 208, 288
Chamfort, S. R. N., 210
Chamisso, A. v., 250
Chédin, O., 120, 139-42, 144
Chytry, J., 182
Cícero, 30, 62, 69
Ciência, concepão mística da, 185, 192
Coleridge, S. T., 147, 215
Conrad, J., 399
Cordemoy, G. de, 154
Corngold, S., 253, 286, 310, 313-4, 350
Costa Lima, L., 17, 48, 159, 219
Costume(s), em Montaigne, 60, 68, 76-7
Criatural, realismo, 57
Crítica, 147, 241, 246
Criticidade, 93, 147-8, 152, 167, 169, 181, 188-9, 198, 234-5, 241, 245, 248, 406-7
Criticidade, ostracismo da, 247
Crotesque, 80-1

D

Dante, 245
David, C., 286
Davis, N. Z., 45-6
Deckert, J., 390
Deleuze, G., 140, 266, 314-5, 402
Descartes, R., 41-2, 49, 51-2, 56, 289
Desencantamento, do, 117, 139
Dessubstancialização (cf. Lei)
Diderot. D., 23, 31, 178, 204, 216
Dietz, L., 249

Dogmatismo, 108
Dreyfus, capitão, 391
Dymant, D., 264

E
Egoica, centralidade, 277
Eichner, H., 209
Eisner, M., 275, 277
Eliot, T. S., 284, 338
Elm, T., 320, 324, 326, 328
Ensaio, 66, 82, 91, 93-6, 102
Entzauberung, cf. Desencantamento
Erasmo, 65, 99
Eschweiler, C., 361
Estética/o, autonomia, educação, experiência, juízo, 33, 162-79, 201
Estética, experiência, como universalidade muda, 132, 144
Estético, juízo, como pré-lógico, 123
Estetização (ante), 33, 145, 157-8, 161, 171, 188, 193-4, 207, 232
Eu, autonomia, encarecimento, ideal, identidade, primado, realce, sagração, univocidade do, 20, 23-4, 32-3, 37, 39, 41, 49, 54, 58, 76, 84, 91, 111, 113, 224, 247
Eu montaigniano, ideal do, 75-6, 83
Exemplum / o / aridade, 38, 47-9, 54, 56
Expressionismo/ta, 256, 297, 348

F
Fato, exaltação do: 105
Fato e história, 70-1
Fato e sujeito individual, 70, 73
Felice: cf. Bauer, F.
Ferguson, S., 247
Ficção, ficcional, fictício, 20, 32-3, 73, 88, 146, 216, 233, 254, 271, 289, 292, 303, 317, 327, 338-41, 343, 349-50, 355, 385-7, 403-4, 406-7
Fichte, J. G., 113, 147-51, 155, 186, 189-90, 199, 202, 237
Fielding, H., 355
Flaubert, G., 293, 309, 328-9, 352-4
Flores, K., 314
Fontenelle, M. de, 163
Fontius, M., 199
Foucault, M., 26-7, 75, 159, 317, 338
Fragmento, cf. Ensaio
Freccero, J., 64, 91
Freedberg, D., 132
Freud, S., 261, 264, 275, 308, 311
Friedrich, H., 49-50, 79, 86
Fumaroli, M.: 29, 58

G
Galileu, 136
Gervinus, G. G., 246
Geulincx, 154
Gilson, É., 22
Ginzburg, C., 108
Gnosticismo, gnóstico, 261, 293-4
Goethe, J. W. v., 153, 175, 319
Goldtstücker, E., 377
Gracián, B., 218-9
Greenberg, M., 307-8, 310, 314, 368
Greenblatt, S., 59
Greene, Th., 21, 58
Guattari, F., 266, 314-5, 402
Gumbrecht, H. U., 293

H
Haas, W., 253, 261, 351, 363, 386
Habermas, J., 178
Hájek, J., 377
Hartman, G., 215

Hegel, G. W. F., 158, 206
Heidegger, M., 153, 160
Heller, E., 261, 319-24, 326
Herder, J. G. v., 236
Hermsdorf, K., 387-8
Hiéroglifo (cf. Arabesco), 223, 225
Hilsner, L., 390
Hirsch, Jr., E. D., 290-1
História, disciplinarização da, 247
História, estetização da, 245
Hitler, A., 153
Hobbes. T., 40
Hoffmann, E. T. W., 250
Hölderlin, F., 182
Homero, 173
Horkheimer, M., 40-2
Hruza, A., 390
Humboldt, W. v., 176
Huppert, G., 70-1

I

Imagem, culto contemporânio/da, 405
Imaginação, 32-3, 37, 46-7, 70-2, 74-5, 78, 88, 105, 112, 114, 122-3, 128, 133, 163, 179, 231
Imaginação e imaginário, 32
Imaginário, controle do, 32-3, 73, 88, 102-3, 254, 406
Imaginário, controle do e censura, 33, 89
Imaginário, controle do e cientificismo, 73
Imanentista, crítica, 226, 289
Indecidibilidade/ível, 298, 300, 303, 317-8, 321, 326, 340, 342-3, 350, 359-60, 384, Individual, sujeito, cf. também Eu, autonomia, etc., 25, 27, 32, 50-2, 60, 73, 193

Individualidade e indivíduo, 25, 36
Infra-sensível, cf. Kant, o sublime e o infra-sensível
Ingarden, R., 289
Ingênua/o, gênio, poesia, 172, 174-5
Intencionalidade, cf. Sujeito, intencionalidade do
Interpretação, a questão da, 288, 290, 293, 303
Interpretativa, estabilidade, 291-4, 297, 301
Ironia e romance, 221
Iser, W., 97, 303

J

Jacobi, F. H., 209
James, H., 203, 355
Janouch, G., 283, 343
Jauss, H. R., 162-3
Jesenská, M, 264, 271, 391, 397
Johnston, W. M., 335
Josefo, F., 64
Juhl, P. D., 290
Jünger, E., 153

K

K, Joseph, o quixotismo de, 345-8, 350, 356-7, 370-1, 374, 404
Kafka, F, 67, 97, 104, 136, 148, 249, 407
Kafka, F., a lógica do cidadão, 332, 334, 339, 358, 370
Kafka, F., experimentalismo em, 308, 312
Kafka, humor crítico de, 326, 345
Kafka, linguagem em, o alusivo, 285-7, 297, 378

Kafka, linguagem em, o analógico, 285-6, 378
Kafka, a questão da metáfora em, 286, 308, 378
Kafka, a transcendência negativa, 376
Kafka, o ético e o estético, 282, 302
Kafka, objetivação, objetividade de, 340
Kafka, representação em, cf. Representação
Kafka, Hermann, 254, 262-3, 387, 391
Kafka, Otla: 398
Kaiser, G, 334
Kant, I, 22, 42, 52, 97, 103-4, 107-8, 110, 113-4, 116-21, 124, 131-2, 135-7, 141-2, 146-51, 157, 162, 165, 167-8, 170, 177-80, 183-4, 192, 199, 203-4, 206, 209, 214, 224-5, 229, 237, 255, 287-9, 324-7, 354, 360, 366-7, 386, 406-7
Kant, hipótese, projeto, propósito arquitetônico, 111, 117-21, 123, 125, 133, 184
Kant, juízo estético, 119, 121, 123, 127, 131, 133-4
Kant, o belo em, 121-3, 131, 134, 292
Kant, princípio regulador, 127-8
Kant, o sublime em, cf. Sublime, em Kant, experiência do
Kant, o supra-sensível, 118-9, 123, 134
Kant, juízo teleológico em, cf. Teleológico em Kant, o juízo
Kant, o sublime e o infra-sensível, 133, 141
Kant, a universalidade muda, 132, 167
Kernan, A., 291
Kierkegaard, S., 158, 253

Klee, P., 385
Kleist, H. v., 184, 250, 292, 325, 328, 355
Klopstock, R., 259, 396
Köhler, E., 27
Koselleck, R., 40
Kristeller, O., 28
Kunstkritiker, cf. Arte, crítico da
Kunstrichter, cf. Arte, juiz da
Kurz, R., 161, 237

L

La Boétie, É de, cf. Boétie, É. de la
Lacoue-Labarthe, P., 211, 229
Lebrun, G., 120-1, 123, 278
Lei, 20, 22, 24, 33, 41-2, 45, 52, 60, 79, 104, 111, 115, 117, 139, 300, 158, 187, 198, 254, 305-6, 318, 321, 323-5, 337, 340, 354-5, 359, 367, 372, 374, 376, 378, 380, 383-5, 405
Lei, dessubstancialização, indeterminação, insubstancialidade da, 25, 111, 118, 158, 187, 198, 254, 301-2, 316, 318-21, 323-5, 335, 337, 340, 354-5, 359, 367, 371, 374, 376, 378, 380, 383-5, 405
Lei-poder: 377
Lenoir, T., 22
Lessing, G. E.: 202, 209, 236
Lévi-Strauss, C., 53
Linguagem, cenarização pela, 268-9
Linguagem, uso alusivo, cf. Kafka, linguagem em, o alusivo
Linguagem, uso analógico, cf. Kafka, linguagem em, o analôgico
Linguagem, jogos de, 404

Literária, crítica, sentido
    próprio da, 236
Literatura, concepção de, cf. Ficção,
    ficcional, fictício
Literatura, concepção
    renascentista, 23, 28
Literatura, concepção romântica/
    moderna, 23, 85
Literatura, concepção
    tradicional de, 87
Literatura, história da,
    papel da, 246-7
Literatura e sagração do indivíduo, 30
Livre, discurso indireto, 309, 352-3,
    369, 381
Lloyd, D., 247
Locke, J., 41
Löwenthal, L., 391
Löwy, Jizchak, 273, 295, 394, 399, 401
Löwy, Julie, 387
Löwy, M., 392
Lubkoll, C., 317-8, 333, 343
Lukács, G., 94-7, 158, 321, 335

M

Malebranche, N. de, 39, 72, 154
Malherbe, F. de, 30
Mallarmé, S., 293
Malraux, A., 377
Mandeville, J., 108
Mann, T., 31, 360
Maquiavel, N., 21
Marquard, O., 137, 171
Marx, K., 182
Melo Neto, J. C., 131, 215
Mendelssohn, M., 242
Menor, literatura, 402-3
Merleau-Ponty, M., 91

Método, ordem do, 25
Metternich, C. L. W., 242
Milena: Cf. Jesenská, M.
Mímesis, 231, 268, 280-1, 295, 329
Mímesis, ordem da, 24-6, 232
Mirandola, P. della: 21, 57
Mística, concepção da ciência, cf.
    Ciência, concepção mística
Moderna, razão, 52
Modernidade, 155, 158, 163
Moderno, ocasionalismo, 155-6
Moderno, indivíduo, sujeito, cf. Eu,
    autonomia, etc
Montaigne, M. E, 34-104, 180, 183,
    288, 407
Montaigne, M. E., o controle do
    imaginário em: 73
Montaigne, M. E., ideal do eu de, 75
Moser, W., 220
Muda, universalidade, 132, 144, 167
Muir, E., 361
Muschg, W., 251-2

N

Nancy, J.-L., 211, 229
Napoleão, 236
Neumann, G., 328, 407
Neuschäffer, H., 24
"Normal", romantismo, 220-1
Normativa, estética, 225
Novalis, 31, 135, 149, 155, 162, 182,
    184-5, 187-8, 191-201, 203, 205,
    207, 220, 232, 240, 244

O

Objetivo, correlato, 238, 298, 338
Ocasionalismo/ta, 44, 54-5, 158

Ornamento/alidade, 79, 224, 245, 293

P

Panter, P., cf. Tucholsky, K
Paré, A., 59
Pascal, B., 30-1, 62, 72, 93, 253
Pasley, M., 249, 313, 341, 360
Pasquier, E., 71
Paulo, São, 28
Perrault, J. B., 163
Peter, K., 241
Petrarca. F., 21
Pfeiffer, L., 293
Pinard, E., 329, 352
Platão, 25, 405
Plutarco, 57
Politzer, H., 340-2, 360, 374
Pós-*panopticum*, a ordem do, 374
Preisendanz, W., 225
Privada, estetização, 196, 207, 232
Progressiva, poesia, 162, 166
Proust, F., 116, 284

R

Rabelais, F., 33, 74
Ranke, L. v., 248
Referente, 159
Regosin, R. L., 85
Reiss, T. J., 22
Representação, conceito, princípio, questão, 112, 116, 158-9, 289, 292
Retrato e vazio, 35-6, 56, 79
Retrato, ideal do, 84, 88, 91
Riff, M. A., 389-90
Rimbaud, A., 236
Robert, M., 399

Rochefoucauld, La, 219
Romance, 221-2, 229, 232, 322, 326, 351, 354
Romance, a sátira no, 213
Romântico, ocasionalismo, cf. Moderno, ocasionalismo
Rousseau, J.-J, 30, 42, 92, 103, 151, 266-8

S

Saussure, F. de, 32
Schiller, J. C. F. v, 135, 152, 162, 164-77, 179, 188, 193-5, 199, 201, 205, 207, 209, 232, 234, 247, 267,
Schirrmacher, F., 361
Schlegel, A. W., 200, 203, 227, 241
Schlegel, F., 135, 147-52, 162, 182, 184, 200, 202-5, 208-34, 367
Schleiermacher, F. D. E., 220, 227
Schmitt, C., 45, 153-6, 158, 160-1, 171, 178, 201
Schneider, E., 390
Scholem, G., 363, 365-6, 391
Schopenhauer, A., 31
Schulte-Sasse, J., 204
Second, J., 74
Sêneca, 55, 57, 75
Sennett, R., 161
Sensibilidade, dissociação da, 245
Sentimental, poesia, 162, 172
Shakespeare, W., 253
Símbolo, 319
Sintaxe – semântica e experiência estética, 145-6
Semântica, suspensão provisória da, cf. Sintaxe – semântica e exper. Estética

Starobinski, J., 86-7
Stach, R., 260
Stendhal, 355
Stierle, K., 25, 43, 56, 100
Stölzel, C., 392
Strohschneider-Kohrs, I., 222, 229-30
Subjetividade, primado da, 113, 131
Sublime em Kant, experiência do, 116, 121, 132
Substancialista, concepção, 25, 32, 41, 111
Sujeito, intencionalidade, primado do, 69, 78, 290, 353-4
Supra-sensível, 123
Suzuki, M., 171, 176
Szondi, P., 150, 152, 162, 172, 176-8

T

Taylor, C., 50, 54
Teleológico, em Kant, juízo, 119, 125-7, 129-30
Telesio, B., 29
Thackeray, W. M., 355
Thibaudet, A., 35, 66
Tieck, J. L., 203
Torres Filho, R., 149
Totalidade, como categoria analítica, 246
Troyes, C. de, 27
Tucholsky, K., 250-2

U

Ullmann, W., 28
Uytterprot, H., 254

V

Valéry, P., 203
Vance, E., 61, 63-4

Vazio, cf. Retrato e vazio
Verdade, cf. Substancialista, concepção
Verdade-poder, 407
Vergleichsweise, cf. Kafka, a linguagem em, o analógico
Verossimilhança e verdade, 228-32, 241
Viagem, relato de, 109
Veit, Dorothea, 242
Vicente, G., 33
Vico, G. B., 111, 123-4, 288-9
Villey, P., 35
Voz, limites da, 199

W

Wagenbach, K., 249, 313, 337, 369, 388-9, 394, 397
Walzel, O., 249-52
Weber, H.-D., 237
Weber, M., 116
Weltsch, F., 398
Werfel, F., 282, 393
White, H., 247-8
Wilkinson, E. M., 175
Willoughby, L. A., 175
Winckelmann, J. J., 208-9
Witte, B., 246
Wittgenstein, L., 404
Witz, o, 217
Witz e evento, 2845
Wohryzek, J., 264
Wolff, K., 284, 294
Wordsworth, W.: 215

Z

Zenge, W. v., 184